D1827330

1 MONTH OF
FREE
READING

at

www.ForgottenBooks.com

By purchasing this book you are eligible for one month membership to ForgottenBooks.com, giving you unlimited access to our entire collection of over 700,000 titles via our web site and mobile apps.

To claim your free month visit:
www.forgottenbooks.com/free703670

ISBN 978-0-483-18036-9
PIBN 10703670

This book is a reproduction of an important historical work. Forgotten Books uses
state-of-the-art technology to digitally reconstruct the work, preserving the original format
whilst repairing imperfections present in the aged copy. In rare cases, an imperfection in
the original, such as a blemish or missing page, may be replicated in our edition. We do,
however, repair the vast majority of imperfections successfully; any imperfections that
remain are intentionally left to preserve the state of such historical works.

MÉMOIRES

DE

LA SOCIÉTÉ

DES

ANTIQUAIRES DE L'OUEST

TOME XVI
(DE LA DEUXIÈME SÉRIE)
Année 1893

POITIERS

E. DRUINAUD, LIBRAIRE-ÉDITEUR, | G. BONAMY, LIBRAIRE-ÉDITEUR,

6, RUE DE LA MAIRIE. | RUE DES CORDELIERS, 15 ET 17.

1894

BIENFAITEURS DE LA SOCIÉTÉ

MM.

RIBOULEAU (L'abbé), curé ·de Civaux (Vienne), décédé le 1er janvier 1870.

PICAULT (Vincent-Jules), décédé à Poitiers le 4 janvier 1878.

RÉDET (Louis), ancien archiviste du département, bibliothécaire de la Société, décédé le 30 septembre 1881.

CHIÈVRES (Rupert de), décédé à Poitiers le 21 août 1886.

LISTE GÉNÉRALE

DES MEMBRES

DE LA SOCIÉTÉ DES ANTIQUAIRES DE L'OUEST

ANNÉE 1893.

Bureau.

MM.

Président, HILD (J.-A.), doyen de la Faculté des lettres, rue de la Chandelière, 3.

Vice-Président, BLEAU (abbe), aumônier du Lycée.

Secrétaire, MAISONNIÈRE (LEVIEIL DE LA), ancien procureur général, rue Neuve de-la-Baume, 20.

Vice-Secrétaire, FONTANT (Paul), avocat à la Cour d'appel, rue de l'Ancienne-Comédie, 10.

Trésorier, BARBIER (Alfred), ancien vice-président du conseil de préfecture, rue de l'Etude, 4.

Questeur, le R. P. DE LA CROIX (Camille).

Bibliothécaire, LEDAIN (Bélisaire), ancien conseiller de préfecture, correspondant du ministère de l'Instruction publique, rue de la Baume, 4.

Conseil d'administration.

MM.

BONVALLET, agent supérieur de la Compagnie du chemin de fer d'Orléans, rue du Petit-Bonneveau, 8.

POIRAULT, professeur à l'École de pharmacie, rue des Trois-Piliers, 36.

TORNÉZY (Albert), ancien magistrat, rue des Feuillants, 1.

DUPRÉ (Louis), avocat, faubourg de la Tranchée.

Membre d'honneur.

M. JULES SIMON, membre de l'Institut, sénateur à Paris.

Membres honoraires.

NN. SS.

L'archevêque de Tours,

L'évêque de Poitiers,

L'évêque de la Rochelle,

L'évêque de Luçon,

L'évêque d'Angoulême,

L'évêque de Périgueux,

L'évêque de Limoges.

     M.

Le préfet de la Vienne.

Membres titulaires résidant à Poitiers, outre ceux formant le bureau et le conseil d'administration.

    MM.

AUTELLET (Maximin), docteur en médecine, rue des Trois-Piliers, 34.

AYMER DE LA CHEVALERIE (Marquis), rue de la Traverse, 17.

BABINET (LÉON), lieutenant-colonel d'artillerie en retraite, rue du Moulin-à-Vent, 7.

BARBAULT DE LA MOTTE, colonel de cavalerie en retraite, rue Saint-Louis, 2.

BARBIER DE MONTAULT (Mgr), prélat de la maison de Sa Sainteté, rue Saint-Denis, 37.

BAUGIER (Hector), rue de l'Éperon, 3.

BEAUSOLEIL, sculpteur, boulevard du Pont-Neuf, 6.

BELIARD (Paul), rue Sainte-Opportune, 6.

BERLOQUIN (L'abbé), curé de Saint-Hilaire, place Saint-Hilaire, 18.

BERNAUD (L'abbé), curé de Notre-Dame, rue des Trois-Cheminées, 18.

BERTIN (l'abbé), aumônier des Petites-Sœurs-des-Pauvres, faubourg de la Tranchée, 12.

BODIN (Léon), notaire, rue des Carmélites, 15.

BONAMY, libraire, rue des Cordeliers, 15.

BONNET (Camille), ancien sous-préfet, rue de la Tranchée, 8.

BONNET, professeur à la Faculté de droit, rue du Puygarreau, 6.

BONNEVILLE (Pierre DE), rue de la Traversa, 1.

BOURALIÈRE (A. DE LA), rue de la Baume, 11.

BOURLAUD jeune, entrepreneur, rue de la Tranchée, 51.

BRIAND (le R. P.), place Sainte-Croix.

BROUILLET (Amédée), directeur de l'École régionale des Beaux-Arts et conservateur du Musée de la ville, rue de la Tête-Noire, 7.

Cardaillac (Baron de), conseiller à la Cour d'appel, rue Boncenne, 7.

Carré (Henri), professeur à la Faculté des lettres, rue Saint-Cybard, 24.

Cesbron (Ernest), ancien notaire, rue Neuve-de-la-Baume, 17.

Chambourdon, ancien magistrat, rue des Trois-Piliers, 75.

Charron, sculpteur, boulevard du Pont-Neuf, 6.

Chauveau, notaire, rue du Petit-Maure, 15.

Clément (Pierre), étudiant en droit, rue Saint-François, 56.

Compaing de la Tour-Girard (Henri), avocat, rue de l'Ancienne-Comédie, 4.

Constantin, docteur en médecine, rue Saint-Denis, 27.

Coudreau (L'abbé), vicaire de St-Porchaire, rue St Porchaire.

Coulon (Henri), docteur en droit, rue Saint-Pierre-le-Puellier, 18.

Daniel-Lacombe (Henri), avocat, docteur en droit, rue de l'Ancienne-Comédie, 13.

Debourgue, colonel en retraite, rue Saint-Denis, 23.

Druinaud, libraire, rue de la Mairie, 6.

Dubeugnon, professeur à la Faculté de droit, avocat, rue du Coq, 1.

Ducos-Delahaille, avocat, rue Le Bascle, 7.

Ducrocq, professeur à la Faculté de droit de Paris, doyen honoraire de celle de Poitiers, rue d'Oleron, 4, à Poitiers, et rue Stanislas, 12, à Paris.

Dupont (Le docteur Pierre), impasse des Jacobins, 27.

Ernault (Emile), maître de conférences à la Faculté des lettres, rue Saint-Maixent, 2.

Faure (Stanislas), avocat, rue du Moulin-à-Vent, 5.

Férand, inspecteur général des ponts et chaussées en retraite, rue des Hautes-Treilles, 31 ter.

Fontenioux (Alfred du), avocat à la Cour d'appel, rue de la Traverse, 4.

Fourgeaud (Paul), avoué, rue Neuve-des-Arènes, 11.

Fruchard (Le comte Albin), membre du Conseil général, rue Sainte-Opportune, 9.

Gaillard (Léon), rue Lebascle, 1.

GAILLARD DE LA DIONNERIE (Henri), ancien conseiller, rue du Puygarreau, 3,

GAILLARD DE LA DIONNERIE (Ernest), rue Saint-Porchaire.

GAILLARD DE LA DIONNERIE (Henri), avocat, rue Neuve de la Baume, 27.

GINOT (Louis), ancien magistrat, rue Notre-Dame-la-Petite, 7.

GINOT (Emile), rue de la Tranchée, 16.

GODET DE LA RIBOULERIE (Baron), rue de la Traverse, 1 bis.

GUÉ (A.), lithographe, place d'Armes, 26.

JABLONSKI, docteur en médecine, rue des Arènes, 17.

LAMBERT, docteur, rue du Gervis-Vert, 28.

LAIZER (Comte DE), rue des Flageolles, 7.

LE CAMUS (Comte), rue Montgautier, 6.

LECOINTRE (Comte Gérasime), place Notre-Dame, 9.

LECOINTRE (Comte Louis), ancien député de la Vienne, rue du Petit-Bonnevaux, 16.

LECOINTRE (Comte Arsène), rue d'Orléans, 5.

LEPETIT (Louis), conseiller à la Cour d'appel, r. du Moulin-à-Vent.

LIÈVRE (Auguste), bibliothécaire de la ville, Porte de la Tranchée.

LOBSTEIN (René), étudiant, rue de la Bretonnerie, 12.

MALARTIC (Comte DE MAURES DE), place Saint-Pierre, 18, et rue Vanneau, 5, à Paris.

MARDIÈRE (DE VEILLECHÈZE DE LA), docteur en médecine, place Saint-Pierre, 14.

MARNAY (L'abbé), supérieur général des Filles de la Croix, à la Puye, rue de la Trinité, 10.

MARTINEAU, architecte, rue des Hautes-Treilles, 37.

MASCAREL (Arnold), rue Lebascle, 5.

MAZEREAU (L'abbé), économe au Grand Séminaire.

MÉNARDIÈRE (Camille DE LA), avocat, professeur à la Faculté de droit, rue Boncenne, 9.

MÉTAYER (Gustave), rue du Marché, 15.

NETTANCOURT (Marquis DE), rue d'Oléron, 6.

OLIVEREAU (L'Abbé Louis), rue Saint-Savin.

OUDIN (Paul), imprimeur, rue de l'Éperon, 4.

PALUSTRE (Alfred), avocat, rue des Hautes-Treilles, 29.

PERLAT (Alfred), photographe, rue du Puygarreau, 5.

POULIOT, docteur en médecine, rue de l'Étude, 1.

POUPELARD, docteur en médecine, médecin-major de 1re classe, en retraite, rue des Hautes-Treilles, 8.

RICHARD (Alfred), archiviste du département, rue du Puygarreau, 7.

ROULIÈRE (Louis DE LA), rue des Hautes-Treilles, 53.

SACHET, ancien président du tribunal civil, rue Saint-Fortunat, 5.

SAVATIER (Henri), avocat, rue Saint-Paul, 38.

SEGRETAIN (Léon), général de division, gouverneur de Lille (Nord), et 23, rue de l'Hospice, à Poitiers.

SURREAUX (Victor), architecte, place de la Préfecture, 4.

TAUNAY (Paul), avocat à la Cour d'appel, rue Saint-Paul, 32.

TRAVERSAY (Baron Ernest DE), ancien garde général des forêts, rue Cloche-Perse, 19.

Membres titulaires non résidants.

MM.

ALLARD, notaire honoraire, à Parthenay (Deux-Sèvres).

AMIRAULT, capitaine de frégate en retraite, à Parthenay (Deux-Sèvres).

ARGENSON (Marquis DE VOYER D'), au château des Ormes (Vienne), et rue de Grenelle, 113, à Paris.

ARNAULDET (Thomas), au Fossé-Rouge, par Ste-Florence (Vendée), et rue d'Assas, 9 bis, à Paris.

AUBRUN, architecte, rue Charles V, 15, à Paris.

BADOU-MAUBERT, receveur de l'enregistrement et des domaines, en retraite, à la Parlière, comm. de St-Bonnet-de-Bellac (Haute-Vienne.

BAILLON (de), à l'abbaye de Ligugé (Vienne).

BEAUCHAMP (DE), au château de la Forge, par Lhommaizé (Vienne).

BEAUCHAMP (Louis DE), au château de la Forge, par Lhommaizé (Vienne).

BEAUCHAMP (Étienne de), au château de la Touche, par Lhommaizé (Vienne).

BEAUCHAMP (Vicomte Maurice DE), officier de cavalerie, route de Compiègne, 28, à Senlis (Oise).

BESSE (dom), bénédictin, sous-prieur de l'abbaye de Ligugé (Vienne).

BLUMEREAU, notaire, à Rom (Deux-Sèvres).

BOURLOTON (Edgard), rue de Vaugirard, 46, à Paris.

BRANTHOME (Stéphane), au château de Jaulnay (Vienne).

BROCHET (L.), agent voyer d'arrondissement,à Fontenay-le-Comte (Vendée).

CHAMARD (Dom), bénédictin, prieur de l'abbaye de Saint-Maur-sur-Loire, par Gennes (Maine-et-Loire).

CHAMPCHEVRIER (René DE), château de Mariville, par Bonneuil-Matours (Vienne).

CHARPENTIER (Gustave LE), ancien conseiller général, à Saint-Maixent (Deux-Sèvres).

CHASTEIGNER (Comte DE), au château des Giraudières, par Châtellerault (Vienne), et rue de Grassi, 7, à Bordeaux.

CHATELLIER, rue Félibien, 36, à Nantes (Loire-Inférieure).

CHAUVET, notaire, à Ruffec (Charente).

CHEMIOUX (Henri), avocat, à Puymire, près Lessart, par Poitiers.

CLOUZOT, libraire-éditeur, à Niort (Deux-Sèvres).

COURTEAUD (L'abbé), curé d'Adilly, près Parthenay (Deux-Sèvres).

CREUZÉ (Adrien), ancien député, à Châtellerault (Vienne).

CUMONT (Marquis DE), conseiller général, au château de la Roussière, par Coulonges-sur-l'Autize (Deux-Sèvres).

CURZAY (Vicomte Élie DE), château de Curzay, par Jazeneuil (Vienne).

DECAZES (Vicomte Raymond), au château de Villars, par Persac (Vienne).

DESAIVRE (Léo), membre de la Société de statistique des Deux-Sèvres, à Niort (Deux-Sèvres).

DROZ (Gustave), quai Voltaire, 41, à Paris, et château de la Vauguyon, près et par Chinon (Indre-et-Loire).

DUPRÉ (Edmond), rue du Delta, 26, à Paris.

DUPUYTREM, député de la Vienne, aux Martins, commune de Bignoux, par Saint-Julien-Lars (Vienne), et rue de la Baume, 8 *bis*, à Paris.

Duret, conseiller honoraire, à St-Jean-d'Angely (Char.-Infér.).

Duvau (Jules), conseiller général, à Châtellerault (Vienne).

Ernoul, ancien ministre de la justice, à la Borderie, par Lussac-les-Églises (Haute-Vienne).

Eschassériaux (Baron), ancien député de la Charente-Inférieure, à Thenac, près Saintes.

Farge (Joseph de la), à Viviers (Ardèche).

Fauchereau (Abbé Charles), curé-doyen de St-Julien-l'Ars (Vienne).

Favraud, inspecteur de l'enseignement primaire, rue de Périgueux, 120, à Angoulème (Charente).

Formigé, architecte de la Ville de Paris, attaché aux monuments historiques, rue Coetlogon, 4, à Paris.

Fouchardière (Alphonse de la), à Châtellerault (Vienne).

Fouchier (de), lieutenant-colonel d'infanterie territoriale, rue Léon-Joany, 20, à Châtellerault.

Garran de Balzan, aux Châtelliers, par Fomperron (Deux-Sèvres).

Grandmaison (Charles de), archiviste d'Indre-et-Loire, à Tours.

Granges de Surgères (Marquis de), rue Royale, 13, à Nantes (Loire-Inférieure).

Guyot (L'abbé), curé de Sillars, par Lussac-les-Châteaux (Vienne).

Henry, entrepreneur de la manufacture de Châtellerault (Vienne).

Hérault (Alfred), conseiller-maître à la Cour des comptes, rue Pierre-Charron, 4, à Paris.

Horric du Fresneau de Lamotte, avocat, au château de Gourzac, par Chasseneuil (Charente).

Huet (l'abbé), curé à Esse, par Confolens (Charente).

Labbé (Arthur), banquier, à Châtellerault (Vienne).

La Fare (Paul de), à Châtillon-sur-Loing (Loiret).

Larclause (le général Savin de), à Versailles, 5, rue d'Angivillers, et à Saint-Martin-la-Rivière, par Chauvigny (Vienne).

Lassus (Baron Marc de), ancien député, boulevard Malesherbes, 57, à Paris.

Lastic-Saint-Jal (Comte Henri de), propr., à Lenclottre (Vienne).

Lavergne, agent voyer d'arrondissement, à Civray (Vienne).

Layre (baron de Bourgnon de), rue de Poitiers, 12, à Paris.

LECOINTRE (Comte Adrien), château de Grandmont, par Saint-Avertin (Indre-et-Loire).

LECOINTRE (Eugène), à Alençon (Orne).

LESTRADE (marquis de), à Rom (Deux-Sèvres).

LEVESQUE (Louis), à Saint-Maixent (Deux-Sèvres).

LEVESQUE (Maurice), Grand'rue, 22, à Saint-Maixent (Deux-Sèvres).

MENARD (abbé), professeur de philosophie au Petit Séminaire de Montmorillon (Vienne).

MILLORY, propriétaire, à Ternay, par les Trois-Moutiers (Vienne).

MONTESQUIOU (Comte Fernand DE), ancien conseiller d'État, rue Pierre-Charron, 36, à Paris.

MOREAU, à Loudun (Vienne).

MUSSET, archiviste paléographe, bibliothécaire de la ville, à la Rochelle (Charente-Inférieure).

ORFEUILLE (René D'), r. de la Quintinie, à Versailles (Seine-et-Oise).

PALUSTRE (Henri), chef de bureau auxiliaire à la Banque de France, à Calais (Pas-de-Calais).

PALUSTRE (Léon), directeur honoraire de la Société française d'archéologie, rampe de la Tranchée, 64, à Tours (Indre-et-Loire).

PAULZE D'IVOY DE LA POYPE (Jacques), au château de la Motte, à Croutelle, près Poitiers.

PÉRAUD (Georges), à l'Espassière, par Béruges (Vienne).

PETITEAU, docteur en médecine, aux Sables-d'Olonne (Vendée).

PUIS (Tiburce DU), avenue de Neuilly, 75, à Neuilly (Seine).

PUYNODE (Fernand DU), au château de Boismorand, par Saint-Savin (Vienne).

RAYMOND (Docteur), médecin à l'hôpital Saint-Antoine, rue de Rome, 21, à Paris.

RESBECQ (Comte DE FONTAINE DE), rue Notre-Dame-des-Champs, passage Stanislas, 3, à Paris.

RICHARD (Olivier-Jules), ancien magistrat, à Pas-de-Jeu, par Oiron (Deux-Sèvres).

RILLY (Comte DE), au château d'Oisonville, par Sainville (Eure-et-Loir).

RIPAULT (L'abbé), curé-doyen de Lusignan (Vienne).

ROBUCHON, photographe, à Fontenay (Vendée).

ROCHEBRUNE (Octave DE), à Fontenay-le-Comte (Vendée).

RONDEAU (Philippe), rue Le Goff, 4, à Paris.

ROUGÉ-BIENVENU, à Cinq-Mars (Indre-et-Loire).

ROUGERIE (Mgr), évêque de Pamiers (Ariège).

ROY (Edmond), avocat, avenue de Paris, 25, à Niort (Deux-Sèvres).

SAZILLY (DE), château de la Sablonnière, commune de Vouneuil-sous-Biard, par Poitiers.

SORBIER DE POUGNADORESSE (DE), boulevard des Filles-du-Calvaire, 7, Paris.

SOUBEYRAN (Baron DE), ancien député de la Vienne, rue de Monceau, 49, à Paris.

TARTARIN (ED.), juge au tribunal de Montmorillon, à Saint-Martin-la-Rivière, par Chauvigny (Vienne).

TAUDIÈRE (Henri), à Parthenay, au château de l'Abbaye, par l'Absie (Deux-Sèvres), et rue Herschell, 7, à Paris.

TOUSCHE-D'AVRIGNY (baron de la), au château de la Guittière, par Saint-Pierre-de-Maillé.

TOUCHOIS, docteur en médecine, à Châtellerault (Vienne).

THÈZE (Alfred), docteur en médecine, rue Audry-de-Puyravault, 48, à Rochefort.

TOURNIER, ingénieur civil, boulevard de Strasbourg, 33, à Paris.

TRANCHANT (Charles), ancien conseiller d'État, ancien conseiller général de la Vienne, rue Barbet-de-Jouy, 28, à Paris, et à Chauvigny (Vienne).

TRÉMOILLE (Duc DE LA), avenue Gabriel, 4, à Paris.

TREUILLE (Raoul), au château de Chitré, par Vouneuil-sur-Vienne (Vienne), et rue de Rivoli, 158, à Paris.

TROY (Henri), avocat à la Cour d'appel, rue Lafaurie-de-Monbadon, 3, à Bordeaux (Gironde).

VALLETTE (René), avocat, à Fontenay-le-Comte (Vendée).

VAUGEOIS, notaire, à Lusignan (Vienne).

VILLEDIEU (DE), avocat, quai Voltaire, 5, Paris.

Membres correspondants.

MM.

Audinet(Eugène), professeur agrégé à l'École de droit, à Aix (Bouches-du-Rhône).

Babinet, conseiller à la Cour de cassation, passage Laferrière, à Paris.

Barrière Fiavy, membre de la société archéologique du midi de la France, à Gentillac, par Laverdun (Ariège).

Barthélemy (Anatole de), membre du Comité des travaux historiques, rue d'Anjou-Saint-Honoré, 9, à Paris.

Bonneton, président du tribunal civil de Gannat (Allier).

Brichaut (Auguste), ingénieur, boulevard Henri IV, à Paris.

Champeval, avocat à Figeac (Lot).

Carrière (L'abbé), curé de Saint-André-de-Valborgne (Gard).

Clément-Simon (G.), ancien procureur général, au château de Bach-Naves, par Tulle (Corrèze).

Combet, avocat, à Uzerche (Corrèze).

Delattre (Le R. P.), missionnaire, conservateur du musée de Carthage, à Carthage.

Delisle (Léopold), membre de l'Institut, rue des Petits-Champs, 8, à Paris.

Deloche (Maximin), membre de l'Institut, rue Solférino, 13, à Paris.

Dugast-Matifeux (Charles), à Montaigu (Vendée).

François Saint-Maur, président de chambre honoraire à la Cour d'appel, à Pau (Basses-Pyrénées).

Germain (Léon), bibliothécaire-archiviste de la Société d'archéologie lorraine, rue Héré, 26, à Nancy (Meurthe-et-Moselle).

Ladmirault (Général de), rue de Lille, 36, Paris, et château de la Fouchardière, par Lussac-les-Châteaux (Vienne).

Leveillé (L'abbé), professeur de sciences naturelles, rue de Flore, 104, au Mans (Sarthe).

Lucas, architecte, directeur de la *Biographie des architectes* membre de la Société des arts, boulevard Denain, 8, à Paris.

Mabilleau (Léopold), docteur en philosophie, professeur à la Faculté des lettres, à Toulouse.

MARTIN (Gabriel), rue de Villersexel, 9, à Paris.

MAS-LATRIE (Louis DE), membre de l'Institut, professeur honoraire à l'École des chartes, boulevard Saint-Germain, 229, à Paris.

MOREAU (Frédéric), 98, rue de la Victoire, à Paris.

NICAISE, avocat, à Châlons-sur-Marne (Marne).

PICHOT (E.), quai Jemmapes, 72, à Paris.

PIGANEAU, professeur à l'école des Beaux-Arts, cours d'Albret, à Bordeaux (Gironde).

RÉVÉREND DU MESNIL, à Daron, par Saint-Christophe en Brionnois (Saône-et-Loire).

REVOIL, architecte, à Nîmes (Gard).

ROACH-SMITH, éditeur des *Collectanea antiqua*, à Strood (Angleterre).

ROSNY (Léon DE), professeur à l'École des langues orientales, avenue Duquesne, 47, à Paris.

SEGRÉTAIN (Alexandre), général de division, 14, boulevard des Invalides, Paris.

SEPTENVILLE (Baron DE), député, au château de Lignières, par Poix (Somme).

SICOTIÈRE (DE LA), avocat, à Alençon (Orne).

TAMISEY DE LARROQUE, à Gontault, par Marmande (Lot-et-Garonne).

TRANCHANT (Mᵐᵉ Charles), rue Barbet-de-Jouy, 28, à Paris, et à Chauvigny (Vienne).

VIVIEN DE SAINT-MARTIN, vice-président de la Société de géographie, à Versailles (Seine-et-Oise).

Récapitulation.

Membre d'honneur	1
Membres honoraires	8
Membres titulaires résidant à Poitiers	96
Membres titulaires non résidants	103
Membres correspondants	36
Total	244

LISTE

DES SOCIÉTÉS SAVANTES

AVEC LESQUELLES

la Société des Antiquaires de l'Ouest est en relation.

SOCIÉTÉS FRANÇAISES.

1.	Aisne.	Société des sciences, arts et belles-lettres, à Saint-Quentin.
2.	—	Société archéologique, à Laon.
3.	Algérie.	Société archéologique, à Constantine.
4.	—	Académie d'Hippone, à Bone.
5.	Allier.	Société d'émulation de l'Allier, à Moulins.
6.	Aveyron.	Société des lettres, sciences et arts, à Rodez.
* 7.	Basses-Pyrénées.	Société des sciences, belles-lettres et arts, à Pau.
8.	Bouches-du-Rhône.	Société de statistique, à Marseille.
* 9.	Calvados.	Société des Antiquaires de Normandie, à Caen.
*10·	Charente.	Société historique et archéologique de la Charente, à Angoulême.
11.	Charente-Inférieure.	Société des archives historiques de la Saintonge et de l'Aunis, à Saintes.
12.	—	Commission des arts et monuments, à Saintes.
13.	–	Société de géographie de Rochefort.
* 14.	Cher.	Société des Antiquaires du Centre, à Bourges.
15.	—	Société historique, littéraire, artistique et scientifique du Cher, à Bourges.
16.	Corrèze.	Société historique et archéologique, à Brives.
17.	Côte-d'Or.	Académie des sciences, arts et belles-lettres, à Dijon.
18.	—	Société d'histoire et d'archéologie religieuses du diocèse de Dijon.
* 19.	Côtes-du-Nord.	Société d'émulation des Côtes-de-Nord, à Saint-Brieuc.
20.	Creuse.	Société des sciences naturelles et d'antiquités, à Guéret.
* 21.	Deux-Sèvres.	Société de statistique des Deux-Sèvres, à Niort.
22.	Dordogne.	Société historique et archéologique du Périgord, à Périgueux.
23.	Doubs.	Société d'émulation, à Montbéliard.
24.	Drôme.	Revue de M. l'abbé Chevalier, à Romans.
25.	Eure-et-Loir.	Société archéologique d'Eure-et-Loir, à Chartres.
26.	Eure-et-Loir.	Société dunoise, à Châteaudun.

27. Finistère.   Société académique, à Brest.
* 28. Gard.   Académie du Gard, à Nîmes.
* 29. Gironde.   Société archéologique de Bordeaux et du sud-
                        ouest, à Bordeaux.
30.   —   Société anthropologique de Bordeaux.
31. Hautes-Alpes.   Société d'études des Hautes-Alpes, à Gap.
* 32. Haute-Garonne.   Société archéologique du midi de la France,
                        à Toulouse.
33.   —   Académie des sciences, inscriptions et belles-
                        lettres, à Toulouse.
34. Haute-Loire.   Société d'agriculture, sciences et arts, au Puy.
35. Haute-Marne.   Société historique et archéologique de Lan-
                        gres.
36. Haute-Savoie.   Société florimontane d'Annecy.
* 37. Haute-Vienne.   Société archéologique et historique du Li-
                        mousin, à Limoges.
38.   —   Société des Amis des sciences et des arts, à
                        Rochechouart.
* 39. Hérault.   Société archéologique, à Béziers.
40.   —   Académie des sciences et lettres, à Montpellier.
41. Ille-et-Vilaine.   Société archéologique d'Ille-et-Vilaine, à
                        Rennes.
* 42. Indre-et-Loire.   Société d'agriculture, sciences et belles-
                        lettres, à Tours.
43.   —   Société d'archéologie de Touraine, à Tours.
44. Isère.   Académie delphinale, à Grenoble.
* 45. Landes.   Société de Borda, à Dax.
46. Loir-et-Cher.   Société des sciences et des lettres, à Blois.
* 47.   —   Cercle archéologique du Vendômois, à Ven-
                        dôme.
48. Loire.   Société de la Diana, à Montbrison.
* 49. Loire-Inférieure. Société archéologique de la Loire-Inférieure,
                        à Nantes.
' 50. Loiret.   Société archéologique de l'Orléanais, à Orléans.
51. Maine-et-Loire.   Société académique, à Angers.
52.   —   Société d'agriculture, sciences et arts, à Angers.
53.   —   Société des sciences et beaux-arts de Cholet.
54. Marne.   Société d'agriculture, sciences et arts, à Châ-
                        lons-sur-Marne.
* 55.   —   Académie nationale, à Reims.
* 56. Meurthe-et-Moselle. Société d'archéologie lorraine, à Nancy.
57.   —   Académie de Stanislas, à Nancy.
58. Meuse.   Société des sciences, lettres et arts, à Bar-le-Duc.
* 59. Morbihan.   Société polymathique du Morbihan, à Vannes.
60. Nièvre.   Société nivernaise des lettres, sciences et arts,
                        à Nevers.
61. Nord.   Commission historique du département du
                        Nord, à Lille.

90. Somme.   Société d'émulation, à Abbeville.
91. Tarn-et-Garonne.   Société archéologique, à Montauban.
92. Var.   Société académique du Var, à Toulon.
* 93. Vendée.   Société d'émulation de la Vendée, à la Roche-sur-Yon.
94. —   Revue du bas Poitou, à Fontenay.
95. Vienne.   Société d'agriculture, belles-lettres, sciences et arts de Poitiers.
96. —   Bibliothèque municipale de Poitiers.
97. Vosges.   Société d'émulation des Vosges, à Épinal.
98. Yonne.   Société archéologique, à Sens.
99. —   Société des sciences historiques et naturelles de l'Yonne, à Auxerre.

SOCIÉTÉS ÉTRANGÈRES.

1. Angleterre.   Société de numismatique de Londres.
2. Autriche.   Société historique de Styrie, à Gratz.
* 3. Belgique.   Commissions royales d'art et d'archéologie, à Bruxelles, 22, rue Montoyer.
4. —   Société d'archéologie, 63, rue des Palais, à Bruxelles.
5. —   Académie d'archéologie de Belgique, à Anvers.
* 6. —   Société d'archéologie, à Namur.
7. —   Société des belles-lettres, sciences et arts du Hainaut, à Mons.
* 8. —   Cercle archéologique, à Mons.
9. —   Cercle archéologique d'Enghien.
* 10. Espagne.   Académie royale de l'Histoire, à Madrid.
* 11. États-Unis.   Smithsonian Institution, à Washington.
* 12. Luxembourg.   Société pour la recherche et la conservation des monuments historiques, à Luxembourg.
* 13. Russie.   Commission impériale d'archéologie, à Saint-Pétersbourg.
14. Suède.   Académie royale des belles-lettres, d'histoire et antiquités, à Stockholm.
* 15. Suisse.   Société d'histoire et d'archéologie, à Genève.
16. —   Société des Antiquaires, à Zurich.

MÉMOIRES

DE LA

SOCIÉTÉ DES ANTIQUAIRES

DE L'OUEST

SÉANCE PUBLIQUE DU 14 JANVIER 1894

PROCÈS-VERBAL

Le dimanche 14 janvier 1894, à huit heures du soir, la Société des Antiquaires de l'Ouest a tenu sa 57ᵉ séance publique annuelle dans la grande salle de son Hôtel, passage de l'ancienne mairie.

Une assistance nombreuse et distinguée, où l'on comptait plusieurs dames, s'était rendue à l'invitation de la Société.

M. Hild, président, a ouvert la séance par un discours intitulé : *l'Université et la Société des Antiquaires.*

M. de la Marsonnière, secrétaire, a lu son rapport sur les travaux de l'année.

La séance a été terminée par une lecture de M. le colonel Babinet : *la Belle vierge de Kent, princesse d'Aquitaine* (xɪvᵉ siècle).

Le Révérend Père de la Croix, qui devait faire une confé-

XVI

b

rence sur le temple St-Jean, s'est excusé, ne pouvant se rendre à la réunion pour cause d'indisposition.

La séance a été levée à 10 heures et demie.

Dans sa séance privée du lendemain 15 janvier, la Société, selon l'usage, a procédé au renouvellement de son Bureau et de son Conseil d'administration pour l'année 1894.

Voici les résultats du scrutin :

Président :   M. l'abbé BLEAU, aumônier du Lycée.

Vice-président : M. BONVALLET.

Secrétaire :   M. TORNÉZY.

Vice-secrétaire : M. COULON.

Trésorier :   M. ALFRED BARBIER.

Questeur :   Le R. P. DE LA CROIX.

Bibliothécaire : M. LEDAIN.

Membres du Conseil d'Administration :

       MM. HILD.

           POIRAULT.

           DE LA MARSONNIÈRE

           DUPRÉ.

L'UNIVERSITÉ

ET LA

SOCIÉTÉ DES ANTIQUAIRES

DISCOURS

PRONONCÉ A LA SÉANCE PUBLIQUE ANNUELLE DE LA SOCIÉTÉ DES ANTIQUAIRES DE L'OUEST
LE 14 JANVIER 1894

Par **M. J.-A. HILD**, Président,

Doyen de la Faculté des Lettres

Mesdames, Messieurs,

Une société savante qui a soixante années d'existence, qui peut aligner sur les rayons d'une bibliothèque quatre-vingts gros volumes où il y a des trésors de science et quelques modèles de beau langage, qui a compté dans ses rangs plusieurs illustrations des lettres françaises et un grand nombre de savants estimables, est un beau sujet d'histoire. Peut-être cependant est-il prématuré encore qu'on le traite, surtout entre antiquaires ; et si l'historien devait être un professeur d'antiquités grecques et romaines, c'est-à-dire le plus antiquaire de tous par destination, la chose serait plus étrange encore. Aussi me garderai-je bien de le faire ; je veux

seulement, à la faveur de cette solennité à laquelle nous
avons l'habitude de convier chaque année nos amis, non
pas vous raconter un épisode de cette histoire, ni même
en peindre quelques héros, mais vous dire, avec la double
préoccupation du président de cette compagnie et du doyen
d'une de nos facultés, comment ont vécu côte à côte, comment
ont agi l'une sur l'autre cette grande institution d'État qui
s'appelle l'Université de France et la libre Société des Antiquaires de l'Ouest.

Parmi les douze notables habitants de Poitiers qui, le 13
août 1834, dans un hôtel situé à l'angle des rues de l'Éperon et de l'Ancienne-Comédie, chez M. le chevalier du Puis-
Vaillant, lieutenant-colonel de la garde nationale, fondè-
rent notre Société des Antiquaires, figuraient le doyen de la
Faculté de droit Foucart et le professeur de philosophie du
collège royal Mazure (1). Parmi les vingt membres qui aussitôt après firent adhésion et qui formèrent le noyau, dès lors
très vivace, d'où est sorti le bel arbre que vous savez, je rencontre le professeur d'histoire Ménard et celui de troisième
Hippeau, du même collège. Ainsi, dès ses débuts, la Société
étant comme une image réduite du Poitiers intelligent,
la présence de quelques universitaires appartenant aux deux
ordres d'enseignement y fournit un trait caractéristique.
Appréciables comme nombre, ils le sont plus encore comme
qualité ; dussé-je courir le risque de vous paraître flatter

(1) Discours de M. de Longuemar. Séance du 26 décembre 1869.

le présent à l'aide du passé et même de paraître me flatter un peu moi-même, j'ajouterai qu'il en sera ainsi jusqu'au bout. Vous n'avez pas toujours pris à l'Université ses meilleurs; mais ceux que vous lui avez pris n'ont jamais compté parmi les mauvais.

Il n'en pouvait être autrement; l'idéal auquel correspondait la Société nouvelle ne devait séduire que des esprits généreux et des travailleurs. Il s'agissait, par la décentralisation des recherches historiques et archéologiques, de renouveler la science du passé en y mettant l'exactitude du détail, de substituer aux généralisations faciles et pompeusement oratoires, un inventaire méthodique et clair, ce qui n'exclut pas l'agrément de la forme et les qualités de la composition, une discussion raisonnée des documents enfouis dans le sol, des chartes et des mémoires oubliés dans les collections publiques et dans les archives des particuliers. Aux chercheurs déterminés qui unissaient ainsi leurs efforts sur une terre où depuis des siècles s'étaient déroulés les événements les plus notables de notre histoire, l'association offrait la ressource d'un organe de publicité périodique. Ce n'était pas seulement un moyen de fixer à jamais les résultats des découvertes faites et de provoquer la discussion en les publiant ; c'était aussi, pour ceux qui en acceptaient la peine, la réputation assurée: *Honos alit artes studiaque... incenduntur gloria.* Comment des hommes qui par leur profession même se trouvaient être des écrivains ou qui ne demandaient qu'à le devenir, auraient-ils hésité à profiter de la ressource qui s'offrait à eux ? Il arriva dès lors que, travaillant sous la bannière de la Société qu'ils avaient fondée, ces hommes travaillèrent pour eux-mêmes et que leur carrière d'universitaires fut d'autant plus belle, leur avancement d'autant plus

rapide, que les services rendus par eux à la cause des antiquités locales avaient été plus remarquables.

Vos rangs ont toujours été ouverts, sans préoccupation
d'opinions, de provenance et de fonctions, à tous les hommes
de savoir, de goût et de bonne compagnie. En fouillant le
livre d'or des membres de la Société depuis ses origines,
j'y ai rencontré un instituteur, comme j'y ai trouvé des principaux et des régents des collèges (1). Cependant ce n'est pas
là que vous pouviez songer à trouver beaucoup de recrues ;
parmi les fonctionnaires qui ont pour mission d'enseigner,
ceux-là surtout sont naturellement des vôtres qui se desti-
nent à l'enseignement secondaire ou supérieur local ; qui y
prennent une part effective ou qui, ayant fourni leur carrière,
charment la retraite par les études accoutumées. Vous avez
eu aussi un faible pour les administrateurs, je devrais dire
pour l'administrateur qui est à la tête de cette très importante
académie. Car pour les censeurs, proviseurs et inspecteurs
d'académie, sauf un ou deux qui vous étaient attachés par
des liens particuliers, il faut croire qu'ils ont trop à faire
avec la jeunesse vivante pour trouver le temps de s'occuper
des antiquités mortes. Quant au recteur, comme son action
rayonne des bords de la Loire à ceux de la Dordogne, qu'elle
franchit d'une part les monts du Limousin et que de l'autre elle va se perdre dans l'Océan, vous avez jugé que, son
domaine ayant à peu près l'étendue du vôtre, il devait vous
appartenir. Jusqu'en 1876, date caractéristique à partir de laquelle, non pas tout à fait de leur faute, les Universitaires ont

(1) Boulmier, instituteur, membre en 1844, auteur d'une notice (*Mémoires*,
1845), sur J. Salmon-Macrin ; Ardillaux, ancien principal du collège de Melle,
membre en 1857, étudia les voies romaines entre la Vienne et la Gartempe, etc. ; Fournials, principal du collège de Loudun ; Andreoli, professeur au collège de Châtellerault, auteur d'une notice sur Th. Renaudot (*Bulletins*, 1862).

commencé à se sentir mal à l'aise parmi vous (les temps
sont bien changés!) ils ont, peu s'en faut, tous été des
vôtres. Et vous les avez traités toujours avec le respect que
commandaient leurs titres scientifiques aussi bien que leurs
fonctions, souvent même avec l'affectueuse déférence qu'inspirait un caractère aimable, qu'entretenait le charme des relations familières (1). De la Liborlière et Audinet ne vous
étaient pas chers seulement comme Poitevins ; ils s'impo-
saient par le savoir, ils plaisaient par leurs qualités littéraires
qui étaient remarquables ; de la Saussaye était un savant
éminent, un administrateur de premier ordre qui brilla parmi
vous et même se fit aimer. Chéruel, venu d'ailleurs et accom-
plissant à Poitiers une des étapes de sa carrière d'historien
et d'administrateur, est une des gloires de votre Société.
Plus d'un ici se souvient encore qu'il en a été l'ami dévoué;
et si jamais vous pouviez l'oublier, vos publications sont là
qui gardent la trace des adieux vraiment touchants qu'il
vous a légués, des regrets qui l'ont suivi à Paris où s'est
achevée sa digne et laborieuse existence (2).

Mais le grand fléau d'une société savante en province,
quand elle se recrute parmi des fonctionnaires, c'est qu'elle
est exposée à les perdre d'autant plus vite qu'ils l'ont honorée davantage. Paris, centre rayonnant où sont les suprêmes
récompenses du travail de l'esprit, où en sont aussi les plus
précieuses ressources, vous en a enlevé plus d'un, directement ou après un détour. Il vous les a enlevés même par-

(1) Le premier recteur qui ait fait partie de la Société est Tardivel (1838) ; il
prit une part active à ses travaux comme le prouve un rapport bibliogra-
phique (p. 60, *Bulletin* de cette année) ; de la Liborlière, de la Saussaye et
Chéruel comptèrent parmi nos collaborateurs les plus zélés. Il en fut de même
d'Audinet qui, nommé recteur départemental, resta inspecteur d'Académie
après la suppression de cette fonction.

(2) V. *Mémoires*, 1874, p. 27.

.ois par provision ; je veux dire que des savants à l'ambition
juvénile, envoyés comme professeurs dans nos facultés ou
au lycée, se sont abstenus de frapper à votre porte qui
cependant les attirait, pour ne pas se donner les regrets
d'une séparation trop prochaine.

D'autres qui vous ont apporté les prémices de leur talent
et qui ont été redevables à vos publications de leur renommée naissante, vous quittaient au moment où vous leur
témoigniez votre gratitude en les appelant à la présidence :
ainsi Jeannel et Ouvré, nommés professeurs de Faculté
l'année même où ils obtenaient cet honneur envié ; ainsi
Beaussire qui ne put même présider la séance solennelle,
une nomination ministérielle l'ayant appelé à Paris à la rentrée précédente. Plus on observe le mouvement des fonctionnaires cherchant à tirer de leur situation le meilleur
parti possible, plus on acquiert la conviction que César a
cessé de faire des disciples : il n'en est guère qui n'aiment
mieux s'éclipser dans la foule de leurs semblables à Paris
que de rester au premier rang dans la tranquille province. Il
est vrai qu'il n'en est guère peut-être qui n'espèrent briller
partout, ayant brillé au milieu de vous. Deux au moins de
ceux que j'ai nommés ont justifié cette prétention ; et leurs
succès que vous suiviez un peu avec la sympathie d'une
famille pour le parent qui réussit au loin, vous pouvez har-
diment en revendiquer une part, puisque eux-mêmes n'hé-
sitaient pas à vous la faire très large, le cas échéant.

Parmi les universitaires qui ont apporté leur collaboration
active à l'œuvre de la Société il en est un qui mérite une
mention particulière. Celui-là fut vraiment le sage dédai-
gneux des honneurs lointains et des avancements hasardeux.
Successivement professeur, censeur et proviseur de notre

Lycée, il a été parmi les fondateurs de la Société en 1834 et il y a des traces encore de ses communications dans nos bulletins quarante-deux ans après, en 1876 (1). Pendant vingt-cinq années consécutives, du jour où il prit une retraite prématurée jusqu'au moment où il put craindre que ses forces ne trahissent sa volonté toujours ardente à vous servir, il a tenu la plume du secrétaire : avec quelle compétence dans toutes les questions d'archéologie et d'histoire, avec quel tact dans l'éloge et quelle modération dans la critique, ses rapports annuels sont là pour nous l'apprendre. S'il manquait un peu de l'originalité propre aux chercheurs de tempérament, s'il n'a jamais prétendu à la puissance de conception, qui fonde une œuvre de longue haleine, en revanche, quel vulgarisateur exact et persuasif ! quel metteur en œuvre des opinions d'autrui ! quel professeur des saines méthodes, des principes d'ordre et de correction dans l'exposé des thèses les plus embarrassantes ! Des hommes de ce genre sont précieux dans une société comme la vôtre ; et lorsqu'à ces qualités variées ils joignent la fidélité au pays où ils ont fait leurs premières armes, on peut dire, sans exagération, qu'ils sont les ouvriers par excellence de votre renommée devant l'opinion scientifique, qu'ils fournissent comme les colonnes d'un laborieux édifice auquel les autres n'apportent que des pierres. Tel a été Ménard ; tel il mérite de vivre dans vos souvenirs, comme il vivra dans ceux de l'Université de Poitiers qu'il a honorée de tant de manières.

En constatant qu'en somme, malgré les brillantes exceptions qui s'appellent Ménard, Jeannel, Ouvré, le lycée a si

(1) Ménard fut nommé recteur départemental à Auch en 1851 ; mais il préféra demander sa retraite et se fixa à Poitiers où il mourut en 1882. Sa dernière publication fut les *Essais poétiques d'un vieillard*, 1877, typogr. Dupré. Poitiers.

peu donné, après la période de fondation où il a joué un rôle important (1), à la Société des Antiquaires, je ne me défends point d'une réflexion qui a l'inconvénient de ressembler à une leçon. C'est que les Sociétés savantes en province, avec leur auditoire d'amateurs intelligents et courtois, avec leurs organes de publicité largement répandus, rendraient aux professeurs de l'Enseignement secondaire un service inappréciable, s'ils voulaient bien en user. Elles les arracheraient de temps à autre au milieu où leur savoir est accepté, quelquefois même subi parce qu'il est celui du maître et aussi du juge, pour les mettre en face de la discussion indépendante, aux prises avec des idées qui se défendent et avec des questions qui ne sont pas résolues d'avance. Ce n'est pas moi qui médirai jamais des avantages du contact assidu avec la jeunesse, même avec celle (en est-il encore?) qui, modeste dans son inexpérience, ne demande pas mieux que de croire en la parole du maître, comme si le Saint-Esprit lui-même dictait par sa bouche! Mais il est certain qu'à s'habituer à cette docilité, on perd aisément les qualités critiques ; on devient impropre peu à peu à l'œuvre de science pure et de recherche originale. Pour réagir contre l'influence, forcément déprimante et dissolvante, de la classe à faire, trop souvent d'après un formulaire invariable, rien ne serait plus utile aux jeunes professeurs que la pratique de vos bibliothèques, que l'étude raisonnée de vos collections et la participation à vos séances intimes. Ouvré n'a pas seulement trouvé parmi vous l'idée de son *Histoire de*

---

(1) Ont encore fait partie de la Société des Antiquaires, les professeurs du lycée de Poitiers dont les noms suivent : Puiseux, prof. d'histoire ; Feugère, prof. de seconde ; Macary, prof. de mathématiques; Rozey, prof. d'histoire ; Ponsot, prof. d'histoire, Monnier, prof. de rhétorique ; Picquet, prof. de philosophie ; Antoine, prof. d'histoire, et Chevalier, prof. d'histoire. Il y faut ajouter deux aumôniers, MM. Tribert et Bleau.

Poitiers pendant la Ligue et celle de son étude sur *Jean Bouchet*, auteur des Annales d'Aquitaine ; vous lui avez fourni,
avec les manuscrits laissés par le Poitevin Aubéry du Mau-
rier, la matière de la thèse de docteur qui lui a ouvert les
portes de l'enseignement supérieur. Vous lui avez fourni
mieux que cela encore, et non pas seulement à lui mais à
bien d'autres qui ne sont pas tous morts, sans compter ceux
que vous obligerez ainsi dans l'avenir : vous lui avez donné
l'occasion d'exercer durant vos séances l'esprit de répartie
aimable, d'improvisation facile et claire, de discussion polie
et persuasive. Est-il meilleure école non seulement pour le
professeur mais pour l'administrateur universitaire, que ces
réunions d'hommes instruits, qui, pareils à Solon, se van-
tent de vieillir en apprenant toujours, qui tous égaux devant
le même idéal, sont jaloux à bon droit de leur égalité et pour
qui la vérité même perd de ses charmes si elle n'est pas présentée avec à propos et politesse ?

II

Que cependant les professeurs de notre lycée ne rougis-
sent pas trop s'ils ont négligé de venir se former en votre
compagnie ; je suis confus moi-même d'avouer qu'il fut des
périodes où les professeurs de Facultés, j'entends ceux des
sciences et des lettres qui ont la même origine, n'y ont
pas mis plus d'empressement. De l'une de ces facultés (il
est vrai qu'elle est la dernière venue à la lumière et plus
jeune de beaucoup que votre Société), il ne vous est jamais
arrivé qu'un seul savant, géologue de sa profession, numis-

matiste et voyageur curieux à l'occasion. Et même il vous a abandonné avant de quitter sa chaire, à l'époque critique où l'Université croyait avoir à se plaindre de vous, apparemment parce que vous n'étiez pas tous contents d'elle (1). Si vous ne gardez pas rancune aux scientifiques purs de rester à l'écart de vos discussions, il n'en est pas moins des jours où vous sentez le besoin de leur présence. Que de questions d'archéologie où un chimiste, un géologue, un botaniste même vous aideraient de leurs lumières ! Ne les invoquiez-vous pas naguère pour vous dire le dernier mot (il est vrai qu'il est gros !) dans celle des prétendus puits funéraires (2) ?

Comment expliquer que les professeurs de la Faculté des lettres, dont la place est marquée dans une Société comme la vôtre, aient plutôt eu l'air de vous éviter pendant longtemps ? En 1847, ils viennent à vous dans la personne de Derôme, leur premier doyen ; mais si je fais le compte de toutes les recrues qu'ils vous ont fournies pendant quarante ans, il en est jusqu'à sept que je pourrais vous nommer (3) : c'est bien peu. Si je cherche les raisons de cette réserve qui pourrait bien être systématique, j'en trouve beaucoup de mauvaises ; je ne vous les dirai pas. Une seule m'a paru digne de vous et d'eux-mêmes : c'est que, pour être des vôtres à la Société des Antiquaires, les nouveaux venus se figurent généralement qu'il faut être originaire de son domaine géographique ; et ce domaine qui a produit pour Poitiers et ailleurs beaucoup de professeurs de droit, ne semble guère fertile jusqu'à ce jour en littérateurs et en his-

(1) M. Contejean.
(2) Lire, dans le présent volume, l'étude de M. Lièvre sur cette curieuse question
(3) Ce sont MM. Derôme, Meyer, Huguenin, P. Albert, Beaussire, Monnier et Anot.

toriens. Vous vous êtes, par vos travaux et aussi par le mouvement normal de votre recrutement, tellement identifiés avec le sol de cette province, que les étrangers se font à eux-mêmes, quand ils s'aventurent parmi vous, l'effet d'être des intrus et presque des indiscrets. Dieu sait cependant combien vous vous donnez de peine pour détruire cette impression et mettre à leur aise ceux qui reçoivent votre hospitalité! Il me serait facile de me citer moi-même en témoignage ; mais si je vous rendais hommage sur des raisons personnelles, le compliment perdrait de son autorité pratique. Il rappellerait, aujourd'hui surtout, le naïf élan de vanité qui partit du cœur de Mme de Sévigné, le jour où elle eut l'honneur de danser avec Louis XIV : *Le grand roi que nous avons !* Mieux vaut invoquer l'exemple de mes prédécesseurs. Il en est un qui n'a pas laissé de traces bien profondes ni dans les travaux de la Société ni même dans l'enseignement universitaire ; et cependant, pour cela seul qu'il était de la Faculté des lettres et qu'il donnait le bon exemple d'être aussi des vôtres, vous l'avez bien vite nommé votre président : c'est lui qui fut chargé de porter la parole en votre nom, aux réceptions de la préfecture, le jour où le prince Louis Napoléon revint de Bordeaux, après y avoir prononcé le mot historique qui, depuis, sonne à nos oreilles comme une funèbre ironie de la destinée. Mon collègue Meyer ne trouva pas le moyen de placer sa harangue, cependant fort courte : mais il ne la laissa pas perdre pour la postérité : elle figure dans une de vos publications (1).

L'homme qui devant la Société des Antiquaires a bien longtemps personnifié la Faculté des lettres avec tout le

(1) *Bulletins*, 1850-52, p. 377.

prestige d'une science solide et étendue, avec tout le
charme d'un langage qui fut l'élégance dans la précision,
avec toutes les qualités d'un caractère où la tolérance la plus
large pour les idées d'autrui s'alliait à la ferme rectitude de
_ universitaire, fut Beaussire. Il est vrai que s'il voulut être
votre confrère, c'est un peu parce qu'il était votre compatriote ; mais l'estime où vous le teniez, les distinctions dont
vous l'avez comblé étaient indépendantes de ses origines.
Il avait du talent ; il le mit pendant six ans au service de
la Société ; il vous a honorés tous par ses travaux. Cela
suffisait pour lui mériter toute votre confiance, pour lui
garder, de loin comme de près, toutes vos sympathies. Il
n'y a pas dans votre histoire d'exemple plus propre à dissi-
per les préventions des universitaires qui hésiteraient à s'as-
seoir parmi vous ; lui-même s'est chargé, avec la netteté
qu'il apportait en toutes choses, de le constater le jour où il
prit possession de la présidence : « L'Université, vous
disait-il, n'a jamais cessé d'être représentée dans votre conseil
et voici la 10ᵉ fois que vous lui empruntez votre président.
Vous avez su reconnaître, en effet, quels services a rendus à
vos études l'enseignement universitaire (1). » Tout en rappelant ainsi les titres de l'Université à la reconnaissance de
la Société des Antiquaires, il rendait hommage à la large et
libérale hospitalité que vous aviez toujours pratiquée. Ce qui
était une vérité en 1867, où Beaussire vous a quittés pour
Paris, en attendant qu'il quittât l'enseignement pour la politique qui ne l'enleva jamais complètement à la philosophie
et aux lettres, n'a pas cessé de l'être depuis lors ; je n'en
veux pour preuve que votre rapport annuel de 1882 où vous

(1) *Bulletins*, 1867, p. 410.

remerciez votre éminent confrère de l'intérêt qu'il continuait
à vous porter, où vous comptez comme un titre d'honneur
de l'avoir eu pour président (1). Que dis-je? J'en ai une
preuve bien meilleure encore : quand la mort l'a frappé,
il y a quatre ans, c'est parmi vous que sa mémoire a rencontré, grâce à M. de la Marsonnière, alors président,
l'hommage le plus complet et le plus cordial qui ait été
décerné à son caractère et à son talent (2). Vous voyez, Messieurs, que si la Faculté des lettres a été trop peu représentée, à mon gré et aussi au vôtre, dans la Société des Antiquaires, elle l'a été par Beaussire de façon à les satisfaire
toutes les deux : je ne saurais, quant à moi, me placer sous
un patronage plus sympathique ni m'encourager d'un plus
digne exemple.

De 1867, où vous perdiez la collaboration si active, si
variée de Beaussire, jusqu'en 1885, où mon excellent collègue et ami Ernault vint occuper une place longtemps restée
vide, je cherche en vain dans vos *Mémoires* et *Bulletins*
les vestiges de notre Faculté des lettres. Et cependant
quelle époque favorable à l'éclosion de travaux neufs et intéressants sur les antiquités régionales ! C'est le temps où
le P. de la Croix, au nom de notre Société et aux applau-
dissements du monde savant, exhumait les ruines gallo-romaines de Sanciacum, signalées par vous quelques années
auparavant à l'investigation : occasion unique pour les
maîtres de l'archéologie ancienne de mettre leur savoir en
commun avec les merveilleuses facultés de ce chercheur.
Il y a, en effet, des questions, même dans le domaine de la

(1) *Mémoires*, 1882, p. 43. Cf. le discours de M. Lecointre-Dupont, qui pré-
sida la séance solennelle à la place de Beaussire, *Mémoires*. 1867, p. 550.
(2) *Bulletins*, 1889. Cf. le rapport de M. de la Bouralière. *Mémoires*, id.,
p. LXXYIX.

science pure, qui demandent à être traitées, lorsqu'elles
sont chaudes encore d'actualité ; il semble que la curiosité
surexcitée du public exerce alors sur les érudits une sorte
de suggestion heureuse et que si la nouveauté a l'inconvénient de favoriser les téméraires hypothèses des amateurs,
elle aiguillonne la recherche méthodique des spécialistes.
Mais ceux-ci étaient alors occupés ailleurs. J'en connais un
pour ma part (il appartient plus que jamais à la Faculté des
lettres et vous lui avez fait une assez belle place à la Société
des Antiquaires) qui a regretté bien souvent de vous avoir
connus trop tard. Au lieu d'aiguiser des épigrammes contre
une interprétation hasardeuse des fouilles, combien il aurait
mieux aimé dépenser ses efforts à en consacrer les résultats, de concert avec leur auteur et avec vous, dans une discussion amicale ! Mais il y avait entre vous et lui un vieux
différend ; et celui-là ne s'apaise et ne s'arrange que quand
on s'est connu et apprécié de près. C'est le même qui dans
toutes les Sociétés de province met aux prises de temps à
autre les savants de profession et les savants amateurs. Ces
Sociétés n'auraient-elles d'autre avantage que de réconcilier
ces frères ennemis de l'archéologie, qu'il les faudrait inven-
ter et bénir leur œuvre, puisque la science en a tout le profit. C'est le rôle des professeurs que l'état délègue dans ses
chaires, après les avoir éprouvés par des concours et des
examens difficiles, de répandre autour d'eux les bonnes
méthodes, d'agir sur les esprits par la pratique d'une érudition exacte et de mettre en garde les amateurs contre les
trop faciles hypothèses. L'insistance que vous mettez à réclamer leur concours, la gratitude que vous leur témoignez
par les procédés les plus délicats quand ils vous l'ont donné,
prouvent assez le prix que vous attachez à ce rôle. Ils se-

raient eux-mêmes des ingrats, ils perdraient une belle
occasion d'honorer leur vie en servant la science, s'ils faisaient les difficiles et les récalcitrants.

. Tandis que la Faculté des lettres s'est fait longtemps
prier pour accepter ici la belle part que vous lui destiniez
de par vos statuts et dans vos sympathies, la Faculté de
droit a été l'une des grandes forces, l'un des beaux ornements de votre société. Il est vrai qu'elle avait poussé dans
ce pays des racines profondes, lorsque vous commenciez
seulement de paraître au jour ; elle est notre aînée de beaucoup et l'enfant gâtée de l'opinion poitevine qui voit en elle
le plus beau fleuron de sa couronne universitaire. Cette
Faculté, nous l'avons vue attentive et dévouée auprès de votre
berceau ; elle y avait délégué l'homme aimable et laborieux
entre tous, Foucart, un juriste doublé d'un archéologue, qui
éclairait d'un sourire les problèmes les plus graves et faisait
de la science en s'amusant. Le savoir qu'il puisait dans les
livres n'était rien auprès de celui qu'il prenait dans la réalité. C'est le sac au dos, en courant les grands chemins
comme un touriste qui visiterait les montagnes de la Suisse,
qu'il étudiait les monuments curieux de notre région (1). Son
humeur gaie et vagabonde éclate dans ses travaux qui sont
nombreux ; il fut bien vraiment le plus joyeux, le plus ser-
viable, le meilleur compagnon qu'on pût souhaiter (2). Il a mis
dans vos premières publications l'entrain d'une intelligence
lumineuse et jeune, la finesse d'observation et le sens du
pittoresque, qualités qui, n'étant pas ordinaires chez les archéologues, avaient alors le grand avantage de vous présen-

(1) V. au volume de 1833, séances d'avril et de mai, le rapport sur un
voyage archéologique dans les arrondissements de Civray et de Montmorillon.
(2) *Mémoires*, 1860-61, pp. 7 et suiv. Discours de M. de Longuemar, président.

ter au public sous des dehors agréables, d'exclure de vos premiers travaux le pire des collaborateurs, je veux dire l'ennui.

Ne nous étonnons pas si la Faculté de droit, ainsi représentée parmi vous à vos origines, vous est toujours restée fidèle (1) ; il en est peu, parmi les maîtres éminents dont elle se glorifie, qui n'aient contribué à votre illustration. Vous avez eu Boncenne, Fey, Bourbeau, Lepetit, Ragon, pour ne parler que des morts (2). Quant aux vivants, vous en possédez quatre aujourd'hui et non des moindres. Si je ne m'étais imposé de parler de ceux-ci avec discrétion, pour ne pas effaroucher leur modestie, quel portrait il y aurait à faire de ces juristes qui, recueillant les traditions de la vieille magistrature, se délassent de leurs subtils travaux par les études de numismatique, d'archéologie et d'histoire ! J'y renonce à regret. Ils me permettront de constater tout au moins qu'ils ont travaillé à vous assurer la personnalité civile et le caractère d'utilité publique ; qu'ils vous aident de leurs lumières dans l'administration de vos intérêts matériels, comme ils contribuent par leurs écrits à votre renommée scientifique. C'est une ressource inappréciable et qui explique mieux que tout le reste votre prospérité toujours grandissante, que la présence dans vos conseils (ils y figurent en effet par leur influence lors même que vos suffrages ne les y peuvent appeler toujours), de ces hommes initiés à la pratique de toutes les affaires qui, dans les occasions graves, s'occupent des vôtres comme si elles leur étaient personnelles. Il n'im-

---

(1) Dans le volume du congrès réuni en 1884, pour le cinquantenaire de la Société, la Faculté de droit représente seule l'Université avec les Mémoires de MM. Ducrocq et de la Ménardière.

· (2) A citer encore Grelland, Pervinquière, Minier, professeur suppléant qui mourut très jeune en 1858.

porte qu'ils ne soient pas d'accord toujours : un sentiment leur est commun à tous et nous est commun avec eux : c'est qu'il n'y a pas de question de personnes quand est en jeu la prospérité de la Société, quand il s'agit, devant les pouvoirs publics et devant l'opinion, d'assurer son prestige et de défendre ses droits. Votre richesse actuelle a compliqué cette tâche : souhaitons que les juristes vous restent fidèles, mais que les procès les enlèvent le moins possible à leurs travaux d'antiquaires.

III

Je pourrais dès à présent tirer la conclusion de cette histoire, trop rapide à mon gré, des rapports de l'Université avec la Société des Antiquaires : mais il y manquerait un trait essentiel si, vous ayant montré ce dont elles furent redevables l'une à l'autre par le fait des hommes, je n'ouvrais tout au moins quelques timides perspectives sur ce que leur ont rapporté, en bien ou en mal, les événements. C'est la partie la plus délicate de ma tâche : je l'aborderai néanmoins sans aucune espèce d'embarras : nous sommes à une heure et dans un milieu où ces choses-là ne perdront rien à passer par ma bouche ; et si elles ne sont pas inopportunes, elles ne doivent offrir d'inconvénient pour personne.

Un des reproches que l'opinion du vulgaire, je parle du vulgaire qui s'intéresse aux choses de l'intelligence, aime à adresser à des associations comme la vôtre, c'est que leur constitution même les lie au passé d'où elles émanent et qu'elles restent immobiles alors que tout marche et évolue autour d'elles. Je ne jurerais pas, pour ma part, que le reproche ne fùt·fondé dans une certaine mesure. Ce n'est même qu'à la condition de le mériter que vous possédez sur d'autres institutions, de nature plus mobile et plus capricieuse, des avantages de force et de dignité. Cependant il n'y a pas d'édifice humain, si bien bâti qu'il soit sur le roc des principes, si bien défendu qu'il paraisse par le rempart des traditions, qui n'ait à compter avec les assauts du dehors, dans lequel il ne faille parfois ouvrir des portes à des convictions nouvelles, où il ne convienne de ménager des asiles pour des locataires que n'avaient pas prévus les premiers architectes. Vous êtes issus d'un temps dont on peut dire que toutes les forces intelligentes de la nation y tendaient, sous la tutelle bienveillante de l'État, vers un même idéal de justice suffisante et de sage liberté. Pour m'en tenir aux limites de mon sujet, l'Université de France, maîtresse absolue de l'enseignement à tous les degrés, n'avait ni opinion propre en matière religieuse et politique, ni lutte à soutenir contre des institutions rivales. Ils étaient rares ceux qui souhaitaient une concurrence pour hâter le progrès ; car celui-ci s'accomplissait naturellement et sans secousse, l'État apportant à coordonner les efforts individuels le souci à la fois de la liberté et de l'unité morale. Votre Société des Antiquaires de l'Ouest une des premières, puis après elle un grand nombre de sociétés analogues naquirent dans ce milieu ; elles s'imprégnèrent de son esprit. Ne nous étonnons pas si elles ont toujours pratiqué la tolérance la plus large pour l'admission de leurs membres et l'équité la plus scrupuleuse dans la répartition de leurs dignités électives : c'est la marque de leurs origines que les années n'ont pu effacer ; c'est le patrimoine inaliénable que les révolutions n'ont pu leur ravir.

Vous avez donc fait très bon ménage avec la Monarchie de Juillet, sous laquelle vous étiez venus au monde. L'empire non plus ne vous a pas été défavorable ; c'est le temps où l'archéologie gallo-romaine était surtout en honneur ; elle en était redevable à César dont la biographie était devenue une affaire d'État. Ce fut dans tous les centres où il y avait des vestiges à chercher de la guerre des Gaules et une explication à fournir aux problèmes des *Commentaires*, une émulation parfois fiévreuse, toujours très féconde, de fouilles et d'interprétations. Vous n'aviez pas la chance de posséder une Alesia dans votre domaine propre ; le sol de l'Aquitaine n'entrait guère dans le cercle des opérations de César et de ses lieutenants, mais il prenait sa revanche avec l'histoire de l'Empire romain ; il est unique pour les temps mérovingiens et pour toute la durée du moyen-âge. Vous eûtes donc votre part des encouragements officiels ; jusqu'en 1860 surtout, vous n'avez pas été mal en cour, et les fonctionnaires entraient chez vous sans crainte de compromettre leur carrière. Plus d'un universitaire trouva son compte à faire preuve, sous votre patronage, de valeur scientifique et de qualités administratives. J'en ai cité qui, ayant travaillé pour vous beaucoup, reçurent aussitôt des avancements auxquels vous n'étiez pas étrangers. Aussi n'est-ce pas un effet du hasard si alors les recteurs de Poitiers tinrent presque tous à honneur de siéger parmi vous, si l'enseignement des facultés n'a pas cessé d'être représenté au conseil d'administration, si, trois fois en dix ans, les Universitaires y ont figuré dans la proportion de quatre sur dix, fournissant à la fois le président, le vice-président et le secrétaire (1).

(1) En 1853, nous trouvons au bureau Audinet, recteur départemental, président ; Foucart, vice-président ; Ménard, secrétaire ; Meyer, membre du

Mais vous avez trop de vitalité intrinsèque, votre recrutement repose sur une base trop large pour que vous puissiez jamais courir le risque de vous laisser absorber par un corps constitué, par une caste, par une coterie. Quand des hommes de talent s'offrent à vos suffrages, vous ne leur demandez pas s'ils sont les amis du pouvoir, la politique n'ayant rien à voir parmi vous ; vous leur demandez des travaux qui vous fassent honneur, des actes de dévouement à vos intérêts qui sont d'ordre purement idéal, et vous récompensez ces intrigants en les élevant, très vite quelquefois, à la présidence. De même le gouvernement de vos préférences a toujours été celui qui secondait vos efforts, qui rendait justice à votre activité scientifique et qui vous fournissait les moyens de l'exercer le mieux possible. Peut-être cependant se mêla-t-il à vos rapports avec le gouvernement impérial des considérations d'un ordre un peu différent. Si j'en crois quelques-uns de vos anciens, il arriva qu'après la guerre d'Italie on vous regarda d'un meilleur œil à l'évêché qu'à la préfecture, et même que votre Société exhala alors comme un vague parfum d'union libérale. Je ne vous en ferai pas un reproche : c'était une façon de ressembler à l'Académie française. Mais tout en gardant votre indépendance, vous avez sagement tenu la politique à l'écart de vos séances et de vos publications. En somme, votre histoire sous l'Empire tient tout entière dans l'histoire de cet archéologue que j'ai connu comme un savant de premier ordre et longtemps

conseil. En 1856, de la Saussaye, recteur, est élu président; Foucart, vice-président ; Ménard, secrétaire, et Ouvré, membre du conseil. En 1864, Audinet est président de nouveau avec Ménard comme secrétaire, de la Ménardière comme vice-secrétaire ; Beaussire entre au conseil. Deux recteurs seulement, depuis 1853 jusqu'en 1876, sont restés en dehors de la Société : Delanneau et l'abbé Just.

comme un libéral déterminé. Il revint des Tuileries, où il
avait éclairé de ses lumières certains problèmes embarras-
sants, converti au régime? je n'en suis pas sûr ; en tout cas,
content du Musée de Saint-Germain... et décoré. Il est juste
d'ajouter qu'il eut le temps de mourir républicain.

Survint le grand ébranlement de 1870 : il faudrait n'a-
voir jamais fait de retour sur soi, dans un examen de conscience scrupuleux et sincère, pour tenir rigueur aux autres
de leurs fluctuations et de leurs erreurs durant cette période
difficile. Il y a eu, pour les associations comme pour les
individus, des années pénibles, où les meilleurs ont tâtonné
dans la confusion des opinions et quelque peu tourné sur
eux-mêmes, regrettant un passé qui ne leur avait pas été
contraire, sans oser se fier trop vite au présent, par crainte
de se tromper. On vous rendra cette justice que, suspectés
peut-être pendant quelque temps, considérés même comme
hostiles à cette Université qui avait tant fait pour votre
gloire, vous n'avez pas tardé à vous ressaisir vous-mêmes ;
vous vous êtes replacés en dehors et au-dessus des conflits d'opinion, dans les régions sereines de la science. -
Sans renier ni vos origines, ni le souvenir des bienfaits
passés, sans faire aucun de ces sacrifices empressés qui
ne conviennent qu'aux ambitieux vulgaires, aucune de ces
démonstrations bruyantes qui auraient fait croire que
vous aviez à racheter une erreur ou une faute, vous avez
été reconnaissants à la République des distinctions dont
elle a comblé plusieurs de vos membres, cités parmi
les plus laborieux. Vous avez été reconnaissants à l'Université d'avoir pris parmi vous, grâce à l'intelligente
libéralité du Conseil municipal de Poitiers, deux de vos
spécialistes les plus distingués, pour les associer à l'ensei-

gnement de la Faculté des lettres. Et vous avez cherché,
avec un empressement cordial, à recruter des hommes qui
ne seraient pas venus à vous s'ils avaient eu à faire un sacrifice de conviction, s'ils avaient pu craindre que leur adhésion à vos statuts fût interprétée comme une infidélité au
grand corps d'où ils tenaient leur autorité et leur prestige.

Les Universitaires ont retrouvé dans vos conseils la place
d'où ils s'étaient exclus eux-mêmes sans que vous eussiez
jamais rien fait pour les en écarter. En accueillant ainsi ceux
qui ont eu confiance en votre bon esprit comme vous avez
eu confiance en leur loyauté, vous avez fait un acte de
bonne politique. La récompense ne s'est pas fait attendre.
Non seulement vos rapports avec les pouvoirs publics sont,
à l'heure actuelle, aussi fructueux qu'agréables ; mais vous
avez atteint cette année même, permettez-moi cette constatation où se mêle un sentiment de fierté personnelle, le
chiffre le plus élevé, peu s'en faut, de sociétaires qui aient
jamais été inscrits en tête de vos Mémoires. Vous étiez 165
membres résidants et non résidants en 1876, l'année où
un Recteur, où un professeur de Faculté vous quittaient,
bien malgré eux, je suppose, peu avant de quitter l'Académie de Poitiers ; vous êtes aujourd'hui 210 et vous ne vous
arrêterez pas là. Une société d'hommes indépendants et
instruits qui sait compter ainsi avec les leçons de l'histoire
et les nécessités des temps est sûre de l'avenir.

RAPPORT SUR LES TRAVAUX

DE LA

SOCIÉTÉ DES ANTIQUAIRES DE L'OUEST

PENDANT L'ANNÉE 1893,

Par M. de la Marsonnière, Secrétaire

———————————

MESDAMES, MESSIEURS,

Il y a bien longtemps que, pour la première fois, à pareille séance, je rendais compte des travaux de la société, déjà florissante, devant un auditoire, hélas ! aujourd'hui disparu. Ce souvenir me vieillit autant que les années, et si, en janvier dernier, je m'inclinai devant le vote bienveillant qui, en me nommant secrétaire, me donnait l'illusion d'un retour printanier, ce n'était que pour un bail d'une année et avec l'assurance que demain, Messieurs, vous reporteriez votre confiance sur un plus jeune confrère.

Ces souvenirs d'antan s'associent, par leur fond même, au sujet de l'éloquent discours que vous venez d'entendre. Je ne saurais oublier, en effet, qu'au nombre des travaux dont, bien qu'indigne, j'avais alors à rendre compte, brillaient, au premier rang, ceux des personnalités universitaires dont M. le Président a si bien parlé et qui depuis les origines de notre société jusqu'à ce jour, n'ont cessé d'y jouer un rôle toujours considérable et parfois prépondérant. Ajoutons que, dans cette brillante revue consacrée aux sommités universitaires que nous avons comptées dans nos rangs, M. le Président a parlé de tous et si peu de lui-même qu'il faut bien que cette omission soit réparée. Or, c'est à moi qu'il appartient de le faire et je ne serai que l'écho du sentiment de tous en rendant un juste hommage, non seulement à la distinction avec laquelle M. Hild a présidé nos séances, non seulement au zèle et au dévouement qui lui ont fait mettre son crédit au service et au profit de notre bibliothèque, mais encore à l'esprit de courtoisie et de franche cordialité qui n'a cessé de régler ses rapports avec chacun d'entre nous.

La société a déjà, par son vote unanime du 16 novembre dernier, congratulé le nouveau doyen de la faculté des lettres de son avancement dans la hiérarchie universitaire, succès dont il a bien voulu reporter une part aux honneurs présidentiels que vous lui aviez conférés. Aujourd'hui, nous nous féliciterons avec lui des résultats de cette année académique qu'il a présidée et qui n'a eu rien à envier aux meilleures de celles qui l'ont précédée.

Notre volume de mémoires, distribué en mars dernier, ne compte pas moins de 640 pages et par conséquent est le plus fort que notre société ait encore publié. Ajoutons que, si gros qu'il soit, il est presque entièrement consacré à un mémoire dont, par cela seul, l'importance est déjà préjugée. C'est en effet une œuvre capitale, qui se recommande aux savants par un fond très documenté, et aux lettrés par la distinction de la forme. Je veux parler du mémoire sur La Chalotais et le duc d'Aiguillon, que nous devons à notre confrère M. Carré, professeur à la faculté des lettres de Poitiers.

Il y a, sur La Chalotais, une légende, très accréditée ja-

dis, mais qui paraît avoir fait son temps. Les passions
philosophiques et religieuses qui, durant la seconde moitié,
du xviii° siècle, ont régenté l'esprit public, avaient propagé,
cette croyance que le procureur général de La Chalotais
était l'innocente victime de la haine du duc d'Aiguillon et,
des rancunes de la compagnie de Jésus. Cette croyance,
répandue par d'ardents libelles, avait pris dans l'opinion
publique une telle consistance, que toute réaction contre
elle paraissait paradoxale et qu'il ne fallait pas un médiocre
courage pour la combattre et remettre à sa place la vérité
historique. C'est cependant ce qu'a entrepris M. Carré,
non de parti pris, mais convaincu par des preuves écrites
qui justifient pleinement sa thèse.

Ces preuves résultent de pièces nombreuses, consultées
par M. Carré dans des archives soit nationales soit privées,
et particulièrement dans une volumineuse correspondance
qui forme, à la bibliothèque publique de Dijon, quatre volumes *in quarto*. Cette correspondance est celle du chevalier de Fontettes, maréchal de camp de l'armée du roi, avec
un grand nombre de personnes, d'origine bretonne pour la
plupart, telles que MM. de la Noue, de Barrin, madame
de Caradeuc et mademoiselle de Charrette. Notre volume
contient l'entière publication de cette correspondance qui
n'y occupe pas moins de 438 pages. Les lettres dont elle se
compose sont fort intéressantes et très instructives. Elles
justifient le duc d'Aiguillon et la Compagnie de Jésus de
l'accusation de haine, de persécution et de barbarie que les
CHALOTISTES, ainsi nommait-on les partisans du célèbre
procureur général au Parlement de Bretagne, ont dirigées
contre eux. Sans doute, cette correspondance ne permet de
rien décider en ce qui concerne la culpabilité ou l'innocence
de la Chalotais, en tant qu'il fut accusé du crime de conspiration; « mais, dit M. Carré, elle doit amener les esprits

« non prévenus à reconnaître que, jusqu'ici, on a jugé l'affaire
« des troubles de Bretagne et le fameux procureur général
« sur la foi des traditions d'un parti politique et sur celle
« de brochures et de livres qui ne furent que des pam-
« phlets. »

Suivant M. Carré, M. de la Chalotais était « un intrigant
« retors, un juriste rompu aux artifices de la procédure la
« plus chicanière »... « Il a, dit-il, mystifié le public qui, en
lisant ses pamphlets, a cru que la violence était la garantie de sa franchise. »

Au contraire, ajoute M. Carré, le duc d'Aiguillon, « a été
un homme de gouvernement, un administrateur qui n'a
cessé d'observer les traditions de discrétion et de réserve
dont l'administration se fait gloire et qui ne lui permettaient
pas d'entretenir conversation avec le public. Ce silence, qui
était à son honneur, a été interprété contre lui par le public
qui l'a condamné sans appel ».

Or, cet appel, M. Carré le porte et le soutient aujourd'hui
devant la postérité. Grâce à lui, la vérité historique est réta-
blie et c'est avec juste raison que les organes accrédités de
la critique ont applaudi non seulement à l'œuvre de notre
confrère, mais encore à l'esprit de sincérité qui l'a inspirée.
Ajoutons que son travail a été loué à d'autres titres encore
et nous ne saurions mieux faire que de citer le passage suivant d'un article que lui a consacré la Revue historique.

« Il faut, dit cette revue, d'autant plus remercier M. Carré
« de cette très curieuse publication, qu'il l'a enrichie de
« notes aussi nombreuses que précises qui, grâce à de bon-
« nes tables, en font un véritable répertoire bibliographi-
« que de la noblesse du xviii° siècle. »

Le volume de mémoires où M. Carré tient une si large place
se termine par un travail archéologique de Mgr Barbier de
Montault. Cet article est consacré à la description et à l'ap-

préciation artistique du carrelage de l'ancienne église abbatiale des Chatelliers. Ce carrelage, qui remonte par ses origines au xiii* siècle et par ses réfections au xvi*, était enfoui
à un mètre de profondeur du sol sous les ruines et les dé-
combres de ce qui fut autrefois l'église abbatiale des Chatelliers. Des fouilles, encouragées par une subvention de la
société, furent pratiquées par notre confrère M. Garran de
Balzan, propriétaire du sol. Le résultat dépassa toutes les
espérances. Le carrelage, presque intact, était splendide :
« Aucune église de France, dit M⟨gr⟩ Barbier de Montault,
« n'a encore révélé un pareil ensemble. »

Nous ne suivrons pas l'auteur du mémoire dans les détails
de son étude approfondie de ce carrelage. Nul n'ignore sa
compétence en matière d'archéologie religieuse, la fidélité
de ses descriptions et la sûreté de ses jugements artisti-
ques. Nous nous bornerons à vous rappeler que son travail
est accompagné de cinq belles planches dont l'une représente le plan de l'église abbatiale, et les quatre autres des
spécimens de chacune des pièces, très diverses de forme,
de dessin et de couleur, dont se compose l'ensemble du carrelage. Ces planches dont le dessin est de M. le capitaine
Espérandieu, ont été publiées dans le bulletin archéologique par les soins du ministère des beaux-arts qui a bien
voulu mettre à notre disposition les clichés.

Messieurs, je ne quitterai pas notre volume sans vous
rappeler le discours par lequel, à la séance publique du
15 janvier dernier, M. Tornézy a clos l'exercice de l'année
1892. La prédilection de M. Tornézy pour l'étude des
mœurs et des élégances du xviii* siècle nous avait déjà valu
l'agréable et piquante histoire de M⟨lle⟩ de Chausseraye.
Dans son discours du 15 janvier 1893, M. Tornézy nous
conduit au boudoir de Madame de Pompadour, nous
racontant sa lutte contre un ministre du roi, le comte d'Ar-

genson, envers lequel, à tort ou à raison, la belle dame se croyait en droit de légitime défense. M. Tornézy nous fait très spirituellement le récit de ce conflit qui devait se terminer, comme toute lutte avec les favorites, par la disgrâce du ministre, ce qui eut lieu en effet. Ajoutons que l'intérêt croît avec cette disgrâce qui relègue le comte en son château des Ormes, où l'exil, si cruel qu'il soit, laisse encore intacte, dans le cœur du ministre, sa vieille affection pour le maître qui l'a injustement éloigné de lui. On s'attendrit au spectacle de cette fidélité du serviteur qui bénit encore la main qui l'a frappé. Elle console de l'ingratitude de tant de gens que l'on voit mordant la main qui les a comblés.

De notre volume, nous allons passer maintenant à l'examen des trois bulletins déjà publiés et de celui du quatrième trimestre qui est actuellement en cours d'impression.

C'est encore aux lectures de la séance publique du 15 janvier 1893 qu'a été emprunté le morceau capital de notre bulletin du premier trimestre. Je veux parler de la notice de M. Hild sur le Mercure de Sanxay.

Au nombre des objets antiques recueillis par le R. P. de la Croix dans ses mémorables fouilles de Sanxay, se trouvait une statuette en bronze de 12 centimètres de hauteur représentant Hermès-Mercure avec ses attributs très reconnaissables. Assurément, c'était une belle trouvaille, ne fût-ce qu'à raison de l'antiquité absolument authentique de cet objet. Mais on en ignorait encore la valeur artistique, et c'est à M. Hild qu'était réservé l'honneur de la découvrir et de la fixer. Il a démontré, par le rapprochement de cette statuette avec le Doryphore de Naples et avec le Mercure d'Annecy, qu'elle était la reproduction antique de l'Hermès de Polyclète, signalé par Pline l'Ancien. Le Mercure de Sanxay a donc des titres de noblesse artistique de premier ordre. M. Hild les lui a restitués dans son excellent travail, aussi logique dans ses déductions que précis dans ses descriptions. Nous sommes heureux d'ajouter que les maîtres de la science ont donné leur entière adhésion aux conclusions de M. Hild.

Dans le même bulletin, M. Émile Ginot, nous a donné un court article intitulé Calixte II en Poitou en 1096 et 1119.

Le second bulletin est occupé, en majeure partie, par une notice que M. Paulze d'Ivoy a consacrée au château de la Motte-sur-Croutelle. Cette étude, agréablement écrite, a été inspirée surtout à son auteur par son affection bien naturelle pour une propriété de famille. Elle offre, en même temps, l'intérêt historique et surtout généalogique, que comportent les origines fort anciennes du fief de la Motte et la diversité des familles qui s'y sont succédé comme propriétaires.

Ce bulletin contient aussi la publication d'un manuscrit annoté par M. Champeval. Il s'agit, dans ce manuscrit, d'un don fait, en 1542, à Charles, duc d'Orléans, fils de François Ier, par les gens et états de la Basse-Marche.

M. Léo Desaivre a publié, dans le troisième bulletin, une notice archéologique fort intéressante, intitulée le « Fronton d'Ardin ». La petite cité d'Ardin, *Aredunum*, sise dans les Deux-Sèvres, a eu, du temps des Romains, une importance qu'attestent les nombreux débris antiques qu'on y rencontre à chaque pas. On a découvert, notamment, il y a environ deux ans, dans un champ « dit des quatre noyers », appartenant à M. Fauger, des fragments d'architecture ayant fait partie d'un édifice évidemment décoré avec goût. Au nombre des débris de sculpture, se trouvait un fronton représentant un oiseau, et un gros singe à queue courte se jouant à travers des rinceaux. C'est ce fronton qu'a décrit M. Desaivre dans sa notice qu'accompagne une planche très réussie.

: Vous savez, Messieurs, avec quelle ardeur notre confrère

M. Alfred Barbier s'attache à l'étude des vieux manuscrits
et des vieilles maisons, études doublement profitables, les
unes à notre histoire locale, les autres à la restitution de
l'ancien Poitiers. Ses actives et patientes recherches sont
souvent couronnées de succès, et alors il ouvre volontiers son
portefeuille pour des communications et des lectures qui
prennent place dans nos publications. C'est ainsi que, dans
nos trois premiers bulletins, nous avons inséré sa notice
sur le logis de Charles Bonnaud, maire de Poitiers en 1495 ;
sa note sur le sceau de Jacques Turpin de Crissé, seigneur
de Monthoiron ; et ses communications : 1° sur le testament
de maître Hugueteau, seigneur de la Repoussonnière ; 2° sur
quatre titres en parchemin se rapportant à la famille Irland.

Dans le 4° bulletin, en cours d'impression, nous publions
trois articles, l'un de dom Chamart, l'autre de Mᵍʳ Barbier
de Montault et le troisième de M. Alfred Barbier.

Le travail de dom Chamart est une simple note accompagnant la copie d'un procès-verbal dressé, le 26 vendémiaire
an XI, par le maire de la commune de l'enclave de Melle
pour constater la découverte du tombeau de St Thibaud. A
ce procès-verbal est jointe une correspondance échangée
entre dom Muzet, bibliothécaire de la ville de Poitiers, et
M. Aymé, président du tribunal civil de Melle et propriétaire du sol où avait été faite cette découverte.

La notice de Mᵍʳ Barbier de Montault, écrite sous la forme
d'un rapport, est relative à un sceau communiqué à la société par M. Bonnin, peintre à Châtellerault. Ce sceau, qui
porte la légende *sigillum sanctæ indulgentiæ redemptionis
captivorum*, appartient à l'ordre des Trinitaires dont l'œuvre
principale était le rachat des captifs.

Enfin, M. Alfred Barbier complète le 4° bulletin par une
note accompagnant la copie d'un acte notarié du 18 décembre 1586 constatant un marché de peinture fait entre frère

Jacques Symier, gardien du couvent des Cordeliers, et un certain Dejax, peintre à Poitiers, pour la décoration du cloître de ce couvent.

Mais, Messieurs, l'activité de nos travailleurs ne s'est pas bornée à fournir la matière du volume de mémoires et dès bulletins dont je viens de rendre compte. De nombreuses lectures, encore inédites, ont assuré, et même au-delà, pour l'année qui s'ouvre, le sort de nos publications. Nous allons vous rappeler les titres de ces lectures dont l'appréciation est réservée à votre rapporteur de l'année prochaine, excuse toute naturelle pour la sécheresse de l'énumération qui va suivre.

A la séance du 16 février, M. A. Barbier vous lisait, sur une sœur de Brantôme, religieuse de l'abbaye de Sᵗᵉ-Croix, une intéressante notice qui figurera dans le volume de mémoires en cours d'impression.

Le même jour, M. Carré vous donnait lecture d'un article sur Dupaty et sur la correspondance de Vergniaud.

Le 16 mars, M. A. Barbier déposait sur le bureau une note accompagnant la copie de la charte inédite de François Iᵉʳ portant confirmation des privilèges de la ville de Poitiers.

Le 20 avril, le R. P. de la Croix vous communiquait, au nom de M. Blumereau, le compte-rendu, par ce dernier, des beaux résultats de ses fouilles de Rom, encouragées par une subvention de la Société.

Le 15 juin, M. Hild vous présentait un rapport où il combat, avec autant de courtoisie que de vigueur, la lecture très contestable donnée de « l'inscription de Gunter » par M. l'abbé de la Forest, ancien curé de Saint-Hilaire.

Le 6 juillet, M. Alfred Barbier commençait la lecture de son travail sur « la constitution féodale de la ville et de la vicomté de Châtellerault, œuvre d'érudition qui figurera dans notre prochain volume de mémoires.

Le même jour je vous lisais une notice intitulée « la succession du marquis René d'Argenson », travail dont j'ai puisé les éléments dans des documents inédits.

· Le 27 juillet, M. Richard, au nom de M. Léo Desaivre, vous communiquait et déposait sur le bureau, une notice sur le passage de Charles-Quint à Poitiers en 1539.

Après lui et après M. Lièvre, qui vous donnait la fin de son article sur « les puits dits funéraires » où sont énergiquement contestées les conclusions de l'abbé Baudry, la parole était au colonel Babinet qui présentait à la Société la première partie de son travail « sur la troisième des guerres civiles en Poitou, Aunis et Saintonge », lecture qu'il a continuée le 19 octobre.

Le 16 novembre, je vous présentais le commencement d'une notice ayant pour titre : « États de services d'un gouverneur de la ville de la Haye en Touraine, ancien exempt des gardes de corps de Henri IV. » Mon manuscrit était accompagné de trois lettres inédites, l'une de Henri IV du 18 janvier 1597, l'autre du lieutenant général de Marivault du 13 mai 1591 et l'autre de Louis XIII du 13 mai 1617.·

Enfin, le 21 décembre, M. Tornézy vous donnait communication de son introduction à la publication d'un manuscrit fort curieux que la Société possède dans ses archives. Je veux parler du journal qu'a écrit M. de Bergeret de son voyage, en Italie, en compagnie du peintre Fragonard.

Vous voyez, Messieurs, qu'en cette année de grève générale, nos travailleurs n'ont point chômé ; j'ajouterai que le soin de pourvoir à nos publications collectives n'a pas suffi à leur activité. Plusieurs d'entre eux ont écrit soit des livres, soit des articles publiés dans diverses revues. J'aurai le regret d'être bref en en parlant, étant données l'abondance des matières, ainsi que la brièveté de l'espace et du temps qui me sont mesurés.

Notre président, M. Hild, est un vaillant travailleur qui, à force de volonté et d'activité d'esprit, porte aisément le poids de tous les labeurs que comporte la vie du professeur et du publiciste. Sa science des lettres et de l'art grecs, qui rend si intéressante et si instructive la chaire qu'il occupe, lui a conquis une notoriété à laquelle nous sommes heureux de rendre hommage. Elle lui a valu l'honneur d'une collaboration au Dictionnaire des antiquités grecques et romaines dirigé par MM. Daremberg et Saglio et édité par la maison Hachette. Cette collaboration, très appréciée dans le monde savant, est des plus actives, ainsi qu'on en peut juger par le 18ᵉ fascicule que j'ai sous les yeux et qui contient à lui seul, huit articles de notre érudit président.

Messieurs, je n'entreprendrai point l'énumération des travaux que plusieurs revues archéologiques de France ont dus à l'infatigable fécondité de Mᵍʳ Barbier de Montault. Je me bornerai à vous signaler son mémoire sur la tapisserie des preux de Saint-Maixent, qui a occupé plusieurs numéros de la *Revue Poitevine et Saintongeaise*.

Dans cette même revue, M. Ledain a publié son important travail sur Savary de Mauléon, et M. de la Bouralière a fait paraître divers articles critiques, biographiques et bibliographiques. Ajoutons à l'actif de M. de la Bouralière, l'honneur que lui a fait sa brochure sur les débuts de l'imprimerie à Poitiers, ouvrage qui a obtenu un véritable succès.

Les paysages et monuments de M. Robuchon réussissent en Bretagne, aussi bien qu'ils l'ont fait en Poitou.

La *Revue du Bas-Poitou*, où nous trouvons un très bon article de M. Daniel Lacombe, continue le cours des succès que lui assurent la plume élégante de son directeur, M. René

Vallette, et le merveilleux burin de M. de Rochebrune.

. L'intérêt avec lequel le public a accueilli le mémoire de M. Lièvre sur les chemins gaulois et romains, publié dans notre dernier volume, a engagé M. Clouzot à en proposer la réédition à l'auteur. Celui-ci a accepté avec l'intention de compléter son travail par la mise en œuvre de documents recueillis depuis. En demandant à votre conseil d'administration l'autorisation de faire cette réédition, M. Lièvre a pris et a déjà tenu l'engagement de faire pour notre volume de mémoires, actuellement sous presse, un article complémentaire qui est aux mains de notre imprimeur.

MM. Hild, Alfred Richard, Carré et Ernaud ont fourni à la *Revue de la Faculté des lettres* divers articles.

• Ajoutez à la nomenclature que je viens de faire passer sous vos yeux un travail publié par M. Alfred Richard dans la Revue de numismatique et un article de moi dans la *Revue des Provinces de l'Ouest*, et vous aurez approximativement le compte exact des publications faites par vos confrères en dehors de celles qui nous sont communes.

Pardonnez-moi, Messieurs, cette digression qui ressemble un peu à une parenthèse ouverte au milieu du compte rendu de nos travaux collectifs. Je ferme maintenant cette parenthèse pour revenir à nos séances qui n'ont pas été seulement occupées par des lectures et qu'ont également intéressées diverses communications.

Le 17 janvier, nous recevions d'Afrique une lettre du R. P. Delattre, nous annonçant la découverte d'une monnaie d'Alphonse de Poitou, frère de Saint Louis, dans les ruines de Carthage.

Le 17 février, une lettre de M. Berthelé, signalant l'état précaire dans lequel se trouvait, au séminaire de Montmorillon, la pierre tombale commémorative de la sépulture de la Hire, soulevait une discussion, à la suite de laquelle

M. Bonvallet fut chargé de procéder, sur les lieux, à une enquête. Le 16 mars, M. Bonvallet présentait son rapport qui concluait à ce qu'un emplacement convenable fût assigné à ce monument, conclusions adoptées par la Société et favorablement accueillies, tant par le maire de Montmorillon que par le supérieur du séminaire.

A la séance du 16 février, M. Carré nous a révélé l'existence, dans nos archives, d'un manuscrit intitulé : « Mémoire et résumé de tous les griefs de La Chalotais. »

L'intérêt de cette révélation était doublé par sa coïncidence avec la publication du mémoire de M. Carré qui occupe la majeure partie de notre volume.

Le même jour, 16 février, M. René Vallette nous annonçait la découverte, « au lieu dit les cendres de Nalliers, » d'une sépulture gallo-romaine, contenant les restes d'une femme près de laquelle se trouvaient tous les appareils de toilette propres à l'usage d'une élégante romaine.

Le 20 avril, M. Allard, rappelant à la Société le vœu exprimé en 1884 par le congrès de notre cinquantenaire, faisait remarquer que ce vœu, tendant à ce que des mesures légales fussent prises pour la conservation des anciennes minutes notariales, n'avait point encore reçu satisfaction. M. Richard a fait observer à ce sujet que les notaires commençaient à prendre l'habitude de déposer leurs vieilles minutes aux archives départementales, et que peu à peu la persuasion amènerait la généralité des notaires à suivre cet exemple.

A cette même séance, M. Lièvre relevait une erreur de M. Merle d'Aubigné dans son *Histoire de la Réforme*. Il a fait remarquer, en effet, contrairement au dire de M. Merle d'Aubigné, que Calvin, durant son séjour à Poitiers, en l'année 1534, n'a pu tenir son prêche chez le lieutenant général

Regnier de la Planche, puisque ce dernier était mort dès 1527.

Le 16 octobre, une autre erreur a été signalée, par M. Richard, dans le bulletin d'une Société correspondante, où l'on attribuait à Charles le Chauve une monnaie frappée à Melle sous les comtes de Poitiers et par conséquent 200 ans plus tard.

Enfin, vous avez eu de M. Poirault, à la séance du 21 décembre, une communication écrite que nous publions dans notre bulletin du 4ᵉ trimestre. Il s'agit de la tour sise près du pont de Rochereuil, sur les murs de laquelle, au-dessous d'une console destinée à recevoir une statue, M. Poirault a découvert les armes de Simon Herbert, maire de Poitiers au commencement du xviᵉ siècle.

Je dois maintenant, Messieurs, vous signaler les dons qui ont été faits à la Société et qui ont apporté à chacune de nos séances un surcroît d'intérêt.

Et d'abord, sur la demande de notre Président, appuyée par M. le Recteur de l'académie, le Ministre de l'instruction publique nous a adressé, en sus de ses envois habituels, un choix d'importants ouvrages dont s'est enrichie notre bibliothèque.

Un autre don, non moins précieux, nous a été fait par M. Édouard Dupré, imprimeur à Paris, sur la demande de son cousin M. Louis Dupré, dont nous ne saurions trop louer le zèle intelligent et l'infatigable dévouement. Ce don est celui de la collection complète du *Journal de la Vienne* de 1806 à 1885.

Aux nombreuses publications périodiques que nous recevons par voie d'abonnement ou d'échange sont venus s'ajouter, à titre de dons, des livres et publications individuelles. Ces dons sont trop nombreux pour que nous fatiguions notre auditoire de leur énumération et de celle des noms de leurs auteurs (1).

Nos archives se sont enrichies de nombreux manuscrits dont elles doivent la majeure partie aux dernières volontés de Mlle de Mauprié, nièce de M. de la Liborlière, l'un des fondateurs de notre Société. Ce don consiste en un certain nombre de livres et en la totalité des papiers, titres et manuscrits se trouvant dans sa succession. La Société n'a pu encore jusqu'ici se rendre compte de toute l'importance de ce don. Mais elle m'en voudrait de ne pas saisir le moment d'en témoigner toute sa reconnaissance à la mémoire de la donatrice.

Plusieurs autres manuscrits intéressants nous ont été offerts par MM. Alfred Barbier, Champeval, Garran de Balzan, Druet, et particulièrement par M. l'abbé Courteaud, à la libéralité duquel la Société a été si souvent redevable.

Notre médailler doit également à ce dernier le don de nombreuses monnaies : les unes romaines, les autres du moyen-âge, et notamment deux rares et curieux deniers mérovingiens qui ont été, de la part de M. Alfred Richard, l'objet d'une intéressante étude.

MM. Alfred Barbier, Gibaud et surtout, M. Poissonneau, entrepreneur à Poitiers, ont ajouté aux richesses de notre musée lapidaire par des dons de sculptures et de moulages provenant tous de la ville de Poitiers.

Le temps nous manque pour énumérer les objets divers offerts par MM. le R. P. de la Croix, Louis Dupré, Perlat,

---

(1) Les noms de ces donateurs sont les suivants : MM. le comte de Lastic St-Jal, Alleau en sa qualité de légataire universel de Mlle de Mauprié, Moreau, Hild, de la Bouralière, Lièvre, Alfred Richard, Tornezy, René Valette, de Rochebrune, marquis de Granges-Surgères, A. Barbier, Emile Ginot, Léon Germain, Nicaise, comte de Marsy, Ulysse Chevalier, comte de Killy, de Romejoux, l'abbé Arbellot, l'abbé Courteaud, Barrière Flavy, Ch. Sauzé, Edouard Biré, Charles Bréard, baron de Bouglon, Farcinet, l'abbé Berthault, René Pichon et de la Marsonnière.

Allard, de Nettancourt, Jouteau, Bonvallet, Poireau, Rougier, Bienvenu et Rouchier. Nous avons hâte d'ailleurs de rappeler à votre gratitude la faveur dont jouit, auprès des artistes et des amis de l'art, notre musée des Augustins.

Rappelons tout d'abord, comme un don de premier ordre, le beau tableau à l'huile dû à un glorieux pinceau et représentant l'Acropole d'Athènes. Le R. P. de la Croix a assigné, cette année, dans notre musée des Augustins, à cette toile une place digne d'elle et qui la met dans tout son jour. Nul sujet ne pouvait convenir mieux que celui-ci à une société d'antiquaires, c'est ce que nous disait gracieusement l'an dernier M. de Curzon, dans la lettre qui accompagnait le don de son œuvre.

M. Tornezy, dont vous connaissez la compétence en matière d'art, vous a offert deux tableaux, dus à des pinceaux plus modestes que celui auquel nous venons de rendre hommage, mais qui peuvent aussi figurer honorablement dans notre musée. L'une de ces toiles est de M. Achille Hivonnait et représente une tête de moine d'un fort bel effet. L'autre est le portrait de M. Armand Gouraud, gendre de M. Jolly, ancien maire de Poitiers, peint par M. Deschamps. Les peintres poitevins, à qui sont dues ces deux toiles, sont depuis longtemps décédés.

M¹¹ᵉ de la Marsonnière de St-Utre a offert à la Société, par mon entremise, un tableau à l'huile, d'un peintre de Châtellerault, représentant l'état actuel des ruines du château de la Groye. Ce don était accompagné de celui d'une pièce curieuse, le convoi funèbre distribué en 1715 pour les obsèques de dame Catherine de Pommereu, veuve de Pierre Boutet de Marivatz, Iᵉʳ gentilhomme ordinaire de Monsieur, frère de Louis XIV.

Enfin, Messieurs, nous devons à M. de la Ménardière, légataire universel de M. l'abbé Auber, un don qui nous est

doublement précieux, tant pour la libéralité de son auteur
que pour la mémoire vénérée dont il nous confie la garde, et
à laquelle, l'an dernier, M. Tornézy, président, et M. l'abbé
Bleau, secrétaire, ont rendu un juste et solennel hommage.
Le don de M. de la Ménardière consiste en six portraits
dont trois toiles, un pastel et deux gravures, ayant fait
partie de la succession de l'abbé Auber. L'une de ces toiles
est le portrait de notre regretté confrère. Les deux autres
sont des ancêtres : René Auber, seigneur de Daubœuf,
conseiller au parlement de Normandie, et Catherine de Bou-
lasse, sa femme. Le pastel est le portrait de la mère de l'abbé
Auber et les deux gravures, ceux de deux Auber, médecins
distingués, l'un à Rouen, l'autre à Paris.

J'ajoute qu'en remontant l'ascendance de la famille on
rencontre une gloire littéraire, celle de l'abbé Auber de
Vertot, historien dont le nom est célèbre et dont les œuvres
sont classiques. La loi de l'atavisme, qui paraît avoir sa
sanction même en ligne collatérale, devait nous donner et
nous a donné, en effet, en la personne de l'abbé Auber, l'his-
toriographe distingué du diocèse de Poitiers qui a honoré
deux de nos volumes par sa remarquable Histoire de la cathédrale de Poitiers.

Notre musée ne s'est pas seulement enrichi des libéralités
de nos donateurs, nous avons fait aussi, en exécution des
volontés testamentaires de M. de Chièvres, quelques acquisitions dans la juste mesure de nos disponibilités budgétaires.
Ces acquisitions sont celles de deux tableaux de M. Drake,
l'un au fusain reproduisant l'abside de l'ancienne église
St-Nicolas, et l'autre une aquarelle représentant une tour
des fortifications sud de la ville.

L'année 1893 dont nous venons de faire la revue a donc
été, pour notre Société, féconde en résultats utiles. La satisfaction que nous en éprouvons s'accroît encore de celle que

nous donnent les distinctions honorifiques dont trois de
nos confrères ont été l'objet. Nous avons eu en effet à féliciter M. le général Segretain de son élévation au grade de
commandeur de la Légion d'honneur, et MM. Palustre et
Lièvre, de la croix de chevalier du même ordre qui a récompensé leurs travaux.

Messieurs, nous vous laisserions volontiers sous cette
impression agréable, si l'affection et le respect que nous
devons à la mémoire de ceux qui ne sont plus ne m'impo-
saient le devoir d'assombrir ce rapport en vous rappelant
les vides que la mort a faits dans nos rangs.

M. Charles Coireau des Loges, ce bon et aimable confrère,
si bienveillant pour tous, si fidèle à ses amitiés et si assidu
à nos séances, a disparu le premier, emportant dans la
tombe l'estime et l'affection de tous ceux qui l'ont connu.

L'année s'était presque écoulée et nous étions arrivés au
mois de décembre sans deuil nouveau, lorsque nous est
parvenue une triste nouvelle. M. Jules-Frédéric Richard,
à peine âgé de 26 ans, a été enlevé le 16 décembre à sa
famille désolée. Attiré dans nos rangs par son goût pour
l'archéologie, il était destiné à prendre place, comme son
père, parmi nos travailleurs. C'était, en effet, le fils de
M. Jules Richard, l'ancien et vraiment digne magistrat, le
savant botaniste, l'écrivain, le poète, que nous affectionnons
pour ses qualités aimables et que nous honorons pour son
caractère et pour ses talents. Notre vive et unanime sympathie est acquise à sa douleur paternelle.

Mais ce deuil n'était pas le seul que dût nous apporter
ce funeste mois de décembre. Dix jours après, nous appre-
nions la mort de M. Georges d'Aviau de Piolant, petit neveu
de l'illustre évêque dont la mémoire est si chère à notre
diocèse. M. Georges de Piolant était un lettré distingué.
Chacun de nous se rappelle ses émouvants reportages, alors

qu'au temps de nos désastres, sur la frontière, il servait
son pays de sa plume aussi bien que de son épée. Nous
n'avons pas oublié non plus la brillante lecture, dont il nous
donna le régal à la séance publique de notre cinquantenaire.
Associons, Messieurs, nos regrets à la douleur de la femme
distinguée qui fut non seulement sa compagne, mais encore
son émule dans la culture des lettres.

Après avoir payé à ces deuils un juste tribut de regrets,
nous devons, Messieurs, nous féliciter des nombreuses ad-
jonctions qui sont venues fortifier nos rangs. Nous avons reçu
douze nouveaux titulaires : MM. le docteur Lambert, René
Lobstein, le baron de la Tousche d'Avrigny, le marquis de
Lestrade, l'abbé Ménard, le R. P. dom Besse, de Baillon,
l'abbé Olivereau, Creuzé, Alphonse de la Fouchardière et
l'abbé Coudreau.

Mais, Messieurs, ces acquisitions ne sont pas les seules
dont nous ayons à nous applaudir. Il en est une autre que
nous devons placer au premier rang et que nous a conquise
un vote exceptionnel et spontané.

En conférant, par acclamation, à M. Jules Simon le titre
de membre d'honneur, c'est-à-dire l'un des plus hauts
que nous comptions dans notre hiérarchie, nous étions
heureux d'acquitter une dette envers la société que préside
l'illustre académicien. C'était notre réponse au don de la
médaille d'honneur que, sur la proposition de notre distingué compatriote, M. Druet, le président de la Société d'en-
couragement au bien venait apporter à notre compagnie à
titre de récompense des soixante années de travaux qu'elle
comptera le 13 août prochain.

Cette récompense, Messieurs, me semble d'autant plus
précieuse qu'elle ne vise pas seulement nos travaux. Son but
est surtout d'honorer l'esprit qui les inspire. N'est-il pas
vrai que c'est une vue juste et haute que de considérer le

bien comme inhérent aux travaux d'une société telle que la nôtre ? C'est, en effet, le bien que se proposent d'atteindre les associations qui se vouent à l'étude du passé. Pourquoi ? Parce que la science du passé est l'école du présent et de l'avenir. Par les exemples qu'elle expose, elle préserve l'un et l'autre des dangers de l'erreur. D'où cette conséquence qu'au point de vue social les institutions comme la nôtre font le bien. Mais si, à se placer à ce point de vue élevé, on reconnaît que les sociétés adonnées à l'étude de l'histoire font le bien, ne pouvons-nous pas dire, dans un ordre d'idées plus particulier, qu'elles font encore le bien, ne fût-ce qu'à raison du bien qu'elles font à chacun d'entre nous, en nous unissant par le lien commun de la science. La science, en effet, nous charme toujours et souvent nous console. Elle nous rapproche les uns des autres par un mutuel intérêt et fait disparaître, dans l'émulation et la confraternité, la distance que met entre nous le nombre des années. Grâce à la science, nous sommes tous ici du même âge ; car la science est une magicienne qui vieillit les jeunes et rajeunit les vieux. Aussi bien, si toutefois ce n'est pas un peu déroger à la gravité de cette séance, je vous dirai cette courte strophe que j'écrivais, je ne sais plus à propos de quoi, il n'y a guère plus de trois mois.

> La science est une maîtresse
> Dont les attraits bravent le temps ;
> Elle est l'éternelle jeunesse,
> Et ses hivers sont des printemps.

UNE SŒUR DE BRANTOME

RELIGIEUSE DE L'ABBAYE DE SAINTE-CROIX

DE POITIERS

(1538-1567)

Par M. Alfred BARBIER

———— ··ọ··· ————

Ce n'est pas plus un drame à sensation qu'une historiette à la manière de Tallemant des Réaux que je vais raconter ; mais j'essaierai de peindre avec les couleurs du réalisme un tout petit coin du tableau si vaste, si original, si heurté dans ses tons, des mœurs familiales du seizième siècle. La mine est féconde et il y a tant de manières de tirer parti de ses profondeurs infinies !

Le sujet à développer est d'ailleurs complet et varié. Il débute par une scène émouvante dans le parloir d'une antique abbaye de Poitiers. — Un incident historique qui s'impose nous transporte ensuite dans une ville voisine agréablement assise sur les deux rives de la Vienne, non loin des confins de la Touraine. Là, ce ne sont que noces, festins et tournois chevaleresques. — Puis nous sommes obligé de revenir brusquement à Poitiers, devant le tribunal ecclésiastique de l'Officialité, qui prononce une grave sentence, après quoi un mariage de raison termine ces pages, indice certain qu'elles ne sont point un roman.

L'intérêt se concentre sur deux jeunes filles, amies d'en-

fance de condition différente : l'une, religieuse à treize ans
sans qu'elle le veuille ; l'autre, du même âge, unie malgré
les protestations naturelles de sa pudeur effarouchée, à un
étranger qu'elle déteste instinctivement. La psychologie
est là dans son réel domaine.

A ces deux enfants violentées, la liberté de penser, de
vouloir, de se posséder est interdite par l'autorité abusive
d'un roi et d'une reine, frère et sœur, amis des lettres et leurs
protecteurs au début de la Renaissance.

Après cela il est inutile de les nommer.

Françoise de Bourdeille, une des deux sœurs du fameux
chroniqueur Brantôme, est l'héroïne ou mieux la victime
dans cette étude. Auprès d'elle viennent se grouper, un
seul jour, quelques heures, à Poitiers, d'illustres personnages : le roi et la reine de Navarre, Henri II d'Albret et
Marguerite d'Angoulême, grand'mère du bon roi Henri IV,
le vicomte de Rohan, prince de Léon, marié à Isabelle
d'Albret, sœur du roi de Navarre, Philippe Chabot,
seigneur de Brion, amiral de France, époux de Françoise de Longwy (1), le vicomte de Bourdeille, François II,
et sa femme Anne de Vivonne, fille d'André de Vivonne,
grand sénéchal du Poitou, et de Louise de Daillon (2). Voilà
les noms marquants, plus que cela, historiques, que j'ai recueillis dans des pièces manuscrites appartenant aux ar-

(1) Elle était nièce de l'évêque de Poitiers Claude de Longwy, cardinal de Givry,
qui fit son entrée solennelle dans la ville le 2 mars 1542. (V. la note de la p. 15.)
(2) La dame de Bourdeille est portée sur *le livre des dépenses* de Marguerite
d'Angoulême sous le titre général de « dames et damoiselles » pour la somme de
300 livres. — Sa mère, Louise de Daillon, la sénéchale du Poitou, pour 500 livres.
«La reine Marguerite, dit Brantôme (*Vie des dames illustres*), composa toutes ses
Nouvelles en allant par pays, car elle avoit des plus grandes occupations estant
retirée. — Je l'ai ouy conter à ma grand'mère, qui alloit toujours avec elle dans
sa litière comme sa dame d'honneur et luy tenoit l'escritoire; et les mettoit par
escrit aussitost et habilement ou plus que si on lui eust dicté. »

chives de l'abbaye de Sainte-Croix de Poitiers. Je ne soupçonnais pas leur existence, le hasard seul les a placées sous mes yeux, alors que mon but était d'étudier les origines des paroisses limitrophes de Saint-Romain et de Vellèches, vassales jusqu'à la Révolution de la riche et puissante abbaye fondée par Sainte Radegonde. Les chercheurs ne doivent pas se décourager, car s'ils ne trouvent pas souvent ce qu'ils désirent, ils font quelquefois d'heureuses rencontres auxquelles ils ne s'attendaient pas dans ces amas de parchemins que le vulgaire n'apprécie guère qu'au kilogramme.

Cela dit et sans autre préambule, j'arrive au fait qui m'a semblé avoir quelque intérêt comme peinture de mœurs.

Dans la liasse 3, série II, des archives du département de la Vienne relatives à l'abbaye de Sainte-Croix se rencontrent deux pièces, l'une sur papier, l'autre sur parchemin ainsi inventoriées : « Sentence de l'Official de Poitiers qui déclare séculière et non soumise à l'observance régulière Françoise de Bourdeille, fille de François de Bourdeille, baron et vicomte de Bourdeille, qui par contrainte avait embrassé la vie religieuse en l'abbaye de Sainte-Croix, — avec un mémoire présenté à l'Official par lad. damoiselle de Bourdeille. »

Que l'imagination trop incandescente du lecteur n'aille pas au delà de ce que révèle cette froide et impartiale analyse de pièces, autrement curieuses par les souvenirs qu'elles évoquent. Les conséquences raisonnables qu'on pourra en tirer seront plutôt une critique des mœurs des grands seigneurs au seizième siècle que des idées religieuses et de la vie monacale à la même époque. En effet, il ne s'agit pas, comme on serait tenté de le croire au premier abord, de la séquestration délictueuse d'une jeune fille dans un monas-

tère où elle aurait été attirée et retenue par des manœuvres
blâmables, mais de la mise en œuvre d'un procédé social alors
fréquemment employé dans les familles nombreuses de sacrifier les filles aux garçons. A ces derniers, les honneurs, les
richesses et la liberté ; et trop souvent, à leurs sœurs, l'hu-
milité, la prière et la pauvreté dans un froid monastère. Telle
est la moralité qui se dégage comme une brillante lumière
sur un fond obscur des documents que nous donnons
ici.

Le premier n'est autre que la complainte de l'infortunée
religieuse malgré elle.

Conduite au monastère de Sainte-Croix à neuf ans, par
quelques gentilshommes ses parents et une dame d'Aubeterre, elle y apprend à lire, à écrire et à travailler sans penser à autre chose. Trois ans après, le roi et la reine de Navarre, de grands seigneurs, sa mère viennent la trouver au
couvent et s'efforcent de lui persuader avec une insistance
presque cruelle qu'elle doit prendre l'habit monastique à
treize ans, renoncer aux joies du monde qu'elle ignore, aux
douceurs de la vie de famille qu'elle a à peine goûtées.

Françoise avoue dans son mémoire qui respire l'accent de
la vérité qu'elle croyait venir au couvent pour y « apprendre
à lire, escrire et broder seulement, selon que l'on a accoustumé faire instruire damoyselles jeunes ».

Comme elle se trompait et était trompée ! — Les instances
persuasives de la reine Marguerite, les menaces de sa mère,
les promesses les plus flatteuses pour son amour propre vin-
rent à bout de ses résistances. Elle céda et, malgré ses larmes et ses protestations, prit le voile qui l'enlevait au monde.
Quelques années plus tard elle quitta le couvent de Sainte-
Croix, se rendit en Périgord et entra avec le titre d'abbesse

dans le monastère de Ligueux (1) : elle avait alors dix-huit ans. C'est le *Gallia Christiana* qui nous l'apprend : « *Fran-cisca de Bourdeille, neptis Joannæ annum agens decimum octavum, ex moniali S. Crucis Pictav. facta est abbatissa ; qua dignitate postea cessit* (2). »

La dignité pré aturée que lui avait facilitée une de ses tantes (3) ne changea ni le cours de ses idées, ni ses aspirations mondaines, et après avoir gouverné dix-neuf ans l'abbaye de Ligueux, de 1546 à 1565, elle obtint, cette dernière année, un rescrit du pape qui la déliait complètement de ses vœux monastiques.

Il est permis de croire que Brantôme, qui séjourna plusieurs fois à Rome et y était très influent, obtint de Pie IV, alors sur le trône pontifical, l'acte qui seul pouvait rendre à sa plus jeune sœur une liberté complète.

Ce résumé, à part quelques détails nécessaires à l'intelligence de notre sujet, reproduit très loyalement et sans y rien ajouter le mémoire que Françoise présenta à l'Official en qualité de demanderesse, moins certainement. Il contient des choses qu'il est mieux de lui laisser dire. Les questions qui touchent à la vie de famille et aux coutumes religieuses sont si délicates qu'il faut éviter d'exciter de justes susceptibilités. En racontant cette histoire qui se rattache à des événements bien plus importants accomplis à la même époque dans le Haut-Poitou, nous n'avons entendu jeter aucun discrédit sur les institutions monastiques dignes à tous égards de notre respect. Nous nous bornons simplement à

(1) Abbaye de l'ordre de Saint Benoit, près de Périgueux.

(2) T. II. *Ecclesia Petrocorensis*, p. 1499.

(3) Jeanne de Bourdeille, sœur de son père, qui resta abbesse de Ligueux jusqu'en 1545. Paul III approuva son abdication en faveur de sa nièce : « *quo Paulus III ipsius abdicationem in gratiam neptis approbavit.* » (*Gallia christiana*, t. II, p. 1499.)

exposer les faits sans ajouter aucun commentaire de parti pris aux textes qui vont suivre.

Malgré tout, on nous permettra de dire que le sort de Françoise délaissée à l'âge de neuf ans dans un couvent par l'indifférence coupable de ses parents est digne d'une sympathie qui n'est pas ici de la sentimentalité. Il est facile de se rendre compte des tortures morales qu'elle a dû endurer en suivant une voie qui n'était pas celle de son cœur. « Elle a bien cogneu et prisé en son esprit que quant plus de temps les choses que chalcun faict contre sa conscience règnent et domynent en la vye, tant plus est grand la condemnation de chalcun. »

Et cependant Françoise de Bourdeille était née pour vivre à côté de sa mère, l'une des devisantes de l'*Heptameron* à la cour brillante et lettrée de la reine Marguerite. Avec quelques étincelles de l'esprit fulgurant de son frère, elle en eût peut-être été l'ornement et l'attrait ; au lieu de cela l'ombre et le silence du cloître lui sont laissés en partage, et c'est après une longue lutte qu'elle est rendue à la liberté, à l'âge de trente-huit ans, alors que les illusions s'envolent, que le réalisme s'impose.

Dans ses *Mémoires*, Brantôme parle beaucoup de lui : — quoique le *moi* soit haïssable, on le pardonne volontiers à un homme d'esprit, — puis de ses frères André de Bourdeille, de Jean baron d'Ardelay, d'un autre Jean surnommé le *Rodomont du Piémont* et de la séduisante Madeleine de Bourdeille, fille de suite de la reine Catherine de Médicis ; de Françoise, la plus jeune des deux sœurs, il ne dit presque rien. On voit qu'elle a toujours été sacrifiée et n'occupe dans la famille, composée de six enfants, qu'une toute petite place, celle qu'on n'a pu lui refuser.

Les chroniques du temps relèvent le nom d'une certaine
« petite Françoise » familière et compagne des jeux d'enfance de Jeanne d'Albret. Du même âge, elle ne serait autre
que la dernière fille d'Anne de Vivonne. Elle était bien là
dans son milieu et son rôle. Souffre-douleur de l'héritière
de Navarre, qui la maltraitait souvent, elle ne lui garda pas
rancune, du moins dans les vers qu'un poète met dans sa
bouche lorsqu'elle se sépara de sa royale amie.

> Plus j'ay de toy souvent esté battue
> Plus mon amour s'efforce et s'esvertue
> De regreter ceste main qui me bat :
> Car ce mal là m'estoit plaisant esbat.
> Or, adieu donc, la main dont la rigueur
> Je préferois à tout bien et honneur.

Pauvre Françoise, à cause même de la bonté de son caractère elle est prédestinée dès sa plus tendre jeunesse à une
servitude sans grandeur !

Nous savons encore que Françoise n'était guère aimée de
son père. Dans son testament il déclare que sa seconde fille
n'a rien à prétendre à son héritage, attendu qu'il lui avait
donné une pension de trente livres lorsqu'elle avait fait profession de religieuse à Sainte-Croix et qu'il lui avait payé ses
bulles pour l'abbaye de Ligueux. — Le chef de la maison
de Bourdeille trouve que c'est assez faire pour Françoise et
il meurt la conscience tranquille sur ses obligations de père.

Mais Brantôme venge sa sœur en ne ménageant pas
l'auteur de ses jours ; il nous semble même aller trop loin.
Sa franchise quelque peu intempérante dépasse les bornes
du respect dû à la mémoire de François II. Il le traite ainsi :
« homme scabreux, haut à la main, mauvais garçon et si
familier avec le maréchal de Montpezat qui avoit épousé

Mlle du Fou, sa cousine, qu'il avait donné à ce maréchal le sobriquet de *Lèche-écuelle de la Cour*. » — Tel est le portrait du père par le fils. Après tout ils devaient se connaître et on serait tenté de croire qu'il est ressemblant.

Anne de Vivonne, femme de grand mérite, attachée successivement en qualité de dame d'honneur aux reines de Navarre, Marguerite d'Angoulême et Jeanne d'Albret, paraît avoir eu des sentiments moins froids quoique bien naturels à l'égard de sa plus jeune fille ; elle essaya tardivement de réparer les injustices dont Françoise avait eu à souffrir, en lui léguant, en 1557, deux cents livres de pension. Quatre ans auparavant, un de ses frères, le capitaine Jean de Bourdeille, l'avait instituée sa seule héritière.

La fortune commençait à sourire à la jeune recluse et semblait lui préparer sa rentrée dans le monde en lui ouvrant des horizons nouveaux.

Enfin, il est certain qu'après avoir gouverné l'abbaye de Ligueux près de vingt ans à partir de 1546, Françoise s'en démit en 1565 en faveur de Marguerite d'Escars de Peyrusse, religieuse de l'abbaye de Boubon(1), au diocèse de Limoges.

C'est alors qu'elle continua avec une énergie toute virile la lutte pour la liberté qu'elle avait commencée en 1549.

Et maintenant il est temps de laisser la parole à notre héroïne qui plaidera elle-même contre l'abbesse de Sainte-Croix, Madeleine de Bourbon (2), sa cause déjà gagnée devant le pape. — Nous sommes en 1567.

Toutefois, nous aurons à revenir sur nos pas afin d'expliquer certains passages du mémoire qui va suivre en indi-

(1) *Antea vero monialis erat Bulbonensis*, de Boubon, *ordinis Fontebrald. in diocesi lemovic. (Gall. christ.*, t. II, p. 1499.)

(2) Sœur d'Antoine de Bourbon, roi de Navarre, fit ses vœux à Fontevrault le 17 avril 1533; abbesse de Sainte-Croix en 1535 ; l'était encore en 1567.

quant les causes véritables de la présence de la cour de Navarre à Poitiers, vingt-six ans avant la délivrance de Françoise de Bourdeille, c'est-à dire en 1541.

Voici la copie exacte du mémoire de la demanderesse produit devant la juridiction ecclésiastique qui seule pouvait juger cette affaire, aux termes du rescrit apostolique (1).

« Pardevant vous Monsieur l'Official de Poitiers et supérieur du couvent et monastère des religieuses et nonains de Sainte Croyx dud. Poicliers, juge et commissaire en ceste partie, délégué par nostre Sainct Père le Pape, damoiselle Françoise de Bourdeille, demanderesse par vertu de rescript apostolique contre révérante dame l'abbesse dud. couvent de Sainte Croyx, M⁰ Loys David, procureur et promoteur aux causes d'office de Monsieur l'évesque dud. Poicliers, M⁰ Pierre Vigier, sindic des abbesse, religieuses et couvent de Ligueux, en Périgort, et M⁰ Jehan Yzalbert, procureur fiscal de l'évesque de Périgueux, desfandeurs, dict pour obtenir aux fins dud. rescript ce que s'ensuyt :

« Que lad. demanderesse est fille naturelle et légitime de feuz Françoys de Bourdeille, en son vivant seigneur, baron et vicomte aud. lieu de Bourdeille et de la Tour Blansche, et de dame Anne de Vivonne.

« Estant lad. demanderesse audessoubs de l'âge de dix ans et soubz la puissance de ses d. père et mère, auroit esté menée du chasteau de la Feuillade où elle pour lors demeuroit en ceste ville de Poictiers par quelques gentilzhommes ses parents en la compagnie de la défunte dame d'Aubeterre.

« Laquelle et les d. gentilzhommes donnèrent lors à enten-

---

(1) Sur le titre est inscrit le signe recognitif de l'abbaye de Sainte-Croix : S. +. *Bourdeille*.

dre à lad. demanderesse, que comme aussi auroit faict sesd.
père et mère à son département dud. chasteau de la Feuillade, que ils lamenaient aud. couvent et monastère de Sainte
Croyx pour apprendre à lire, escrire et broder, selon que l'on
a accoustumé faire instruyre damoiselles jeunes.

Brief, lad. demanderesse, soubz ce beau donné à entendre, seroit entrée aud. monastère et y auroit esté délaissée
par sesd. conducteurs, portant tousjours icelle demanderesse son habit de damoyselle et ne pensant en rien moyns
que en la religion de l'ordre dud. monastère.

« Quelque temps par après les feuz Roy et reine de Navarre vindrent aud. monastère et avec eux les défunctes
ayeule et mère de lad. demanderesse, ensemble le sieur de
Rohan et le feu admiral Brion et sa femme, tous les quelz
s'efforcèrent persuader à lad. demanderesse de prandre
l'habit de lad. religion on dit monastère estant de l'ordre de
Sainct Benoist ;

« A quoi résista par larmes et aultrement lad. demanderesse, laquelle ne vouloit se soubzmettre au joug de lad.
religion, encore que pour son bas âge elle ne entendict le faix
et charge de lad. religion.

« Toutefois à la parfin vaincue tant par les menasses de
ses des ayeule et mère que par la grande autorité de lad. dame
Royne de Navarre et par l'importunité des aultres seigneurs
et dames susditz, icelle demanderesse, contre son gré et
vouloir auroit prins l'habit que les aultres religieuses dud.
monastère ont accoustumé porter ;

« Neantmoinz, pardevant ses compagnes et ses tesmoings,
siens et parans et aultres personnes dont lad. demanderesse
ne avoit pas grande crainte, elle protestoit tousjours que son
intencion et vouloir ne estoit de demeurer en lad. religion,

ne soy auculnement astraindre aux vœux et règle d'icelle.

« Depuys et envyron le douzième an de son âge, lad. demanderesse renfermée dedans led. monastère, destituée de conseils et d'amys en cestuy endroict, et au désespoir de n'en pouvoir sortir, mesmement que de ses parans elle ne entendoit auculnes nouvelles et si ne sait se plaindre à eux, auroit esté pressée par son abbesse de faire profession aud. monastère;

« Ce quelle auroit refuzé faire de prime fasce, mais finallement auroit esté tourmentée de tant de sortes que contre son vœu et intencion, déclairé quelle auroit fait lad. profession sans avoir onques entendu l'importance des motz que l'on lui feict prononcer au faict de lad. profession;

« Faisant tousjours, lad. demanderesse, protestation que si et quant l'opportunyté se présenteroit de pouvoir sortir hors dud. monastère, elle quiteroit et l'habit et lad. religion comme le doit, ayant par elle esté prins et soufert de faict seulement et contre sa conscience.

« Quelque temps par après, ladite demanderesse auroit esté menée au chastel de la Tour Blanche où illec estant et ailleurs en Périgort, elle fut preschée par ses mère, tante et aultres parans, mesmement par desfuncte dame Jehanne de Bourdeille, abbesse dud. monastère de Ligueux, l'une de sesdictes tantes, de aller demeurer en lad. abbaye de Ligueux.

« La quelle chose, lad. demanderesse qui lors estant sortie dud. couvent de Sainte Croyx pensoit estre en liberté, auroit trouvé grandement fâcheuse et auroit appertement déclairé que elle ne vouloit plus demeurer en aulcun monastère ne estre subjecte à auculne règle de religion, fusse de Sainct Benoist ou aultre.

« Ce que ayant entendu, sesd. parants commencèrent premièrement luy vouloir faire changer d'advys par promesses, luy promettant lad. abbaye de Ligueux, et par après cognoissans que cette voye peu profiteroict à leur entreprinse et dessain, auroient menassé lad. demanderesse de la remettre aud. monastère de Sainte Croyx, et illec la faire traiter plus estroitement que oncques elle avoit esté.

« Dont seroict ensuyvy que lad. demanderesse attirée en partie par la promesse de lad. abbaye dont elle auroict esté pourveue despuis et contrainte en partie par les susd. menasses, d'aultant que plustôt elle eut consenty toutes aultres choses que de retourner aud. monastère de Sainte Croyx contre la liberté de sa conscience, seroit allée demeurer en lad. abbaye de Ligueux, laquelle elle auroict administrée pendant quelques années, avec toutes fois intencion et protestation souventes fois par elle déclaré que si et quant la commodité se présenteroit à elle de pouvoir quicter lad. abbaye et vivre en sécularité, comme a esté tousjours sa seule et totale intencion, elle le feroit, cognoissant bien lad. demanderesse que le faix de lad. abbaye et de lad. religion par elle prins contre sa conscience luy causent plustôt une damnation que ung salut.

« Finallement, après avoir par elle bien cogneu et prisé en son esprit que quant plus de temps les choses que chacun faict contre sa conscience règnent et domynent en la vye, tant plus est grande la condemnation de chacun, lad. demanderesse pour accomplir sa vraye intencion auroit renoncé à lad. abbaye et quitté le monastère avec l'habit de femme monacale et prins son premier habit de damoyselle.

« Et despuis obtenu led. rescript pour estre déclairée non

obligée ne adstrainte à aucun vœu de religion, fust en général ou spécial, ne estre tenue à l'observance de aulcune règle, ains estre déclairée seculière et comme telle pouvoir faire tous actes laiz et permys à femme seculière.

« A l'entérinement duquel rescript elle conclut, et à despens dommages et intérêts. »

Une franchise dénuée de tout artifice règne dans ce texte curieux et on y trouve en même temps les indices d'une volonté persévérante qui ne s'arrête pas devant les obstacles. Le caractère de la sœur de Brantôme s'y montre tout entier ; c'est celui de sa famille. En résumé, le document que nous produisons et qui n'était pas destiné à voir le jour est aussi intéressant par les faits historiques qu'il révèle que par l'expression vive et spontanée des sentiments tumultueux qui agitent une conscience troublée.

Le moment est venu, ainsi que nous l'avons fait pressentir, de fixer la date du passage du roi et de la reine de Navarre à Poitiers, puis d'expliquer le motif de leur présence dans la capitale de notre province.

Sur le premier point nous dirons, sans entrer dans des détails qui seraient ici oiseux, que Françoise de Bourdeille est née en 1529 ; et comme elle relate dans son mémoire qu'elle avait environ douze ans lorsqu'on lui fit prononcer ses vœux à Sainte-Croix, il faut en conclure que sa prise de voile s'accomplit quelques mois après le passage à Poitiers des souverains de la Navarre et de leur suite. Ce raisonnement nous conduit tout droit à l'année 1541. — Voilà une date certaine. - Mais dans quel mois et à quel jour l'entrevue de la jeune pensionnaire du couvent avec ses illustres protecteurs et sa mère eut-elle lieu ? A cela nous répondrons simplement qu'un événement aussi notable que la présence à Poitiers de Marguerite d'Angoulême et de Henri d'Albret ne pouvait passer inaperçu dans les registres de l'échevinage auxquels nous nous sommes reporté et cette fois nous y avons trouvé tout ce que nous cherchions. On en jugera par le texte d'une délibération prise à la date du vendredi 20 mai 1541 ainsi conçue (1) :

« Monsieur le Mayre (2) a exposé avoir esté adverty que la Royne de Navarre doit arryver aujourd'huy en ceste ville et s'il n'est pas raison pour le bien de lad. ville d'aller audevant d'elle et lui recommander l'oriflamme de lad. ville et quels présents l'on lui fera soit d'ypocras, vin et flambeaulx. »

Et après que chaque échevin eut donné son avis, — ils furent tous favorables :

« A esté conclud que l'on yra audevant de lad. dame à cheval et en robbes longues et en meilleur nombre que faire se pourra et luy sera donné du vin, de l'ypocras et des flambeaulx, comme par cydevant l'on a fait. Lendemain matin (samedi) on yra de reschief voir lad. dame à la quelle luy sera recommandé la ville et luy sera présenté requeste pour l'affaire des privillèges et en sera mynistré par sire René Berthelot et Jasmes de Lauzon... »

Puis l'événement s'accomplit et les circonstances en sont ainsi racontées :

« Led. jour (vendredi) arriva en lad. ville le Roy et la Royne de Navarre et alla audevant d'eulx mond. sieur le Mayre accompaigné d'aulcuns de MM. les eschevins et bourgeois de lad. ville, montés de cheval et en robbes lon-

(1) Bibl. de la ville. Rég. 23, p. 291.
(1) Pierre Prévost, sieur de la Choigne. Il portait : *d'azur à trois vols d'or, deux en chef et un en pointe.*

gues jusqu'à la chapelle Saint Jacques èsd. hors la porte
de la Tranchée et leur fut donné de l'ypocras avec du vin
avec des flambeaulx, et logèrent au logis de M. Le François,
chanoine de Saint Pierre, garde du scel de mond. sieur de
Poitiers, auxquels le lendemain (samedi) MM. les eschevins
et bourgeois allèrent faire la court et leur fut recommandé
la pauvre ville et habitans d'icelle. Et led. jour arrivèrent
en ceste ville M. de Rouhan, beau-frère du Roy de Navarre,
et aussy M. l'admiral et madame l'admirale, auquel admiral fut donné le vin et l'ypocras et alla pardevers luy, le
dymanche matin, mond. sieur le Mayre accompaigné d'aulcuns de MM. les eschevins et bourgeoys luy recommander
la ville et habitans, et estoit logé en l'évesché. »

Nous avons déjà expliqué que la femme de l'amiral,
Françoise de Longwy, était nièce du Cardinal de Givry ; son
installation à l'évêché était donc toute naturelle (1).

(1) Ici une note s'impose dans un double but : faire connaître en quelques mots
la personnalité du cardinal de Givry, prélat, non sans illustration ; relever une
inexactitude commise par deux auteurs poitevins qui ont fixé l'entrée de cet évêque
à Poitiers en 1541, alors qu'elle n'eut lieu que l'année suivante.

Claude de Longwy vivait à une époque où les idées nouvelles, dont Calvin avait
été, en 1534, l'apôtre zélé, étaient dans leur période de complet épanouissement.
La lutte entre catholiques et protestants, sourde d'abord, presque timide, devait
prendre, en 1562, un caractère de violence sauvage. Les évêques étaient obligés
d'apporter dans leur administration spirituelle une grande prudence. Quelques-uns
même évitaient les difficultés par un système d'absentéisme fâcheux. Le cardinal
de Givry était plus souvent à la cour qu'à Poitiers, bien qu'il fût de taille à soutenir le combat engagé dans cette ville, entre les calvinistes et les catholiques.

Il fut successivement évêque de Mâcon, de Langres, de Périgueux, d'Amiens.
Très protégé par François Ier, il avait été créé cardinal en 1533, par Clément VII.
Ses grandes alliances aidèrent à sa promotion. Beau-frère de Jeanne d'Orléans,
sœur naturelle du roi, sa mère, Françoise de Longwy, était, nous le rappelons,
femme de l'amiral Chabot. Il eut beaucoup de part aux affaires les plus importantes de son temps. C'était un génie grand, élevé, capable des négociations les plus
délicates. L'auteur de l'*Atheneum Romanum* le met au nombre des cardinaux illustres par leurs écrits.

En 1531, Claude de Longwy reçoit de Henri II, comme les autres évêques du
royaume, des lettres patentes qui arrachent au clergé un don gratuit sous le prétexte que « de présent le Grand Seigneur fait grands appareilz et préparatifz de
guerre tant par mer et par terre qui fait douter à plusieurs que ce soit en intention de descendre en la chrestienté »... De plus, la reprise de Boulogne et l'expé-

Après la lecture attentive de ces textes, il ne peut rester aucun doute sur l'identité des personnages cités par Françoise de Bourdeille dans son mémoire avec ceux de la délibération du corps de ville. Ce sont bien les mêmes. Et quand

dition d'Ecosse « pour remettre ce royaulme en l'obéyssance du daulphin » ont coûté fort cher. Par ces motifs, le diocèse de Poitiers doit payer vingt mille livres « équipollens à deux denyers des fruicts et revenus » des bénéfices du clergé (1).

Lors de la rédaction des *Coutumes du Poitou*, en 1559, Claude de Longwy se fait représenter à cause de ses baronnies de Chauvigny, Angle et Celle-L'Evêcault et les châtellenies de Sainte-Pezenne, Dissay et Vendeuvre, par Louis Joulain, son procureur, assisté de maître Abel de la Fontaine, grand vicaire, Bonaventure Aubert, official, Nicolle le Roy, Jean d'Estivalle et Martial Rez, ses avocats et conseils.

Il est inutile de multiplier des citations qui auraient mieux leur place dans le cadre d'une monographie et nous allons arriver au récit de l'entrée à Poitiers du cardinal de Givry en établissant d'abord que c'est bien en 1542 qu'elle eut lieu. Sur ce point de détail, Jean Bouchet, dans ses *Annales d'Aquitaine*, est seul exact. « Le vingt-sixième jour de mars, l'an mil cinq cent quarante-deux, avant Pasques, selon la computation de Poictou, qui fut le premier dimanche de la Passion, monsieur Claude, de la maison de Givry, cardinal du Sainct Siège apostolique, évesque et duc de Langres, et évesque dudit Poitiers, fit son entrée audit Poictiers en grande magnificence, où il fut receu par tous les Estats honorablement. »

On confond trop souvent dans l'interprétation des chartes l'ancien style avec le nouveau pour fixer les dates des événements; de là viennent une foule d'erreurs. En 1542, Pâques ayant eu lieu le 9 avril, l'année 1541 finissait à cette époque.

Après ces explications, il ne nous reste plus qu'à reproduire le récit de l'entrée à Poitiers du cardinal de Givry, emprunté à des documents de la bibliothèque municipale.

Le premier n'est autre que la délibération du *Mois et cent*, c'est-à-dire des vingt-cinq échevins et des soixante-quinze bourgeois de la ville qu'on réunit en une sorte de congrès dans les occasions extraordinaires. Il s'agit, en effet, de délibérer sur les honneurs qu'on rendra au nouvel évêque qui vient d'annoncer officiellement son arrivée. Sur une question aussi brûlante à ce moment, les esprits peuvent se diviser. Le secrétaire a pris le soin d'inscrire à l'avance sur le registre des délibérations tous les noms des habitants qui composent la *Maison de ville*; on connaîtra alors ceux qui veulent recevoir le prélat avec la pompe traditionnelle, en même temps que les dissidents se trahiront par leur absence ou leur opposition. Le maire, James de Lauzon, les échevins Jean Roigné, Jean Crouzille, Jacques Regnault, Mathurin Roigné, Antoine Duval, Pierre Rat se rangent aux catholiques. Dans les abstentionnistes se groupent François Doyneau, lieutenant général, Maurice et Yves Vernon, François Herbert, Jehan Bellucheau et plusieurs autres bourgeois mécontents. Sur la question religieuse la division est déjà profonde.

Voici, au surplus, le texte de la délibération du jeudi 23 mars 1541 (v. s.)

« Au moys et cent tenu en la maison de l'eschevinage de cette ville de Poictiers le jeudy XXIIIᵉ jour de mars l'an mil cinq cens quarante et ung.

. . . .

« Monsieur le maire a exposé ond. moys les choses qui s'ensuyvent :

« Et premièrement que monsieur le révérendissime le cardinal de Givry, évesque de Poictiers, avoyt mandé qu'il debvoyt faire son entrée en ladite ville de Poictiers le XXVᵉ jour de ce moys et que à ceste [effect] il convenoyt délibérer quelle forme

(1) V. pièce justif. nᵉ 2.

nous aurons fait connaître les motifs de leur passage à Poitiers, il ne restera plus de preuves à administrer.

La petite Cour de Navarre venant du midi se rendait lentement, sans enthousiasme, à Châtellerault pour y assister

et ordre on tiendroit à ladite entrée et qu'il avoit et cherché ès papiers de la maison de céans s'il y en avoit quelque chose et il n'avoyt rien trouvé.

« Sur quoy a esté délibéré que mond. sieur le mayre yra avec le corps de ville audavant en bon ordre et honeste et les quatre sergens de lad. maison devaus ayants leurs hocquetons de la livrée de lad. ville comme leur fut baillé à l'entrée de l'empereur [Charles-Quint en 1539] avec les escussons de lad. ville, et que au parsus de lad. entrée y sera advisé par mond. sieur le maire avec sires Guillaume Rougier, Pierre Rat et maistre Mathurin de Conzay et Jehan Bouchet.

« Aussy sur ce que les archiers de lad. ville qui avoient en des hocquetons de livrée à l'entrée de l'empereur s'estoient obligez de servir lad. ville avec leurs hocquetons quant mestier seroit et que à ceste cause il estoit requis les avoir à lad. entrée pour empescher la foule du peuple et la presse si l'on les contraindroit à assister avec leurd. hocquetons.

« A esté conclud que lesd. archiers qui ont en hocquetons seront contraints marcher avec leurs hocquetons s'ilz en ont en telle forme qu'il y sera advisé. »

Le second document, suite naturelle de la délibération ci-dessus, contient le récit détaillé de l'entrée solennelle de l'évêque à Poitiers le samedi 25 mars 1542 et non le 24, comme le dit par erreur le texte emprunté à un manuscrit de la bibliothèque de la ville (*Carton 43, reg. 18*.)

« Reverandissime Claude, cardinal de Givry, évesque de Poitiers, fit son entrée dans cette ville le vingt quatrième jour de mars aud. an mil cinq cens quarante ung.

« Et premier et environ ung mois auparavant, led. révérandissime seroit du pays de Bourgogne et de son évesché de Langres venu à Angles, à Chauvigny et à Dissay et auroit escript aux maire et eschevins de lad. ville de Poictiers qu'il les vouloit bien avertir de son entrée en lad. ville aud XXIVe jour de mars pour les voir et visiter en amitié.

« Sur lesd. lettres fut délibéré par lad. ville que led. Delauzon, maire, et sire Pierre Régnault, Antoine Duval, Nicolles le Roy et Jehan Bellucheau, eschevins de lad. ville, iroient vers led. révérandissime au lieu de Dissay pour le remercier de son advertissement et lui offrir personnes et biens ce qui auroit esté fait, et par led. révérandissime estez recueillis aud. lieu de Dissay très humainement.

« Le XXIVe jour dud. mois de mars le révérandissime avecques sa compaignie qui estoit grande et honnorable dudit lieu de Dissay arriva à Saint Sornin l'heure de quatre heures après midi et illecques se descendit et print ses habitz de grande chappe de cardinal et monta sur une mulle bien fallerée et audavant de luy certains ses gentilzhommes portoient les insignes de cardinal.

« Lesd. maire et eschevins et soixante et quinze et aultres habitants de lad. ville et en bon nombre à cheval en robes longues et au davant d'eulx les quatre sergens de la ville à cheval ayant les hocquetons et armoiries de la ville et la trompette de la ville et quatre vingts hommes de pied portant livrée de gris et noir dud. maire, ayant espées à deux mains, allebardes et javelynes allèrent au dehors lad. ville entre le pont et la fontaine du pont à Joubert et illecques attendirent led. révérandissime auquel led. maire porta parolle pour la ville et habitans d'icelle les luy recommandans, et led. révérandissime s'offrit plaisir et service à la ville et particuliers, les remercians.

« Et premier que led. révérandissime arrivast aud. pont à Joubert, les officiers

au mariage de Jeanne d'Albret encore enfant avec le duc de Clèves. Cette union préparée, voulue, imposée par François Ier, oncle de Jeanne, entrait dans ses vues politiques, cela lui suffisait. Marguerite d'Angoulême et Henri d'Albret étant arrivés à Poitiers, leur dernière étape, le vendredi 20 mai 1541, s'y reposèrent le samedi 21, jour de leur visite à Sainte-Croix, et en repartirent le dimanche 22 pour faire leur entrée solennelle à Châtellerault ; ainsi l'avait réglé le roi de France arrivé lui-même le 20 mai dans cette dernière ville. De son côté la reine de Navarre avait écrit à son futur

de la justice, aucuns advocatz et procureurs qui n'estoient de la Maison de la ville et les sergens royaulx estaient allez audavant led. révérandissime jusques audict Sainct Sornin ou M. Francoys Doyneau, lieutenant général avoit porté parole.

« Et l'université s'estoit arrestée ès faulxbourg dudit pont à Joubert à l'endroit où l'on soulloit jeter la retumbe, où le recteur porta parolle aud. révérandissime.

« Sur le pont à Joubert se trouva l'abbé, chanoynes, et clergé nostre Dame la Grand et lui fut tenu parolle par led. abbé et la croix baillée à bayser et estoient puis led. pont à Joubert jusques au dessus Saint Michel les quatre mandians o leurs croix.

« Et dès led. pont a Joubert conduisirent led. révérandissime jusques ès maisons de l'aulmosnerye Nostre Dame et marchèrent ensemble lesdits lieutenant général et maire puis ledit pont audavant ledit révérandissime jusques à ladite aumosnerie et estoient les rhues tendues de tapisserie et led. révérandissime arrivé en lad. aulmosnerie visita premier les pauvres en la salle basse et dillecq fut mené en sa chambre et fut prins congé de luy jusques au lendemain matin.

« Et le lendemain, environ l'heure de sept heures du matin, led. maire accompaigné desd. vingt cinq eschevins, quatre sergens de lad. ville et quatre vingt hommes de pied, fut pardevers led. révérandissime ès maisons de lad. aulmosnerie Nostre Dame la Grand, lequel révérandissime fut mis et porté au cou en une chaire par les quatre barons qui sont tenus le porter par la rhue Nostre Dame la Petite qui estoit tendue comme dessus jusques au cœur et grand autel de l'église cathédrale de Sainct Pierre ou il y avoit et par les ruhes grande affluance de peuple et illec led. révérandissime célébra messe sollannellement et il y avoit pardons et indulgences à tous assistans fusse en l'église ou hors icelle (1).

« Et à l'issue de lad. messe et certaines aultres cérémonies accoutumées à faire faictes led. révérandissime fit festin publicq en maisons épiscopales dud. Poitiers ou fut led. maire, eschevins et bourgeois qui avoient la salle basse ordonnée pour eux, mais led. maire fut mandé être à la table dud. révérandissime ou estoit aussy led. lieutenant général plusieurs prélats d'église, en une autre table les dignitez et chanoines et habitans en lad. église de Poictiers, de Sainct Hilaire et aultres plusieurs.

« Et la tout fut faict et géré jouxte la description qu'on trouve ès registres et maniemens anciens dud. évesque, de la quelle à fin de mémoire la teneur est cy insérée. Ainsy signé : J. Delauzon, sic atestor acta fuisse ».

(1) Voir le texte de la publ. des indulgences, aux *Pièces justificatives*.

gendre : « dymanche au plus tard nous serons à Châtellerault ainsi qu'il a pleu au Roy nous le commander. » Cette
lettre sans date doit avoir été faite à Poitiers, le 20 et
envoyée le même jour par exprès à son destinataire.

Les noces de Jeanne avec le duc de Clèves eurent lieu le
14 juin, et François Iᵉʳ y déploya un faste inouï. Cet événement a tant de fois défrayé les chroniques poitevines que je
n'ose y revenir et le mettre au courant de la science historique. Après tout, ce serait inutile, car M. le baron Alphonse
de Ruble, dans son beau livre intitulé : *le Mariage de Jeanne
d'Albret*, a fait disparaître, en grande partie, l'insuffisance des
premiers récits où la plaisanterie ironique et populaire des
Noces Salées produisait toujours son effet. L'auteur a cons-
ciencieusement fouillé son sujet, l'érudition y est parfaite,
le style entraînant, l'intérêt soutenu ; après lui il ne reste
pas grand'chose à dire sur un sujet qu'il a éclairé d'une
vive lumière. Les sources nouvelles auxquelles il a puisé,
notamment les *Archives de la ville de Dusseldorf*, ancienne
résidence du duc de Clèves, la *Chronique du roi François Iᵉʳ*
sont bien plus instructives, détaillées et précises que les
récits surannés de Jean Bouchet, tout poitevin qu'il soit,
les « triomphans esbatemens à Chastel'hérault » de Guillaume Paradin et les vers scabreux et domestiqués de Clément Marot, valet de chambre de la reine de Navarre, sur
les « Perrons d'amour », sortes d'artifices poétiques destinés à flatter l'orgueil des grands et à provoquer leur munificence.

Cependant la publication récente des *Actes de François Iᵉʳ*
permettrait, selon nous, de donner à cet événement mémorable une teinte locale plus accentuée, car il est facile de
suivre le grand et fastueux monarque dans son voyage en

Touraine et en Poitou. Ce roi des plaisirs prend quelquefois le chemin des écoliers, le plus long, le plus distrayant. Il s'amuse et on l'amuse partout. A la Bourdaisière, à Loches, et ailleurs ses grands vassaux lui font liesse, mais il saura à quel prix quand on présentera les notes au caissier de l'Épargne. Il ne s'en préoccupe guère et se tirera d'affaire en *salant* les bourgeois, les manans et le pauvre peuple. Puis arrivent les fêtes splendides de la Berlandière, maison de campagne aux portes de Châtellerault. La forêt, la *Garenne*, comme on l'appelait alors, entoure ce nid charmant souvent occupé par des hôtes illustres et le protège de ses ombrages. De là, le regard s'arrête avec complaisance sur le gai vallon de la Vienne. Ainsi se présente le théâtre magique sur lequel va se jouer la haute comédie du mariage d'une enfant de treize ans (1) avec un prince tudesque de vingt-cinq, dont elle ne veut pas. Cette Jeanne, elle aussi, aime le beau pays de France et les chaudes effluves du soleil de la Navarre. Mais le mariage sera rompu et elle restera vierge (2) jusqu'au moment où, devenue l'épouse d'Antoine de Bourbon (3), elle deviendra aussi l'heureuse mère d'un grand roi.

Au milieu des fêtes qui se succèdent à Châtellerault et dans les environs, François Ier travaille, pour se distraire, au gouvernement de ses états. A partir du 22 mai, il signe

(1) Jeanne d'Albret était née le 7 janvier 1528, au château de Pau.

(2) « Le soir, l'espous fut mené en la chambre et au lict de l'espousée, auquel il mit un pié seulement en la présence de l'oncle (François Ier) et des père et mère de la fille et de tous les plus grands seigneurs de la cour, qui ne bougèrent de là qu'ils n'eussent mis dehors le pauvre espous pour aller coucher ailleurs, ainsi il n'eut de tout le mariage que du vent et quelques fêtes et cérémonies matrimoniales, sans nul effect et consumation. (De Bordenave, *Histoire de Béarn et de Navarre*, p. 59.)

(3) A Moulins, le 20 octobre 1548, sept ans et quelques mois après son union avec le duc de Clèves qui, de son côté, avait épousé, en 1546, Marie, fille de Ferdinand.

quantité d'actes qui ne sauraient rester inaperçus. Il est d'ailleurs en veine de générosité, la réussite de ses projets lui cause une satisfaction intime dont se ressentent ceux qui l'entourent et le flattent. Philibert Babou, grand bailli de Touraine, son hôte de la Bourdaisière, reçoit 1150 livres tournois ; Robert Cusson, un joueur de farces, dialogues et moralités, à la suite de la cour, 112 livres pour ses dépenses personnelles et celles de sa troupe ; à un serviteur du comte Palatin venu à Châtellerault avec des lettres de son maître pour lui offrir deux douzaines de couteaux tranchants « de la fabrique du pays » d'Allemagne une somme de 112 livres. — Apporter des couteaux à Châtellerault, même en 1541, cela nous fait presque sourire. A d'autres, ce sont des privilèges, des provisions d'office, des lettres de naturalité et des faveurs de toute espèce. — Et si on veut savoir pourquoi Philippe Chabot et madame l'admirale, qui était fort belle, disent les chroniqueurs du temps, se rendaient à Châtellerault avec la cour de Navarre, c'était pour y recevoir le 19 juin, à la clôture des fêtes, la commission de la charge d'amiral de France. Après avoir été fort maltraité (1), Brion était rentré en grâce (2). L'histoire ne l'a pas entièrement absous.

Nous n'en finirions pas si nous voulions analyser les actes que François Iᵉʳ signa à Châtellerault, du 22 mai au 19 juin 1541, jour de son départ de cette ville ; ils dépassent le

---

(1) V. les lettres royales qui, sur un arrêt d'une commission, condamnent Chabot à la dégradation civique et à des restitutions et amendes pour malversations, corruption et concussion par lui commises en qualité d'amiral de France, de gouverneur de province et de membre du Conseil privé... (Isambert, *Anciennes lois françaises*, t. XII, p. 721.)

(2) V. arrêt rendu par le roi en son Conseil, le 19 mars 1541, qui déclare l'amiral Chabot pur et innocent des crimes de lèse-majesté, trahison et machination. (Isambert, *Anc. lois françaises*, t. XII, p. 777.)

Le 23 mai 1542, il est rétabli dans toutes ses charges.

chiffre 75, dans le livre qui en a donné récemment une simple énumération, encore n'y figurent-ils pas tous. Ainsi il y manque les lettres patentes du 22 mai, dans lesquelles il confirme les privilèges accordés à Poitiers en 1372 par Charles V et auxquels l'échevinage tenait d'autant plus qu'elles conféraient à ses membres la noblesse héréditaire. Le texte en est inédit ; nous comptons le publier.

Parmi les actes émanés de la volonté royale au milieu des fêtes, nous ne saurions omettre un édit du 1ᵉʳ juin 1541, qui porta une grave atteinte à la prospérité des provinces de l'Ouest, en supprimant les greniers à sel, et en décidant que l'impôt de la gabelle serait levé directement sur les marais salans (1).

Le roi, suivi de ses secrétaires et de ses ministres, signait partout où il se trouvait : au Fou (29 mai), à Dissais (4 juin), au château de Chitré, qui appartient au capitaine de la Roche du Maine (12 du même mois) et y organise une superbe fête militaire, à la Berlandière (13 juin), à Chauvigny (25 juin), à Lussac (28 juin), au Vigeant (4 juillet), à Persac (6 juillet) ; il est au Blanc en Berry le 10 juillet, au Bouchet, le 12, à Châteauroux le 16, et, à la fin du mois, il entrait à Moulins pour y séjourner assez longtemps. Son activité n'avait pas de bornes et chacune de ses étapes, soit qu'il vienne d'Amboise et de Tours, soit qu'il s'éloigne de Châtellerault pour gagner l'Auvergne, est marquée par un témoignage authentique de sa « pleine puissance » et de sa royale volonté.

Maintenant, laissant la jolie ville de Châtellerault en liesse pendant le mois de juin, revenons à Poitiers où, après avoir

_____

(1) V. le texte de cet édit, dans Isambert, t. XII, p. 745.

franchi d'un seul bond vingt-six années fécondes en événements, nous retrouvons en 1567 Françoise de Bourdeille vieillie, mais non découragée. Elle approche du but tant désiré et va se présenter devant la juridiction ecclésiastique pour y entendre la sentence qu'on lui fait attendre depuis deux ans. Acculé dans ses derniers retranchements, l'official Bonaventure Aubert se décide enfin à rendre le 27 avril 1567 sa sentence définitive, non sans que les parties en cause aient épuisé tous les engins alors connus de la procédure. On sent dans cet acte l'embarras d'un juge forcé d'obéir malgré ses impressions personnelles à une volonté absolue, irrésistible. Cette considération toute platonique doit rester étrangère à Françoise de Bourdeille.

Au surplus, voici le texte de la sentence trouvée dans les parchemins de Sainte-Croix :

« Entre damoiselle Françoise de Bourdeille, demanderesse en exécution de rescript apostolic et lettres déclaratoires d'une part, et très illustre, haulte et puissante dame Magdelaine de Bourbon, abbesse, et les religieuses et couvent de l'abbaye de Sainte Croix de Poictiers, et le promoteur de Révérendissime l'évèsque dud. lieu, et Jehan Yzalbert, procureur fiscal de Révérendissime l'évèsque de Périgueux et maistre Pierre Vigier, juge de Ligueux et sindic des religieuses, abbesse et couvent dud. lieu, deffendeurs, d'aultre ;

— Veu par nous, Bonaventure Aubert, conseiller et magistrat en la court ordinaire et présidialle de Poictiers et official dudict Révérendissime évèsque dud. lieu, suppérieur de lad. abbaye de Sainte Croix, juge ordinaire commis et délégué de nostre Sainct Père le Pape, les récusations proposées par Mᵉ Mathurin Royer, par vertu de procuration spéciale de ladicte demanderesse contre le Révérendissime évèsque de

Poitiers, acte de signifiscation d'icelles du unziesme jour d'a-
ril mil cinq cens soixante et sept, signée Gilles Sabourin, sergent royal, procès verbal faict de l'absence dudict sieur du
douziesme jour dud. moys et an, signé Masson, multiplicité
d'actes de sommacion et protestation de déni de justice contre nous dict Aubert faictes, le dict rescript apostolic de l'e-
xécution dont est question, du treiziesme jour de febvrier mil
cinq cens soixante et cinq et les dictes lectres déclaratoires
du treiziesme jour de novembre mil cinq cens soixante et six
obtenues par ladicte demanderesse, registre de contestacion
sur ce faict entre les dictes parties, audition première et
enqueste de lad. demanderesse, deux actes par elle produits, l'un du douzième jour de décembre mil cinq cens
quarante neuf, signé Cerpal, l'autre du douzième de juing
mil cinq cens cinquante trois, signé pierre Legier, notaires
royaux, audition de lad. dame de Sainte Croyx faicte d'office, forclusion donnée contre lesd. parties de faire preuves, produire, bailler objections et contredictz contre les
tesmoings et production de lad. demanderesse, aultre registre du dixiesme jour de mars mil cinq cens soixante et six,
contenant la déclaration du procureur du dict sindic des
dictes relligieuses et couvent de Ligueux et dud. Yzalbert,
procureur fiscal dud. Révérendissime évêsque de Périgueux
par vertu de procuration spéciale qui auroit après avoir
veue en publication l'enqueste et productions de ladicte
demanderesse consentant l'entherinement d'icelle prinse le
vingt sixiesme jour de mars mil cinq cens soixante et sept
et ce qui a esté mis et produict pardevers nous, vu sur ce
l'advis du conseil et tout considéré, le nom de Dieu à ce
premier appelé, avons attendu la continuelle crainte, récla-
mations et protestations de la dicte demanderesse vérifiées

par le procès, déclairé et déclairons icelle dicte demanderesse sécullière et n'estre aulcunement, soit généralement
ou spécialement obligée à garder ou observer l'ordre de
saincte religion, ne tenue à l'obéissance régulière et à icelle permis et permettons de demeurer et vivre au monde
comme séculière et y pouvoir contracter mariage; et la li-
.gnée qui en viendra déclairée légitime selon et au désir
dud. rescript et sans despens. — Donné et faict en la Court
ordinaire de l'officialité de Poitiers, le révérendissime
évèsque de Poitiers absan, le jeudy XXVII° jour d'apvril
mil cinq cens soixante sept, et le XXVIII° jour desdicts mois
et an, la présente sentance a esté monstrée, signifiée à
M. François Vincent, procureur et sindic de l'abbaye de
Ligueux et procureur fiscal de Périgueux, de haulte et révé-
rende dame l'abbesse de Sainte Croix, et le quel a requis en
avoir copie et ce par moi greffier, et le lendemain dix neu-
viesme des présents moys et an, s'est comparu le dict Es-
chinard (1) au greffe de la Court de céans, lequel à dict et
déclairé pour lesd. relligieuses et abbesse et couvent de
Sainte Croix qu'il estoit appellant de lad. sentence et jugement, et a faict en ce appel comme d'abbus.

« Deozat, *greffier.* »

Ainsi déliée de ses vœux et rendue à la vie civile, Françoise de Bourdeille s'arrête à un parti qu'elle a longuement
mûri. Il semble même nous dévoiler le mobile secret de ses
constants efforts. Renonçant volontiers au célibat, elle se
décide à se marier avec un certain seigneur de la Chapelle-
Faucher du nom de Farges ou de la maison de Chabans en

(1) Procureur au Présidial de Poitiers.

Périgord (1). On n'est pas encore fixé à cet égard. C'est bien là un acte spontané de sa libre volonté. Nous ignorons si les joies de la maternité lui furent réservées ; cela importe peu et n'ajouterait rien à l'intérêt de cette étude.

Et comme nous avons dit tout ce que nous savions sur Françoise de Bourdeille, ici s'arrêtent les aventures de la plus jeune sœur de Brantôme auxquelles nous avons mêlé incidemment les noces de Jeanne d'Albret à Châtellerault et l'entrée du Cardinal de Givry à Poitiers, pour en former trois sujets essentiellement poitevins.

Il aurait fallu l'esprit gaulois et la plume caustique de l'illustre écrivain pour les mieux raconter. En eussent-t-elles été plus vraies de la part d'un homme qu'on a appelé, en forçant certainement la note, « la Trompette de toutes les calomnies ».

(1) « Pour retourner encore à sa libéralité (celle de François II de Bourdeille), feu M. d'Essé, le grand capitaine depuis, eut aussy de luy son premier cheval de guerre qu'il eut jamais, et luy donna avecque une très belle espée dorée. Il (d'Essé) le disoit partout comme je l'ai ouy conter de Brantôme, dans ses *Mémoires*, à madame de Dampierre et *à ma sœur de la Chapelle* qui lui ont ouy dire souvent... »

(26 mars 1542, Archiv. Vienne, G. 14.)

Publication des indulgences accordées à tous les fidèles qui assisteront à la première messe célébrée pontificalement par le Cardinal de Givry, évêque de Poictiers, en son église cathédrale, le 26 mars 1541 (V. S).

Le pardon de plénière indulgence et remission octroyé par notre sainct père le pape, à tous ceulx qui assisteront à la première messe que Monseigneur R^me cardinal de Givry, notre prélat et pasteur célébrera en pontificat, en son église de Poictiers.

Nostre saint père le pape Paul, qui est à présent, considérant qui les grands mérites dud. Seigneur R^me cardinal de Givry, nostre prélat et pasteur, desquelz l'église Romayne est bien amplement aornée et illustrée ont dignement desservy et mérité que à sa personne, soit tel honneur faict et exhibé, dont le salut des âmes de tous fidèles chrestiens s'en puisse ensuyvre et provenyr.

A ceste cause, nostred. Sainct Père, après avoir entendu que led. seigneur R^me nostre prélat et pasteur, avoyt proposé et délibéré de faire au plustot qu'il luy seroyt loisible son entrée en son église de Poictiers, et icelle visiter, icelluy voulant bien honnorer affin qu'il puisse le peuple à luy commys recréer par consolation spirituelle et procurer le salut de leurs âmes.

De son auctorité apostolique et propre mouvement a octroyé, concédé et eslargy plénière indulgence et rémission de tous péchés sans en rien excepter, ne réserver.

A tous et chacuns fidèles chrestiens de chacun sexe, de quelque contrée qu'ils soyent, vrays pénitens et confez, ou ayans ferme propoz et vouloyr de soy confesser ès temps de droict à ce ordonnez et assignez, et qui seront personnellement et assisteront à la première messe dud. seigneur R^me solennellement et en pontificat célébréc à sa nouvelle entrée de joyeux advènement en sad. église de Poictiers, tout au dedans de lad. église que dehors et ès environs, et combien qu'ilz soyent hors des septes et clostures d'icelled. église, mays toutesfoys qu'ilz soyent à ce présens, comme plus à playn apert par la bulle sur ce aud. seigneur R^me octroyée.

Lesquelles indulgences et rémission plénière led. sieur R^me, nostre Prélat et pasteur désirant recréer le peuple à luy commys de consolation spirituelle et procurer le salut de leurs âmes, en vertu de saincte obédience, nous enjoint et commande les vous publyer et déclairer.

Affin que ung chacun fidelle chrestien facte son debvoyr de soy préparer pour gaigner ce beau pardon de plénière indulgence et remission comme dict est.

Le jour pour gaigner led. pardon sera le dimanche de la passion, XXVIe de ce présent moys de mars, auquel jour nostred. prélat et pasteur solennellement et en pontificat célébrera sa première messe en son église de Poictiers.

Donné et faict au lieu et chasteau le Dissay le   jour de ce présent moys de mars mil cincq cens quarante et ung (1).

(1) Cette pièce a été extraite des archives de l'église cathédrale de Poitiers, armoire 1, Layette 6

(31 janvier 1551. Arch. Vienne. G. 395).

HENRY, PAR LA GRACE DE DIEU ROI DE FRANCE, à nostre très cher et très aimé cousin le cardinal de Givry, évesque de Poictiers ou ses vicaires salut et dilection, comme se soit chose notoire que de présent le Grand Seigneur fait grands appareilz et préparatifs de guerre tant par mer que par terre, qui faict doubter à plusieurs que ce soit en intention de descendre en la chrestienté, au moyen de quoy plusieurs princes et potentatz dicelle se préparent de leur part faisant grand amas d'argent et de munitions et autres grands appareilz et préparatifz pour par chalcun d'eux se trouver en leurs garde, pourquoy c'est chose nécessaire que de nostre part nous tenons aussi fortz et préparés pour obvier à surprise, mays ayans considéré avec les princes et seigneurs de nostre sang et les gens de nostre conseil l'estat auquel sont de présent nos finances et les grandes ypothèques des quelles feu de bonne mémoire le roy dernier décédé nostre père, que Dieu absolve, nous a laissez chargez du jour de son décès et les grands intéretz que sommes tenuz payer pour raison des d'ypothèques, aussi plusieurs autres que de nostre part avons été contrainctz de constituer affin de fournir aux grandz et innombrables fraiz extraordinaires par nous faictz pour la reddition en nostre obéissance pour nostre pays de Boulenois et de celluy du royaulme d'Escosse en l'obéissance de nostre filz le daulphin, et mesmes les grandes despenses estraordinaires qu'il nous convient encores faire tant pour les fortifications et advitaillemens de nos places de frontières et de celles dudit pays d'Escosse, que pour la soulde des gens de guerre que sommes encore contrainctz d'entretenir èsd. places, jusques à ce qu'elles soient du tout mises en bonne seureté et desfence, nous avons trouvé que pour faire les préparatifz qu'il nous convient faire pour obvier à lad. surprinse est besoing de nous ayder de nos bons et loyaulx subgectz, au moyen de quoy avons à nostre grand regret et déplaysir, par l'oppinion toutesfoys desd.

princes et seigneurs de nostre sang et gens de nostre conseil, avisé
de faire requérir aux gens d'église et clergé de nostre royaulme
qu'ilz ayent à nous ayder en cested. année par forme de don gratuit de deux denyers des fruictz et revenuz de leurs bénéfices, ce
que nous espérons qu'ilz volontiers feront. A ces Causes, nous
mandons que incontinent vous faictes assembler les gens d'église et
clergé de vostre diocèse ou aucun nombre compétant des princi-
paulx d'iceux et après leur avoyr remonstré nosd. affaires, coctisez
avecq eulx et deppartez promptement sur lesd. gens d'église et
clergé de vostred. evesché, sans aucun en excepter, la somme de
vingt mil livres équipollent auxd. deux denyers des fruictz ot revenu de leursd. bénéfices ; à payer lad. somme à deux termes et
payement esgaulx, assavoir les quinzièmes jours des moys de juillet et octobre prochains venans et icelle somme de vingt mil livres
faictes lever et recepvoir ausd. jours par celluy que à ce faire vous
commecterez suffisant et solvable, et incontinent après porter fruyctz
et delniers au receveur général de nos finances estably en la ville
de Poictiers qui en baillera ses quictances et après l'envoyra au trésorier de nostre espargne pour convertir en nosd. affaires ainsy
qu'il luy sera par nous ordonné ; et pour ce faire sousfrir et obeyr,
contraindre les reffusans et délayans et tous aultres qu'il appartiendra, mandons et commandons à tous nos baillyz et seneschaulx,
prevostz et aultres nos justiciers et officiers ausquelz ces présentes
seront par vous monstrées et exhibées de leur donner tout l'ayde et
pret de nostre justice et braz seculiers dont vous, ensemble vos
commis et desputez aurez besoing et nécessité et tellement que les
taxes et cotisations et tous droictz et ordonnances que sur ce ferez
soyent réaulment et de faict exécutées nonobstant oppositions ou
appellations quelxconques et saus préjudice d'icelles, et comme il
est acoustumé faire pour nos propres deniers ct affaires ; la congnoissance et décision des quelles oppositions et appellations nous
avons retenu et retenons à nous et à nostre personne, et icelle interdite et défendue, interdisons et défendons à toutes nos courtz de
parlement et aultres nos juges quelxconques de nostre certaine
scíence, plaine puissance et auctorité royale par ces présentes, lesquelles nous voullons et ordonnons leur estre si besoing est insi-

nuées par le premier de noz huissiers ou sergents sur ce requis, auquel mandons ainsi le faire et de faire defenses aux parties d'en faire poursuite ailleurs que pardevant nous soubz grandes peines à nous à appliquer, et aussy de faire tous adjournemens, contrainctes et exploitz dont ils seront par vous et vostre commis requiz pour l'effect et accomplissement de ce que dict est, circonstances et deppendances, et en bailler rapportz et rellations telles qu'il appartiendra ; et pour ce que desd. présentes l'on pourra avoyr à besoigner en plusieurs et divers lieux, nous voullons que aux vidimus d'icelles, duement collationnées, foy soyt adjouxtée comme à ce présent original.'— Donné à Bloys, le dernier jour de janvier, l'an de grâce mil cinq cens cinquante, et de nostre règne le quatriesme. Ainsy signé : par le Roy Burgensis et scellé du grand scel de cire jaulne sur simple queue.

L'an de grâce mil cinq cens cinquante et ung et le quatryesme jour d'apvril collation de la présente coppie a esté faicte à son original qui est sain et entier en escriptures, seing et scel par nous André Chaigneau et Jehan Chauveau, notaires, jurez soubz le scel estably aux contractz à Poictiers pour le Roy nostre sire et Royne douairière de France.

J. Chaigneau.   J. Chauveau.

LA CHATELLENIE DE CHOUPPES

EN MIREBALAIS

Par le Lieutenant-Colonel **E. DE FOUCHIER**

LE TRÉSOR

Ce mot un peu prétentieux et suranné désignait jadis l'agglomération en corps d'archives, de tous les documents manuscrits relatifs à une terre, à un établissement, à une famille. Il signalait peut-être aussi, par extension, la chambre, le bahut, voire même le simple coffre qui contenait ces documents. C'est ainsi qu'à la fin du xviii° siècle je le trouve justement appliqué au très remarquable chartrier de la châtellenie de Chouppes, au pays mirebalais.

La noble famille qui l'avait constitué, épuisée par les guerres vendéennes et par les fatigues de l'émigration, a pris fin au commencement de ce siècle; l'humidité, l'indifférence et les rats ont détruit ses archives.

Ce chartrier, que l'on n'aurait pu, sans doute, comparer aux magnifiques dépôts des châteaux de La Barre, en Gâtine, et de Persac, en basse Marche, avait cependant acquis, dans la longue suite des âges, une très réelle im-

XVI

3

portance. Vers 1754, le seigneur de Chouppes en avait prescrit le récolement général, dont le résultat paraît avoir produit plusieurs volumes. Un seul de ces volumes, le 3ᵉ de la série, a survécu aux titres dont il retrace le souvenir (1). C'est un grand in-folio de 254 feuillets numérotés sur le recto, recouvert en parchemin, et ayant coûté 10 livres. Il porte au dos le nombre III en chiffres romains, et sur l'un des plats, tant soit peu grignotés, les mots : « *Inventaire de Chouppes*, » ainsi que le dessin, fait à la plume, de l'écusson de la famille : « *d'azur, à trois croisettes d'argent, 2 et 1*, » surmonté d'une couronne ornée de treize perles. Il est consacré à l'analyse de tous les documents concernant la châtellenie de Chouppes et sa mouvance. Le stock de titres analysés dans ce volume se composait alors de 303 sacs, divisés en cinq séries, comprenant ensemble environ mille pièces indépendantes et classées, ainsi qu'un certain nombre de liasses collectives, dont le texte latin « *de nous inconnu* » n'avait été ni détaillé, ni inventorié, dit naïvement le rédacteur.

En voici la nomenclature :

1ʳᵉ SÉRIE. — 19 sacs.

Au sac 1ᵉʳ. — 1° Les mémoires imprimés du marquis de Chouppes ; 2° un mémoire manuscrit, en forme de généalogie, de plusieurs seigneurs de Chouppes, depuis Guillaume de Chouppes, chevalier, qui vivait en 1281, dont la descendance est analysée dans les pages suivantes, jusqu'au milieu du xviiᵉ siècle (2).

---

(1) Ce livre n'a pu être commencé plus tôt ; son 1ᵉʳ feuillet mentionnant les *Mémoires du marquis de Chouppes*, dont la 1ʳᵉ édition a paru en 1753.

(2) Une note écrite vers 1768, en marge du 1ᵉʳ feuillet, fait connaître qu'à cette époque le sac n° 1 n'était plus au trésoré ; elle peut être attribuée avec certitude au seigneur de Chouppes lui-même nommé alors Jean-Charles-René.

Sac 2°. — Les titres de l'érection en châtellenie de la terre de Chouppes, les pièces justificatives des droits de justice, droits de foires, avec les revenus et émoluments, droits de prévôté et honneurs y attribués.

Sac 3°. — Les hommages, aveux et dénombrements de la seigneurie et châtellenie de Chouppes, rendus aux seigneurs barons de Mirebeau, du 20 juillet 1389 au 8 août 1732.

Sac 4°. — Les papiers d'assises de la seigneurie de Chouppes et fief Catineau, depuis 1549.

Sac 5°. — Les titres des Chapelles de Chouppes, de 1480 à 1694.

Sac 6°. — La dîme de Pouzioux, de 1414 à 1612.

Sac 7°. — Les contrats d'acquêts et échanges faits par les seigneurs de Chouppes de différents particuliers et autres titres concernant la propriété des domaines, de 1464 à 1708.

Sac 8°. — Les titres des cens et rentes qui avaient été réunis au domaine de 1524 à 1705.

Sac 9°. — Plusieurs états et mémoires servant d'instruction pour aller sur les lieux prendre de nouvelles confrontations.

Sac 10°. — Les titres, pièces et procédures des domaines de messires Charles et Pierre Jeannet, prêtres, cédés et abandonnés par leurs héritiers aux seigneurs de Chouppes, de 1583 à 1633.

Sac 11°. — Les titres et déclarations du fief dit : « Clos saint Perre; » tenu à terrage de la seigneurie de Chouppes, dont parties des domaines ont été abandonnées à rente à Pierre Roy, lequel fief relève à foi et hommage de Montulé.

Sac 12°. — Les hommages, aveux et dénombrement de la seigneurie de Vérines, rendus aux seigneurs de Chouppes, du 16 octobre 1393 au 15 mai 1658.

Sac 13°. — Idem — pour la seigneurie du Petit Bour-nezeaux, de 1550 à 1666.

Sac 14°. — Idem — pour la seigneurie de La Roche à Dolland, de 1390 à 1753.

Sac 15°. — Idem — pour le fief de Montpison, de 1572 à 1638.

Sac 16°. — Idem — pour le fief de La Brunette, de 1556 à 1745.

Sac 17°. — Idem — pour le fief Citois, de 1563 à 1656.

Sac 18°. — Les titres de la cure de Chouppes, dont les seigneurs de ce nom avaient été fondateurs, et dont les curés devaient chaque année, à la Toussaint, deux deniers de cens, et un *libera* tous les dimanches pour les ancêtres et sur la sépulture des seigneurs de Chouppes, comme aussi d'entretenir une lampe ardente, jour et nuit, devant le maître autel, de 1525 à 1719.

Sac 19°. — Les papiers de recette de la châtellenie de Chouppes, du Bois-Fouquairon et autres seigneuries y an-nexées, pour les années 1625, 1645, 1648, 1649, 1651, 1655, 1659, 1661, 1664, 1674, 1675, 1677, 1679, 1681, 1682, 1683, 1684, 1685, 1695, 1696, 1698, 1699, 1700, 1705, 1706, 1707, 1708, 1709, 1718, 1720, 1727 et 1730.

II° SÉRIE. — 80 sacs.

Cette série était relative aux rentes en froment dues par divers particuliers réunis en fresche, et dont la légitimité est établie par un grand nombre de pièces.

III° SÉRIE. — 136 sacs.

Elle concernait les censifs dus à la châtellenie de Chouppes, dans les mêmes conditions que ci-dessus.

IVᵉ SÉRIE. — 29 sacs.

Relative aux cens et rentes dus au fief Catineau, réuni à lachâtellenie de Chouppes.

Vᵉ SÉRIE. — 39 sacs.

Contenait les titres et papiers de la terre, fief et seigneurie du Bois-Fouquairon.

Il est à remarquer que ce volume ne signale l'existence matérielle d'aucun titre filiatif, tels que contrats de mariage, actes de baptême, de décès, partages, brevets, commissions ou maintenues de noblesse. Les titres de cette nature, après avoir été produits en août 1668, devant l'Intendant de Touraine, Voisin de la Noiraye, avaient été transportés au château du Portault, situé paroisse de Pressigny, dont les derniers seigneurs de Chouppes firent leur résidence privilégiée jusqu'à la Révolution.

La plus grande partie de cet *Inventaire* est d'une très belle écriture, mais les inscriptions faites de 1764 à 1768 proviennent d'une main moins exercée, et dans ces quatre dernières années, un grand nombre de documents ont été analysés d'une façon un peu sommaire, suffisante sans doute pour l'époque, où l'on ne pouvait supposer la destruction totale du chartrier. Il est complété par des tables analytiques très bien rédigées, de tous les documents servant à fixer les revenus du fief, et son étude approfondie m'a permis de produire, en toute sécurité, de nouveaux renseignements sur une famille et une châtellenie dont, jusqu'à ce jour, les destinées avaient été retracées d'une façon fort insuffisante (1).

_____

(1) La tourmente révolutionnaire avait respecté le chartrier de Chouppes. Le coffre qui renfermait les archives et leur *Inventaire* était devenu, en même temps

II

LA FAMILLE

La famille de Chouppes est une de ces vieilles races mirebalaises qui n'ont jamais porté d'aùtre nom que celui de leur paroisse, et dont, par conséquent, l'origine remonte à une époque très reculée dans le moyen âge.

Du xiii° au xix° siècle, tous ses membres ont pris, sans conteste, la qualification de varlet, écuyer, chevalier. Si l'ancienneté d'une race ajoute à son illustration, ainsi que je l'ai dit ailleurs, à propos de la famille de Marconnay, également mirebalaise, les seigneurs de Chouppes n'ont eu, sous ce rapport, rien à envier à aucune autre famille. Ils faisaient partie, à coup sûr, de cette élite de feudataires poitevins qui, dès les premiers temps de la conquête du Mirebalais, avaient accepté la suzeraineté du comte d'Anjou, et qui devaient, dans la suite des âges, constituer les cadres naturels de la petite armée féodale des barons de Mirebeau.

C'est ainsi que, dès l'année 1052, un Ganelon de Chouppes (*Ganelo de Caopâ*) sert de témoin à la fondation du prieuré de

que le château, la propriété de M. Amillard. Après avoir longtemps séjourné à Mirebeau, dans une maison du faubourg de la Madeleine, il fut transporté dans les greniers du château de Chouppes, alors ouverts à tous les vents, où il resta exposé à l'humidité et à la voracité des animaux rongeurs. Lorsqu'on s'aperçut de l'état déplorable dans lequel les rats avaient mis les parchemins et les papiers, l'*Inventaire*, à peu près indemne, fut heureusement retiré du coffre, dont le contenu demeura abandonné aux serviteurs du château qui, pendant plus de 40 ans, y ont eu recours pour allumer le feu de la cuisine. Je tiens ce détail navrant de la propre fille de M. Amillard, aujourd'hui M⁻° Hublot, qui m'autorise à le publier, et qui a mis gracieusement à ma disposition ce respectable et presque unique débris des belles archives de Chouppes. Je lui en exprime ici ma bien vive reconnaissance, ainsi qu'à son fils, M. Gaston Hublot, à qui je dois quelques renseignements intéressants.

Saint-André, faite par Barthélemi de Chinon, archevêque de Tours, seigneur de Mirebeau (1).

Vers 1086, un procès dans lequel les moines de Saint-Martin de Tours avaient invoqué le jugement de Dieu, par l'épreuve de l'eau bouillante, contre Guillaume, seigneur de Mirebeau, et son frère Jacquelin, déterminait, dans le village de Blalay, la présence de nombreux témoins parmi lesquels, Raoul de Chouppes (*Radulfus de Caopâ*) vient attester publiquement le bon droit des moines (2).

Vers l'an 1100, un Raoul de Chouppes consent à une donation faite par *Aimo Roscellus* et Robert d'Arbrissel aux religieuses de Fontevrault (3). ·

Puis en 1120, c'est un *Petrus de Chaoppa* qui, assisté de sa femme *Rangeria*, fait don à l'abbaye de Saint-Cyprien de quelques héritages qu'il possède à la Bussière, près Sauve (4).

En 1120, Ganon ou Ganelon de Chouppes est témoin d'un don fait aux dames de Fontevrault par Garnier de la Chaussée et Philippe, son fils (5).

En 1146, Pierre de Chouppes est témoin à une donation faite aux dames de Fontevrault, par Alès de Brisay, au moment de son départ pour sa seconde croisade (6).

Quel lien de parenté unit entre eux ces quatre ou cinq personnages, et quel rang devra-t-on leur assigner dans la généalogie qui va suivre, dont le premier auteur certain vivait en 1281? La rareté des documents ne permet pas

---

(1) *Mss. D. Fonteneau*, t. XVIII, p. 115, et *Bibl. nat.*, collect. Housseau, t. II. Cartulaire de Bourgueil.
(2) *Bibl. nat.* Collect. Housseau, t. II, ch. 746.
(3) *Bibl. nat.* Cité par C. Moreau.
(4) *Mss. D. Fonteneau*, tome VII.
(5) *Cartul. Fontebr.*, ch. 381.
(6) *Cart. Fontebr.*, ch. 245.

d'en décider. Mais, en somme, quelle famille, même parmi
les plus illustres, possède aujourd'hui des titres filiatifs
antérieurs au xiii° siècle?

A très peu d'exceptions près, l'histoire des races mirebalaises ne paraît pas avoir tenté les généalogistes de l'ancien régime. C'est seulement il y a 50 ans que le passé de
la plupart d'entre elles a été révélé par le *Dictionnaire historique et généalogique des familles de l'ancien Poitou* (1). L'auteur de cet ouvrage estimé a consacré à celle qui m'occupe
un article intéressant, mais malheureusement incomplet.
En 1861, M. C. Moreau, dans une nouvelle édition des
Mémoires du marquis de Chouppes, a rectifié certaines assertions du *Dictionnaire* précité, et produit des renseignements
inédits très importants. Il est aisé de se convaincre que
ces deux savants éditeurs n'ont eu, ni l'un ni l'autre, connaissance de l'*Inventaire* dressé en 1754.

Les documents que j'ai entre les mains, ou plutôt la
simple notice de ceux qui existaient dans une certaine portion du chartrier de Chouppes, me permettent d'établir, à
mon tour, une filiation plus complète que celle de mes prédécesseurs. D'ailleurs, il ne s'agit pas de donner ici la biographie détaillée de chacun des membres de cette famille.
Cette tâche serait aride, car, à part deux ou trois personnages éminents par leurs talents et leurs services, dont la
vie a déjà été publiée, le volume qui m'a été communiqué
ne signale aucun fait, aucun acte de nature à faire distin-

---

(1) Beauchet-Filleau et Ch. de Chergé, 1840-54. Cet excellent ouvrage est depuis
deux ans en voie de réimpression, sur des bases plus larges que la 1re édition.
J'adresse ici aux nouveaux éditeurs un témoignage de reconnaissance pour les
nombreuses citations qu'il ont cru devoir faire de mon travail sur la baronnie de
Mirebeau (M. A. O. 1877).

guer la plupart des seigneurs de Chouppes de la généralité de leurs contemporains mirebalais.

Depuis l'époque où les degrés filiatifs sont devenus incontestables, c'est-à-dire pendant la longue période de 1281 à 1814, la famille de Chouppes a toujours formé un groupe homogène autour du tronc principal duquel aucune branche n'est sortie. Je ne crois pas, en effet, que l'on puisse donner ce nom au petit rameau des seigneurs de Beaudeau, né vers 1535 et qui a pris fin en 1666, dans les personnes d'un commandeur et d'un chevalier de Malte ; encore moins à celui des barons du Fau, en Touraine, qui est tombé en quenouille, dès la troisième génération, après 1703.

Deux fois dans la durée des siècles, la ligne directe a été interrompue, par suite du décès, sans enfants, du fils aîné chef de la famille ; mais cette interruption a été sans conséquence, la filiation ayant été immédiatement continuée par les enfants d'un frère puîné. Pendant les vingt premières années du xviiie siècle, la seigneurie de Chouppes a été possédée par une femme, et n'est revenue qu'après sa mort à son frère puîné (1).

_____

(1) Une des pièces les plus importantes mentionnées à l'*Inventaire* est un mémoire généalogique, qui m'a paru réunir tous les caractères de l'authenticité ; il retrace la filiation de tous les seigneurs de Chouppes ayant vécu de 1312 à 1636, et était autrefois renfermé dans le sac 1er du Chartrier. Il complète les documents qui remplissent l'*Inventaire*, lesquels, étant plus particulièrement destinés à décrire ce qui intéresse la terre, ses revenus, sa mouvance, ne mentionnent à chaque degré que le chef de la famille de Chouppes, c'est-à-dire le seigneur actuellement vivant, à l'exclusion de tous collatéraux qui n'avaient rien à voir dans l'administration et la possession du domaine Cette particularité est tellement caractéristique, que, dans la moitié des cas au moins, le rédacteur s'est borné à écrire : « *Le seigneur de Chouppes*, ou simplement *le seigneur*. »

Pour ne pas faire double emploi, j'ai cru devoir placer la copie textuelle de ce *Mémoire* aux pièces justificatives, en l'accompagnant de quelques notes.

JUSTIFICATION DU TABLEAU FILIATIF CI-CONTRE (1)

Ier DEGRÉ.

A part la mention contenue au *Mémoire* précité, aucun titre de l'*Inventaire* n'est applicable à ce degré.

Il est évident que l'existence de GUILLAUME Ier, en 1281, avait été signalée, à défaut d'autres pièces, dans l'acte de partage de sa succession, qui eut lieu entre ses quatre enfants, le 9 mai 1312, Guillaume, Jean, Guion et Julienne, qui épousa Léonnet de Billy.

IIe DEGRÉ.

L'*Inventaire* ne dit rien non plus sur les personnages qui composent ce degré. Heureusement, un aveu rendu en 1329, à Jean de Roucy, baron de Mirebeau, par GUILLAUME DE CHOUPPES, seigneur dudit lieu, existe en original aux Archives nationales, dans la série P, qui renferme ce qui reste des anciens aveux d'Anjou. Cet aveu mentionne un autre personnage du nom de Chouppes et d'autres documents permettent de constater qu'au commencement du XIVe siècle cette famille était assez nombreuse (2).

Le *Dictionnaire des familles* signale en effet une Jeanne de Chouppes, prieure claustrale de l'abbaye de Sainte-Croix de Poitiers, en janvier 1297 et en 1310. Il cite encore un

(1) Les titres analysés par l'*Inventaire* étant à jamais perdus, il m'a paru inutile de grossir cette étude de la totalité des sommaires où le nom d'un membre de la famille se trouve relaté. Deux ou trois actes par degré filiatif, rarement davantage, suffiront pour donner à mon tableau toute l'authenticité désirable et pour contrôler le *Mémoire* qu'on trouvera aux pièces justificatives.

(2) On trouve, le 25 juin 1346, un Jehan de Chouppes, seigneur d'Avanton, qui donne cette seigneurie au prieuré d'Aquitaine, de l'ordre de Malte, en la personne de Pierre de Paray, commandeur de Loudun et de Moulins. (L'abbé Lalanne, *Hist. de Châtellerault*, t. Ier, p. 350.)

Aimery de Chouppes, chevalier, qui devait, en 1300, une servitude à l'évêque de Poitiers, pour ses fiefs de Mirebeau, et rappelle qu'en 1809 un Guillaume de Chouppes, valet, rendait aveu audit Évêque pour ce même service, et rendait hommage au chapitre de Saint-Hilaire, le 21 août 1310. Hugues de *Chaoppe*, dit parageur de Guillaume pour l'hôtel des Mées, dans l'aveu de 1329, et Percevalle de Chouppes, abbesse de Saint-Jean de Bonneval de Thouars, en 1331 et 1332, complètent un groupe important de noms isolés, dont l'ensemble justifie mon assertion.

IIIᵉ DEGRÉ.

JEAN de Chouppes, valet, seigneur dudit lieu, ne figure pas non plus à l'*Inventaire*. Mais il était, en 1366, seigneur du Grand et du Petit Parigny (1). Sa femme Philippe de Villaines, rendit, en 1390, des aveux pour la terre de Chouppes et pour celle de Chézelles, se disant alors veuve de Jean de Chouppes. Le *Mémoire* leur attribue un seul fils. Il existe cependant, dans la série des anciens aveux d'Anjou, deux aveux rendus en 1389 et 1411, où Jeanne et Guillemette de Chouppes sont dites sœurs de Philippon, et dont les maris tiennent en parage de ce dernier les fiefs de Montpison et du Petit Bournezeaux. Dans l'aveu de 1389, une Jeanne Arnaudeau est même dite veuve de Guillaume de Chouppes, ce qui me ferait penser qu'elle était mère de Jean, dont il est ici question.

IVᵉ DEGRÉ.

La marche devient plus sûre à partir de ce degré. Je trouve le :

(1) *Arch. nat.*, anc. aveux d'Anjou.

20 juillet 1389, un aveu rendu par Jean Hémery et Guillemette de Chouppes, sa femme, à messire PHILIPPON de Chouppes, valet, seigneur dudit lieu, des domaines qu'ils tenaient de lui en parage. Signé : Bobin, notaire. (*Inv. Ch.*, sac 3.)

1390 ... transaction entre messire Philippon de Chouppes et messieurs les chanoines et chapitre de Notre-Dame de Mirebeau, par laquelle ledit seigneur de Chouppes se restreint à cinq sols de franc devoir pour l'hommage à lui dû, de la Roche à Dolland, signé : L. Vandré. (*Inv. Ch.*, sac 14.)

1393, 16 octobre. Aveu du fief de Vérines, sans signature, en très mauvais état, rendu à messire Philippon de Chouppes, seigneur dudit lieu. (*Inv. Ch.*, sac 12.)

1435, 12 juillet. Aveu rendu par messire Philippon de Chouppes, à monseigneur le duc d'Anjou, baron de Mirebeau. Signé : Bertonnau, notaire. (*Inv. Ch.*, sac 3.)

Philippon avait épousé Jeanne de Briau (1).

Vᵉ DEGRÉ.

Je pense que l'on doit attribuer à ALEXANDRE, fils du précédent, l'aveu suivant qui ne porte pas de prénom :

1446. 30 juillet. Aveu rendu à la baronnie de Mirebeau, signé Bertonneau, notaire. (*Inv. Ch.*, sac 3) (2).

Alexandre de Chouppes, chevalier, seigneur dudit, avait épousé Marie de Bonnemain, dame de Beaudeau. Il avait rendu son aveu en 1469, au baron de Mirebeau.(*Arch. nat.*, *loc. cit.*)

VIᵉ DEGRÉ.

PHILIPPON de Chouppes, fils aîné d'Alexandre, a dû mourir jeune. Car dès l'année :

(1) Dont j'ignore l'origine.
(2) Il possédait aussi, en 1445, un hébergement à Mirebeau, relevant du fief aux Jallets, en arrière-fief de la baronnie.

1487, 17 octobre, un bail à rente est consenti par demoiselle Catherine de Bonnemain, à messire MATHURIN de Chouppes, frère de Philippon, de tous les domaines provenant de la succession de Pierre de Bonnemain. (*Inv. Ch.*, sac 7.)

1494, 17 décembre. Partage des domaines de Léonnet de Bonnemain. (*Inv. Ch.*, sac 7.)

1493. 30 décembre. Déclaration rendue par Etienne Boudet, à messire Mathurin de Chouppes, signée Barilleau et Berthonneau, notaires. (*Inv. Ch.*, p. 43.)

1486, 19 octobre. Déclaration rendue par Alexandre et Jean Marits, dit Roullets et Jean Isard, à messire Mathurin de Chouppes, signé Gorre notaire. (*Inv. Ch.* p., 39.)

1505. 4 avril. Acquêt fait par messire Mathurin de Chouppes, de François Delamarche, Antoine Auriau, et autres, de plusieurs domaines, signé : Pinaud, notaire. (*Inv. Ch.*, sac 7.)

Mathurin avait épousé le 12 mai 1491, Catherine de Marçay, d'une très ancienne famille mirebalaise.

VII° DEGRÉ.

L'*Inventaire* signale FRANÇOIS de Chouppes, une vingtaine de fois, de 1518 à 1562, au sujet d'acquêts ou d'échanges de diverses pièces de terre. Je cite au hasard :

1522. 31 juillet. Acquet fait par messire François de Chouppes, de François Vannoy et Magdeleine Babouard, sa femme, de leur part et portion de la succession de messire Pierre Guillon, curé de Coussay, signé : Raiffard, notaire. (*Inv. Ch.*, sac 7.)

1523. 27 janvier. Acte d'exhibition de l'acte d'acquet fait par messire François de Chouppes, écuyer, seigneur dudit lieu, et de Beaudeau, de la dîme de Pouzioux, signé Gazil. (*Inv. Ch.*, sac 6.)

1528. 1er janvier. Echange, entre messire François de Chouppes et Hilaire Bruneau, d'un chenevrault, d'une allée pour aller puiser de l'eau au puits dudit Bruneau, avec un fondis et une petite cour, le tout situé à Chouppes, pour un jardin audit lieu délaissé par ledit seigneur, signé Delafons, notaire. (*Inv. Ch.*, sac 7.)

1533. 1ᵉʳ novembre. Exponse faite par messire François de Chouppes, au seigneur évêque de Poitiers, qui prétendait lui être dues sept livres pour les préférences de Chouppes, signé : Gazil, notaire. (*Inv. Ch.*, sac 7.)

1536. 18 août. Transaction entre messire François de Chouppes, chevalier, seigneur dudit, et messire Jacques Le Breton, procureur au présidial de Poitiers, par laquelle ledit Le Breton, s'oblige de faire la foi et hommage lige audit seigneur de Chouppes, pour le fief de la Brunette, signée : Raymon et Sauvry, notaire. (*Inv. Ch.*, sac 16.)

1562 .... Deux contrats d'acquets d'une maison sise à Mirebeau avec les jardins. (*Inv. Ch.*, sac 7.)

François avait épousé, le 3 février 1526, Claude de Bidoux, dont il eut probablement six enfants : Pierre, Préjean, Emard, Anne, Louise et Angélique. Il mourut vers 1562.

VIIIᵉ DEGRÉ.

C'est à partir de ce degré seulement que commence la véritable illustration de la maison de Chouppes. MM. Beauchet-Filleau, Moreau, de Lastic Saint-Jal, résumant les écrits de leurs prédécesseurs, d'Aubigné, Pierre Brisson, André du Chesne, ont tracé la biographie de Pierre de Chouppes, l'un des hommes les plus remarquables du xviᵉ siècle, et qui fut honoré de l'amitié de plusieurs de nos rois.

Pierre de Chouppes, chevalier, seigneur dudit lieu, de Bassé, d'Availles, etc., naquit le 3 mars 1531. Le *Mémoire généalogique* donne tous ses titres. Il me paraît inutile de recommencer ici sa biographie. L'*Inventaire* le nomme une douzaine de fois; je ne citerai que l'article où il est dit avoir rendu son aveu au baron de Mirebeau :

1600, 8 juillet. Aveu rendu par messire Pierre de Chouppes, che_
valier, seigneur dudit lieu, Montcouard et Bassé, gentilhomme
ordinaire de la chambre du roy, capitaine de cinquante hommes
d'armes de ses ordonnances, gouverneur pour Sa Majesté des ville
et château de Loudun et pays de Loudunais, à très haut, très puissant, très magnanime prince, monseigneur Henri de Bourbon, baron
de Mirebeau. Signé : de Chouppes, Ragonneau et David, notaires,
au pied duquel est la réception du 2 mai 1601, signée Gazil, Arnaul₊
et Barilleau, greffier. (*Inv. Ch.*, sac 3.)

Pierre avait été marié, vers 1552, étant encore très jeune,
à Jeanne Fabvreau, fille et héritière du seigneur de Montcouard (1); et en secondes noces, le 12 mars 1588, à
Jeanne de Ségur, fille de Bernard, baron de Pardaillan. Il
n'eut point d'enfants de ces deux mariages, et mourut dans
sa maison de Chouppes, le 29 avril 1603. Ses différents
biographes disent avec raison que ses biens passèrent à son
frère Aymard, chevalier, seigneur du Bois-Fouquairon,
Bassé, etc., qui devint alors seigneur de Chouppes. Quant
à son second frère PRÉJEAN, il resta apanagé de la terre de
Beaudeau, et la transmit à ses descendants (2).

AYMARD de Chouppes, 3ᵉ fils de François, paraît avoir
épousé deux femmes, dont une seule est connue et signalée
à l'*Inventaire :* Renée David, héritière de Fontenelle, qui lui
donna trois enfants. 1° René, 2° Renée, 3° Claude (3). Il servait dans l'armée catholique, et se trouva à la bataille de
Coutras, avec le grade d'enseigne de la compagnie du sieur
de Villequier, où, combattant contre son propre frère Pierre,
qui appartenait à la religion prétendue réformée, il fut fait

(1) Ce fief relevait de la Tour de Beaumont, vicomté de Châtellerault.
(2) Voir le *Mémoire généalogique*, à la fin de cette étude.
(3) Voir plus loin ce qui est relatif au Bois-Fouquairon, acquis par Aymar de
Chouppes, le 31 janvier 1585. Le fief de Bassé m'est inconnu.

prisonnier et perdit tout son équipage, que son vainqueur lui renvoya après la bataille. Bien qu'il ait possédé la seigneurie de Chouppes à partir de 1603, l'*Inventaire* ne lui donne jamais que le titre de seigneur d'Andilly et du Bois-Fouquairon (1).

IXe DEGRÉ.

Son fils aîné, RENÉ de Chouppes, chevalier, seigneur de Chouppes, Bois-Fouquairon, Bassé, Andilly, etc., gentilhomme ordinaire de la chambre du Roi, lieutenant de la compagnie'des gendarmes, du duc de Roannez, puis de celle de la Châtaigneraye, épousa, le 4 juillet 1606, Catherine Goyer, fille de François Goyer, seigneur de Pourpry et de Bécherel, conseiller au Parlement de Paris, et de dame Marie Robert. Il est fait mention de ce seigneur 16 fois à l'*Inventaire*, et pour la première fois le :

1607, 22 décembre. Transaction faite par messire René de Chouppes et dame Jeanne Guérin, veuve de maître Guy David, vivant châtelain de Mirebeau, par laquelle le scigneur de Chouppes fait remise des arrérages d'une rente d'un boisseau de froment et oblige ladite dame Guérin de la payer, servir et continuer à l'avenir. Signé : Bizard, notaire. (*Inv. Ch.*, sac 7.)

1628, 13 février. Transaction faite entre messire René Lauvergnac, seigneur de Mioraye, et messire René de Chouppes, par laquelle ledit sieur de Miauray (*sic*) laisse la libre jouissance et possession de la maison noble du Bois-Fouquairon audit seigneur de Choup-. pes, de laquelle il prétendait avoir la moitié par retrait lignager en date du 28 janvier 1628. Signé : Ragonneau, notaire. (*Inv.Ch.*, p. 202.)

René avait rendu son aveu de Chouppes, comme suit :

(1) **Voir pour Renée et Claude de Chouppes, filles d'Aymar, ce qui en est dit au** *Mémoire généalogique* (pièces justificatives).

1626, 14 novembre. Aveu rendu par messire René de Chouppes, chevalier, seigneur du dit lieu de Chouppes, Bois-Fouquairon, Bassé, Andilly et la Dorelle (1), gentilhomme ordinaire de la chambre du Roy, enseigne de la compagnie de cent hommes d'armes des ordonnances de Sa Majesté, à très haut et très puissant seigneur monseigneur messire Louis Gouffier, duc de Rouannais, pair de France, baron de Mirebeau. Signé : René de Chouppes; Gazil et Jourdain, notaires. (*Inv. Ch.*, sac 3.)

1638, 15 novembre. Arrêt de nos seigneurs des requêtes du Palais à Paris, rendu entre messire Henry-Louis Chasteigner de la Roche Pozay, évêque de Poitiers, et messire René de Chouppes écuyer, sieur du dit lieu, qui déboute le dit seigneur évêque de la demande qu'il faisait au dit seigneur de Chouppes de vingt-neuf années d'arrérages, paiement et continuation de la rente de vingt septiers de froment qu'il prétendait lui être dues sur la terre do Chouppes. Signé : Dupuy. (*Inv. Ch.*, sac 3.)

Il est mort à l'âge de 57 ans et a été enterré dans le chœur de l'église de Chouppes, devant le maître autel.

1648, 11 janvier. Bail d'une maison à Chouppes, consenti par dame Catherine Goyer, veuve de messire René de Chouppes, à René Moullin. Signé : Arnault, notaire, (*Inv. Ch.*, p. 87.)

Catherine Goyer, douairière de Chouppes, fut aussi inhumée dans le chœur de son église, le 13 novembre 1652, par Ch. Jeannet, curé, assisté de 12 prêtres, à côté de son défunt mari (2).

De son mariage étaient issus quatre enfants : Pierre, Aymard, René et Catherine.

X° DEGRÉ.

A partir de ce degré, certaines difficultés pourraient

(1) Andilly et la Dorelle sont situés près Chinon (en Touraine). Ces deux fiefs étaient voisins.
(2) Extrait des registres paroissiaux de Chouppes. (*Arch. Vienne*)

surgir, car le *Mémoire généalogique* s'arrête, à peu
près, au milieu de la carrière des quatre enfants de
René de Chouppes et de Catherine Goyer. L'*Inventaire*
continuera bien à signaler les actes administratifs du
chef de la maison jusqu'à la fin du XVIII° siècle ; mais
il restera muet, comme toujours, sur la destinée de ses
puînés et de ses collatéraux, qu'il faudra dès lors rechercher à d'autres sources. Les renseignements du *Dictionnaire des familles* (1ʳᵉ édition) sont incomplets. Heureusement, la lumière paraît avoir été faite par le second éditeur des *Mémoires du marquis de Chouppes* (1), en ce qui
concerne surtout le rameau fondé par ce dernier et dont
aucun généalogiste n'avait encore parlé. Mes recherches
particulières ont fait le reste.

Les biographes ont tous adopté l'orthographe d'*Aymard*,
qui n'est pas celle dont le second fils de René de Chouppes
faisait usage. En effet, dans son contrat de mariage du 20
septembre 1652, il signe à plusieurs reprises : *Emari*, nom
que son fils modifiera, à son tour, en *Emar*, dans un aveu
rendu par lui au Roi en 1695, pour reprendre celui d'*Aimard*,
dans l'acte de baptême de sa fille Marie-Madeleine, en 1703.

Au moment où messire ÉMART de Chouppes faisait rédiger
les clauses de son mariage futur avec dame Marie Le Breton,
fille d'Enoch Le Breton, seigneur de Chanceaux, en Tou-

---

(1) *Mémoires du marquis de Chouppes, lieutenant général des armées du
roi*, etc., par M. C. Moreau. Paris, J. Téchener, 52, rue de l'Arbre-Sec, 1861. —
L'éditeur dit avoir consulté le dépôt des titres de la Bibliothèque Nationale, les
Archives nationales et les registres de l'ancienne paroisse du Fau, aujourd'hui Reignac, en Touraine.

C'est ici le lieu de rectifier l'erreur commise dans mon étude féodale de la
Baronnie de Mirebeau, par suite de l'omission d'une ligne entière. Page 150,
ligne 26, on doit lire : « En 1626, Pierre de Chouppes, lieutenant-général des ar-
« mées du roi et de la province de Roussillon, *frère aîné du marquis Aymard de*
« *Chouppes*, auteur de mémoires curieux, etc. »

raine, et veuve de messire Charles de Pierre-Buffière, chevalier, seigneur de Pringet, il était chevalier de l'ordre du Roi, conseiller en ses conseils, maistre de camp de deux régiments, l'un de cavalerie et l'autre d'infanterie, pour le service de Sa Majesté, et lieutenant général de ses armées. Les futurs époux se marient avec la clause formelle de séparation de biens la plus absolue, desquels ils jouiront, dit le contrat, chacun, « comme s'ils n'estaient pas mariés ».Toutefois, ils devront faire leur résidence au lieu seigneurial de Chanceaux, domicile habituel de la future, qui sera absolument libre de continuer « l'exercice de sa religion et du presche, tant qu'il luy plaira » (1). Les futurs se font donation entre vifs et au dernier survivant de tous leurs biens meubles, suivant la coutume de Touraine ; « aura aussy la « dite dame future espouse, douaire suivant la coustume « des lieux où les biens (2) dudit seigneur futur sont « situés, lesquels demeurent dès à présent affectés audit « douaire ». Et dans le cas de prédécès dudit seigneur, si ladite dame n'acceptait pas la donation ci-dessus, « elle re« tiendra toujsiours ses bagues, joyaux et aultres choses à « elle attribuées par la coustume avec une chambre garnye « de valleur de dix mil livres, son carrosse, chevaux et aultres « équipages à l'usage de ladicte dame et aura troys mois « pour délibérer s'y elle acceptera ladicte donation ou non. « Pendant lequel temps elle demeurera en l'hostel du dict « seigneur futur sy bon luy semble et sera entretenue et « norrie avec que ses domestiques sur les biens du dict « seigneur futur, etc. » Faict et arresté à Chanceaux par

_____

(1) Le 24 avril 1678, Marie Le Breton, veuve de messire Emart de Chouppes, abjura l'hérésie de Calvin entre les mains de l'archevêque de Tours. Elle est morte le 16 juin 1697, au château du Fau. (Ext. de *la Gazette* du 25 avril 1678)

(2) Aucun de ces biens n'est spécifié au contrat.

« l'advis de parents et amis des partyes soubzsignées, le
« vingtiesme septembre mil six cens cinquante-deux. Ainsy
« signés en la minute des présents : Emart de Chouppes ;
« Marye Le Breton ; Magdelaine Bazin ; Françoise Le
« Breton; Magdeleine Le Breton ; Georges de Ridoue, Renée
« Le Breton ; Catherine Le Breton ; Catherine Le Breton de
« Quinemont ; Claude de Launay et Paul de Souvelle. » On
remarquera qu'aucun membre de la famille de Chouppes
n'est nommé dans ce contrat.

Les épousailles ayant été solemnisées en la ville de Paris,
le 1er juillet 1653, lesdits seigneur et dame ratifient les
clauses de leur contrat, le 18 du même mois, par devant
François Theurault, notaire en la ville de Loches (1). De
leur mariage sont issus: 1° Marie, née en 1657, morte au Fau,
le 16 mars 1697, sans alliance, âgée de 40 ans ; 2° Emar ou
Aimard, né vers 1670, d'après M. Moreau, qui eut de Marie
Anne Bothereau d'Aulnières, veuve de Jacques du Vignau,
épousée en 1701, Marie-Madeleine, née au Fau, le 12 janvier 1703, et une seconde fille nommée : Marie-Anne ; 3°
Pierre, dit le chevalier de Chouppes du Fau, qui n'était pas
encore marié en 1699, et dont j'ignore à peu près la destinée.

M. Moreau n'a point connu le contrat de mariage d'Émart
de Chouppes, et cela est regrettable, car le savant éditeur
qui a relevé un certain nombre d'erreurs dans la 1re édition
des *Mémoires*, parue en 1753, n'eût pas manqué de constater
qu'en tenant pour véridiques et bien datés tous les faits accomplis, en divers lieux, par Emart pendant les années
1652 et 1653, il est difficile de préciser le moment où il eût
été libre de venir contracter son mariage, tant à Loches qu'à

(1) Cet acte, paraphé *ne varietur* par Voisin de la Noiraye, se trouve aux archives
de la Vienne, série ES, cote 502.

Paris. Le silence de Chouppes sur un fait de cette nature, un des plus importants de la vie, est, selon moi, fort extraordinaire. Cette particularité et plusieurs autres encore sont faites pour provoquer un doute sur la complète authenticité des dits *Mémoires*, qui n'ont dû être, à l'origine, qu'une suite de notes recueillies par Chouppes, au cours de sa vie politique et militaire, et qu'un siècle plus tard Duport du Tertre qui, sans doute, avait lu les *Mémoires du duc de Navailles*, parus en 1701 (1), aura cru pouvoir utiliser sous une forme littéraire analogue à ceux-ci, très personnelle en apparence, mais qui laisse dans l'obscurité la plus complète la vie privée de son héros.

Qui pourra croire qu'un homme parvenu déjà à la vieillesse, ayant l'intention de laisser *à ses enfants un gage de sa tendresse*, et de leur présenter *l'histoire de sa vie* comme un modèle de *quelques vertus à imiter*, et un avertissement *à profiter de ses fautes*, se sera borné à leur faire un récit aride d'actions militaires et politiques surtout, rempli à chaque page de plaintes et de récriminations, et par conséquent impropre à former leur cœur et leur esprit ? Comment ! Ce père de famille aura totalement négligé de leur parler de sa mère à lui ; de son père et de ses deux frères, personnages éminents ; de sa sœur, femme de bien et du plus grand mérite ; de leur mère enfin qui l'avait acclimaté en Touraine, et lui avait fait abandonner son pays d'origine ! Il aura supprimé ces mille détails privés qui font le charme des *Mémoires*, en général, et, chose incompréhensible, il n'aura même jamais, dans son livre, prononcé le nom de ses enfants !

Non, ce n'est pas Emart de Chouppes qui, au moment

(1) Paris, chez la veuve Bardin, et Amsterdam, chez Jean Malherbe.

des vérifications de noblesse de Voisin de la Noiraye, a écrit:
« Il paraît, par les titres que je conserve dans *mes archives*,
« que depuis plus de six cents ans mes ancêtres ont pris la
« qualité de chevaliers, » alors qu'il ne pouvait ignorer,
lui cadet de famille (sans archives par conséquent), qu'un
Mémoire généalogique établi vers 1636 commençait sa filiation en 1281 seulement. Ce n'est pas lui qui a écrit : « Ils
« ont presque tous suivi la profession des armes ; et quel-
« ques-uns s'y sont assez distingués, pour avoir pu faire une
« assez brillante fortune, s'ils ne s'étoient trouvés engagés
« dans le parti contraire à la religion dominante. » Emart
de Chouppes n'ignorait pas que la Réforme ne datait en
France que de 1517; que *toute sa famille était catholique*
et que son grand-oncle Pierre *seul* avait abjuré, ce qui ne
l'avait pas empêché de fournir une assez belle carrière, et
d'être honoré de l'amitié de nos Rois. Ce n'est pas son grand
père, qui faisait démolir le temple bâti par son grand oncle
sur le territoire de Chouppes, qu'il pouvait signaler comme
appartenant à la religion réformée. Ce n'est pas le rameau de
Beaudeau, dont les deux derniers rejetons étaient l'un chevalier et l'autre commandeur de l'ordre de Malte ! Ce n'était
pas non plus son propre père, enterré dans le chœur de
l'église de Chouppes, à côté de Catherine Goyer, sa femme !
Que penser aussi de cette page où le prétendu auteur des
Mémoires, qui n'a jamais reçu du Roi et de ses ministres,
ni argent ni faveurs, nous raconte qu'il avait « avancé cent
« mille livres pour le service du Roi dans l'armée de Lom-
« bardie, pendant le siège de Crémone, vendu jusqu'à sa
« vaisselle d'argent, et emprunté de tous les officiers de
« l'armée, à qui il aurait été obligé de payer le capital et
« les intérêts » ?

Où donc ce brave cadet de famille, encore célibataire, avait-il pu prendre ces cent mille livres (1), sa vaisselle d'argent, et le crédit illimité que lui auraient ouvert ses camarades ? Et comment admettre que les mêmes ministres, qui se montraient si généreux pour le duc de Navailles à la moindre occasion et à la même époque, auraient laissé, de parti pris, le sieur de Chouppes faire si complètement la guerre à ses dépens ? Ces invraisemblances me choquent et me déterminent à émettre l'opinion que ce n'est pas sous le titre engageant de : « *Mémoires du marquis de Chouppes* » que ce volume aurait du être publié (2).

J'ai dit tout à l'heure, d'après M. Moreau, que le fils d'Émart II était né vers 1670. M. Moreau s'est basé sur l'aveu rendu au Roi, le 15 novembre 1695, pour la baronnie du Fau, pour indiquer cette date comme concordant avec la grande majorité de ce personnage. Je ferai observer que 'a femme d'Émart de Chouppes, déjà veuve en 1652, aurait été bien âgée pour lui donner un fils en 1670, et un autre

(1) Somme énorme pour le temps.

(2) L'imitation des *Mémoires du duc de Navailles* est flagrante. Les premières pages de l'exorde procèdent des mêmes idées; les expressions seules diffèrent. Si cette imitation n'est pas constante, bien qu'on en trouve, çà et là, quelques vestiges, c'est que la vie de Chouppes s'est passée au milieu d'intrigues que Navailles n'a point pratiquées au même degré. Ma conviction est que Duport de Tertre a fait usage. pour son édition, de documents qui n'étaient pas rédigés en vue de la publicité. Il n'est pas jusqu'à cette apparence d'interruption des prétendus *Mémoires*, vers 1663, qui ne puisse être considérée comme un indice probable que les notes militaires et politiques d'Émart s'étaient arrêtées de bonne heure. La période de 1653 à 1663 ne tient que dix pages dans le livre. Duport du Tertre. n'ayant pu y suppléer, aura trouvé commode d'imprimer que le manuscrit était perdu. C'est ce que de nos jours on nommerait: *un truc littéraire.* Mais, en 1753, la vogue était aux *Mémoires*, et le titre de son volume constituait une merveilleuse amorce pour les lecteurs de l'avenir! Duport du Tertre se dit, dans la préface de son livre, parent de l'auteur des *Mémoires*. Je crois pour mon compte qu'il descendait d'un huissier de ce nom, qui instrumentait en 1700, dans un procès relatif à la saisie de la terre de Chouppes, procès qui dura plus de 25 ans, dans lequel les hommes de loi manipulèrent à loisir tous les papiers de la famille, et dont la procédure engendra environ 800 actes.

plus tard encore. En admettant qu'au moment de son mariage Marie Le Breton ait eu de 25 à 30 ans, en 1670, elle en aurait eu cinquante. Cela est peu vraisemblable. Il y a lieu, selon moi, de reporter à une date antérieure, vers 1660 probablement, la naissance de son fils aîné, qui, à son tour, pouvait avoir 40 ans lors de son mariage avec dame Marie-Anne Bothereau d'Aulnières, veuve de Jacques du Vigneau, seigneur de Voryes, duquel elle avait un fils, Gaspard-François du Vigneau, qui habitait avec elle le château du Fau, en 1703.

D'après M. Moreau, d'Hozier a ajouté de sa main à l'article de Marie le Breton (*Dossier Le Breton, au dépôt des titres*) qu'elle était veuve en 1673. L'acte de décès d'Émart n'existe pas dans les registres de l'ancienne paroisse du Fau ; mais sa femme est morte au château de ce nom, et fut enterrée dans le chœur de l'église paroissiale, le 16 mars 1697, quatre mois avant sa fille Marie.

Toujours d'après le même éditeur, Émart III de Chouppes vendit, en 1710, sa terre du Fau à M. de Reignac, qui la fit ériger en marquisat et lui donna le nom que la commune possède encore aujourd'hui.

Ici s'arrêtent les documents connus sur ce rameau du Fau qui n'a fourni que deux ou trois générations à peine (1).

PIERRE de Chouppes, frère aîné du précédent, chevalier, seigneur dudit lieu, Bassé, le Portault, Borc (2), d'abord capitaine de cent hommes à pied du régiment de Torsy,

---

(1) Pierre de Chouppes du Fau et Marie, sa sœur aînée, étaient en procès avec Anne de Vassé, femme de René de Chouppes, seigneur du Portault, leur cousin, en 1694. Ils furent déboutés de leurs prétentions et condamnés aux dépens. (Extrait d'une *Sentence de distribution*, portant adjudication *de la terre de Chouppes*, rendue le 29 janvier 1701, un des huit ou dix documents échappés à la destruction en même temps que l'*Inventaire*. C'est un dossier en parchemin contenant 128 pages, auquel j'aurai plusieurs fois recours dans la suite de cette étude.)

(2) *Voir* ce qui est dit plus loin à propos de ce mariage.

puis cornette et lieutenant de la compagnie de chevau-légers du sieur de la Frézélière, capitaine de cent mousquetaires à cheval du régiment du Cardinal de Richelieu, maréchal de camp, gouverneur et capitaine du château de Parthenay, épousa, le 20 juillet 1634, Renée de Rabellin (1). Entre autres actes féodaux auxquels il prit part, il y a lieu de citer :

1644, 16 juin. Hommage fait par messire Pierre de Chouppes, chevalier, seigneur dudit Chouppes, et autres places, aux officiers du duché-pairie de Richelieu. Signé: Bernon, greffier.(*Inv. Ch.*, sac 3.)

1651, 8 mai. Concession de la châtellenie de Chouppes accordée par monseigneur le duc de Richelieu, portant foi et hommage de ladite châtellenie. (*Inv. Ch.*, sac 2)

1651, septembre. Lettres patentes du Roy de la création et érection de la châtellenie de Chouppes, signées : Louis, et, sur le repli, pour le Roy, Deguenegaud ; scellées de cire verte à lacs de soie verte et rouge, sur lequel repli sont les actes d'enregistrement faits au Parlement le premier août 1654. Signé : du Tillet, et en la chambre des comptes, le 18 septembre suivant. Signé : Denis. (*Inv. Ch.*, sac 2.)

1665, 24 septembre. Aveu rendu par messire Pierre de Chouppes, chevalier, seigneur, châtelain dudit lieu, les Chutilières, le Portault Bassé, Bois-Fouquairon et autres places, gouverneur de la ville et château de Parthenay, en pays de Gâtine, et maréchal de camp des armées du Roy, à haut et puissant seigneur, messire Armand-Jean Duplessis de Richelieu, duc et pair de France, baron de Mirebeau. Signé : Pierre de Chouppes ; Pineau et Raynard, notaires, au pied duquel est la réception signée : Béraudin, Babaud et Bottreau, greffier. (*Inv. Ch.*, sac 3.)

D'après le *Diction. fam.*, Pierre de Chouppes avait partagé, le 15 janvier 1637, les biens de la succession de

(1) Le Portault et Borc sont situés dans les Deux-Sèvres; ces fiefs provenaient de Renée de Rabellin.

Marguerite Pidoux, à cause de sa femme, Renée de Rabellin ; et il avait rendu aveu, le 20 avril 1640, à haut et
puissant seigneur messire François de Vignerot, chevalier
des ordres du Roi, etc., à cause de sa baronnie de Mirebeau. Il est absolument certain que ces deux actes s'appli-
quent au châtelain de Chouppes, rapporté au x° degré. Il
y a encore :

1675.17 novembre. Bail à rente consenti par Messire Pierre de
Chouppes, à Charles Gigot, laboureur, demeurant à Ambrettes. Signé:
Chouppes, Boissé, Bérault et Jeannet, notaires. (*Inv.*, *Ch.* p. 88.)

Pierre de Chouppes et son frère Émart produisirent, au
mois d'août 1668, à Loches, leurs titres de noblesse devant
l'intendant de Touraine, Voysin de la Noiraye. Quant au
3° frère, René, qui était passé, contre le gré de sa famille,
au service du duc de Lorraine, après son mariage, il mourut
à Mons, en Hainault, où il commandait 2.000 hommes de
cavalerie sous les ordres de Piccolomini, général de
l'empereur. J'ignore s'il a eu postérité.

Pierre de Chouppes eut au moins cinq enfants : 1° René
qui va suivre ; 2° Charles, qui, suivant M. Moreau, aurait
été page du cardinal Mazarin. En 1689, il se disait chevalier, seigneur fondateur de l'église de Chouppes, dans un
accord ayant pour but de permettre à Louis de Bellet, seigneur de Challigny, de faire placer un banc dans la dite
église en face de la chaire (1). Il signe cet acte : « chevalier
de Chouppes ; » 3° Hardouin, chevalier, seigneur de Borc,
dont la succession avait un curateur en 1699. Ces deux
frères, héritiers bénéficiaires de Pierre de Chouppes, leur

_____

(1) Document communiqué par M. le curé de Chouppes.

père, étaient, comme je le dirai tout à l'heure, en 1699, et depuis vingt-cinq années environ, sous le coup d'une saisie immobilière, comprenant la terre de Chouppes, le Bois-Fouquairon et toutes les dépendances. J'ignore s'ils ont été mariés et s'ils ont eu des enfants ; 4° Catherine, mariée à Chouppes, le 3 février 1656, à François de la Couture, chevalier, seigneur de Moussac en Limousin (1) ; 5° Françoise, née et baptisée à Chouppes, le 16 septembre 1643 (2).

Pierre mourut le 23 avril 1681, âgé de 67 ans, et fut enterré dans le chœur de son église. Renée de Rabellin, sa veuve, mourut au même âge et fut inhumée auprès de son mari, le 1ᵉʳ novembre 1684 (3).

XIᵉ DEGRÉ

RENÉ de Chouppes, chevalier, seigneur du Portault et autres places, nommé quelquefois marquis de Chouppes, naquit le 25 octobre 1636. Il fut capitaine de chevaulégers au régiment de Richelieu et, suivant M. Moreau, aurait épousé, en 1659, Geneviève de la Mothe-Viala ; je n'ai rencontré aucune trace de cette union (4). Cependant, les registres paroissiaux de Pressigny signalent une fille de ce René de Chouppes, portant les prénons de Marie-Geneviève-Renée, comme ayant été baptisée le 13 octobre 1683, âgée de 14 ans et 3 mois, ce qui reporterait la date de sa naissance à l'année 1669 (5).

(1-2-3) Reg. par. de Chouppes.

(4) C'est probablement cette personne qui, dans l'*Armorial du Poitou*, est nommée seulement *Geneviève*, et est dite femme de Jean II, comte de Razes et de Verneuil. Le *Dictionnaire des familles* nomme la femme du comte de Razes, Marie-Françoise, qui serait morte en 1761.

(5) La plupart des renseignements donnés sur la naissance des sept enfants de René sont dus à l'extrême obligeance de Mᵐᵉ la comtesse de Mérinville, propriétaire

René contracta une seconde union, le 3 février 1673, au château de la Rochefaton, paroisse de Lhoumois, avec demoiselle Anne de Vassé, fille de messire Henri de Vassé, chevalier, seigneur de Châtillon, et de dame Isabelle Pidoux, dont il eut six enfants : 1° Marie-Anne-Elisabeth, née le 6 avril 1674, au château de la Rochefaton, et morte au même lieu le 28 janvier 1699, étant femme de Jean-Baptiste de la Touche, chevalier, seigneur de Quirolan ; 2° Marguerite, née le 13 mars 1675, dont il sera question plus loin ; 3° Louise, née le 9 décembre 1676, dont Louis du Moulinet, chevalier, seigneur de Logerie, était veuf en 1699 ; 4° Charles-René-Marie, dont l'article viendra après sa sœur Marguerite ; 5° Marie, née le 11 mars 1679, dont on ne sait autre chose ; et 6° Éléonore, née le 29 juillet 1684, dont il sera parlé à propos d'une transaction passée entre son frère Charles et Marguerite, sa sœur, en 1703.

La plus grande partie de l'existence de René de Chouppes s'est passée au château du Portault, celui de Chouppes étant abandonné à ses frères puînés.

Les vingt dernières années du XVII° siècle paraissent avoir été marquées par une série de vicissitudes pénibles pour les membres alors existants de la famille de Chouppes. Par suite de circonstances qu'il serait trop long de détailler, leur situation de fortune se trouva compromise. Des dettes, dont l'origine remontait à Pierre, le huguenot, époux de Jeanne de Ségur, augmentées de génération en génération, jusqu'à René, mari d'Anne de Vassé, menaçaient les intérêts de cette dernière, qui, après avoir obtenu contre lui, le 31 août 1697, sa séparation de biens, par sentence rendue

du Porteau, et ont été relevés par ses soins sur les registres paroissiaux de Lhoumois et de Pressigny.

au siège du duché de Meilleraye, était encore, le 8 août 1698, en procès avec ledit René, ses beaux-frères, ses cousins et autres opposants, à sa demande (1).

Outre ce procès, Anne de Vassé en soutenait un autre aux dates des 7 août, 12 et 18 décembre 1699, contre les nombreux créanciers de son mari et de ses beaux-frères qui exigeaient la mise en adjudication de la terre de Chouppes, avec ses dépendances, saisies depuis l'année 1674 (2).

Anne de Vassé, qui avait déjà vu vendre, par sentence rendue au bailliage de Loudun, la terre de Bassé, au profit d'un créancier, nommé Malherbe, ne voulant pas, sans doute, voir passer en des mains étrangères le berceau de la famille, ré-

(1) Ces opposants étaient : Mᵉ Pierre Guilbault, ayant saisi la maison, terre et seigneurie de Chouppes ; messire Charles de Chouppes, seigneur dudit lieu, saisi ; Mᵉ Pierre Gurault, curateur à la succession de messire Hardouin de Chouppes, chevalier, seigneur du Fau, opposant afin de distraire et défendeur ; messire Pierre François de Chouppes (a), écuyer, chanoine de Sainte-Croix de Parthenay, chapelain des chapelles Saint-Nicolas et Notre-Dame de Chouppes, et de Notre-Dame du Portault ; Nicolas Jallays ; le marquis de Chouppes, opposants, tous défendeurs, le 13 mai 1693. (Extrait de la *Sentence de distribution* citée plus haut) (a). Je n'ai pu découvrir de qui était fils ce Pierre-François de Chouppes, qui est peut-être mort à Parthenay, où il était chanoine, et dont je n'ai pas consulté les registres paroissiaux.

(2) Les créanciers défendeurs, suivant *la Sentence* déjà invoquée étaient : Dame Marie Maquenon, veuve de messire Jean de Razes, conseiller du roi, président du Tribunal de Poitiers ; Mᵉ François Ragonneau, sieur du Temple, sénéchal de Chouppes (a) ; dame Renée Goyet, veuve messire Charles de Mussets ; Mᵉ Claude Maisondieu, conseiller du roi, juge magistral, Christophe Michel Chicoineau ; Olivier de la Chatellière ; Pierre Duluc ; dame Renée Souché ; Mᵉ Léonor Aubry, conseiller à Tours ; le sieur Imbert de la Mestrie ; messire Mathurin du Cou, prêtre ; Mᵉ Pierre Malherbe, avocat à Loudun ; Mᵉ Louis Mitault, prêtre, curé de Sainte-Radégonde de Poitiers ; les révérendes dames religieuses de Mirebeau ; Daniel Laurans ; Mᵉ Joubert, sieur de la Marcillière ; Mᵉ Dadu, sieur de la Courtinière ; Catherine Guillon, veuve François Jallays, tutrice de ses enfants mineurs ; Mᵉ François Jallays, avocat ; demoiselle Jeanne Jallays ; dame Foy Bégault, veuve de messire de Coué, chevalier, seigneur de Mussets ; Mʳᵉ Charles de Mussets, chevalier, seigneur de Saint-Bonaventure ; Mᵉ Pierre Bourneau, fils et héritier de Mᵉ David Bourneau, avocat à Poitiers ; messire Charles Lamaye, prêtre prévôt de l'église de Poitiers ; Mᵉ André Mauduyt, docteur en médecine ; Vincent Martinon ; messire Jean-Baptiste de la Touche, chevalier, seigneur de Quirolan, et dame Elisabeth de Chouppes, son épouse ; dame Rivau, veuve de Jacques de Gesnes, conseiller du roi, à Poitiers.

(a) Mᵉ François Ragonneau réclamait 8 années de ses gages de sénéchal, à raison de 40 livres. *Ab uno disce omnes !*

solut d'en devenir propriétaire et triompha, aux enchères publiques, des obstacles accumulés sous ses pas par les nombreux créanciers. Par sentence du 29 janvier 1701, elle fut dé-
clarée adjudicataire pour la somme de 26.000 livres. Les
actes de procédure mentionnés dans la sentence étaient au
nombre de 800, échelonnés sur une période de 26 années
environ.

René mourut en cette même année 1701, je ne sais en quel
endroit, et le corps de sa veuve, morte le 23 septembre
1702, à Chouppes, fut conduit par le curé dudit lieu, accompagné de son fils Charles-René-Marie, ledit jour, dans
la paroisse de Pressigny.

XII° DEGRÉ

Dans une enquête faite en 1695, au nom de la famille
Darrot, de la Bouterochère (1), figuraient comme témoins :
Anne de Vassé, femme de René de Chouppes, chevalier,
seigneur du Portault, âgée de 40 ans, et Marguerite, sa
fille, âgée de 20.

Devenue propriétaire de la terre de Chouppes, à charge de
désintéresser certains créanciers et de payer certains frais,
Anne de Vassé donna ce domaine à sa fille MARGUERITE et
vint mourir auprès d'elle. C'est ce qui explique la raison
pour laquelle la châtellenie de Chouppes fut gouvernée par ·
une femme pendant les vingt premières années du xviii° siècle, ainsi que je l'ai dit au commencement de cet article.
Les autres membres de la famille continuèrent à résider au
Portault, dont Charles-René-Marie, qui avait été émancipé
en 1699, par son père, demeura possesseur et seigneur.

(1) A. Richard, Inventaire analytique des archives du château de la Barre, t. 1,
p. 39.

L'Inventaire de Chouppes me montre en effet, de 1708 à 1720, cette Marguerite, apanagée de la seigneurie de Chouppes, et épouse, non commune en biens, de Charles de Blet, chevalier, seigneur de la Maury, lieutenant-colonel au régiment de la Vieuxville, fils de Mᵉ Jean de Blet de la Maury, écuyer, seigneur des Charcons, et de dame Marie Tabouret, qu'il avait épousée le 30 août 1698, dans la paroisse de Pressigny.

1708, 4 janvier. Déclaration rendue au sujet de la fresche des Auriaux, à dame Marguerite de Chouppes, épouse de messire Charles de Blet, chevalier, seigneur de la Maury, par François Chillault, à cause d'Angélique Burneau, sa femme, Charles Hardouin, à cause de Marie Auriau, sa femme, et autres. Signé : Jousselin et Vergnaud, notaires.

1710, 15 juillet. Bail à rente consenti par dame Marguerite de Chouppes, épouse non commune en biens de messire Charles de Blet, chevalier, seigneur de la Maury, lieutenant colonel commandant le régiment de la Vieuxville, à Jacques Tasché. Reçu devant Vergnault, notaire.

1716, 3 avril. Bail à rente, consenti, par dame Marguerite de Chouppes, de plusieurs terres, à Pierre Roy et à sa femme, devant Vergnault notaire. (*Inv. Ch.*, p. 85.)

1720, 10 juillet. Déclaration d'un devoir de 8 boisseaux de froment et de 4 boisseaux d'avoine, rendue à dame Marguerite de Chouppes, épouse de messire Charles de Blet, chevalier, seigneur de la Maurie, par Vincent Auriau, Charlotte Auriau, veuve François Grimault, et Pierre Robert, curateur de Louis Jeannet, signée : Millet, notaire. (*Inv. Ch.*, p. 50.)

Marguerite de Chouppes étant morte le 16 septembre 1720 (1), Charles de Blet convola en secondes noces, le 23 mars 1721, avec demoiselle Geneviève Fouchier, fille de

(1) Reg. par. Chouppes. Elle fut inhumée dans le chœur.

François, écuyer, seigneur de Pontmoreau, et d'Hélène-Geneviève Mauduyt (1).

Dans le courant de l'année 1721, Charles de Blet avait fait rendre à son profit, en la châtellenie de Chouppes :

1721, 17 mars. Un jugement contre Simon Houllier, messire François du Chilleau, seigneur des Grands Ormeaux, et maître André Pillac, avocat. Signé : Brun, commis greffier. (*Inv. Ch.*, p. 66.)

Il y a encore à l'*Inventaire* :

1722, 1er mai. Aveu rendu pour le fief du clos Saint-Pierre, par messire Charles de Blet, chevalier, seigneur de la Maury et de *Chouppes*, à messire François de Tudert, chevalier, seigneur de la Bournalière, à cause de son fief de Montulé. (*Inv. Ch.*, sac 11.)

Du vivant de Marguerite, la vieille église de Chouppes fut presque entièrement reconstruite, et Charles de Blet ainsi que sa femme contribuèrent largement aux frais de cette restauration (2).

On peut citer, entre autres libéralités, le don fait, le 4 juillet

(1) Arch. Vienne, série ES-93.
(2) « Ext. des Reg. par. de Chouppes (arch. Vienne). L'église de Chouppes étant
« ruinée de fond en comble a été refaite à l'exception des murs, aussi bien que le clo-
« cher qui était tout en pierre, de hauteur de environ six vingt pieds, en l'an 1715, et
« fut fait tout à neuf. La première pierre du clocher du côté de l'autel Saint-Antoine
« vis-à-vis la chaire, fut mise le 15 juillet 1715, et l'ouvrage finit pour le clocher, le
« 21 novembre de la même année. Il y eut pendant ce temps, dix-huit ouvriers qui
« gagnaient chacun par jour, les uns 18 sols, les autres 15 sols. La charpente de la
« nef, la couverture et la porte de ladite nef n'ont été faites qu'en 1716, aussi bien que
« la couverture du clocher. Il en a coûté 4.500 livres, savoir les décimateurs 1.600
« livres et tous ceux qui possédaient des domaines ou des rentes en l'étendue de la
« paroisse, privilégiés ou non, exempts ou non, 2.900 livres et ce par arrêt du con-
« seil en date du 15 janvier 1715. Furent nommés pour faire le recouvrement des
« dits deniers, Thomas Besson, Charles Regnier et Jean Régnier, principaux habitants.
« Les principaux ouvriers qui ont fait et entrepris l'ouvrage, ont été : Louis Baffard
« le couvreur, coadjudicataire du bail pour les réparations, demeurant à Richelieu ;
« Clément Martineau, entrepreneur, et Martin Biget, demeurant à Mirebeau. Il m'en
« a coûté 50 livres comme décimateur. »
(A cette date, Elie Merilet était curé de Chouppes.)

1717, à l'église de sa paroisse par Charles' de Blet, d'un tabernacle, et le 25 décembre 1720, d'une chasuble et parement d'autel, que Marguerite de Chouppes avait fait broder à Paris (1).

Les deux époux s'étaient fait, le 4 février 1713, donation de tous les biens meubles et objets mobiliers ; acquêts et conquêts immeubles, et la tierce partie des biens entiers et propres à eux appartenant au jour du décès du premier mourant, à perpétuité et en pure propriété. Signé : Charles de Bellet de la Maury, Marguerite de Chouppes de la Maury, Vergneault, procureur au siège de Mirebeau, Bizard, notaire de la châtellenie (2).

Charles de Blet mourut le 1er avril 1731. Les registres paroissiaux lui consacrent l'article nécrologique ci-après :

«Messire Charles de Blet, écuyer, seigneur de la Maury, chevalier
« de l'ordre de Saint Louis, après avoir épousé en premières noces
« dame Marguerite de Chouppes, et en secondes noces, dame Gene-
« viève Fouchier, avoir servi le Roi avec honneur, l'espace do 40 ans,
« tant en qualité de major de Dragons qu'en qualité do lieutenant
« colonel d'Infanterie, où il a toujours donné des marques de sa
« générosité et de sa bravoure ; avoir été inspecteur général des
« haras de la généralité de Paris et du bas Poitou, a fini ses jours au
« château de Chouppes, où il a demeuré 26 ans, âgé de 65 ans, au
« grand regret de la paroisse qui l'a regretté comme son père et son
« protecteur, le 1er avril 1731. Le lendemain, son corps a été inhu-
« mé dans la chapelle de la Vierge-Marie, à laquelle il a toujours eu
« une grande dévotion pendant sa vie. »

Le 29 février 1703, quelques mois après la mort d'Anne de Vassé, Charles de Chouppes, prenant la qualité de seigneur du Portault se disant, « fils aîné, seul et unique

(1) Reg. par. Chouppes.
(2) Arch. Vienne. Série ES-93.

héritier de M. René de Chouppes, chevalier, seigneur du
Portault, son père », avait fait un accord avec Charles de
Blet, son beau-frère, e ses sœurs, Marguerite et Éléonore
de Chouppes. Dans cet acte il n'est pas question de la
seigneurie de Chouppes, qui est de fait entre les mains de
Marguerite ; mais il y est stipulé que, malgré la renoncia-
tion à l'héritage de leurs parents, faite antérieurement par
ses deux sœurs, le seigneur du Portault consent à leur
payer à chacune la somme de deux mille livres, à l'époque
qui leur plaira. Charles de Chouppes reconnaissait donc
implicitement n'avoir plus aucun droit sur la terre de ses
ancêtres (1). Mais le décès de Charles de Blet, sans enfants
de sa première femme, arrivé en 1731, changea la situation. Une transaction, dont je n'ai malheureusement que
la notice non datée, eut lieu entre le sieur de la Maurie et le
seigneur du Portault, pour *fin de compte de la terre et sei-*
gneurie de Chouppes (sic), qui rentre définitivement dans la
possession de Charles de Chouppes.

« En effet, dès le 8 août 1732, il y eut hommage par
« M. Charles Vergneault, avocat à Mirebeau, fondé de pou-
« voirs de M. Charles de Chouppes, chevalier, seigneur du
« dit lieu et du Portault, à messieurs les officiers du duché
« pairie de Richelieu. Rapporté contrôlé à Richelieu le mê-
« me jour. Signé : Tourneporte. » (*Inv. Ch.*, sac 3.)

A partir de ce moment, dans tous les actes qui le concernent, le seigneur de Chouppes n'est plus seulement nommé : Charles, mais bien : CHARLES-RENÉ-MARIE. Ce sont
aussi les noms adoptés par le *Dictionnaire des familles*.
L'*Inventaire* le nomme une fois : René-Marie.

(1) Arch. Vienne. Série ES-93.

1752. 7 mars. Déclaration rendue à messire René-Marie de Chouppes, par François Courtois, curateur des enfants de Jean Courtois et de Marguerite Penin, François Terrasson, maréchal, André Riboutet, Pierre Roland, Mathurine Méron, fille de défunt Martin Méron, des 8 boisseaux de froment dus par la fresche de la Motte Coutis. Signée : Recoquillé et Decourt, notaires. (*Inv. Ch.*, p. 57.)

M. Beauchet-Filleau dit que ce dit seigneur reçut plusieurs aveux en 1723, 1747 (1), 1748, 1749 et 1750.

Depuis le xvi⁰ siècle, les seigneurs de Chouppes avaient acquis le droit de désigner des titulaires aux chapelles fondées à diverses époques par divers particuliers dans l'église du bourg. C'est en vertu de ce droit que, le 2 avril 1742, « Charles-René-Marie de Chouppes, chevalier, sei-
« gneur dudit lieu, le Portault, Meillé et autres places, de-
« meurant ordinairement en sa maison du Portault en Poi-
« tou, paroisse de Pressigny, étant de présent dans le pres-
« bytère du prieuré de Cron, en Anjou, diocèse de Poitiers,
« en sa dite qualité de seigneur de la maison, terre et sei-
« gneurie de Chouppes et le Portault, a conféré et nommé
« de plein droit aux trois stipendies ou chapelles, dont l'une
« sous l'invocation de saint Nicolas et l'autre de Notre-
« Dame desservie dans l'église de Chouppes et de la cha-
« pelle de Notre-Dame du Portault, desservie dans la cha-
« pelle dudit lieu..., etc., la personne de messire Charles
« Meusnier des Graviers, natif du Port-Louis dans l'é-
« vêché de Vannes en Bretagne, prêtre recteur de la chapelle
« Hollain, diocèce de Nantes, ledit sieur Meusnier des
« Graviers idoine et capable de posséder les dites chapelles...,

---

(1) *L'Inventaire* ne signale que la déclaration rendue le 4 décembre 1747, par messire Jacques Fouchier, écuyer, seigneur de Pontmoreau. — Signée : Decourt et Récoquillé, notaires. (*Inv. Ch.*, p. 52.)

« etc., vacantes par le décès de messire Pierre-François de
« Chouppes, écuyer, chanoine de Sainte-Croix de Parthenay,
« dernier et paisible possesseur d'icelles dites trois chapel-
« les... » *Le reste de style* (1).

Charles-René-Marie, baptisé le 1ᵉʳ septembre 1692,
étant âgé de 16 ans, comme l'indique le registre paroissial
de Pressigny, était donc né en 1677. Il épousa, suivant le
Dictionnaire des familles du Poitou, demoiselle Louise-Vic-
toire Limousin, que le susdit registre paroissial nomme
Mousnier (2), dont il eut huit enfants : 1° Jeanne, née le 22
octobre 1708 ; 2° Jean-Charles-René, qui continue la filiation ; 3° René, né le 27 novembre 1713, qui fut seigneur
de la Girardière, et mourut en 1789 ; 4° Charles-Nicolas,
né le 1ᵉʳ novembre 1714, mort à Meillé, commune de Gourgé,
en 1793, laissant pour héritiers ses deux frères ; 5° Jeanne-
Suzanne, née le 5 juin 1716 ; 6° Charles, né le 29 décembre
1720, qui faisait partie de l'escadron de Vassé en 1758 ;
7° Louise-Geneviève, née le 19 octobre 1723 ; 8° François-
Charles, né le 11 juin 1726, qui fut lieutenant colonel au
régiment de Commissaire général cavalerie, chevalier de
saint Louis, et qui s'était distingué dans divers combats. Il
est mort le 14 octobre 1814, comme l'indique son épitaphe
conservée dans la chapelle du Portault et qui est ainsi conçue : « *Ici repose le corps de François-Charles de Chouppes,*
« *lieutenant colonel de cavalerie, chevalier de Saint Louis, né*

---

(1) Document échappé à la destruction des archives de Chouppes. Papier absolument intact.

Il est à remarquer que, pendant tout le XVIIᵉ siècle et les quarante dernières
années du XVIIIᵉ, les registres de la paroisse de Chouppes ne mentionnent plus une
seule naissance d'enfants de ce nom, preuve évidente que cette famille avait quitté
intentionnellement le Mirebalais et préféré, je l'ai dit, le château du Portault au vieux
manoir qui avait été son berceau. Ce sera donc dans les communes du département
des Deux-Sèvres qu'il faudra dorénavant consulter les registres paroissiaux.

(2) C'est peut-être une erreur de copiste, que je n'ai pu contrôler.

« *le 11 juin 1726, décédé le 14 octobre 1814. Il eut toutes les*
« *vertus : religieux, bon parent, excellent ami , brave mili-*
« *taire, il reçut vingt-deux blessures en servant son Prince et*
« *la Patrie. Il fut le bienfaiteur de Charles-Henri Guischard ;*
« *que les descendants de celui-ci bénissent à jamais sa mémoire !*
« *Requiescat in pace* (1). »

XIII° DEGRÉ

JEAN-CHARLES-RENÉ de Chouppes, chevalier, seigneur
châtelain dudit Chouppes, le Portault, Borc, Pressigny, Argenton, Aubigny, Jarzay et autres lieux, chevalier de l'ordre royal et militaire de Saint Louis, mestre de camp de
cavalerie pensionné du Roi, naquit le 23 août 1712 à
Pressigny. Il est cité dans l'*Inventaire* sous les noms : Jean-
René, en 1753, 1758, 1763 et 1764, au sujet de déclarations
rendues par divers particuliers.

En 1769, 1771, 1776 et 1788, il donne à bail les diverses
métairies qui composaient le domaine de Chouppes. Dans
ces actes il est toujours indiqué sous les seuls noms : Jean-
René, demeurant ordinairement en son château du Portault,
et accidentellement en son château de Chouppes (2).

L'acte le plus intéressant qui le concerne est le remplace-
ment du chapelain, nommé en 1742, par son père, aux
chapelles de Chouppes et du Portault. Messire Meusnier
des Graviers venait de mourir ; Jean-René, ne croyant pas
devoir user de son droit de nommer le titulaire, se borna à
présenter Messire François Grassin, prêtre prieur curé du
prieuré cure commendataire de Pressigny, à l'évêque de

(1) Transmise par Mᵐᵉ la comtesse de Mérinville, en caractères cursifs.
(2) Ces quatre actes sont au nombre des quelques papiers échappés à la destruction.

Poitiers, le priant de vouloir bien investir ledit Grassin desdites chapelles. Ce qui fut accordé le 13 décembre 1774 (1).

Le 20 décembre, messire François Grassin fit constater, par devant notaire, sa prise de possession des chapelles, dans la forme ci-après : « … s'est transporté avec nous « notaire et les témoins ci-dessus nommés en l'église pa- « roissiale de Saint-Saturnin de Chouppes, où, étant revestu « de soutane et surpli, il a pris pocession réelle, actuelle et « corporelle des dittes chapelles de Notre-Dame de Saint- « Nicolas, ensemble des fruits, profits, revenus, émoluments, « avec leurs appartenances et dépendances. Et ce par la « libre entrée qu'il a faite en laditte église dudit Saint-Satur- « nin de Chouppes, prenant de l'eau bénite, saluant le Très « Saint-Sacrement, faisant sa prière à genoux devant le « grand hostel, baisant iceluy, lisant le saint Évangile, son- « nant les cloches, et faisant généralement toutes autres « cérémonies que doit et est tenu faire un véritable et pai- « sible titulaire.

« Et à l'instant, nous nous sommes, avec ledit sieur Gras- « sin et les témoins cy-après nommés, transporté à la porte « et principale entrée de la ditte église paroissiale de Saint- « Saturnin dudit Chouppes où estant nous avons lu et publié « à haute et intelligible voix la présente prise de pocession, « à laquelle il ne s'est trouvé aucuns opposants ny contre-

---

(1) J'ai eu sous les yeux le visa ou la permission épiscopale scellée du sceau en cire rouge aux armes du grand évêque de Poitiers, Martial-Louis de Beaupoil de Saint-Aulaire, contresignée par son vicaire général Charles-François d'Aviau, qui fut plus tard archevêque de Bordeaux, commandeur du Saint-Esprit et pair de France ; et insinuée et contrôlée au greffe des insinuations ecclésiastiques du diocèse de Poitiers, le 24 décembre 1774, par Alexandre Babin, et seigneur de la Cour, dont la famille est encore dignement représentée dans notre Poitou. Cette pièce mérite d'être conservée dans un dépôt public.

« disants, dont et de tout ce que dessus le dit sieur Grassin
« nous a requis acte..., etc. Signé : Grassin, prieur de Pres-
« signy et chapelain de Sainte-Marie et Saint-Nicolas de
« Chouppes ; Berger, André Auriau et Arnault, notaire
« royal apostolique.

« Insinué et contrôlé le 24 décembre 1774. Signé : Ba-
« binet. »

Si je ne craignais de prolonger cette étude, je raconterais
en détail l'opposition énergique entreprise par un certain
Claude-Charles Barilleau, prêtre et vicaire de la paroisse
du Grand-Saint-Clair, qui avait obtenu, paraît-il, en cour
de Rome, des provisions lui conférant le titre de chapelain
des dites chapelles de Chouppes, *du vivant* du titulaire
messire des Graviers.

Il y aurait, dans toute cette affaire, matière à interprétation des lois canoniques, dont la connaissance m'est peu
familière. Je vais essayer de résumer les pièces produites
par les intéressés. Je glisserai sur la démission pure et
simple obtenue dudit Barilleau, et déposée entre les mains
de l'évêque qui l'accepte. Mais je dois reproduire *in extenso*
une consultation demandée à un avocat de Poitiers, par
messire Jean-Charles-René de Chouppes, laquelle tend à
établir entre autres choses fort bien précisées l'inconvénient, je dirais même l'abus, de conférer des bénéfices à
des ecclésiastiques non résidents.

« Le Conseil soussigné qui a pris lecture d'une lettre en forme de
« mémoire de M. le marquis de Chouppes, au sujet du patronage des
« chapelles sous l'invocation de la Vierge et de saint Nicolas desser-
« vies en l'église paroissiale de Chouppes, et d'une troisième aussi
« sous l'invocation de la Vierge sise dans l'enceinte du château du
« Porteau, est d'avis que le sieur Barillaud a très bien fait de se désister

« de toute prétention aux trois chapelles dont il s'agit, les provisions
« qu'il a obtenues en cour de Rome ne pouvaient lui acquérir aucun
« droit à ces chapelles. Il avoit même encouru la peine prononcée par
« la règle de chancellerie romaine *de impetrantibus beneficia viven-*
« *tium*, qui est une incapacité à posséder aucuns bénéfices, vu qu'il
« avoit sollicité et impétré les bénéfices avant qu'ils fussent vacants,
« du vivant du sieur Meusnier des Graviers, qui en étoit titulaire.
« Le sieur Barillaud ne peut se mettre à couvert de la peine pronon-
« cée par la règle *de impetrantibus beneficia viventium* qu'en allé-
« guant qu'il étoit dans la bonne foy, qu'il regardoit les bénéfices
« comme déserts et vacants, ne paroissant point de titulaires qui en
« fissent le service et en effet le titulaire résidoit dans un diocèse
« fort éloigné (1).

« Mais cette bonne foi ne peut faire rendre valides des provisions
« obtenues dans un temps où les bénéfices n'étoient pas vacants,
« quoiqu'ils aient vaqué dans la suite *per obitum quod enim ab initio*
« *nullum est ex post facto non convalescit.* D'ailleurs, les chapelles
« dont il s'agit ne sont point de vrays bénéfices en titres ; elles n'ont
« point été décrétées par l'évesque. Ce ne sont que des chapellenies
« ou stipendies à la pleine collation et disposition du seigneur de
« Chouppes, il ne faut ni visa ni institution de l'évesque pour les
« posséder ou du moins il paroît que le seigneur de Chouppes les a
« conférées *pleno jure* au dernier titulaire en 1742.

« Or il est de maxime que les bénéfices à collation laïcalle ne sont
« point sujets aux règles du droit canonique, à la prévention de cour
« de Rome ni au dévolut parceque ces chapelles ne sont pas consa-
« créés ni spiritualisées ; la collation laïque est un droit temporel et
« profane, c'est la remarque de Simon dans son traité du patronage.
« Sans doute que le seigneur de Chouppes a eu l'intention de confé-
« rer *pleno jure* les chapelles dont il s'agit sur vacance assurée par le
« décès du sieur des Graviers, le Seigneur a intérêt de se conserver
« dans son droit de pleine collation, afin que les chappelles dont il
« est fondateur et collateur restent exemptes des règles de la chancel-

(1) Meusnier des Graviers était alors recteur de la Chapelle-Hollain, au diocèse
de Nantes, et y résidait, sans nul doute.

« lerie romaine et même de la juridiction de l'évesque, il n'est point
« nécessaire que le Seigneur de Chouppes mette au jour les provi-
« sions de cour de Rome impétrées par le sieur des Graviers en 1743,
« postérieurement à la pleine collation que lui aurait accordée le Sci-
« gneur de Chouppes en 1742 ; mais on ne conçoit pas quel a été le
« motif du sieur des Graviers de solliciter les provisions de la cour de
« Rome avec la clause *certo modo*, ce qui suppose un dévolu. Cepen-
« dant il paroit qu'il a exposé dans sa supplique que les chapelles dont
« il s'agit sont à patronage laïc, *quæ de jure patronatus laicali et fun-*
« *datione et dotatione existunt*. Le sieur des Graviers auroit-il dévolué
« sur lui-même ces deux chapelles, en ce qu'elles lui avoient été con-
« férées *pleno jure ;* prétendoit-il que le Seigneur de Chouppes n'avoit
« que le droit de présenter et qu'il falloit l'institution de l'évesque?
« C'est ce qu'on ignore. Il faudroit voir les anciennes provisions ac-
« cordées par le Seigneur de Chouppes. Si le seigneur de Chouppes
« n'a que le droit de nomination et présentation et non celui de col-
« lation et s'il a conféré *pleno jure* les chapelles dont il s'agit, il fau-
« dra qu'il se rectifie avant l'expiration des quatre mois autant qu'il
« sera possible.

      « Délibéré à Poitiers, le 25 décembre 1775.

                      « Signé : LAURENDEAU A, (1). »

    Une année entière s'était écoulée entre la nomination
de messire des Grassins et la consultation de Laurendeau.
Que s'était-il passé, pour que le seigneur de Chouppes
demandât cette consultation? Je l'ignore. Je lis dans le visa
de l'évêque ces mots :... « *ad quas quidem per dominum*
« *Joannem Renatum de Chouppes, equitem dominum du Por-*
« *tault et de Chouppes et ea ultimà ratione prædictarum capel-*
« *laniarum patronum seu presentatorem...nobis fuisti litterato-*
« *riè presentatus, tibi... contulimus et conferimus... jure*
« *nostro et quolibet alieno in omnibus semper salvis* » qui ne peuvent laisser aucun doute sur le caractère de la *présentation*

      (1) Papier échappé à la destruction du chartrier.

par le seigneur et sur celui de la *nomination* par l'évêque.

Sous les noms : Jean-Charles-René, le seigneur de Chouppes comparut à l'assemblée des nobles du pays saumurois en 1789 (1).

Il avait épousé Anne-Henriette de la Place de Torsac, de laquelle il avait eu trois enfants :

1° Jean-René, qui suit ;

2° Louise-Charlotte-Henriette, qui est morte à Pressigny, le 2 février 1769 ;

3° Charles-François-Marie, né le 14 août 1770, mort pendant les guerres de la Vendée (B. Fill.).

Jean-Charles-René avait émigré ; mais en raison de son grand âge, [sans doute, il ne paraît pas avoir occupé d'emploi à l'armée des Princes. Rentré en France, il mourut à Poitiers, en mai 1802, âgé de 90 ans.

Anne-Henriette de la Place de Torsac, sa veuve, mourut au mois d'août 1811.

XIVᵉ DEGRÉ

JEAN-RENÉ de Chouppes, chevalier, comte de Chouppes, « fils majeur de haut et puissant seigneur messire Jean-« Charles-René de Chouppes, chevalier, marquis de Choup-« pes, seigneur de Chouppes, Pressigny, Aubigny, Jarsay, « le Portault et autres lieux, mestre de camp de cavalerie, « chevalier de l'ordre militaire et royal de Saint-Louis, et de « haute et puissante dame Henriette de la Place, dame de « Torsac, Montgogé et autres lieux, épousa, le 22 février « 1788, haute et puissante dame Marie-Anne-Elisabeth de « Tinguy de Néémie, dans la chapelle du Portault (2)».

(1) Ed. de Barthélemy et de Laroque.
(2) Communiqué dans les termes ci-dessus par Mᵐᵉ la comtesse de Mérinville.

Il est mort comme son frère pendant les guerres de la Vendée (B.-Fill.).

En lui s'est éteinte la famille de Chouppes.

Toutefois, vers 1822, la terre de ce nom était encore en la possession d'une dame que les plus anciens habitants de la commune disent avoir entendu nommer: Blanche de Chouppes, laquelle serait morte au château de Lanoue, près Saumur. Je n'ai pu vérifier ce fait. (Voir chapitre suivant.)

Plusieurs écussons sculptés sur la porte extérieure de l'église de Chouppes, à l'époque de la construction, ayant été impitoyablement grattés depuis la Révolution, ne peuvent aider à la connaissance des armoiries de ses fondateurs.

L'armorial du Poitou, établi en 1699, et publié par H. Passier, mentionne René de Chouppes, chevalier, seigneur du Portault, époux d'Anne de Vassé, comme portant : « *d'azur, à trois croisettes d'argent, posées 2 et 1.* »

Celui de Touraine, du même temps, publié par Carré de Busseroles, attribue aux barons du Fau, près Loches, les mêmes armoiries, accompagnées *d'une aiglette naissante d'argent, en cimier, et de deux licornes également d'argent en support.*

L'*Inventaire de Chouppes* ajoute à ces armoiries la devise « *In hoc signo vinces* ».

Un grand plat en cuivre de 0 m.45 de diamètre, antérieur selon moi au xviiᵉ siècle (1) et provenant du château de Chouppes, porte sur son large bord l'écusson dont le *fac-*

(1) La couleur des émaux n'est pas indiquée dans la gravure. On sait que l'invention des hachures date tout au plus du xviiᵉ siècle (Petra Santa, Tessera Gentilitiæ). Ce plat appartient à la belle collection du comte de Lastic St-Jal, au château de la Boutière, près Lencloître (Vienne).

simile est reproduit au commencement de cette étude. La gravure le montre sommé d'un casque de chevalier, posé de face, et orné de ses lambrequins. A cette époque, la famille ne prétendait pas encore au titre de marquis, que, du reste, le rédacteur de l'*Inventaire* ne lui a jamais donné, s'étant borné à signaler comme de juste, à toutes les époques, celui de chevalier, et à partir de 1651, celui de châtelain.

Je n'ai pu savoir si les Chouppes de la branche aînée avaient été admis aux honneurs de la cour, et en raison de cette circonstance, titrés marquis. Ce qui est certain, c'est que cette qualification apparaît, pour la première fois, dans la personne de René de Chouppes, seigneur du Portault, époux d'Anne de Vassé, au moment, assez mal choisi d'ailleurs, où la terre de Chouppes, sous le coup d'une saisie immobilière, allait être mise en vente aux enchères publiques.

En ce qui concerne l'auteur des *Mémoires*, qui est particulièrement connu sous le nom de *marquis de Chouppes*, je suis fondé à croire que cette qualification n'avait jamais reçu de sanction légale. Dans le 2ᵉ Bulletin de la Société des Antiquaires de l'Ouest pour l'année 1880, M. le vicomte de Lastic Saint-Jal a bien dit qu'Aymard de Chouppes avait été qualifié marquis par le roi Louis XIII. Cette assertion est fort discutable. Non seulement l'auteur des *Mémoires* n'en dit rien, mais encore il manifeste, en divers passages, un amer regret de n'avoir jamais reçu la moindre récompense du Roi, du cardinal Richelieu et du cardinal Mazarin. Il ne prend pas ce titre dans son contrat de mariage daté du 20 septembre 1652, neuf ans après la mort de Louis XIII, ce qui en eût été l'occasion bien naturelle. Sur 55 lettres du roi Louis XIV, de Mazarin, Le Tellier et d'autres moins grands personnages, qui sont citées à la fin du livre de Duport du Tertre, 6 seulement mentionnent sur l'adresse extérieure le titre de marquis. Dans le corps de toutes ces lettres, Emart est invariablement nommé : *monsieur de Chouppes*. La commission royale donnée le 23 octobre 1662, pour commander la place de Belle-Isle, et un sauf conduit accordé par le Roi, le 20 janvier 1667, ne parlent que du *Sieur de Chouppes ;* et lorsque *la Gazette* s'occupe de ses faits et gestes et même de ceux de sa femme, c'est toujours le même vocable qui est employé. Dans un aveu rendu au Roi, en 1662, pour sa terre du Fau, en Touraine, Emart se qualifie seulement : « Chevalier, seigneur de Chouppes (1) et du Fau. » Dans un autre aveu rendu par son fils, le 15 novembre 1695, on lit textuellement : « Emar de Choup- « pes, chevalier, baron du Fau, fils aîné et principal héri- « tier de défunt messire Emar de Chouppes, chevalier, ba- « ron dudit Fau, lieutenant général de nos armées. » Si le titre de marquis avait été officiel, pourquoi donc le père et le fils auraient-ils manqué cette occasion de s'en qualifier ? Pourquoi encore Emar III aurait-il omis de prendre ce titre dans l'acte de baptême de sa fille Marie-Madeleine, reçu par messire Pallu, curé du Fau, le 12 janvier 1703 ?

Il faut rendre cette justice aux membres de la famille de Chouppes, qu'ils n'ont presque jamais fait usage du titre en question dans les actes authentiques (2), et que le chef de la famille seul paraît s'être attribué la qualification de marquis dans les relations privées. Les gentilshommes du

---

(1) Ce qui était inexact. Il n'était que seigneur du Bois-Fouquairon, nommé aussi quelquefois : « Bois de Chouppes. »

(2) Voir aux dates de 1652, 1695, 1700, 1702, 1703, 1732, 1769, 1771, 1774, 1788. Archives de la Vienne; arch. du château de la Barre; Armorial du Poitou; Armorial de Touraine; Hommages rendus au roi et au baron de Mirebeau ; Registres paroissiaux de Chouppes et actes encore existants de l'ancien chartrier, où n'a jamais figuré d'autre titre que celui de chevalier ou d'écuyer. Les registres paroissiaux de Pressigny font seuls exception, pendant les dernières années du xviii° siècle.

xviii° siècle n'avaient pas encore inauguré cette jurisprudence singulière, en vertu de laquelle tous les fils d'un comte encore vivant croient devoir se décorer du même titre que leur père. Cette manie d'usurper des qualifications nobiliaires, devenue si fréquente, qu'une famille d'ancienne noblesse, non titrée, est aujourd'hui un véritable phénomène, n'était pas encore passée à l'état d'institution.

La famille de Chouppes avait mêlé son sang à celui d'une quarantaine de familles, dont la plupart appartenaient au Mirebalais, au Poitou et à la Touraine (1).

III

LE DOMAINE

Le fief de Chouppes était situé sur la paroisse du même nom, qui est devenue commune du canton de Monts-sur-Guesnes, arrondissement de Loudun. Son nom, dont l'étymologie m'échappe, a été orthographié de la manière suivante :

Caopa, en 1051 et 1086 ; *Chaoppa,* v. 1120 ; *Caopia,* 1236 ; *Chaopes,* 1329 ; *Caopes, Chooppes, Chaoüppes, Choapes, Chopes ; Eccl. de Chopis; Choppes* et enfin *Chouppe* et *Chouppes* (2).

---

(1) Il suffira de citer : Arnaudeau (?); Bidoux ; Billy ; Blet ; Bonnemain ; Bothereau, Briau; Chaussée (la); Cherbeye; Couture (la); David; Favereau, Garin; Gigoux ; Goyer; Hémery; Lamothe-Viala; Laplace de Torsac; Le Breton ; Lestang; Limousin ; Marçay; Menou; Mézieux; Mons ; Moulinet (du); Paniot ou Paviot; Pierres; Rabellin; Ramezay ; Razes; Ségur; Tingay ; Touche (de la); Tudert; Vassé ; Villaines.
(2) Rédet, *Dict. topog. de la Vienne.*

Si les nombreux titres analysés dans l'*Inventaire*, combinés avec certains documents recueillis à d'autres sources, ont suffi pour authentiquer le tableau filiatif de la famille, je confesse qu'ils sont tout à fait insuffisants pour donner une connaissance exacte de la composition du domaine, de son étendue, de sa valeur. Si je puis, à quelques deniers, à quelques boisseaux près, évaluer les cens et les rentes dus au seigneur, il m'est impossible d'y trouver la moindre mention du château et de ses dépendances, et l'*Inventaire* est également muet sur les conditions dans lesquelles le fief était tenu à l'égard du suzerain. A la vérité, tous ces renseignements devaient être certainement consignés, *in extenso*, dans les 7 ou 8 aveux-minutes renfermés au sac n° 3 du chartrier, ce qui avait rendu leur analyse inutile. En conséquence, j'ai dû faire appel à mes notes particulières, et rechercher les plus anciennes justifications qui me font défaut, dans un aveu rendu, au commencement du xiv° siècle, par Guillaume de Chouppes, chevalier (1).

Le mercredi après le dimanche que l'on chante *Misericordia Domini* (le 10 mai 1329, la fête de Pâques tombant, cette année-là, le 23 avril) fut rendu un aveu par lequel Guillaume de *Chaopes* déclare tenir du seigneur de *Mirbea*, à charge d'hommage lige, de 50 sols aux loyaux aides, de 10 sols de chambellage et de garde, en cas d'urgence, du château de *Mirbea* : 1° un hébergement à *Chaopes* et un autre à *Mirbea*, avec leurs dépendances, dont la valeur est fixée à 35 livres environ de rente ; 2° *la Roche Adeleynt*, les *Meex* et leurs dépendances, en parage avec Hugues de *Chaopes*, dont la valeur est estimée à 120 livres environ de

(1) *Arch. Nat.*, Reg. P., 329, cote 125.

rente ; 3° divers revenus, en parage avec Brunet de *Frozes*, *bayl* (tuteur) de ses enfants ; valeur : 38 sols de rente ; 4° divers autres revenus, en parage avec Guillaume de *Frozes*, à cause de sa femme ; valeur : 11 livres de rente. D'autre part, Jean de *Ville* (Billy) tient un fief dudit Guillaume de *Chaopes*, les *nombles* (1) des porcs vendus aux bans de la ville de *Mirbea*. Valeur : 40 sols environ de rente.

L'original de cet aveu résume la valeur totale des revenus sus-mentionnés :

« Somme de mes parageors et home de fey : vj^{xx} viiij libr. xviij « solz.

« Somme toute : viij^{xx} ix libr. xviij solz (2). »

Ce document est loin, à coup sûr, de ressembler à l'aveu rendu en 1665, dont on entrevoit les principaux éléments dans l'*Inventaire de Chouppes*, et qui paraît avoir désigné environ 300 articles.

Tout d'abord, la mouvance qui sera, plus tard, parfaitement définie, n'y est pas indiquée nominalement, sauf la Roche à Dolland, que l'on retrouve sous le nom *Adeleynt* et qui est dite alors tenue en parage.

D'autre part, les *Meex*, qui sont situés sur la paroisse de Mazeuil, vont cesser, vers la fin du xiv° siècle, de faire partie des aveux de Chouppes. Ce fait est prouvé par trois autres aveux rendus (3), en 1408, par Loys Fouchier, écuyer, les 8 mars 1455 et 23 mai 1461, par Jean Fouchier, écuyer, fils du précédent, pour la dite « forteresse ancienne, garnie

---

(1) Ce mot signifierait : *échinée de porc* (Godefroy).
(2) En chiffres arabes : 169 livres et 18 sous.
(3) *Arch. Nat.* Reg., p. 330.

« de tours, créneaux, arbalestriers, barbacanes, pont-levis
« et fossés tout à l'entour, sans droit de guet, ni garnison,
« *toutes choses qui partirent anciennement du domaine de*
« *Chouppes* ». Il y a lieu de penser, sans l'affirmer pourtant, que ce démembrement a été la conséquence du mariage de Julienne de Chouppes avec Léonnet de Billy, et
que la tour des Mées est devenue la propriété de cette famille qui l'aura élevée d'un degré, en portant son hommage
direct au baron de Mirebeau (1). Dans le pays mirebalais,
où la coutume prescrivait l'égalité des partages, rien n'est
plus fréquent que ces démembrements d'une seigneurie
importante, comprenant même un préciput, au bénéfice
d'une fille, ou en vue de son mariage.

Il n'y a peut-être pas un grand intérêt à connaître dans
tous leurs détails, difficiles à préciser d'ailleurs, les modifications successives de l'état du fief, depuis l'aveu de 1329.
L'*Inventaire de Chouppes* commence seulement au xve siècle,
une certaine nomenclature des domaines acquis depuis
cette époque, de laquelle il résulte que Mathurin de Chouppes est le premier seigneur dont on mentionne les acquêts,
en date des 4 avril et 26 août 1505, sans indication de contenance ni de valeur. Son fils François augmentera très
sensiblement les biens de la famille, et fera plusieurs échanges avantageux de 1518 à 1562. Au nombre des opérations
les plus importantes figure l'échange de vingt-cinq boisseaux de froment de rente contre le fief Catineau, cédé et
abandonné au dit seigneur de Chouppes, par maîtres Martin et Louis Catineau, à la date du 5 novembre 1549. A la

(1) En prolongeant jusqu'au bout les conséquences de cette supposition, cette
tour a dû arriver dans la famille Fouchier, par suite du mariage d'Olive de Billy,
petite-fille de Léonnet et de Julienne de Chouppes, avec Loys Fouchier, écuyer
seigneur de la Roche Borreau.

suite de cet échange, le fief Catineau cesse d'être un arrière-fief, il est incorporé dans le domaine de Chouppes ; et, par suite d'une transaction du 17 janvier 1553, le seigneur de Chouppes exempte ces Catineau du service du ban et arrière-ban. 29 sacs ou liasses sont consacrés, dans l'*Inventaire*, à décrire les revenus de ce domaine, ainsi qu'il est dit au § Ier de cette étude, et constituent la IVe série.

Pierre de Chouppes, fils aîné de François, augmente également la valeur de la seigneurie jusqu'en 1596.

Aymar de Chouppes, frère puîné du précédent, qui héritera, en 1603, de tous ses biens, achète de son côté, le 31 janvier 1585, de demoiselle Renée de Losme, la maison noble, terre, fief et seigneurie du Bois-Fouquairon (1), et les 15 février et 15 mars de la même année, certaines dépendances de cette seigneurie, appartenant aux demoiselles Marguerite et Charlotte de Losme, 39 sacs sont affectés, suivant l'*Inventaire*, aux titres du Bois-Fouquairon et constituent la Ve série.

J'ai tout lieu de supposer que le Bois-Fouquairon fut réuni au domaine de Chouppes, comme le fief Catineau, car la table alphabétique de l'*Inventaire* comprend les rentes et les censives des trois fiefs sous la même rubrique.

Le domaine de Chouppes s'était encore accru de la dîme de Pouzioux, achetée par François de Chouppes, le 27 janvier 1523. Les héritiers de maître Pierre Guillon,

---

(1) Et non : *Bois Fouquerye*, comme l'ont écrit les divers biographes. Ce fief relevait de la Roche de Chizais, quoique situé sur la paroisse de Chouppes. D'après l'*Inventaire*, il appartenait, en 1457, à Léonie Aguillon ; en 1503, à messire Jean de Losme, écuyer ; en 1523, à messire Abel de Losme; en 1575, à messire Claude de Losme; en 1585, aux demoiselles Renée, Marguerite et Charlotte de Losme ; à partir de cette époque aux Chouppes. Le 13 février 1638, il y aura transaction entre René de Chouppes et René Lauvergnat, qui prétendait à la moitié de cette terre par retrait lignager. Ce lieu est aujourd'hui nommé Bois de Chouppes.

constatant la validité de cet achat, intentèrent un procès à messire René de Chouppes. Il y eut à ce sujet : « Transac-« tion par laquelle appert que messire René de Chouppes, « chevalier, seigneur.dudit lieu, a été condamné, par arrêt « du grand Conseil du 5 juin 1612, à délivrer ès-mains de « Michel Puichault et de Marsalle Puchapon, sa femme, la « somme de six cents livres qu'ils avaient fait saisir ès-« mains dudit seigneur de Chouppes, lequel, pour en de-« meurer quitte, leur vendit ladite dîme de Pouzioux, le « 28 septembre 1612, avec faculté de la retirer dans cinq « ans, ce qu'il a fait par deux actes au pied de ladite tran-« saction, le premier du 11 août 1615, le second du 2 mars « 1617, signé : Ragonneau, notaire. (*Inv. Ch.*, sac 6.)

Je citerai pour mémoire seulement :

« Les dires et moyens déduits et proposés contre la de-« mande de monseigneur le cardinal de Givry, évêque de « Poitiers, qui réclamait dix-neuf septiers de froment de « rente sur ladite dîme de Pouzioux, par maître François « de Chouppes, » dont la solution m'est inconnue.

Une autre source d'augmentation du domaine de Chouppes consiste dans la cession et l'abandon des biens de messires Charles et Pierre Jeannet, prêtres, par leurs héritiers, au seigneur dudit lieu. Ces domaines étaient considérables. Ils se composaient de 78 articles, parmi lesquels plusieurs maison à Mirebeau, à Chouppes, et à Villecoupère, et plus de 180 boisselées de terre réparties en divers endroits. Il y eut à ce sujet :

1625, 14 novembre. — Transaction entre messire Pierre de Chouppes, et Guillaume et Antoine Jeannet, Marie Jeannet, veuve François Dubois, Mathurin Paillard, et Claude Jeannet, sa femme, héritiers de M. Charles Jeannet, vivant prêtre, chantre et chanoine de Notre-Dame de Mirebeau, par laquelle ils cèdent et abandonnent au dit seigneur tous leurs droits qui peuvent leur appartenir et compèter dans la succession dudit sieur Jeannet. Signée par collation : Moussault.

1628, 3 décembre. — Cession faite au seigneur de Chouppes, par Guillaume Jeannet, Joseph François, René Papier, Claude Jeannet, veuve Mathurin Paillard, tant pour eux que pour leurs enfants héritiers en partie de M. Charles Jeannet, de tous et chacuns leurs droits..., etc., à l'encontre de Jean Rivière, avocat à Mirebeau, et messire Mathurin Martineau, prêtre, chanoine du chapitre de Notre-Dame, exécuteurs testamentaires du dit sieur Jeannet. Signé : R. de Chouppes, Claude Cailleau, Jeannet Besnard et Vergnault, notaires.

Enfin, pour terminer tout différend, aura lieu :

1633, 7 avril. — Transaction entre le seigneur de Chouppes et M⁰ Jean Rivière, avocat à Mirebeau, exécuteur testamentaire de messire Charles Jeannet, par laquelle tous procès entre eux demeurent éteints et assoupis, et consent le dit Rivière que le dit seigneur de Chouppes demeure paisible propriétaire, et possesseur de tous les biens de défunts messires Charles et Pierre Jeannet, et dont ils étaient propriétaires au temps de leur décès. Signé : Le Comte, notaire. (*Inv. Ch.*, sac 10.)

Il est évident que l'accroissement continu des biens de la famille de Chouppes devait préparer une demande en érection de châtellenie, de ces domaines importants. J'ai signalé plus haut les lettres patentes relatives à cette érection. L'*Inventaire* mentionne en outre :

1655, 14 septembre. — Procès-verbal de messieurs les officiers du siège ducal de Richelieu, pour la réception du sénéchal et procureur fiscal de Chouppes, plantation des fourches patibulaires et poteaux de ladite châtellenie de Chouppes. Signé : Poirer, greffier.

1656, 14 août. — Copie collationnée, par les officiers de

Chouppes, des lettres patentes du Roy, du 10 avril 1656, portant
établissement de six foires dans le bourg de Chouppes, par chacun
an, la première, le 11 janvier, la seconde le lendemain de Pâques
fleuries, la troisième le lendemain de la Pentecôte, la quatrième, le
jour de Saint-Laurent, la cinquième, le jour de Saint-Luc du mois
d'octobre, et la dernière le lundi avant Noël. Signé : Pierre de
Chouppes ; Ragonneau, sénéchal ; Jacquet, procureur, et Arnault,
greffier.

1656, 20 juillet. — Acte de publication desdites foires dans la
ville de Saumur. Signé : Gautier, Gouttoux, Vollant, Cruchon,
Guiochau.

1656, 10 août. — Procès-verbal de publication desdites foires
fait au bourg de Chouppes, le jour de la Saint-Laurent, la foire y
tenant, par lequel appert que le seigneur de Chouppes a abandonné
un bœuf aux marchands. Signé : Arnault, greffier.

1656, 10 août. — Pancarte des droits que ledit seigneur de
Chouppes doit faire percevoir sur toutes les marchandises étalées
desdites foires, en présence du consentement de tous les marchands
qui étaient à la dite foire. (*Inv. Ch.*, sac 2.)

L'*Inventaire* fait connaître en détail la composition de la
plus grande partie des revenus de la châtellenie de
Chouppes. Il serait inutile aujourd'hui de mentionner *in
extenso* les noms de tous les tenanciers et censitaires ainsi
que celui des nombreuses localités assujetties aux redevances, tant nobles que roturières.

Pour avoir une idée approximative de la situation financière des seigneurs de Chouppes, il suffira de savoir que les
rentes et censives de Chouppes, Catineau et Bois-Fouquairon réunies étaient dues par plus de 300 familles ou individus, et se répartissaient sur 178 terroirs, tous désignés à
l'*Inventaire* dans sa table alphabétique très complète.

Un grand nombre de ces redevances remontaient à une
époque très ancienne, c'est-à-dire aux xiv° et xv° siècles.

Les rentes, dans le bourg de Chouppes seulement, se percevaient sur plus de 40 maisons et leurs dépendances, et les censives'y étaient payées pour plus de 50 ténements de diverse nature.

Tous ces articles étaient désignés en détail et nominativement dans l'aveu rendu en 1665, dont on ne saurait trop déplorer la perte.

Pour des motifs que j'ai indiqués sommairement, la fortune des seigneurs de Chouppes se trouvait passablement atteinte, à la fin du xvii° siècle. Des créanciers en très grand nombre avaient fait prononcer dès 1674 la saisie de ce domaine, qui fut mis en adjudication définitive le 29 janvier 1701, au profit d'Anne de Vassé, femme séparée de biens de René de Chouppes, seigneur du Portault, pour la somme de 26.000 livres.

On a vu plus haut que cette adjudication a eu pour résultat le maintien dans la' famille de Chouppes du domaine de ses ancêtres.

Malgré l'émigration des derniers membres de la famille, le domaine de Chouppes ne fut pas vendu, mais seulement mis sous séquestre par la nation. On possède encore l'état des baux à ferme de la terre de Chouppes, consentis par les administrateurs du district de Loudun.

La métairie du château et ses dépendances fut concédée pour 3 ans, à dater du 5 germinal an II, à Mathurin Auriau, moyennant 450 boisseaux de froment, mesure de Loudun (485 décalitres) et autant de baillerge par an.

Autre bail du 27 nivôse an IV, au profit de Alexandre Decoins, moyennant 1.050 boisseaux de froment (1.134 décalitres) autant de baillerge et les impôts par an.

Autre du 24 pluviôse an V, au profit dudit Mathurin

Auriau, moyennant 853 décalitres : et enfin un quatrième bail du 24 germinal an VII, au profit dudit Auriau et de Pierre Guillot, moyennant treize cent soixante-dix francs par an.

Cet état mentionne également la concession à divers particuliers des métairies de Villecoupère, du Cimetière, du Bois de Chouppes ; de la borderie de l'Auberge ; de la maison de la Sauvagère ; du four banal ; du local nommé le Palais et la Prison, ces deux derniers moyennant un prix très minime.

La récapitulation générale paraît avoir produit, en l'an VIII, environ :

Château :	1460 fr. 00	
Sauvagère :	880 fr. 00	3.708 fr. 00
Bois de Chouppes :	880 fr. 00	
Villecoupère :	488 fr. 00	

Il existe encore un débris non signé et non daté, qui n'est pas sans importance. Il émane du directeur des contributions et est adressé à M. de Chouppes de Garcais (1), propriétaire, demeurant à Poitiers, rue de la Traverse. En voici les termes :

« J'ai l'honneur, Monsieur, de vous envoyer le tableau ou bulletin
« des propriétés portées dans votre nom dans le cadastre de la com-
« mune de Chouppes. Je vous invite d'abord à rectifier, s'il y a lieu,
« vos nom, prénoms, profession et demeure. Ce bulletin indique, dans
« la première partie, toutes vos possessions et la contenance de cha-
« cune. Si l'on vous a attribué des propriétés qui ne vous appartien-

(1) Jarzay. M. de Chouppes étant mort en 1802, la date de ce document serait facile à préciser, mais cela n'a aucun intérêt actuel. Tout les émigrés rentrés, dont les biens n'avaient pas été aliénés et dénaturés, devaient avoir reçu des lettres semblables à celle-ci.

« nent pas, vous voudrez bien les rayer, et indiquer dans la colonne
« en blanc les véritables propriétaires.

« Si l'on a omis quelques-unes de vos propriétés, vous êtes inté-
« ressé à les ajouter à la suite des autres, autrement, elles seraient
« regardées comme biens vacants et appartenant au domaine public.
« Si la culture de quelques propriétés était mal indiquée, vous en
« feriez l'observation. Vous examinerez ensuite la contenance de chaque
« propriété; s'il y a erreur, vous indiquerez la véritable contenance.
« Vous avez le droit de demander le réarpentage, en vous engageant
« à payer les frais, si la demande est reconnue n'être pas fondée. Je
« crois devoir vous faire observer que s'il ne s'agit que d'une différence
« légère : elle peut provenir de ce que les géomètres ont une tolérance
« d'un cinquantième et de ce que les terrains en pentes ont mesurés
« comme s'ils étaient plats et sans inégalités. Vous voudrez bien re-
« mettre votre bulletin, signé de vous, avec ou sans observations, à
« M. le Maire. La seconde partie présente le classement de chacune
« de vos propriétés ; s'il s'en trouve qui vous paraissent portées dans
« une classe trop élevée, vous pourrez rédiger votre réclamation sur
« papier libre, et la remettre à M. le Maire ; elle sera vérifiée par le
« contrôleur et l'expert, et il y sera statué par M. le Préfet. Pour vous
« mettre en état de connaître l'évaluation qui résulterait, pour chacun
« de vos propriétés, du travail de l'expertise, je joins ici une copie
« du tarif défini des évaluations arrêtées par l'expert; si quelques-unes
« vous paraissent trop fortes, vous remettrez votre déclaration à M.
« le Maire qui la donnera au délégué que votre commune nommera
« pour assister à l'assemblée du canton. Je vous préviens que vous
« pouvez consulter la matrice du rôle déposée à la mairie et que le
« géomètre se rendra sur les lieux pour rectifier le plan et les bulle-
« tins (1). »

Mme de Chouppes, veuve de Jean-Charles-René, fut remise
en possession des biens de son mari, le 1er frimaire an XII ;
elle est morte le 26 août 1811.

(1) Le tableau annoncé par cette lettre ne peut être reproduit. Sa lacération est
complète.

Vers 1822, le château de Chouppes et la métairie de la Sauvagère, alors possédés par Mlle Blanche de Chouppes, dont les auteurs me sont inconnus, furent vendus, d'autres disent donnés, à un M. Thonnet, qui vendit Chouppes à M. Amillard. Ce domaine est aujourd'hui la propriété de M. Hublot, gendre de ce dernier.

L'état primitif du château de Chouppes m'est inconnu. En 1329, ce n'était encore qu'un simple hébergement dont l'emplacement n'est pas indiqué. Au xve siècle probablement, une construction rectangulaire flanquée aux quatre angles de tours carrées, entourée de douves larges et profondes creusées au pied d'une colline qui la commande, et prenant accès du côté du village au moyen d'un pont-levis adapté à un donjon également carré, paraît avoir succédé à ce manoir. Depuis moins de cent ans, le bâtiment principal a perdu ses tours, ainsi que son donjon. Les fenêtres, longtemps privées de fermeture, ont été refaites, et la porte d'entrée s'ouvre sur une terrasse garnie de balustres de pierre, provenant de l'ancien escalier du doujon. Les douves qui existent encore sur trois côtés ont été mises à sec. Dans son état actuel, ce château, dont l'intérieur a été remanié, n'a aucun style. Il n'est plus que la plus grosse maison du bourg.

IV

LA MOUVANCE

La mouvance de la châtellenie de Chouppes es très bien établie dans l'*Inventaire,* par la notice des aveux rendus au seigneur par les possesseurs des fiefs, à diverses époques.

Malheureusem**e**nt, ces notices sont muettes tant sur la composition de ces fiefs que sur leur valeur, et sur le devoir
auquel ils étaient tenus envers le fief dominant. Je n'hésite
pas néanmoins à signaler tout ce que l'*Inventaire* a conservé (1).

1° VÉRINES.

Un ancien aveu en parchemin, déchiré et percé en plusieurs endroits et non signé, rendu à messire Philippon de Chouppes, seigneur
dudit lieu, le 16 octobre 1393.

1503, 14 février. Aveu en parchemin rendu au Roi par Mathurin
de Moussy, éscuier, seigneur de Vérines, avec déclaration qu'il tient
sa dite seigneurie de Vérines, à foi et hommage de la seigneurie de
Chouppes. Signé: de Moussy, et Raiffard, notaire.(*Inv. Ch.*, sac 12)

Ce fief était venu à Mathurin de Moussy, par le mariage
de Bertrand de Moussy, écuyer, seigneur du Peyroux, avec
Jeanne de Cherves, dame de Vérines. Les *aveux unciens
d'Anjou* m'ont fait connaître qu'il était tenu de Chouppes, à
hommage lige, à un cheval de 60 sous et 20 sous aux aides ;
en 1411, par Jean Vigier ; en 1446, par Jean de Cherves ;
en 1469, 1508 et 1534, par Bertrand et Mathurin de Moussy, cité à l'*Inventaire.*

1629. 12 juin. Saisie féodale faute de foi et hommage et aveu
rendus par le seigneur de Vérines. Signé : Malescot.

1629, même date. Signification de la dite saisie féodale faite à la
requête des commissaires au seigneur ou dame de Vérines. Signé :
Malescot.

1629. 17 juin. Publication que la terre et seigneurie de Vérines
était à donner à ferme. Signé : Besnard. (*Inv. Ch.* .:

---

(1) Cela peut être utile en vue de monographies ultérieures de ces différents
fiefs.

Le bail fut consenti à Pierre Arnault, notaire, qui rend aveu :

1658. 15 mai. Aveu, en parchemin, rendu par M. Pierre Arnault, notaire, au seigneur de Chouppes. Signé : Lamoureux et Vergnault, notaires, reçu le 30 mai 1672, signé : Ragonneau, Sacquet et Pineau, greffier. (*Inv. Ch.*, sac 12.)

Le fief de Vérines portait le n° 123 dans l'aveu rendu en 1665.

2° LE PETIT BOURNEZEAU.

Ce fief, d'après les *anciens aveux d'Anjou*, était tenu à 8 sous d'aides, en 1389, par Jeanne Arnaudeau, veuve de Guillaume de Chouppes ; en 1415, par Jean Hémery, à cause de Guillemette de Chouppes, sœur de Philippon ; en 1446, par Jehanne Hémery ; en 1469, par Jehan Catineau, seigneur dudit, et en :

1550, 15 juin. Aveu en parchemin rendu par Jacques Audart, signé : Jacques Audart et Bonnin, notaires.

1551, 1ᵉʳ juillet. Hommage fait part ledit Audard, devant les officiers de Chouppes, signé : Herbault, greffier.

1556, 9 juin. Aveu rendu par Jean Audart, signé : Jean Audart et Caillet, notaires.

1580, 23 juin. Aveu rendu par Olive de Saint-Germain, dame du Petit Bournezeau en Chouppes, signé : Olive de Saint-Germain ; Dubeuil et des Roches, notaires.

1599, 6 mai. Hommage fait par Claude Audart, signé : Ragonneau, greffier.

1599, 3 juin. Aveu rendu par Claude Audart, signé : Claude Audart, Dubeuil, des Roches, notaires au pied duquel est la réception, du 4 du même mois.

1639, 6 juillet. Aveu rendu par David Malherbe, sieur de la Chapelle, et de Petit Bournezeau, signé : D. Malherbe, Barottin et Ver-

gnault, notaire, au pied duquel est la réception du 7 février 1656,
signé : D. Malherbe ; Pierre de Chouppes, Ragonneau sénéchal;
Jacquet, procureur fiscal, et Arnault, greffier.

1665, 23 juillet. Hommage fait par Isaac Berton, sieur de la Chapelle, devant les officiers des assises du Petit Bournezeau, pour les
rentes qu'il tient du Petit Bournezeau, signé : Bernier, greffier.

1666, 23 juillet. Aveu rendu par ledit Isaac Berton, au seigneur
du Petit Bournezeau, pour les rentes qu'il tient de lui, signé : Lamoureux et Leconte, notaire, au pied est la réception signée : Ragonneau, Bottreau et Aubert (ces deux derniers articles sont des arrières-
fiefs.)

1691, 25 mars. Aveu rendu par messire Antoine Jaudonnet, escuier, signé : Laillault, notaire. (*Inv. Ch.*, sac 13.)

3° LA ROCHE A DOLLAND.

Ce fief était tenu à toutes les époques par le chapitre de
Notre-Dame de Mirebeau, à 5 sols de franc devoir. Il est
nommé : *Roche Adeleynt,* dans l'aveu de 1329.

1390 ..... Transaction faite entre messire Philippon de Chouppes
et messieurs les chanoines et chapitre de Notre-Dame de Mirebeau par laquelle ledit seigneur de Chouppes se restreint à cinq
sols de franc devoir pour l'hommage de l'année 1390. Signé : L.
Vandré.

1538, 6 septembre. Aveu rendu par ledit chapitre, et la réception
du 29 octobre, signé : Cabaret et Delafond.

1599, 20 mai. Copie collationnée d'autres aveux rendus par les
sieurs du chapitre, signé : Renard et Babaud, notaires.

1639, 13 mai. Aveu rendu par ledit chapitre, signé : J. Hervier
et Leconte, et plus bas par commandement dudit chapitre, Babaud, scribe, et la réception du 10 mars 1640, signé : Ragonneau
et Leconte.

1747. 1er décembre. Hommage rendu par messire Symphorien
Recoquillé, prestre cheffessier et archiprestre du chapitre de Mirebeau, comme ayant charge et pouvoir desdits sieurs du Chapitre,

suivant l'acte capitulaire de ladite date. Contrôlé le 9 du même mois, le 9 avril 1753, contrôlé à Mirebeau le 17 du même mois, signé :Decourt greffier. (*Inv. Ch.*, sac 14.)

Ce fief occupait le n° 125 dans l'aveu rendu en 1665.

4· MONTPISON.

Était tenu en 1389 et 1411, à 8 sols d'aides, par Jean de la Chaussée, à cause de sa femme Jeanne de Chouppes, sœur de Philippon ; en 1446, 1469, 1508 et 1534, par Etienne de la Chaussée, écuyer.

L'*Inventaire* complète ces renseignements :

1572. 13 février. Procuration donnée par messire Louis Bouin et dame Isabeau Pinelle, sa femme, à maître Clément Gouault, pour faire la foi et hommage, au seigneur de Chouppes, de plusieurs pièces de terre ès environs de Seuilly, dépendantes de Viennay. Signée : Louis Le Bouin, Caillet et Raynard, notaires.

1613. 21 avril. Aveu rendu à ladite seigneurie de Chouppes, dudit fief de Montpison, par demoiselles Ester et Hélaine de Ferrières, dames de la Rivière, en la paroisse de Poligny, et demoiselle Marguerite de Claire, dame de la Moye (1), tant pour elles que pour leurs cohéritiers. Signé : Ester de Ferrières, Hélaine de Ferrières, Marguerite de Claire, Clavel et Gorré, notaires, au pied duquel est la réception des officiers de Chouppes. Signé : Ragonneau, procureur de cour, Bottereau sénéchal, Brizard, greffier, et Clavel.

1613. 10 avril. Saisie féodale des lieux sujets dudit fief. Signée : Malecot, sergent.

1638. 1ᵉʳ septembre. Un aveu rendu par messire Jacques de Ferrières, chevalier, seigneur de Champigny-le-Sec. Signé : J. de Ferrières, Verrier et Clavel, notaires (1). (*Inv. Ch.*, sac 15.)

Ce fief portait le n° 126 à l'aveu de 1665.

(1) Marguerite était fille de René de Cléret, écuyer, seigneur de la Maye, et par conséquent nièce d'Hélène de Ferrières. (Voir *Dict. des familles*, qui ne nomme pas Esther, dans la généalogie de cette famille.)

5° LA BRUNETTE.

Ce fief, qui figure en 1411 ou 1446 aux *aveux d'Anjou*, comme étant tenu à 15 sous d'aides, par Jehan de Frozes et Bertrand du Bois, appartenait en 1469 à Josselin du Bois, et en 1508 à Olivier Briant. Il y eut :

1556. 18 août. Transaction entre messire François de Chouppes, chevalier, seigneur dudit lieu, et Maître Jacques Le Breton, procureur au présidial de Poitiers, par laquelle ledit Le Breton s'oblige de faire la foi et hommage lige audit seigneur de Chouppes, pour le fief de la Brunette. Signée : Raymon et Savary, notaires.

1600. 4 novembre. Foi et hommage rendu au seigneur de Chouppes par maître André Roy, avocat à Poitiers, pour demoiselle Catherine Le Breton, sa femme, ses autres frères et sœurs par devant le sénéchal de Chouppes, par laquelle il a promis payer pour le rachat la somme de sept escus, signé : M. Dousset et Ragonneau, greffier.

1613. 20 mai. Aveu rendu par Jacques Bouchet, chanoine prébendé de l'église de Notre-Dame-la-Grande de Poitiers, au nom et comme procureur spécialement fondé de demoiselle Catherine Le Breton, veuve maître André Royer (*sic*), avocat à Poitiers, du fief de la Brunette, situé au bourg de Chouppes et ès environs. Signé : J. Bouchet, Aubineau et Porcheron, notaires.

1615. 30 mai. Saisie féodale faite à la requête du procureur de la cour de Chouppes, du fief de la Brunette, faute de foi et hommage. Signé : Molecot, avec toute la procédure qui s'en est ensuivie attachée ensemble.

1745. 15 mai. Foi et hommage dudit fief de la Brunette faite par messire André Fouchier, chevalier, seigneur de Billy Clairet, par devant Monsieur le sénéchal de Chouppes. Contrôlé à Mirebeau, le 28, par Gellin. Signé : Decourt, greffier (1). (*Inv. Ch.*, sac 16.)

Ce fief était le 127° article avoué, en 1665.

(1) J'ignore où était situé Montpison, que le *Dict. topog. de la Vienne* ne mentionne pas sous ce nom, du moins.

6° FIEF CITOYS

S'ensuivent à l'*Inventaire ;*

Cinq déclarations rendues par les Citois de Poitiers, d'une maison et domaines situés dans le bourg de Chouppes, et ès environs sujets à plusieurs devoirs des années 1563, 1572, 1580 et 1599.

1612. 1er septembre. Plus un acte consenti par messire Antoine Citois, avocat au présidial de Poitiers, par lequel ledit seigneur de Chouppes décharge ledit sieur Citois de tous les cens et rentes à lui dus pour raison des domaines mentionnés aux dites déclarations, à la réserve toutefois d'un hommage plein que ledit sieur Citois ou ceux qui posséderont lesdits domaines seront tenus faire pour raison d'iceux, dûment collationnée à son original le 14 février 1656. Signé : Babaud, Jourdain et Lecompte, notaires royaux. (*Inv. Ch.,* sac 17.)

Cette famille Citoys était ancienne à Poitiers et s'est illustrée dans la robe et la médecine. De l'échevinage de cette cité, elle s'élève à la noblesse. Le dernier survivant de cette famille était officier au régiment Dauphin-Cavalerie, se réunit à l'assemblée de la noblesse du Poitou, en 1789, émigra et servit à l'armée des princes. (*Dict. des Familles du Poitou.*)

Le fief Citoys était le 128e article de l'aveu de 1665.

7° LA CURE DE CHOUPPES

Dont l'église aurait été fondée, on ne sait à quelle époque, par les seigneurs de ce nom, devait chaque année 3 deniers de cens et un *libera* chaque dimanche sur les sépultures des ancêtres, et l'entretien d'une lampe ardente de jour et de nuit devant le maître autel, pour raison de :

(1) Le fief de la Brunette ne figure pas au *Dict. topog.* (Redet).

L'église, cimetière et maison presbytérale ainsi qu'elle se poursuit et comporte en chambres haute et basse, greniers, antichambres, cave, four, galeries, étables, toits, fuie, puits, cour, jardins, le tout tenant ensemble renfermé de murailles, contenant vingt boisselées ou environ ;

Plus vingt-cinq journaux de vignes devant le Bois de Chouppes, appelées : les vignes de la Lampe ;

Plus six boisselées de terre, situées au terroir devant le Bois ;

Plus deux pièces de terre labourable située au pré Drouault contenant quatorze boisselées et demie ou environ, un fossé entre deux;

Plus deux autres pièces de terre se tenant, situées au terroir de Bordeau, contenant une septerée ou environ ;

Plus dix boisselées de terre ou environ situées au terroir de la Folie ;

Plus trois pièces de terre situées au terroir du Fougerais, contenant deux septerées, le chemin des Naides entre deux ;

Plus huit boisselées audit terroir.

Plus trois septerées de terre ou environ situées au terroir sous l'échelle appelée la Cannerie;

Plus deux pièces de terre en deux versaines, se tenant l'une et l'autre, situées au terroir de Rondeneuf, et contenant dix boisselées ou environ ;

Plus une boisselée de terre audit terroir près le pré de la cure ;

Plus une pièce de pré située au terroir de la fresche Marie, contenant journée à faucheurs, renfermée de fossés;

Plus une pièce de terre située au terroir des Naides, contenant huit boisselées ou environ;

Plus une autre pièce de terre située au petit Peux de Chouppes, contenant douze boisselées ou environ;

Plus deux boisselées de terre audit terroir;

Plus une autre pièce de terre située dans le cours du grand Peux de Chouppes, contenant six boisselées ou environ;

Plus huit boisselées de terre proche le cimetière, à présent renfermées dans le parc de Chouppes;

Plus une pièce de terre, autrefois en vignes, contenant quinze journaux où environ, située au terroir de Fourneau;

Plus une pièce de terre au terroir de Pellouble Baron, contenant sept boisselées ou environ ;

Plus une autre pièce audit terroir ;

Plus deux boisselées de terre au terroir de la Courance ;

Plus trois boisselées deux tiers de terre derrière la garenne du Bois-Fouquairon ;

Plus la moitié de six boisselées un tiers de terre près le Bois Dorin.

Le tout suivant :

Une déclaration rendue par le sieur Guermeau, curé à Chouppes, le 27 juin 1525. Signé : Guillon.

Autre rendue par Emard Pynault, curé de Chouppes, en l'année 1554, signée : Pynault, Gazil et Babaud, notaires, au devoir de deux deniers de cens et de tenir une lampe ardente jour et nuit en ladite église.

Autre rendue par messire Charles Jeannet, curé de Chouppes, le 25 avril 1597, signée : Jeannet, curé, M. Roy et Gazil, notaires au devoir d'un denier.

Autre rendue par messire Pierre Jeannet, curé de Chouppes, le 4 février 1606, signée : P. Jeannet, M. Roy, Gazil, notaires.

Autre rendue par messire Pierre Jeannet, curé, le 14 mars 1624, signé : P. Jeannet, J. Paillard, Saboureux et Rivière, notaires, au devoir de deux deniers et un denier.

Autre rendue par messire Louis Cherpentier, curé, le 29 octobre 1663, signée : Cherpentier, curé de Chouppes, Bonnet et Jeannet, notaires au pied de laquelle est la réception, signée : Ragonneau et Jacquet, aux devoirs de deux deniers d'une part, un denier d'autre, et un *libera* tous les dimanches.

Appointement rendu aux assises de Chouppes, le 17 mai 1624, par lequel messire Pierre Jeannet, curé de Chouppes, s'est avoué sujet de ladite seigneurie de Chouppes, à cause de ladite cure, de laquelle le seigneur dudit lieu est fondateur, et a dit avoir rendu la déclaration, et ce requérant, le procureur de la cour, ledit Jeannet, curé, a représenté une remembrée en papier d'écriture fort ancienne lacérée en quelques endroits, néanmoins saine et lisible qu'il a accoutumée de lire, en suite de ses prédécesseurs curés au prône de la messe paroissiale célébrée en ladite église, par chacun premier dimanche du mois pour recommander les âmes des y dénommés, aux prières des paroissiens, de laquelle remembrée a été ce requérant le procureur de la cour tiré l'extrait collationné à l'original ci-dessus, non signé : Bizard, greffier.

Le bureau des finances de la Généralité de Tours, jugea à propos, au commencement du xviiie siècle, d'inquiéter le curé de Chouppes, sous prétexte qu'il n'avait point fourni au Roi, son hommage, aveu et dénombrement. Il y eut, en conséquence :

Saisie féodale du revenu temporel de la cure de Chouppes, faite sur messire Elie Marilet, prêtre, curé de Chouppes, à la requête de messire Jacques Orceau, écuyer, conseiller du Roy, trésorier de France, général des finances en la Généralité de Tours, faute de foi et hommage non faits et dus, aveu et dénombrement non fournis pour le Roy en son bureau des finances de Tours, droits et devoirs non payés par ledit sieur curé de Chouppes, à cause de sa dite cure, en date du 26 août 1717, signé: Girouard et Roullin.

Le bon curé ne perdit pas trop de temps pour adresser sa juste réclamation ; le 24 septembre de l'année, il rédigeait une requête par laquelle il expose entre autres choses qu'il ne peut relever de deux seigneurs à la fois, puisqu'il rend son devoir au seigneur de Chouppes, et il demande la permission de faire assigner ledit seigneur pour qu'il s'accorde avec le procureur du Roy, sur la mouvance du temporel de sa cure, ce à quoi obtempère ledit procureur le 25 du même mois. Mais les affaires ne marchaient pas vite à cette époque. L'*Inventaire* mentionne une :

Autre requête présentée à nos dits seigneurs les Présidents Trésoriers de France en la Généralité de Tours, par messire Charles de Blet, de la Maurie, chevalier, seigneur de Chouppes, par laquelle il expose qu'en cette qualité de seigneur de Chouppes il est patron et fondateur de la cure dudit lieu, dont le presbytère et héritage en dépendant relèvent à trois deniers de service de la dite seigneurie qu'il reporte au seigneur Baron de Mirebeau, pourquoi il vendique ledit sieur curé de Chouppes, pour raison ou de ladite cure, du presbytère et autres domaines indépendant comme relevant de la dite seigneurie de Chouppes, suivant les titres par lui représentés. En conséquence, il requiert main levée de ladite saisie féodale, laquelle requête a été répondue par un soit communiqué au procureur du Roy du 20 décembre 1719, signé : Coste de Grandmaison ; au pied sont les conclusions de monsieur le procureur du Roy du même jour par lesquelles il n'empêche pour le Roy les fins et conclusions de ladite requête et que main levée soit accordée de la saisie féodale et les commissaires déchargés sans frais, et que la vendication soit accordée au suppliant. Signé Milon. Les dires du commis préposé à la recette générale des domaines qui estime qu'il y a lieu d'accorder la main levée demandée et attendu qu'il ne paraît dans les archives du bureau général des domaines aucun titre qui justifie que la cure de Chouppes relève du Roy. Signé La Lallière.

L'ordonnance de nos seigneurs, le Président Trésorier de France étant au pied, par laquelle vue la dite requête et vu un ancien aveu rendu par le seigneur de Chouppes au seigneur ;de Mirebeau, le 14 novembre 1626, la susdite saisie féodale, les susdites conclusions et réponses du commis receveur, ils donnent acte audit seigneur de Chouppes, de la vendication par lui faite, du patrimoine de ladite cure, comme relevant de lui à cause de sa terre de Chouppes. En conséquence font mainlevée et décharge le commissaire y établi sans frais. Fait au bureau des finances de Tours, le 20 décembre 1719. Signé : Segouin, Soulas, Mothereau, Quantin, Róger, Legaigneur, par mesdits sieurs Beaumont. (*Inv. Ch.*, sac. 18) (1).

La cure de Chouppes formait le 27° article de l'aveu de 1665.

L'église de Chouppes, placée sous le patronage de saint

_____

(1) Toutes les pièces relatives à cette saisie et à sa main levée existent encore en original.

Saturnin, et dont la construction primitive remontait au moins au xiiiᵉ siècle, à en juger par ce qui reste de l'abside et de certains chapitaux, a subi, à diverses reprises, des transformations que son état de vétusté avait rendues nécessaires.

On a vu, plus haut, une première restauration de 1715 à 1756, consistant principalement dans la réfection de la voûte, de la toiture et du clocher. En 1810, c'était à recommencer sur de nouveaux frais. Une délibération du conseil municipal, réuni pour voter le budget de la fabrique, constate que, les tuiles étant hors de service, l'église doit être recouverte à neuf, et que la maison curiale n'a ni portes, ni fenêtres, ni charpentes. Le devis de ces nouvelles réparations se montait approximativement à 1.130 francs 75 centimes que la commune, chargée du culte des anciennes paroisses de Chouppes et de Poligny réunies, ne pouvait payer. Néanmoins, vu l'urgence, le conseil décida à l'unanimité qu'il y avait lieu de voter une imposition extraordinaire imputable sur les contributions foncières de la commune, au marc le franc sur les exercices de 1811 et 1812. En effet, le budget de la fabrique établi le 10 juillet 1811 pour l'année suivante comprenait 4 fr. 50 de recette et 1045 fr. 75 de dépenses et se soldait par conséquent par un déficit de 1041 fr. 25 (1). Il n'y a pas très longtemps, ont été annexés de chaque côté de l'abside, de laquelle on ne voit plus maintenant au dehors, que trois fenêtres sur sept qu'elle comportait à l'origine, deux bâtiments sans caractère devant servir l'un de sacristie et l'autre de chapelle de la

---

(1) La délibération est du 10 juillet 1811. Le conseil se composait de Mathurin Auriau, maire ; Charles Print, adjoint; Louis Albert, Jean Dugast, Charles Bourdin et Pierre Roi, conseillers. Elle existe dans les archives, d'ailleurs très peu intéressantes, de la cure.

Vierge. Cette construction défigure entièrement l'église et lui enlève son style.

Il ne reste plus aucune trace des anciennes chapelles, dans la nef entièrement badigeonnée à la chaux (2). Aucun vestige d'armoiries, ni de litre seigneuriale n'a subsisté ; aucune pierre tombale, aucune inscription ne signalent le lieu où avaient été inhumés, pendant tant de siècles, les seigneurs de Chouppes et quelques-uns de leurs alliés. Le curé qui dessert cette paroisse depuis plus de 26 ans n'en a jamais entendu parler. Toutefois, la porte d'entrée de l'église est surmontée de deux écussons absolument vides, dont l'un triangulaire et l'autre en forme de losange, paraissant aussi anciens que le monument lui-même. Je parlerai, pour mémoire seulement, d'un petit mur s'élevant à hauteur d'appui, près de la porte, dont le faîte est formé en partie des débris d'une pierre tombale, sans nom, ni date déchiffrables, ce qui donne à penser que le plus grand nombre de celles qui ont pu exister ont été successivement employées aux réparations, et par suite anéanties.

Il existe dans les archives de la cure, une lettre adressée au maire de Chouppes en 1804, qui n'est pas dépourvue d'intérêt. J'ai cru devoir la reproduire *in extenso*, au risque de grossir le nombre des pages de cette étude, parce qu'elle m'a paru constituer un document administratif peu connu.

« Loudun, le 18 fructidor an XII.

« Le sous-préfet de Loudun, au maire de Chouppes,

« Le préfet me marque par sa lettre du 21 thermidor dernier, Monsieur, qu'il vient de recevoir une circulaire du ministre de l'Intérieur

(1) Il y en avait trois : la chapelle de l'Annonciation, celle de Saint-Nicolas et celle de Notre-Dame.

« portant prohibition de l'exercice du culte, dans les églises suppri-
« mées, de laquelle lettre il me transmet les dispositions ainsi qu'il
« suit :

« L'exercice du culte ne peut avoir lieu que dans les églises dési-
« gnées à cet effet par le gouvernement, il est expressément défendu,
« par la loi du 18 germinal an X, à toute personne non ecclésiastique
« ou qui n'appartiendrait à aucun diocèse, d'exercer les fonctions
« sacerdotales.

« Je suis informé qu'il se commet des abus et contraventions à ces
« dispositions dans beaucoup de communes dont les églises ont été
« supprimées et réunies à celles qu'on a (1) en cures ou succursales ;
« des maitres d'école, d'anciens chantres de paroisse, se permettent
« de chanter des messes, de célébrer les offices, de simuler toutes les
« cérémonies sacerdotales ; il en est même qui font des processions
« des enterrements, qui exigent et reçoivent des rétributions pour
« cela, et qui ont voulu administrer le sacrement de baptême.

« De semblables pratiques ne peuvent produire que de graves
« inconvénients, et il est urgent de les réprimer. Le moyen le plus
« prompt et le plus efficace à employer est de faire fermer toutes les
« églises dans lesquelles l'exercice du culte n'est point autorisé par
« l'approbation du gouvernement. Veuillez prescrire sans délai des me-
« sures à ce sujet, tenir la main à leur exécution et m'informer promp-
« tement de ce que vous aurez fait. En conséquence de cette lettre,
« et de celle du Préfet, du 21 thermidor dernier, je vous recommande,
« monsieur, de vous transporter dans le plus court délai possible dans
« la commune de Poligny, dont l'église a été réunie à la vôtre, et de
« faire, en présence du maire que vous aurez prévenu, du desservant
« et des marguilliers de votre succursale, inventaire des meubles,
« tableaux, ornements, linges, et de tous les objets généralement quel-
« conques servant à l'exercice du culte, d'en dresser procès-verbal
« duquel vous m'adresserez copie. Aussitôt cette opération terminée,
« vous ferez porter les objets inventoriés dans votre église et sacristie,
« en présence du desservant et des marguilliers d'icelle, qui reconnoi-
« tront au pied de l'inventaire, la remise qui leur aura été faite des

(1) Le mot : *érigées* manque, sans doute.

« objets y détaillés. Vous n'oublierez point de faire fermer les portes
« de l'église réunie et de remettre les clefs au receveur du domaine
« de la commune de Monts.

« Je vous préviens que j'écris en conséquence au maire de la com-
« mune dont l'église est réunie à la vôtre.

« Je vous salue :

« DURAND. »

J'ignore ce qu'a pu produire, à cette époque, cette réunion
administrative et officielle des deux mobiliers ; mais à coup
sûr, aujourd'hui, on peut affirmer, sans crainte de se tromper, que l'église de Chouppes est une des plus pauvres et
des moins meublées du diocèse.

Pièce justificative

**consistant en une copie d'un mémoire manuscrit en forme de
généalogie de plusieurs seigneurs de Chouppes, depuis 1312
jusqu'en 1636 (1).**

Il est fait mention dans ce mémoire que les seigneurs de Chouppes
ont toujours pris la qualité de chevalier comme il se voyoit clairement par un partage de l'an 1312, et que depuis ledit temps, ils
ont esté au moins dix-neuf seigneurs de Chouppes, portant tous le
nom de Chouppes et qualité de Chevalier, ainsi qu'il est mentionné
dans une ancienne remembrée de la paroisse de Chouppes que les
curés lizent tous les premiers dimanches du mois, et encore par
les lettres des Rois de France, charges et commandements qu'ils
ont eue de geans d'armes et d'ordonnance.

Ce qui est à remarquer c'est que la maison noble de Chouppes,
qui est des plus enciennes du pays, le bourg, la paroisse, l'églize

------

(1) Tirée de l'*Inventaire*, pp. 1 et suiv.

dont ils sont fondateurs, le cloché, le tout porte le nom de Chouppes.

GUILLAUME de Chouppes, chevalier, seigneur du dit lieu, fondateur de son Eglise, bourg et paroisse de Chouppes, vivoit en l'an mille deux cent quatre-vingt-un.

GUILLAUME de Chouppes, chevalier, seigneur dudit lieu, son fils aisné, partagea sa succession noblement avec Jean, Guion et Julienne de Chouppes, ses frères et sœur, la ditte Julienne fut mariée avec Léonnet de Billy, le dit partage en datte du 9 mai 1312, qui justifie de leur qualité de chevalier. Il rendit aveu de Chouppes, au duc d'Anjou, baron de Mirebeau, en l'an 1329, avec la qualité de Chevalier.

JEAN de Chouppes vaslet, qui signifie chevalier et escuier, épouza Philippes de Vilaine, lors dame de Vilaine, laquelle rendit son aveu de Chouppes, en l'an 1390 (1).

PHILIPPON de Chouppes, vaslet, fils dudit Jean, estoit aussi seigneur de Chouppes, et rendit son aveu le 1er may 1411; il fut marié avec Jeanne de Briau, et eut pour fils :

ALEXANDRE de Chouppes, chevalier, seigneur dudit lieu, espouza Marie de Bonnemain et rendit son aveu le dernier juin 1469. Il eut deux fils (2) :

PHILIPPON de Chouppes, chevalier, seigneur du dit lieu est son fils aisné et mourut sans enfants;

MATHURIN de Chouppes, son fils puîné, chevalier, seigneur dudit lieu de Chouppes et de Beaudeau, par le décès de son frère, espouza Catherine de Marçay, fille de François de Marçay et de Renée de Tiercelin, sœur de Charles de Tiercelin, seigneur de la Roche du Maine; son contract de mariage fut passé le 12 mars 1491. Il eut pour fils :

FRANÇOIS de Chouppes, chevalier, seigneur dudit lieu de Chouppes et de Beaudeau, qui fut marié avec Claude de Bidoux, fille de Briault de Bidoux, chevalier, seigneur du Coudray-Macouard près Chinon, en Touraine, lieutenant et gouverneur pour le Roy à Blaye,

(1) Il est possible qu'il s'agisse d'une demoiselle de Lestang, des seigneurs de Forigny, Vilaines, et autres lieux. Cependant on trouve ailleurs Philippe de Vilaines, dame de Chezelles en 1390, qui se dit veuve de Johan Chouppes.

(2) Les Bonnemain étaient seigneurs de Beaudeau. (Arch. Nat., Reg., p. 330.)

en Guienne, et de dame de Dercé. Leur contract de mariage est du troisièsme feuvrier 1526, et eurent pour enfants: Pierre et Esmard de Chouppes, et Anne de Chouppes, femme de Jean de Lestang, chevalier, seigneur de Ry, près Mirebeau, duquel mariage sont issus trois enfants, nommés messieurs de Ry, de Villaine et de Furigny (1).

Pierre de Chouppes, chevalier, seigneur dudit lieu de Chouppes et de Bassé, grand chambellan et conseiller ordinaire du Roy, gouverneur du pays limousin, et à diverses fois a esté gouverneur des villes de Lusignan, Agen et Périgueux et vicomté de Turenne, Castillon, Sainte-Fois du Chasteau, ville et pays de Loudunois, lieutenant de Roy et maréchal de cinquante hommes d'armes des ordonnances de sa majesté, il espouza deux femmes : la première fut dame Jeanne Favereau, héritière de la maison de Montcouard près de Poictiers ; la seconde, dame Jeanne de Ségur de Laigné, d'ancienne maison de la Gascoigne, sortie des maisons baronnies de Pardellan, et de Boisy en Gascoigne, le dernier contract fut passé à Sainte-Foy, le 12 mars 1588. Il est mort sans enfants, ; rendit son aveu en 1601. Il estoit aussy gentilhomme ordinaire de la chambre du Roy (2).

Préian de Chouppes, seigneur de Beaudeau, et d'autres terres, second fils du dit François de Chouppes, fut marié avec Jeanne de Cherbé (3), partie en Périgor et partie en Saintonge, et eut pour fils :

Bainiamin de Chouppes, chevalier, seigneur de Beaudeau, marié avec Pierre (4), sortie de la maison de Treuve, en Poictou, près Go-. nord, duquel mariage sont issus deux fils et une fille, mariée avec..

Et le fils aisné a été page de monseigneur le cardinal de Richelieu

(1) Le nom du second fils de François paraît avoir été omis par le copiste. On le retrouve un peu plus loin, après l'article de Pierre, frère aîné. D'autre part le *Dictionnaire des familles* ajoute deux filles nommées Louise et Angélique, ne dit mot d'Anne, et nomme ce second fils Prégent (t. Ier, p. 673).

(2) Sa biographie de Pierre de Chouppes a été publiée par M. Beauchet Filleau, en 1847, dans les *Mémoires de la société des Antiquaires de l'Ouest*. Je n'ai rien à ajouter à cette intéressante étude.

(3) Le *Dict. des familles* la nomme : Cherbeye (*loc. cit.*).

(4) Il est évident que le prénom de la femme de Benjamin a été oublié ; elle appartenait à la famille de Pierres. René de Pierres, écuyer, seigneur du Plessis Beaudoin, marié à Claude Foucher, des seigneurs de Thénies, était un de ses aïeux. (Preuves pour l'ordre de Malte de Charles-Anne de Chouppes.)

et l'autre a resté chevalier et receu à Malte et a resté nourye page de monseigneur le grand maître de l'ordre de Malte (1).

AYMARD de Chouppes, chevalier, seigneur du dit lieu de Chouppes, du Bois Fouquayron, de Bassé et de la Roche Chizay, lieutenant de la compagnie des chevaux légers, lieutenant de la ville et chasteau de Loudun, guidon et enseigne de la Compaignie des geans d'armes et depuis enseigne et lieutenant de la compaignie des geans d'armes de feu monsieur le maréchal de Souvray; il espousa, en première nopce, dame Renée David, héritière de Fontenello en Anjou, et depuis héritière de la maison de Brizay (2), de leur mariage sont issus René, Renée et Claude de Chouppes.

La ditte RENÉE de Chouppes fut mariée avec Gabriel de Mézieux, escuier, sieur du dit lieu de Mézieux et de la Sauvagère.

CLAUDE de Chouppes fut mariée avec Claude de Tudert, escuier, sieur de la Chapelle en Chouppes. cousin germain de monsieur Tudert, conseiller en la grande chambre du Parlement, et doyen dans l'église de nostre dame de Paris, et de M. René Pidoux: conseiller du Roy en la grande Chambre du Parlement, à Paris, et abbé des abbayes de nostre dame de Valance et de Breuil Gelland (3). De leur mariage sont issus trois fils et deux filles, François, Claude et Nicolas de Tudert, les filles Renée et Catherine de Tuderts; un des enfants a esté augustin et une des filles religieuse.

RENÉ de Chouppes, chevalier, seigneur du dit lieu de Chouppes, gentilhomme ordinaire de la chambre du Roy, seigneur des maisons nobles du Bois Fouquairon, Basse, Bois coustaud, Dandilly et la Dorelle, enseigne de la compaignie de monsieur le duc de Rouanois et depuis lieutenant de celle de monsieur de la Chasteigneray, vivant

---

(1) Ce fils aîné se nommait Guy, il avait eu de Suzanne de Gigou de Vezançay, Charles-Anne. Le 2ᵉ fils de Benjamin fut Lancelot de Chouppes, commandeur de la Guierche et de Blizon, en 1668 M. Moreau dit Benjamin fils d Aymar de Chouppes, il n'était que son neveu. Je donne la préférence au *Mem. généalogique* dont le rédacteur, écrivant vers 1612, devait être exactement renseigné sur des faits presque contemporains. Je crois aussi que Suzanne de Chouppes, femme de Jean de Menou, seigneur de Billy, qui fut enterrée le 16 juin 1710, âgée de 67 ans, dans la Chapelle St-Nicolas de Chouppes, du côté de l'épitre, était leur fille. (Reg. par de Chouppes.)

(2) C'est-à-dire, partie de la terre de Brizay, par son grand-père, époux d'une demoiselle de ce nom.

(3) Boisgrolland.

gouverneur de Parthenay. Le dit René de Chouppes espouza dame
Catherine Goyet, fille de feu messire François Goyet, chevalier, baron
de Bétherel, au pays de Brée, conseiller du Roy en sa cour de parlement de Paris, et de dame Marie Robert, sa femme. Leur contrat
de mariage est de l'an 1606 et de leur mariage sont issus Pierre,
Aymard, René et Catherine de Chouppes. A rendu son aveu en
1626 (1).

PIERRE de Chouppes, chevalier, seigneur du dit lieu et de Bassé,
capitaine de cent hommes de pied du régiment de monsieur le marquis de Torsy, et depuis cornette de la compaignie des chevaux
légers de monsieur de la Fraizelière, maréchal de camp des armées
du Roy, et depuis capitaine de cent mousquetaires à cheval du régiment de monsieur le cardinal duc de Richelieu. Il espouza dame
Renée Chauvin (2), issue de la maison de la Rochefaton, qui estoit
sœur de monsieur messire René Pidoux. Leur contract de mariage
est du 20 juillet 1634. *C'est luy qui a fait ériger Chouppes en chastellenie, en 1651 ; a rendu son aveu en 1665* (3).

AYMARD de Chouppes, seigneur du Bois de Chouppes, cornette de
la compaignie de chevaux légers du sieur de La Hunaudière, lequel
seigneur du Bois de Chouppes, comme cornette, a eu l'honneur de
commander à cinq cents hommes des chevaux légers, lorsque monsieur le marquis de La Force défit le colonel Colorédo, qui commandoit pour l'Empereur, et lors du combat fait par monsieur le
marquis de La Force et le colonel Gazion, qui commandoit la cavalerie estrangère pour le Roy, ledit sieur Aymard de Chouppes com-

(1) M. C. Moreau nomme la femme de René, Catherine Goyer, et fixe la date du
mariage au 4 juillet 1606. Il ajoute que c'est pour Pierre son fils aîné que la terre
de Chouppes fut érigée en *baronnie.* C'est *châtellenie* seulement qu'il faut
lire.

(2) Il y a ici une erreur matérielle évidente. Puisque la femme de Pierre de
Chouppes était sœur de Mme Renée de Chouppes, dont la famille possédait la seigneurie de la Rochefaton, elle aurait dû se nommer Pidoux, et non Chauvin. Quelques mots, une ligne peut-être, auront été omis ; il pouvait y avoir dans le *Mémoire généalogique,* original, « Renée de Pidoux, fille de M... Pidoux et de dame
Chauvin. » Or, il est prouvé, par pièces authentiques, que la femme de Pierre de
Chouppes se nommait en réalité, Renée de Rabellin. En présence de cette certitude, je me vois forcé de conclure que cette Renée était seulement demi-sœur de
René Pidoux, c'est-à-dire, née d'un autre lit.

(3) Cette phrase a été ajoutée après coup.

mandoit toutte la cavalerie françoise pour le service du Roy, et pour lors il n'avoit que vingt-cinq ans. Et le combat fut donné en Allemaigne, le 25 mars 1636, que ledit colonel Colorédo fut pris prisonnier et amené au Roy de France (1).

RENÉ DE Chouppes, chevalier, seigneur Dandilly, premier capitaine de cinq cens chevaux légers du régiment de monsieur le marquis de Egnefel (sic), prince Almand, commandant en l'armée du Roy, ledit sieur Dandilly espouza dame Jeanne de Paviol, fille de feu... de Paniol, chevalier, gentilhomme de Lauraine (2), gouverneur de Clermont et de Varennes en Lauraine, leur contract de mariage est du mois de juin 1634, et depuis ledit sieur Dandilly à la sollicitation des parents de sa femme, quitta le service du Roy pour prendre celluy du duc de Lauraine qui luy donna le commandement d'un régiment de cinq cens hommes de chevaux légers ; et un régiment de mil hommes de pied, au grand déplaisir de tout le nom et famille de Chouppes, qui n'avoient jamais quitté le service du Roy, l'ayant toujours servy fidellement et nourie dans les maisons des Rois et princes, comme Pierre de Chouppes fils aisné qui estoit page du Roy, Emard de Chouppes, page de madame la comtesse de Soisson, et ledit René de Chouppes, seigneur d'Andilly, page de la Reine mère, qui ont esté tous trois nourris, page ensemble et de mesme temps à la Cour.

CATHERINE de Chouppes n'est pas mariée (3).

(Invent. de Chouppes, sac 1er.)

Ici s'arrête l'analyse du *Mémoire généalogique* autrefois renfermé dans le sac 1er du chartrier.

(1) C'est de l'auteur des *Mémoires du marquis de Chouppes* qu'il s'agit ici. Les dates exprimées dans les paragraphes concernant Pierre, Aymar, René et Catherine servent à fixer l'époque à laquelle le *Mémoire généalogique* avait été établi, c'est-à-dire entre 1636 et 1639.

(2) C'est *Paviol* qu'il faut lire.

(3) Une main plus moderne a surchargé ces mots, les remplaçant par ceux-ci : « fut mariée à M. René Garin, escuier, sieur de Chaume, fils de François Garin, escuier, sieur de Trin et dame Magdelaine Prévost; leur contract de mariage est du « 27 septembre 1639, devant Ragonneau, notaire à Mirebeau. » M. C. Moreau dit qu'étant devenue veuve Catherine prit la direction de l'Hôtel-Dieu de Poitiers, à la demande du maire et des échevins de cette ville, et y mourut le 2 juin 1668, en odeur de sainteté.

APPENDICE

La plus grande partie de ce qui précède est le fruit d'une lecture attentive de l'*Inventaire de Chouppes* dont les renseignements s'arrêtent en 1768. Comme il n'existe dans ce livre aucune analyse des aveux, des papiers de recettes et des papiers d'assises dont les originaux ont disparu, ce résumé ne peut malheureusement, malgré son étendue, constituer une monographie complète de la Châtellenie. S'il eût été intéressant de connaître par le menu ce qui touchait à l'administration de ses finances, combien aurait été plus important, encore le détail de ce qui se rattachait à la manifestation de la justice seigneuriale et à l'exercice de ces droits régaliens que les lettres patentes de 1651 avaient conférés au châtelain de Chouppes ! En l'absence de tout document judiciaire émanant de la cour de Chouppes on a peine à comprendre ce que pouvait produire, à un moment donné, la possession des droits de haute justice, comportant fourches pour exécutions capitales, prison solide pour détention, et personnel en nombre suffisant pour faire observer et respecter la loi et les droits du seigneur, à une époque si rapprochée de la nôtre, et sur un territoire, assez peuplé il est vrai, mais relativement exigu.

Mais, à quoi bon exprimer, à cet égard, des regrets stériles ; et manifester une curiosité impossible à satisfaire ? Tout ce passé est mort ; mort depuis un siècle ; morte aussi la famille que ma génération n'a point connue. Pourquoi donc ai-je consacré tant de pages à remuer cette vieille poussière féodale et cherché à faire revivre un état de choses si profondément anéanti ? C'est que je n'ai pu oublier que, moi aussi, j'appartiens à une race exclusivement Mirebalaise, dont plusieurs membres ont vécu côte à côte avec les Chouppes, ont habité la même paroisse et ont entretenu avec eux d'excellentes relations de voisinage, de fraternité d'armes et d'amitié (1). C'est pourquoi, en essayant de sauver de l'oubli les souvenirs d'un autre âge, inscrits dans leur précieux *Inventaire*, j'ai cédé au désir d'accomplir une sorte de devoir de famille, en faisant en même temps un acte utile d'antiquaire poitevin.

Lieutenant-Colonel E. DE FOUCHIER.

(1) Jean Fouchier, le jeune, habitait, en 1376, le village de Chouppes, ainsi qu'il résulte de notes transcrites par M. O'Gilvy, d'après un manuscrit conservé au *Britisch museum*, à Londres.

François Fouchier, écuyer, seigneur de Pontmoreau, était, en 1632, homme d'armes dans la compagnie d'ordonnance du Roi, dont René de Chouppes était enseigne. (*Arch. Vienne*, ES. 93.)

Geneviève Fouchier, femme de Charles de Blet, a habité le château de Chouppes de 1721 à 1731. (Voir ci-dessus.)

Pierre-Louis-Jacques Fouchier, écuyer, seigneur de Châteauneuf, est né à Chouppes en 1730. (*Arch. Vienne*, ES. 93).

André Fouchier, chevalier, seigneur de Billy-Clairet, relevait, en 1745, du seigneur de Chouppes, pour son fief de la Brunette. (*Inv. Ch...*)

TABLE DES MATIÈRES

ÉPISODES

TROISIÈME GUERRE CIVILE EN POITOU

1569

Assaut de Châtellerault. — Rencontre de Saint-Clair
Bataille de Moncontour

Par **M. Léon BABINET**

Lieutenant-Colonel d'Artillerie en retraite, Officier de la Légion d'Honneur.

L'accueil bienveillant fait à un travail antérieur : « Le siège de Poitiers en 1569, » nous a encouragé à retracer les événements qui l'ont suivi. Les épisodes les plus importants de la troisième guerre civile (1568-1569) ont eu notre Poitou pour théâtre, et ont pour nous, à ce titre, un intérêt tout particulier. Nous avons suivi pour ainsi dire pas à pas la marche des belligérants, muni des documents contemporains, et nous croyons être arrivé à en rendre compte avec exactitude ; si nous avons dû rectifier quelques erreurs de nos devanciers, nous ne leur rendons pas moins un hommage mérité (1).

(1) Cf. avec : *Mémoire sur la bataille de Moncontour*, par M. Allonneau, doc-teur-médecin, apud *Mémoires de la Société des Antiquaires de l'Ouest*, t. X, 1843, et avec : *Notices sur les batailles de Voulon, Poitiers, Maupertuis et Mon-contour, avec 4 cartes*, par M. Saint-Hypolite, officier d'état-major. Extrait du *Spectateur militaire*. Paris, 1844, reproduites dans les *Mémoires de la Société des*

Dans les premiers jours de septembre 1569, malgré son héroïque défense, Poitiers, assiégé depuis près de six semaines par l'amiral Coligny, allait être réduit par la famine à capituler. Charles IX était au Plessis-lès-Tours avec la cour. Il réunit son conseil pour aviser au moyen de secourir Poitiers. On n'ignorait pas l'agonie des assiégés, mais on savait aussi la maladie de Coligny, l'épidémie qui ravageait son armée, et l'effervescence qui régnait parmi ses auxiliaires étrangers à cause de l'arriéré de leur solde. L'armée royale, depuis qu'elle avait évacué le Poitou, après son échec à la Roche-Abeille (24 juin 1569), était campée autour de Loches. Diminuée de la presque totalité de son contingent français renvoyé dans ses foyers jusqu'au 1ᵉʳ octobre, elle était numériquement hors d'état de se mesurer en rase campagne avec l'armée protestante, car, à part l'artillerie et la maison du roi, elle était presque réduite à ses auxiliaires étrangers, à savoir 10.000 hommes de pied, 3.000 reîtres et 1.000 cavaliers italiens. On pouvait cependant, la noblesse française ayant été rappelée d'urgence à la Haye pour le 5 septembre, compter sur un renfort qui fut, en réalité, de 2.000 hommes.

Il fut résolu d'assiéger Châtellerault afin, par cette diversion, d'obliger Coligny à abandonner le siège de Poitiers pour se porter au secours de cette ville, dont la possession était, pour les protestants, d'une grande importance. Le duc d'Anjou, âgé d'un peu moins de dix-huit ans (1), quitta le

---

Antiq. de l'Ouest, t. XI, 1844. Dans une note, à la fin de ce travail, nous discutons l'emplacement des troupes des deux armées sur le champ de bataille de Moncontour, adopté par M. Saint-Hypolite et celui qu'a adopté le docteur Allonneau.

(1) Henri, duc d'Anjou (depuis Henri III), né le 19 septembre 1551 ; baptisé sous le nom d'Alexandre, il prit, sur le désir de la reine-mère, le nom d'Henri lors de sa confirmation le 18 mars 1565, à Saint-Étienne de Toulouse. Le duc d'Alençon changea son nom de César en François.

Plessis-lès-Tours le 5 septembre pour marcher sur Châtellerault. Il avait pour principal lieutenant, pour inspirateur
et mentor, Gaspard de Saux, seigneur de Tavannes, chef du
conseil de l'armée (1).

Celle-ci passa la Creuse à la Haye et logea à Ingrande le
5 septembre. Le 6 elle se présenta en bataille devant Châtellerault, et il y eut une escarmouche de cavalerie. Le faubourg ayant été brûlé par les défenseurs, l'armée dut camper
en deçà.

Châtellerault, en pays presque plat, est à cheval sur la
Vienne, à laquelle, au xvie siècle, il devait un important trafic
qui l'enrichissait. Assis presque en entier sur la rive droite,
il était relié à la rive gauche par un pont fortifié, situé un
peu en aval du pont actuel, et par lequel passait la route de
Poitiers. Au delà du pont, sur la rive gauche, était le petit
faubourg de Châteauneuf. La ville n'était protégée que par
une simple chemise précédée d'un fossé facile à franchir.
Entre le mur d'enceinte et les premières maisons existait un
chemin de ronde large de 10 à 12 pas. Préoccupé de la
faiblesse de la place, Coligny y avait envoyé l'habile ingénieur Scipion pour y remédier, mais celui-ci avait été d'avis
que, faute de temps, la seule chose à faire, c'était de préparer un grand nombre de gabions, fascines et sacs à terre
pour les utiliser à la construction d'un retranchement inté-

(1) « M. de Tavannes (c'est l'orthographe du nom quoique Tavannes ait prévalu)
donc, comme chef du conseil, gouvernait toute l'armée ; et rien ne se faisait sans
son advis et qu'on ne luy en conférast tousjours, fust-ce de la moindre chose qui
fust, bien qu'il fust fort sourd ; mais certainement il avait une très-bonne cer-
velle... On ne scaroit nyer que M. de Tavannes (sic) ne conduisît très-bien les
actions de Monsieur, son disciple, en tout son voyage, et ne luy fist gaigner ces deux
battailles de Jarnac et de Montcontour... et qu'il ne luy fist là acquérir grande gloire
et honneur, et qu'il n'ayt esté crainct, honoré, aymé, respecté, recherché et bien
fut admiré. » (Brantôme, Ed. Lalanne, 5.118.)

« Tavannes d'un caractère très violent et très haut. » (*Vie des hommes illustres
de France*, continuées par l'abbé Perau.)

rieur en arrière de la brèche dès qu'on en connaîtrait l'emplacement. Le courage des défenseurs ferait le reste. On pouvait tout en attendre, car le gouverneur n'était rien moins que l'intrépide La Loue, mestre de camp de l'armée protestante, qui s'était emparé de Châtellerault le 12 juillet et l'occupait depuis, secondé par le capitaine Beaujeu, porte-guidon de feu d'Andelot. La garnison ne se composait que des cornettes fort incomplètes de Valavoire, Brossay, La Motte et Roesses; de sept compagnies de gens de pied et des arquebusiers à cheval du capitaine Normand. Châtellerault était surnommé « *l'infirmerie de l'armée* » depuis qu'un grand nombre de gentilshommes, atteints de l'épidémie qui régnait dans l'armée assiégeant Poitiers, étaient venus s'y faire soigner; quelques-uns d'entre eux, en pleine convalescence, pouvaient se joindre aux défenseurs. On pouvait aussi compter sur de prompts et puissants secours. Aussi la garnison était loin de s'émouvoir. Pendant l'escarmouche du 6 septembre, le point d'attaque avait été choisi près de la porte Sainte-Catherine, entre une de ses tours et la tour voisine du côté de la porte Saint-Jean. L'artillerie, conduite par les Suisses, arriva le même jour vers minuit. Les approches furent immédiatement faites, et deux batteries croisèrent leurs feux sur l'emplacement désigné pour faire brèche. Le feu s'ouvrit le 7 dès le point du jour, et à 2 heures de l'après-midi la brèche était praticable sur une longueur de 60 à 80 pieds.

Français et Italiens se disputaient l'honneur de monter en tête à l'assaut. Il fallut tirer au sort; il favorisa les Italiens au grand mécontentement des Français.

Au signal donné, ces braves gens passent le fossé, gravissent la brèche et, arrivés au sommet, y plantent fièrement

·17 enseignes, sans coup férir. Croyant la ville abandonnée ils crient « ville gagnée » et pénètrent en masse dans le chemin de ronde.

Mais en arrière de la brèche se dresse le retranchement intérieur (on devait payer cher la faute de ne pas avoir fait reconnaître le terrain avant de lancer la colonne d'assaut); à droite, à gauche, devant, barrant le chemin de ronde et l'entrée de la rue dont les premières maisons sont crénelées, s'élèvent de hautes barricades garnies de défenseurs, tandis que plus loin, mais à bonne portée, dans la galerie dominante du logis du Châtelet (1), étaient postés les arquebusiers du capitaine Normand.

La tête de la colonne s'arrête et de nouveaux assaillants surgissent par derrière ; tout l'espace libre en avant du retranchement intérieur est bondé d'Italiens. Aussitôt, de toutes parts, de face et de flanc, c'est une grêle de balles. Aucun coup ne se perd, tous portent dans la masse. Les pertes sont considérables et, pour ajouter encore au désarroi, cavaliers et gens de pied protestants sortent des barricades et tombent sur l'ennemi à l'arme blanche. Surpris par ce furieux corps à corps, les Italiens, déjà décimés par le feu, s'affolent, tournoient, et cherchent à reculer pour fuir; mais les français de Cosseins qui montent derrière à l'assaut leur rendent toute retraite impossible. En un instant plus de 250 assaillants mordent la poussière et cinq enseignes italiennes sont prises par l'assiégé. Ottavio di Monte Alto, neveu du pape Jules III, le colonel Calluccio Malatesta sont tués sur le coup, Fabien di Monti, mortellement atteint, se rend ; les capitaines Carloue d'Ascoli et Galéas de Sienne, François

---

(1) C'est aujourd'hui la prison.

Gualteroti, Jérôme Ruccellai et tous les autres porte-enseignes sont blessés. Si peu survécurent que le vulgaire crut à des balles empoisonnées.

Quelques Français donnèrent après les Italiens, mais assez mollement et sans plus de succès, quoique non sans pertes. Une des victimes fut le capitaine Cézar, lieutenant de la colonnelle de Piémont, qui avait saisi le drapeau des mains défaillantes de l'enseigne tué sur la brèche ; le sieur de Landon, l'aîné, gentilhomme volontaire, releva le drapeau, le porta plus avant, et, forcé de lâcher pied lui aussi, le ramena ; cet acte de courage lui valut de remplacer le capitaine Cézar. Là périt, d'une arquebusade qui lui rompit le fémur, Villauneuf, enseigne des gendarmes du duc d'Aumale, gentilhomme poitevin volontaire.

Bref, l'assaut était repoussé et les huguenots vainqueurs.

D'autre part, l'armée protestante s'avançait menaçante. Au premier coup de canon entendu, Coligny avait, pour secourir Châtellerault, détaché de son armée Téligny et La Noue avec 2.000 chevaux ; puis, prévenu par eux que l'armée royale s'avançait tout entière, il avait le 7 septembre levé le siège pour marcher avec toute son armée à la rencontre de Monsieur. Malade, il se faisait porter en litière. Tous les documents du temps s'accordent à dire qu'il saisissait avec satisfaction ce prétexte honorable pour lever le siège de Poitiers. « L'armée de Monseigneur, dit La Noue, « fit beaucoup d'honneur aux huguenots quand elle vint « assiéger Châtellerault, car ce leur fut une légitime occa- « sion de lever le siège, qu'aussi bien ils eussent levé ; pour « ce qu'ils ne savaient plus de quel bois faire flèche... »

« Ayant rassemblé toutes ses forces, dit Mergey, M. le Duc

« vint assiéger Châtellerault, qui nous fut un grand plaisir,
« car nous ne savions comment nous pourrions autrement
« lever le siège à nostre honneur. »

Le 8 septembre, le lendemain de l'assaut, le duc d'Anjou réunit son conseil. Le but qu'il se proposait était atteint, puisque Coligny avait désassiégé Poitiers. On reconnut qu'il y aurait imprudence à livrer bataille à cause de la disproportion des forces, et on décida la retraite immédiate. On s'y était prudemment préparé, car dès l'achèvement de la brèche, le canon, le grand impedimentum des armées du xvi° siècle, avait été retiré et acheminé vers le Port-de-Piles, les Suisses poussant aux roues dans les mauvais passages. Il avait déjà franchi la rivière d'Oyré, petit affluent du Clain. Les bagages avaient suivi l'artillerie. Monsieur partit de Châtellerault 2 heures après le coucher du soleil et fit mine de s'arrêter à Ingrandes, ce dont Tavannes n'arriva à le dissuader qu'en le menaçant de l'y abandonner. Il poursuivit alors sa route jusqu'au Port-de-Piles. L'armée, restée dans ses positions jusqu'à 2 heures du matin pour repousser toute sortie, marcha toute la nuit dans le plus grand ordre, passa la Creuse au gué du Port-de-Piles et se mit en bataille sur la rive droite, l'artillerie flanquant le passage pour défendre le gué.

Cependant le 8 septembre, la pointe de l'avant-garde des protestants était arrivée devant Châtellerault et le capitaine Bernier, dauphinois, était entré en ville avec 400 arquebusiers pour renforcer la garnison, épaulé par la cavalerie de Téligny et de La Noue, qui s'était logée dans le faubourg de Châteauneuf. Coligny les suivit de près. La marche de l'armée par des chemins défoncés avait été lente et on avait dû abandonner deux canons embourbés, que les défenseurs de Poitiers y ramenèrent en triomphe. On ne s'aperçut du départ de Monsieur que lorsque l'arrière-garde catholique, conduite par Chavigny et Santa-Fiore s'était mise à son tour en retraite. « Si les ennemis eussent tardé une heure à se « retirer, dit le protestant Mergey, nous les eussions mal « accommodés. Notre infanterie passa sur les ponts et la ca- « valerie passa à gué au dessoubs de la ville, nous fismes « toute diligence pour les joindre sur le chemin, mais la leur « fut plus grande à la retraicte... » Il fallut d'ailleurs du temps pour réunir les troupes déjà cantonnées, et par l'ordre de Coligny, on ne partit qu'au point du jour. L'avant-garde était formée d'arquebusiers appuyés par la cornette de Briquemaut et par celle de Beauvais-la-Nocle que commandait, en l'absence de ce gentilhomme, son lieutenant La Serrée. Soubise les suivait à la tête de ses Poitevins et de quelques autres cornettes. On ramassa quelques traîneurs ; Monsieur ne fut pas harcelé pendant sa retraite et les catholiques eurent le temps d'improviser la défense du Port-de-Piles. Lorsque les protestants arrivèrent devant ce bourg, il était barricadé et fortement occupé par deux régiments de gens de pied, 2.000 arquebusiers et quelques cornettes de cavalerie, ce qui constituait ainsi sur la rive gauche de la Creuse une sorte de tête-de-pont défendant le gué, que flanquait de l'autre rive l'artillerie mise en batterie à droite et à gauche. L'armée catholique, en bataille en face du gué, était prête à s'opposer à toute tentative de passage de vive force.

La belle retraite des catholiques et les savantes dispositions pour défendre le passage de la Creuse font le plus grand honneur à M. de Tavannes.

Arrivé devant le Port-de-Piles vers les 3 heures de l'après-midi, Coligny fit reconnaître l'ennemi par Soubise. Celui-ci, passant sur le corps à 160 arquebusiers, s'avança jusqu'à quelques pas des barricades, mais il lui fallut s'arrêter ; les cornettes de Briquemaut et de Beauvais-la-Nocle échouèrent également dans l'attaque. La Serrée, emporté par son cheval, fut fait prisonnier. Soubise essaya de porter sa compagnie en avant, mais une grêle de balles, partie de derrière une haie, l'arrêta court. Paul Sforce et La Valette, sortant alors du retranchement avec leurs chevau-légers, chassèrent les protestants jusqu'à l'entrée du bourg, leur tuant 40 à 50 hommes. La Tournelle, gentilhomme du Gâtinais, huguenot, perdit la vie à ce vigoureux retour offensif et l'aîné des du Verger, poitevin, reçut à la jambe une blessure mortelle. Les catholiques n'eurent que deux blessés marquants : Coutty-Goutty, gentilhomme basque, et le jeune Lemignan, surnommé La Fontaine, gentilhomme champenois. Chacun d'eux commandait une compagnie de gens de pied. Dès l'arrivée des protestants, le capitaine Hercule de Beauvoisin, gentilhomme volontaire, avait été tué.

Coligny jugea à propos de faire cesser l'attaque. Il fit camper l'armée à l'est du Port-de-Piles, sur le bord de la Creuse, et fit chercher un gué, les eaux étant très basses. On en trouva un le lendemain, mais il était défendu par les sept compagnies de gendarmes formant le régiment des Maréchaux de camp, ayant pour soutien les Suisses. On se borna à leur envoyer quelques coups de canon à travers la Creuse que traversa cependant la cornette blanche de de Mouy, mais elle ne s'éloigna pas de la rive. Les deux régiments catholiques qui avaient défendu la veille le Port-de-Piles étaient passés sur la rive droite à la tombée de la nuit le même jour et s'étaient retranchés à l'issue du gué. L'A-

miral renonça à tout passage de la rivière de vive force et
resta encore une seconde nuit dans ses cantonnements ; ce
n'est que le surlendemain qu'il passa la Creuse à la Haye
sans coup férir ; la ville, réduite à ses habitants, ne fit pas de
résistance. Puis le 10 septembre, il offrit la bataille au duc
d'Anjou qui s'était retiré à la Celle, position bien choisie,
facile à défendre ; le front de l'armée catholique était couvert par un bois et par un marais plus difficile à forcer que
la Creuse, car on ne pouvait y passer que deux au lieu de 50
de front. Coligny longea le marais, chassant devant lui quelques fourrageurs et quelques compagnies, qui rejoignirent
l'armée catholique en donnant l'alarme. Celle-ci fit face à
gauche et occupa fortement les gués du marais avec de l'infanterie et de la cavalerie. L'Amiral ne put amener l'ennemi à livrer bataille. La journée se passa à escarmoucher.
Monsieur restait sur la défensive sans se soucier des provo-
cations. Coligny le jugea inexpugnable. Rester plus longtemps sur la rive droite de la Creuse séparé de la base d'o-
pérations par deux rivières, alors que l'ennemi recevait à
chaque instant des renforts ; presque sans vivres alors qu'il
en avait en abondance, c'eût été manquer de prudence et
Coligny n'était pas homme à rien aventurer. Il repassa la
Creuse, puis la Vienne le 23 septembre à Châtellerault et
cantonna son armée à Faye-la-Vineuse, après s'être emparé des châteaux de Saint-Bonnet et de Germigny et avoir,
au passage d'un ruisseau, livré un combat assez vif où périt presque toute la population mâle de cette petite place.

C'est à Faye-la-Vineuse que se refit l'armée protestante au
moyen surtout des vivres qu'elle avait laissés en arrière ; c'est
là que fut pendu Dominique d'Albe, domestique de l'Amiral, pour avoir tenté de l'empoisonner sous Poitiers. C'est

à Faye que Coligny apprit que le Parlement de Paris l'avait déclaré rebelle et coupable de lèse-majesté, l'avait mis hors la loi, l'avait fait pendre en effigie et, mettant sa tête à prix, avait promis 50.000 écus d'or au soleil à qui le livrerait mort ou vif.

C'est de Faye que partit pour l'Allemagne le prince d'O-range sous un déguisement et avec une faible escorte, pour faire une nouvelle levée de reîtres et pourvoir aux affaires de Flandre ; il laissait à l'armée ses deux frères, Ludovic et Henri de Nassau.

Le duc d'Anjou resta à la Celle jusqu'au 15 septembre. Son armée s'était accrue de 25 enseignes de gens de pied, de 800 chevaux italiens et d'une partie de l'arrière-ban de France. Il décampa pour aller occuper Chinon, sur la rive droite de la Vienne. Son armée s'étendait depuis l'Ile-Bouchard jusque près de Saumur.

Alors le prince, accompagné de M. de Tavannes, se rendit auprès du roi au Plessis-lès-Tours, pour assister au Conseil. Le duc de Guise venait d'y être admis en récompense de sa belle conduite au siège de Poitiers (1).

Le Conseil délibéra sur la suite à donner à la guerre. Deux avis opposés furent émis. Le maréchal de Cossé, ren-tré en grâce et fort en crédit depuis ses *sévérités* contre les huguenots en Picardie, n'était pas pour attaquer, il voulait laisser le temps accomplir son œuvre. « *Par la force des*

---

(1) Dans une lettre du 8 septembre adressée du Plessis-lès-Tours à M. de Four-quenvaulx, son ambassadeur en Espagne, Charles IX signale l'éminent service rendu par le duc de Guise et le marquis du Maine (Mayenne) en s'enfermant dans Poitiers. Sa santé et celle de son frère le marquis de Mayenne étaient légèrement altérées par les privations... « Pour avoir tant demeuré enfermés comme ils ont fait, et mangé de mauvaises viandes, » écrit aussi le duc d'Anjou, le 6 septembre, au duc de Nevers, il est (M. de Guise) et M. le marquis, tombé malade, que s'il plaît à Dieu, ne sera rien. »

« *choses* (1), *sans argent, sans vivres, sans lieux de retraite,*
« *sans secours nouveaux à attendre, l'armée protestante ferait*
« *sa soumission, ou bien on serait forcé de la licencier.*» Selon
Tavannes, au contraire, il fallait courir sus à l'ennemi sans
plus différer. On aurait bon marché d'un adversaire affaibli
et en désordre. Temporiser, c'était donner au prince d'O-
range le temps de lever et d'amener de nouveaux renforts et
à Montgonmery, vainqueur en Béarn, celui d'accourir avec
les Vicomtes (2).

Pourquoi courir ces risques, alors que la force et l'ardeur
de l'armée catholique rendaient la partie si belle?

Ce dernier avis prévalut, c'était celui du duc d'Anjou. Ce
prince rejoignit aussitôt l'armée avec M. de Tavannes. Les
derniers renforts attendus complétèrent celle-ci ; c'était le
duc de Guise avec ce qui restait des héros de Poitiers (150
cavaliers) et l'arrière-ban (3).

Les deux armées étaient toujours l'une à Chinon, l'autre
à Faye-la-Vineuse, séparées par la Vienne.

Tavannes était bien renseigné. Dans l'armée protestante,
le mécontentement était au comble et se traduisait par d'in-
cessantes et amères récriminations. Éloignés depuis plus d'un
an de leurs foyers, les gentilshommes, presque ruinés, demandaient la bataille ou le licenciement ; les étrangers, leur-

---

(1) Davila.
(2) « Les vicomtes de Bourniquet, Monclar, Paulin, Caumont, Serignan, Rapin
et Montagut, généralement appelés « les sept vicomtes » parce qu'un accord par-
fait les unissait, étaient les principaux chefs du parti protestant en Rouergue,
Quercy et Albigeois, comme Mouvans l'était en Provence, Montbrun en Dauphiné,
et d'Acier, frère cadet de Crussol, en Languedoc. Tous ces partisans avaient pris
les armes dès le début de la seconde guerre civile, et, malgré les efforts des gouverneurs des provinces, ils étaient parvenus à faire leur jonction. » (*Histoire des
princes de Condé*, I, 327, en note.)
(3) « Le roi avait mandé « sous grièves peines » non seulement les troupes régu-
lières, mais la noblesse du ban et de l'arrière-ban. » (*Histoire de France*, Henri
Martin, 4ᵉ éd., IX, 255.)

rés de l'espoir de piller Poitiers, las de pâtir et de camper, réclamaient impérieusement leur arriéré de solde et exigeaient le combat ou la paix.

Il fallait toute l'habileté et l'ascendant de Coligny pour arrêter le désordre.

Si connue que soit la grande figure de l'Amiral, il est à propos de caractériser ici brièvement l'homme qui, pour les protestants, de nos jours encore, personnifie le génie de la Réforme. Agé de 52 ans et d'une vigueur à toute épreuve, simple et animé d'une foi ardente, grave et austère dans ses mœurs, sévère jusqu'à la dureté, intrépide jusqu'à l'opiniâtreté, Coligny devait son autorité absolue plus encore au respect qu'il commandait qu'à son origine illustre et à des talents politiques et militaires supérieurs. Ce n'était pas seulement un grand capitaine, c'était un grand homme (1).

La prudence lui défendait d'engager une bataille que les renforts des catholiques rendaient par trop inégale, mais son armée voulait combattre à tout prix. Il dissimula et feignit de tout préparer pour une action décisive : « *alors que tous ses efforts tendaient à éviter la rencontre qu'il avait l'air de désirer* (2). »

Il fit habilement courir la nouvelle de l'arrivée de Montgonmery et des Vicomtes et se prépara à aller au-devant d'eux vers le bas Poitou, dès que seraient de retour Genlis et ses attelages d'artillerie détachés à Lusignan pour y

---

(4) Coligny avait le front chauve, une longue barbe blanche tombant sur la poitrine, des joues naturellement creuses et qui le parurent plus encore après Moncontour à cause d'une cicatrice à peine cachée par une longue moustache. L'expression de sa physionomie était plutôt triste que sévère; personne ne l'avait vu sourire depuis la mort de d'Andelot. Il tenait toujours un curedent à la main. Mérimée (*Chronique de Charles IX*) a dit de lui : « Pour ses coreligionnaires, il était plus qu'un roi, car il réunissait en une seule personne le héros et le saint. »

(2) Davila.

conduire le canon du siège de Poitiers. Ils ne rejoignirent
que le 29 septembre « *si à point*, dit La Noue, *que s'ils*
« *eussent tardé d'un jour, il eût fallu abandonner l'artillerie*
« *de l'armée, faute de pouvoir l'atteler* ». Il fallait, en effet,
quitter Faye au plus vite, car, ce même jour, Monsieur
avait traversé la Vienne sur deux ponts et, malgré une
crue qui l'avait retardé, était arrivé à Loudun pour couper
l'armée protestante de ses places de ravitaillement et la
forcer à livrer bataille.

Le vendredi 30 septembre, avant le jour, Coligny se mit
en mouvement et pour faire prendre le change sur ses intentions, il prit la route de Châtellerault, la suivit quelque
temps, puis, tournant à droite, il se dirigea sur Moncontour
qui était son véritable objectif. Il commandait l'avant-garde
et Louis de Nassau, que l'on appelait le plus souvent *le
comte Ludovic*, était à la tête de la « *bataille* (1) », en
l'absence du comte de Larochefoucauld, éloigné pour
cause de maladie. L'artillerie et les bagages avaient été
dirigés droit sur Moncontour, précédés de La Noue et de
La Loue, qui avaient l'ordre d'occuper cette place avec 7
cornettes et qui y précédèrent le capitaine catholique Normand, envoyé avec ses arquebusiers pour s'en emparer.

Arrivé dans les plaines de Saint-Clair vers 7 heures du
matin, Coligny, craignant d'être attaqué par Monsieur dont
il n'avait pas de nouvelles, y rangea l'avant-garde en bataille face au nord-est entre ce village et ceux qui l'avoi-
sinent. Le comte Ludovic avec la *bataille* prit position à sa
gauche et un peu en arrière.

La plaine, longue et large d'environ une demi-lieue, était

(1) On appelait « la bataille » le principal corps de l'armée, son centre, où se
trouvait en général le gros de la gendarmerie.

unie, tout entière emblavée, et creusée de menus sillons d'une terre aussi meuble que du sablon d'Étampes, sans autre arbre qu'un noyer isolé au milieu. Au sud elle est limitée par un ruisseau marécageux ayant pour source la fontaine de Pré-Pesson (commune d'Amberre), qui, après avoir traversé les communes de Chouppes et de Saint-Jean-de-Sauves, sépare la commune de Saint-Clair de celle de Frontenay, limite au sud celle de Messay et rejoint la Dive à Moncontour après avoir porté successivement les noms de Prepson, rivière de Billy, rivière ou chenal de Saint-Jean-de-Sauves et Chenelle (1).

Mouy-Saint-Phale, officier d'avant-garde renommé et « *l'un des plus vaillants soldats de France* (2) », avait, dès l'arrivée, été envoyé en reconnaissance avec six cornettes de cavalerie (3) et la cornette d'arquebusiers à cheval du capitaine provençal Montarnaud, auxquelles s'étaient joints quelques gentilhommes volontaires. Contre son habitude, il revint mal renseigné pour ne pas avoir poussé assez loin. Il ne signala que quelques arquebusiers ennemis, à droite, dans un petit vallon, tenant bon dans les villages et à leurs abords et quelques cavaliers isolés. Rien n'indiquait l'approche d'une armée.

Coligny, rassuré, ordonne à la *bataille* de passer le ruisseau et de s'acheminer vers Moncontour ; lui-même, vers 3 heures, suivit le mouvement avec l'avant-garde, laissant de Mouy en arrière-garde.

Cependant Monsieur n'était pas mieux renseigné ; il avait quitté Loudun le matin pour marcher lui aussi sur Moncon-

(1) Voir Rédet, *Dictionnaire topographique de la Vienne.*
(2) Davila
(3) Ces six cornettes étaient : les 3 cornettes de de Mouy, celle du capitaine Saint-Auban et deux cornettes de reitres.

tour. M. de Montpensier menait l'avant-garde de l'armée,
précédé de M. de Biron, maréchal de camp, chargé de faire
les logements à Moncontour avec son régiment, formé
de sept compagnies de gendarmes des ordonnances du
roi (1).

Biron, débouchant en plaine, découvrit tout à coup
l'armée protestante marchant en colonne vers Moncontour,
et de Mouy formant l'arrière-garde. Montpensier, aussitôt
prévenu, donna l'ordre d'attaquer. Martigues, « *que sa valeur
désignait pour entamer tous les combats difficiles* (2), » chargea
de suite avec La Valette, soutenu par le duc d'Aumale.
Voyant tant d'enseignes et de cornettes déployées, de Mouy
comprit son erreur. Il hâta sa retraite, laissant en queue
ses 200 arquebusiers à cheval pour arrêter l'ennemi, et fut
salué des boulets de quatre canons que Biron avait fait im-

(1) A savoir : 1° sa compagnie ayant pour lieutenant le sieur Beaupied, gascon,
et pour guidon le sieur de Saint-Geniez ; 2° celle du marquis d'Elbeuf, conduite
par le sieur de Coutenan, son lieutenant, ayant pour enseigne le sieur de l'Isle-
Boinville et pour guidon le sieur de Gilles ; 3° celle du jeune comte de Brissac
conduite par les sieurs de Fompertuis de Beaumont, Normant et de Taschy, lieutenant, enseigne et guidon ; 4° celle du vicomte d'Anchy, conduite par les sieurs
de Sommieure, son lieutenant, et de Poigny-Rambouillet, son guidon ; 5° celle du
sieur de Lignerolles, conduite par le sieur de Bouchard l'aîné et le sieur de la Pierre-
Condrelieu, lieutenant et guidon ; 6° celle du sieur de Monterud de Limousin avec
Saint-Gouard (depuis marquis de Pisani), enseigne ; 7° celle du sieur de Chantemesle, conduite par Gastine, gentilhomme du Perche, enseigne, et par de Pezac,
guidon. En tout environ 400 chevaux. Rappelons que chaque capitaine (qui était
un vrai chef de corps, recrutant et administrant lui-même une *compagnie ou
bande* (qui était en quelque sorte sa propriété), avait son drapeau ou étendard
(appelé enseigne dans l'infanterie, cornette dans la cavalerie). Le capitaine avait
généralement sous ses ordres deux officiers, à savoir : un lieutenant et un porte-
étendard (s'appelant aussi enseigne, cornette ou guidon).

Plus tard, on donna à une troupe le nom de sa bannière et on appela la troupe
commandée par un capitaine d'infanterie enseigne et celle commandée par un capitaine de cavalerie légère, cornette ; seule la gendarmerie conserva le vieux mot de
compagnie. Une armée de 40 enseignes, 30 cornettes et 10 compagnies comptait
40 compagnies d'infanterie, 30 de cavalerie légère et 10 de grosse cavalerie. Le mot
de compagnie employé seul indiquait une compagnie de gendarmerie. (Mgr le duc
d'Aumale, dans le 1er volume de l'*Histoire des princes de Condé*, a éclairci ce langage militaire du xvie siècle.)

(2) Davila.

médiatement braquer contre lui. Martigues atteint les arquebusiers et en couche 50 sur le carreau. De Mouy, malgré son
infériorité numérique, vole à leur secours et charge à son
tour, mais il est culbuté et perd 150 des siens, dont trois des
plus braves, le capitaine picard Audancourt, son lieutenant,
Monteurin, et d'Entrechaux, cornette de Saint-Auban. C'est
à vau-de-route que le reste rejoint l'avant-garde. Celle-ci
avait eu le temps de traverser le ruisseau à gué, près Saint-
Aubin, et de garnir la rive gauche d'arquebusiers à pied
postés derrière des saules. Martigues et La Valette s'arrêtent
sur la rive droite, n'osant s'aventurer dans le gué, où on ne
peut passer que sur vingt cavaliers de front, et qui est entouré de marécages.

L'armée royale, en colonne, ne débouchant que lentement,
Coligny croit encore n'en avoir qu'une partie sur les bras.
Il médite un retour offensif, contrairement à l'avis des principaux de son entourage. Il renforce son régiment de deux
cornettes de reîtres et de la cornette d'Acier (celui-ci, étant
malade, était absent), se met à leur tête et repasse le gué,
précédé de de Mouy, qui veut se venger. Arrivés désunis sur
l'autre rive, ils chargent néanmoins Martigues dans un
chemin creux avec tant de force, que celui-ci est forcé de
reculer de 200 pas. Surviennent, au canon, le comte Ludovic
et Wolfrad de Mansfeld ; ils traversent aussi, mais en bon
ordre, le ruisseau, un peu en aval, au gué de l'*Essai,* et livrent
un combat corps à corps où deux cornettes catholiques sont
prises, et M. de Saint-Gouard est grièvement blessé. Mais,
faute d'espace, les reîtres ne peuvent faire le limaçon (1). Les

(1) Le limaçon consistait en ceci : les reîtres sur seize rangs en profondeur,
couverts d'une épaisse cuirasse de fer vernie et leur longue épée au côté, char-
geaient au trot, leurs longs pistolets à la main, le 1er rang déchargeait ses armes

catholiques se sont ralliés et le duc de Montpensier charge
avec mille cavaliers, suivi de son infanterie. Les huguenots
sont vivement ramenés et pris de panique. D'aucuns fuiront
jusqu'à Moncontour et même jusqu'à Parthenay, et y répan-
dront la fausse nouvelle de l'entière défaite de l'armée, mais
l'implacable justice de Coligny saura les atteindre. Pendant
que même les plus braves repassent le gué en désordre,
Clermont d'Amboise, malade de la fièvre, en simple pour-
point, et avec une vingtaine de cavaliers seulement, charge
vigoureusement l'ennemi, protège la retraite, et se couvre
de gloire. La Serre est blessé, La Rivière mortellement atteint; on parvient à les emporter. Les pertes des huguenots
sont grandes. Mais le ruisseau arrête l'avant-garde catholique malgré son avantage. Les deux armées qu'il sépare
sont à portée de mousquet. Les arquebusiers qui garnissent
les bords, et qui sont relayés à propos, tirent sans relâche.
Mais Biron amène six canons au trot, allure extraordinaire
pour l'époque, et les met en batterie sur la colline de l'*Ormeau*. De là il canonne à bonne portée les huguenots qui ne
peuvent riposter, leur artillerie étant en avant, sur la route
de Moncontour. L'avant-garde protestante éprouve de sérieuses pertes; les lansquenets, qui ont reçu l'ordre de se
coucher à terre, souffrent moins des boulets que les reîtres,
rangés sur 16 en profondeur. La cavalerie française, sur un
rang, offre moins de prise à l'artillerie. Coligny rapproche
le plus possible son infanterie de la colline pour que les
boulets passent par-dessus. Biron s'en aperçoit, change son
artillerie de place, et lui fait prendre position dans la plaine
de chaque côté de la boucle du ruisseau dans laquelle sont

---

et vire-voltait pour faire place au 2ᵉ rang, puis venait se reformer en arrière de
l'escadron, et ainsi de suite. L'épée ne servait que pour le combat individuel.

massés les protestants, qui sont décimés par des feux de flanc croisés. Le comte Carles est emporté par un boulet, les reîtres sont sur le point de se débander.

Le comte Wolfrad de Mansfeld accourt près de Coligny et le prie de consentir à ce que les reîtres se retirent un peu en arrière. Coligny refuse, mais il comble Mansfeld d'éloges et le qualifie publiquement de sauveur de l'armée. Celui-ci, plein d'une noble fierté, rejoint ses reîtres, leur transmet les paroles de l'Amiral et dès lors tous se résignent à se sacrifier pour le salut commun.

Cependant Monsieur, que Tavannes a prévenu, s'est hâté d'accourir ; il a pris l'avance sur les Suisses et l'artillerie de la « *bataille* » et arrive avec sa cavalerie.

Le duc de Montpensier prend des dispositions pour attaquer le gué, mais, dit La Noue, « *de passer le passage, personne ne l'osoit entreprendre pour le péril qu'il y avoit* ». La mousquetade continue à travers le ruisseau ; le capitaine protestant Lisle est tué, du Chaylar est atteint à l'épaule gauche, les balles sifflent de toutes parts.

Il était 4 heures du soir. Des gentilshommes catholiques remontent le long de la rive droite pour trouver un passage, mais en vain. Les protestants restent stoïquement plusieurs heures exposés à ce feu meurtrier sans quitter les rangs. Il se maintiennent dans leurs positions jusqu'à la nuit, qu'ils attendent non sans anxiété. Elle vient enfin, non moins à propos que le soir de la bataille de Saint-Denis, et met fin à la canonnade et aux feux de l'infanterie.

Telle fut la rencontre de Saint-Clair, qui eût été un désastre pour les protestants sans l'indomptable ténacité de Coligny. Une défaite complète eût été sans doute leur partage si, après la canonnade, ils eussent été vigoureusement attaqués. Leur perte fut de 400 hommes tant de cheval que de pied, celle des catholiques fut insignifiante.

A la nuit, l'Amiral se retire à la muette et non sans désordre, à une lieue de là, vis-à-vis de Messay, entre le ruisseau et la Dive ; il y bivouaqua sur le terrain *du Chaffaud*. Deux heures avant le jour, le 1er octobre, l'avant-garde protestante se remit en marche pour continuer sa retraite sur Moncontour et camper dans la plaine de Saint-Jouin-de Marnes, derrière la Dive. Quinze cornettes de cavalerie logèrent dans Moncontour et la compagnie de Rouvray dans le château.

Le soir de la journée de Saint-Clair, Monsieur coucha dans ce village et son armée campa dans le champ *Saint-Victor* où avait eu lieu la rencontre. Il y eut pénurie de vivres pour les hommes et de fourrage pour les chevaux.

Le lendemain 1er octobre on passa le ruisseau et ses marais à la poursuite de l'ennemi.

Une forte reconnaissance d'infanterie et de cavalerie s'avança vers Moncontour dont l'unique avenue fut trouvée barricadée et gardée de manière à défier toute attaque de vive force.

Plusieurs escarmouches eurent lieu sans aucun résultat ; l'étroite vallée de la Dive, rivière « *fortement encaissée et dont tous les passages étaient gardés* », constituait un obstacle considérable (1).

Les catholiques furent salués de nombre d'arquebusades. Derrière la Dive, dans la plaine, se tenait la cavalerie protestante rangée en bataille.

La journée fut tout entière employée à tâter ainsi l'ennemi partout sur ses gardes. Sur le conseil de M. de Tavannes,

(1) Davila.

Monsieur, pour faire tomber les défenses de la Dive, prit le parti de les tourner en allant passer la rivière près de sa source, à la Grimaudière.

L'armée s'ébranla le 2, dès le matin.

La nuit fut marquée par un incident si contraire au devoir militaire comme nous le comprenons au XIXᵉ siècle, que, pour y ajouter foi, il nous faut l'attestation de tous les écrivains militaires de l'époque. La Noue ne paraît pas s'en étonner et le qualifie simplement « *d'avertissement notable donné avant la bataille* (de Moncontour) *non suivy.* » Nous lui en empruntons le récit : « Il avint que deux gentilshommes du
« costé des catholiques, estans escartez, vindrent à parler à
« aucuns de la Religion, y aiant quelques fossez entre deux :
« Messieurs, leur dirent-ils, nous portons marque d'enne-
« mis, mais nous ne vous haïssons nullement, ny vostre
« party. Advertissez Monsieur l'Admiral qu'il se donne bien
« garde de combattre : car nostre armée est merveilleuse-
« ment puissante pour les renforts qui y sont survenus et
« est avecques cela bien délibérée ; mais qu'il temporise un
« mois seulement. Car toute la Noblesse a juré et dit à Mon-
« seigneur qu'elle ne demourera davantage, et qu'il les em-
« ploye dans ce temps là, et qu'ils feront leur devoir. Qu'il
« se souvienne qu'il est périlleux de heurter contre la fureur
« Française, laquelle pourtant s'escoulera soudain : et s'ils
« n'ont promptement victoire, ils seront contraints de venir
« à la paix, pour plusieurs raisons, et la vous donneront
« avantageuse. Dites-luy que nous sçavons cecy de bon
« lieu et désirions grandement l'en advertir. Après ils se
« retirèrent. » Nous avons vainement cherché dans les documents contemporains un mot de blâme contre d'aussi coupables communications avec l'ennemi.

Le duc d'Anjou était décidé à livrer bataille le plus tôt possible. Le peu de résistance de l'ennemi à Saint-Clair et sa retraite précipitée sur Moncontour lui présageaient la victoire.

Pendant sa marche, dans la matinée du 2 octobre, il fut rejoint par le seigneur de la Motte-Messemé, venant du Plessis-lès-Tours. Dans ses « *Honnestes loisirs* » ce gentilhomme a donné sur la bataille de Moncontour des détails intéressants et dignes de foi qu'il y a lieu d'utiliser. Monsieur lui raconta la journée de Saint-Clair et lui fit part de sa détermination d'attaquer les protestants. Tous deux remontant le long de la Dive distinguèrent sur la rive gauche Téligny et La Noue rejoignant Coligny après une reconnaissance.

Le deux octobre Monsieur couche à Mazeuil.

Le même soir, à la nuit tombante, les jeunes princes de Béarn et de Condé, mandés par Coligny, arrivèrent à Moncontour, de Parthenay, qu'ils avaient quitté la veille, avec d'Acier à peine convalescent. Ils n'amenaient avec eux que 300 chevaux alors qu'on en attendait plus du double. Les mécomptes ne se bornaient pas à celui-là. Non seulement beaucoup de gentilshommes, mais même des cornettes entières avaient quitté sans ordre l'armée à Poitiers et n'avaient pas encore rejoint ; bien des seigneurs de Guyenne, Poitou et Saintonge s'étaient retirés dans leurs terres ; la plupart de ceux d'outre-Loire « *s'aisaient à la française dans les meilleurs endroits du Poitou* (1) ». Le déficit total était au moins de mille cavaliers, dont quelques-uns des plus braves. Le mécontentement était général et confinait à l'indiscipline. L'infanterie se prétendait abandonnée par la

(1) La Popelinière.

cavalerie ; celle-ci, depuis Saint-Clair, se disait sacrifiée sans être mise à même de combattre. Tout devenait des motifs de plaintes et de récriminations : la fatigue excessive, le séjour trop prolongé en pays hostile et dans l'inaction ; le froid du précédent hiver, la chaleur actuelle.

Quel contraste avec l'armée catholique, nombreuse, confiante, reposée, pleine d'ardeur et victorieuse !

Coligny ne se faisait pas illusion. Pressentant la défaite, il voulait éviter la bataille. Le soir du 2 octobre il réunit son conseil. Téligny, La Noue avec les chefs les plus expérimentés opinèrent pour la retraite immédiate derrière le Thouet. Il fallait partir dès 9 heures du soir. Un faux point d'honneur fit rejeter cet avis. Une retraite de nuit était regardée comme déshonorante, outre qu'elle amènerait le désordre. C'était affaiblir le moral de l'armée et donner de l'audace à l'ennemi. On ne tint aucun compte des conseils donnés à travers la Dive par les deux gentilshommes catholiques ; on suspecta même leurs intentions et on douta de leur sincérité. Dans ce conflit d'opinions, Coligny jugea politique de ne pas imposer sa volonté. Il donna l'ordre de marcher sur Airvault, mais on ne partirait qu'un peu avant le lever du soleil. Les bagages des Français et les blessés y avaient été acheminés dans la journée en un long convoi aperçu des catholiques, mais les reîtres et les lansquenets ne se séparaient jamais de leurs charriots bondés de butin.

Survint le duc de Nassau ; il eut une véritable altercation avec Téligny, la Noue et les partisans de la retraite sur Airvault, sans respect pour la présence de l'Amiral. Il voulait combattre dès le matin et répondait de la victoire. Cette scène étrange eut lieu 3 heures avant le jour, au logis de l'Amiral. Celui-ci, forcé de ménager ses auxiliaires étrangers, se borna à réitérer l'ordre de marcher sur Airvault au point du jour. Il ne fit pas connaître toute sa pensée : il espérait passer le Thouet avant d'être rejoint par les catholiques et, s'il n'y parvenait pas, il aurait du moins le temps de gagner, pour y combattre, un emplacement favorable qu'il avait eu le soin de faire reconnaître sur les hauteurs en deçà d'Airvault. La marche rapide de Monsieur et l'indiscipline des Allemands devaient faire échouer ses projets.

A deux heures du matin, Coligny avait envoyé en reconnaissance Vermily et quelques gentilshommes avec ordre de s'approcher le plus possible de l'armée catholique pour être exactement renseigné sur ses mouvements.

Le 3 octobre, avant le jour (1), précédée par La Valette et de May à la tête de leurs chevau-légers, l'armée royale passa la Dive entre la Grimaudière et Sainte-Radegonde-de-Marconnay ; l'ordre de route avait été réglé par le maréchal de Cossé, qui connaissait parfaitement le pays. On n'eut de l'eau qu'à mi-jambe ; aucun accident de terrain ne causa d'allongement dans les colonnes ; les éclaireurs protestants cédèrent le terrain sans le disputer. Vers 7 heures du matin, l'armée débouchait dans la plaine qui sépare les deux vallées de la Dive et du Thouet dans la direction du chemin qui conduit, à présent, de la Grimaudière à Airvault par Maisoncelle. A un quart de lieue avant ce dernier village et à environ neuf cents pas au Nord, se dresse la Motte de Puytaillé (à laquelle d'Aubigné donne le nom de *Tuquet*), sorte de vigie d'environ 5 toises (10 m.) de haut, dominant au loin la plaine. A une époque inconnue, elle a été élevée de main d'hommes, en pierres amoncelées. Les éclaireurs ca-

_____

(1) Le 3 octobre, le soleil se lève à 6 heures 4 minutes et se couche à 5 heures 33 minutes.

tholiques s'y dirigèrent pour s'en emparer. Il s'y trouvait quelques cavaliers de la compagnie de M. de Bonneval, sous les ordres de Mergey, qui avait placé des sentinelles sur le haut de la motte. Vermily et ses éclaireurs s'y étaient repliés et il y eut une petite escarmouche où le cheval de Mergey fut blessé d'une arquebusade. Cinquante cavaliers catholiques étant survenus, les huguenots durent se retirer au pas d'abord, puis au trot à travers le val Foirisseau, petit vallon pierreux aboutissant à la Dive. Sur la crête, ils furent renforcés par le comte Ludovic et par Téligny avec leur escorte, suivis de deux cornettes de cavalerie. Les catholiques n'étant plus en nombre cessèrent la poursuite et s'arrêtèrent sur la première crête du val. Les deux partis s'observèrent quelque temps sans combattre, puis se retirèrent; l'Amiral fut alors renseigné sur la marche de l'ennemi.

Cependant le duc d'Anjou, dont Tavannes était parvenu à vaincre les habitudes de mollesse, après avoir communié à une messe dite par maître Claude de Saintes, son aumônier, était monté à cheval à Mazeuil, au point du jour. Il était plein d'ardeur et de confiance. Il était vêtu d'une casaque de velours jaune avec des parements d'argent incarnadins, couleur gaie, dit La Motte-Messemé, qui l'aborda pour le saluer et fut envoyé en reconnaissance avec ordre de s'aboucher avec La Valette, de May et leurs éclaireurs. Ce seigneur fit une lieue et demie et vit l'ennemi déboucher au nord de la plaine et venir vers l'armée catholique dans la direction d'Airon, petit village sur le bord de la Dive, au delà de la motte de Puytaillé. Messemé revint vers le duc et fit son rapport. Le duc d'Aumale le contredit; selon lui, à moins que Coligny n'eût perdu l'esprit, il devait marcher vers Airvault : Messemé n'a dû

apercevoir que le rideau dont l'Amiral se couvre pour tromper les catholiques. Messemé se récrie vainement en per-
sistant à dire qu'il ne s'est pas trompé. Les doutes ne
cessent qu'à l'arrivée de Tavannes qui, monté sur le Serpen-
tin, cheval d'Espagne des écuries du roi, s'est approché de
l'ennemi pour voir par lui-même, et confirme le rapport de
La Motte-Messemé. Monsieur se fait alors revêtir de ses
armes et passe avec Tavannes dans les rangs de l'armée
qui l'acclame avec enthousiasme.

La Valette, vieux capitaine expérimenté, vient à son tour
des avant-postes rendre compte qu'il a vu les protestants
se ranger en bataille. Quelques seigneurs de l'entourage
du duc d'Anjou émettent encore des doutes ; c'est une
feinte de l'Amiral. Le Prince veut voir de ses propres yeux,
il gravit la motte de Puytaillé avec sa brillante escorte de
seigneurs, où on pouvait distinguer MM. d'Aumale, de
Longueville, de Cossé, de Tavannes, de Villars (fait amiral
depuis la déchéance de Coligny), de La Fayette, Carnavalet,
des Cars de la Vauguyon, de Villequier et quelques autres. L'ennemi était trop loin pour se prononcer. Tavannes
déclarait qu'il fallait combattre sans tant délibérer ; quoique
ce fût le plus écouté des conseillers de Monsieur, ce prince
hésitait encore sur le parti à prendre ; c'est que Tavannes,
jalousé à cause de son influence et peu aimé à cause de sa
violence et de sa hauteur, avait plus d'un ennemi dans
l'entourage du duc d'Anjou, et parmi ses favoris. Pour
mettre fin aux hésitations, il s'offrit pour examiner de
très près les mouvements des huguenots et s'éloigna au
galop.

Biron, avec les maréchaux de camp, achevaient de ranger
l'armée en bataille dans le champ Papaut, au nord de Mai-

soncelle, dans l'ordre adopté par Tavannes et par le maréchal de Cossé.

A droite, vers la Dive, c'était l'*Avant-garde* aux ordres du du Duc de Montpensier ; à gauche la *Bataille,* dont Monsieur s'était réservé le commandement ; en arrière du centre et en seconde ligne, la *Réserve* commandée par Biron et les maréchaux de camp. Les Suisses en deux bataillons et l'artillerie en deux batteries étaient partagés entre l'avant-garde et la bataille.

Entrons dans le détail en faisant connaître la répartition des troupes de la droite à la gauche.

En tête de l'avant-garde marchaient les *enfants perdus* (cavalerie légère) que soutenait M. de Martigues à qui revenait l'honneur de charger le premier avec son régiment.

A l'extrême droite la cavalerie italienne (Mario et Pol, comtes de Santa-Fiore, le comte de Sassatello, Scipion Piccolomini et Carles de Birague) ayant derrière elle 18 cornettes de reîtres (les deux Dierzen, bâtards de Hesse, les deux comtes Rhingraves, le comte de Westerbourg, Bassompierre et de Schomberg).

Puis l'infanterie de l'avant-garde composée du bataillon suisse commandé par Cléry, encadré par cinq régiments de gens de pied français (François de la Barthe, Raymond de Sarlabons, les deux Isles et ce qui restait du régiment de d'Onoux, tué au siège de Poitiers).

Devant cette infanterie et un peu à sa droite était une batterie de 7 pièces d'artillerie ; derrière elle et du même côté se tenait le duc de Montpensier avec le prince Dauphin et Savigny, à la tête de leurs régiments.

Venaient ensuite à gauche M. de La Valette et le duc de Guise avec leurs régiments. Ils terminaient l'avant-garde, qui ne

comptait pas moins de 1.500 chevaux. A gauche de l'avant-
garde et au centre de l'armée se tenait Monsieur, frère du
roi, et autour de lui l'élite de la cavalerie française sous les
ducs de Longueville et d'Aumale. Les 200 gentilhommes de la
maison du roi et un grand nombre de seigneurs de marque
entouraient le duc d'Anjou ; parmi eux on remarquait Gaspard de Saulx-Tavannes, Honoré de Savoie, marquis de Villars, la Fayette, Guillaume de Montmorency, seigneur de
Thoré, Vésigny, de Carrouges, de Mailly, gouverneur de
Montreuil. Il n'y avait là pas moins de 3.000 lances. Devant
Monsieur et précédé seulement des enfants perdus, c'était
Carnavalet à la tête de 50 cavaliers des premières familles
de France, montés sur des chevaux bardés, destinés à donner les premiers. Derrière Monsieur était le marquis de
Bade avec cinq cornettes de reîtres ; à sa gauche, le bataillon des Suisses de la bataille, les *Compères* (tel était le surnom des Suisses), sous Louis Phiffer et le commandement supérieur de Méru (Charles de Montmorency), colonel
général des Suisses à titre provisoire et à la veille de le devenir à titre définitif.

Le flanc droit des Compères était couvert par leurs chariots à bagages et entre ces chariots et eux marchaient les arquebusiers espagnols et wallons de Philippe II. Au flanc
gauche des Suisses se tenaient les Bourguignons et les quatre régiments de pied français de Cosseins, Montluc-le-jeune,
Gohas et Rance.

Devant les Suisses était l'artillerie de la bataille, composée
de cinq grosses bouches à feu.

A l'extrême gauche de l'armée se tenait Ernest de Mansfeld avec cinq cornettes de reîtres et un peu en arrière le
maréchal de Cossé avec son régiment et les bandes de Jean

des Cars de la Vauguyon, de René de Villequier, de Vesins, Mailly et Dupuy-Vatan, de l'arrière-ban de la noblesse de France.

Lorsque la bataille catholique se porta en avant, le maréchal de Cossé appuya par deux fois à gauche par ordre, pour empêcher l'armée protestante de se retirer sur Airvault au cas où elle serait défaite, et pour la refouler sur Moncontour.

En seconde ligne et derrière Monsieur était la réserve sous les ordres de Biron et des maréchaux de camp.

Avant les mouvements en avant de la gauche de la bataille catholique, toute l'armée était rangée sur un même front, faisant face au nord.

Ce qui caractérisait son ordre de bataille, c'était son groupement en 2 masses d'infanterie précédées chacune d'une batterie d'artillerie et soutenues par trois masses de cavalerie, une au centre et une à chacune des ailes, les troupes françaises et les auxiliaires étrangers y étant habilement mélangés ; c'était aussi la constitution d'une réserve de cavalerie prête à réparer un échec partiel et destinée à frapper au besoin un coup décisif.

L'effectif total, considérable pour l'époque, était de 8.000 chevaux, 16.000 hommes de pied et 15 pièces d'artillerie.

L'armée comptant dans ses rangs des Suisses, des Allemands, des Italiens, des Wallons, des Espagnols, on y parlait, outre le français, l'allemand et ses patois, l'italien, l'espagnol et le flamand. C'étaient des troupes aguerries, reposées, bien montées, équipées et armées ; disciplinées et confiantes dans leurs chefs, et dont l'ardeur était surexcitée par la victoire de Saint-Clair. Parmi les chefs les plus renommés étaient : Pheiffer et Cléry, des Suisses ; Ernest de Mansfeld

et le marquis de Bade, des Allemands ; Santa-Fiore, des
Italiens ; et des français une pléiade : Martigues, La Valette,
le duc de Guise, Carnavalet, Villars, le maréchal de Cossé
et surtout Tavannes, digne adversaire de Coligny, ce qui
est tout dire. Monsieur, général en chef, à défaut des qualités que ne comportaient pas ses 18 ans, devait par son courage de soldat se montrer le digne fils de son père Henri II.

Telle était l'armée formidable, qui, après avoir tourné
l'ennemi par une manœuvre habile, se tenait, le matin du
3 octobre 1569, prête à marcher contre l'armée protestante.

Celle-ci, en armes dès le point du jour et vêtue de blanc,
selon sa coutume (1), s'était mise en mouvement vers Airvault lorsque les lansquenets déclarèrent : *qu'ils ne marche-
raient pas si on ne leur baillait argent. Un quart d'heure après,
cinq cornettes de reittres en dirent autant* (2). Leurs chefs es-
sayèrent vainement d'apaiser cette mutinerie. L'intervention
les exhortations et les promesses des princes de Béarn et de
Condé purent seules y réussir, mais le départ se trouva retardé d'une heure et demie et Coligny dut renoncer à gagner
sur les hauteurs qui dominent Airvault le terrain avantageux pour combattre qu'il avait fait reconnaître. Les catholiques paraissaient déjà au sud, dans la plaine, il lui fallut
leur faire rapidement face. Son armée était en colonne sur

---

(1) Le blanc distinguait les protestants des catholiques. L'infanterie était en
casaque blanche. Les reittres avaient passé leurs chemises par-dessus leurs vête-
ments; les cavaliers portaient en outre en sautoir une écharpe ou *jécole* de taffe-
tas jaune et noire aux couleurs et en l'honneur du duc de Deux-Ponts, qui avait
amené à Coligny le renfort d'Allemagne et qui était mort d'intempérance le lendemain de sa jonction avec les protestants français.

(2) La Noue. — On devait un fort arriéré de solde aux mercenaires étrangers, qui
s'étaient vus, en outre, leurrés de l'espoir de piller Poitiers, où ils comptaient
trouver plus de deux millions en or. « Tutti... tanto Francesi que Allemani
giurorno di morire et crepare piutosto dinanzi à Poitiers che lasciare di pigliarlo.
L'Amiraglio... avendo loro dato sicurezza di più di due milioni d'oro di botino » (ambassadeurs italiens).

la route de Moncontour à Airvault, ayant en tête sa *bataille*
commandée par Louis de Nassau, en l'absence de Larochefoucauld. Cette route passait alors par Douron, où le comte
Ludovic (c'est sous ce nom que Nassau était connu) était
déjà parvenu, alors que l'avant-garde protestante, qui suivait, n'était encore qu'à une demi-lieue de Moncontour.

Coligny arrêta la colonne et forma son armée à gauche en
bataille, face vers le sud, utilisant les mouvements de terrain en stratégiste consommé.

Pour plus de clarté dans notre récit, nos indications *droite
et gauche* resteront les mêmes que précédemment et s'appli-
queront au front de l'armée catholique ; droite ou gauche
seront la droite ou la gauche d'un catholique faisant face à
l'armée protestante. Droite, est, ou côté de la Dive ; gauche, ouest, ou côté du Thouet seront synonymes.

Il résultait de la formation en bataille des protestants que
les deux armées allaient se faire face, bataille contre bataille
à gauche, et avant-garde contre avant-garde à droite.

De gauche à droite, voici dans quel ordre les troupes protestantes étaient rangées :

A l'extrême gauche de la bataille, derrière les enfants perdus, deux cornettes de reîtres des plus mal équipées de l'armée, dit d'Aubigné, et derrière elles, comme en seconde
ligne, se tenaient les princes de Navarre et de Condé avec
leurs deux cornettes renforcées de six autres cornettes françaises. A leur droite était l'infanterie de la bataille composée
des lansquenets de Grandvillers et des cinq régiments d'arquebusiers français de Baudiné, Blaccons, Montbrun, Mirabel et Virieu (le régiment de Virieu fort incomplet), ayant devant elle l'artillerie de la bataille forte de 3 canons et d'une
couleuvrine et derrière elle un corps de reîtres. L'artillerie

était sur la hauteur au sud devant Douron. L'infanterie et les reîtres étaient placés dans les fonds, au pied des collines aussi peu en prise que possible au canon.

Plus à droite et terminant l'avant-garde étaient, avec leurs régiments, le comte de Choisy, M. de Lavardin, MM. de Tracy et Sainte-Marie-aux-Anneaux et le comte Ludovic avec ses reîtres.

A droite au delà se déployait l'avant-garde, ainsi rangée de gauche à droite : les lansquenets de Greselée flanqués des cinq régiments d'arquebusiers français de Piles, Lechelat, Ambres, Rouvray et Briquemaut le jeune (Piles, grièvement blessé sous Poitiers, était absent) et derrière eux leurs chariots à bagages dont ils ne se séparaient jamais.

Cette masse d'infanterie était soutenue en arrière par des reîtres, appuyés eux-mêmes par des arquebusiers français.

Devant le bataillon des lansquenets était l'artillerie de l'avant-garde (4 canons et 3 gros mousquets à fourchette), ayant en avant de son front à l'est les enfants perdus.

A droite un gros corps de reîtres flanquait l'infanterie et enfin à l'extrême droite se tenaient, en tête : de Mouy et La Loue avec leurs régiments, Briquemaut derrière La Loue, puis le comte de Mansfeld, lieutenant-général des Allemands, flanqué par un gros de 2.000 arquebusiers français triés par files dans l'armée parmi les plus braves. Enfin, à l'extrême droite, Coligny avec d'Acier et Téligny et autres gentilshommes de marque, à la tête d'un corps d'élite composé de sa cornette blanche, de sa compagnie de gendarmerie et des gardes de d'Acier.

L'infanterie et les reîtres s'étaient, comme la bataille, couverts le plus possible en utilisant les accidents de terrain.

Le front de l'armée protestante était oblique, et s'étendait des hauteurs de Douron au moulin du *Titre*, se refusant à droite, l'avant-garde étant moins avancée vers le sud que la bataille, de sorte que Coligny, de la hauteur du moulin du *Titre*, le découvrait en entier.

Notablement inférieure numériquement à l'armée catholique, l'armée protestante ne comptait que 6.000 chevaux tant français que reîtres, 8.000 arquebusiers et 6.000 lansquenets, en tout 18.000 combattants. Son artillerie n'était que de 6 canons, 2 couleuvrines et 3 mousquets à fourchette; le reste était à Lusignan. C'était un effectif inférieur de 8.000 hommes à celui des catholiques (1). A part les reîtres et quelques cornettes d'élite, l'armement et l'équipement de la cavalerie laissaient à désirer, chevaux médiocres et fatigués, point de longs bois; sauf les lansquenets, l'infanterie était mal armée, les piques étaient rares, les bas-officiers presque seuls avaient des hallebardes.

Outre l'alternance en ligne des Français et des Allemands, ce qui caractérisait surtout l'ordre adopté par Coligny, c'était d'avoir flanqué des masses de cavalerie par des arquebusiers réunis en corps sous des chefs choisis. C'était une innovation heureuse et qui fit école : antérieurement, il se contentait de placer un rang d'arquebusiers derrière le premier rang de cavalerie.

Deux principaux reproches ont été faits à Coligny : la bataille était trop faible pour être opposée à la bataille catholique et il avait trop étendu son front. Si l'amiral ac-

(1) Nous donnons pour l'une et l'autre armée des effectifs raisonnés intermédiaires entre ceux des divers écrivains du temps. Suivant leur parti ceux-ci grossissent à plaisir les forces de l'adversaire. Quelques-uns reproduisent les effectifs lors de l'entrée en campagne sans tenir compte des diminutions résultant des engagements et de la maladie. Des historiens catholiques comptent dans l'effectif protestant les valets et goujats qui ont défendu les bagages, et qui furent en grande partie massacrés. Nous croyons nos chiffres très peu éloignés de la vérité.

cumula ses forces à l'avant-garde, c'était, croyons-nous, dans l'espoir de pouvoir frapper lui-même un grand coup qui lui permît, grâce au désarroi des catholiques, de re-prendre vers Airvault sa marche interrompue ; quant au trop grand développement de son front, nous pensons qu'il lui fut imposé par les circonstances qui avaient retardé le départ de Moncontour alors que la bataille continuait sa marche en colonne.

Nous avons laissé Tavannes allant reconnaître l'ennemi pour la deuxième fois ; il ne tarda pas à revenir près de Monsieur, qui était à son poste à la bataille.

Son air joyeux inspirait la confiance dans le succès. Vrai ou inventé, Tavannes dit que la contenance de l'ennemi décelait de la crainte, de l'hésitation et de la confusion. Les intervalles étaient mal observés, les piques des lans-quenets s'entrechoquaient; bref on avait la partie belle. «Mon-sieur, conclua-t-il, vous êtes heureux, car vous êtes à la bataille, et si nous faillons à les mettre à la raison aujourd'hui je fais vœu de ne jamais porter les armes ; faites marcher au nom de Dieu, en toute diligence et sans rompre l'ordre. »

Et l'armée catholique, pleine de confiance, s'ébranla avec un grand bruit de trompettes et de tambours.

Les protestants, restant immobiles, paraissaient résolus à combattre sans quitter leurs positions, ils renonçaient ainsi à l'avantage qui résulte du choc, et cette circonstance fut regardée comme d'un fâcheux augure.

L'armée catholique, au moment où elle se portait ainsi en avant, était déployée un peu au sud de la ligne Borcq-sur-Airvault-Plumain, séparée de l'ennemi par une plaine presque nue et couverte d'une terre légère à menus sillons comme à St-Clair. Pour aborder les protestants il fallait descendre un terrain légèrement en pente et remonter la pente opposée sous le feu et à bonne portée de leur canon.

Le sol était plus accidenté à droite de Plumain à l'entrée de la vallée *Traître*. Les protestants avaient, somme toute, l'avantage comme positions.

Il était 8 heures du matin lorsque les deux armées se découvrirent mutuellement.

Le canon du comte Ludovic ouvrit le feu, celui de Monsieur y répondit moins efficacement, le tir étant difficile à régler pour des batteries qui s'étaient portées en avant. Peu de temps après, les artilleries des deux avant-gardes se mirent de la partie.

Dès le commencement de la canonnade, il y eut une escarmouche entre les enfants perdus des avant-gardes; le protestant la Ramière ayant voulu occuper le hameau de Plumain, il en fut chassé et les catholiques en restèrent maîtres.

Tavannes visait à couper aux protestants le chemin d'Airvault. Par son conseil Monsieur ordonna à la bataille d'appuyer à gauche. Cossé exécuta ce mouvement avec habileté en mettant ses troupes plus à l'abri du canon. Pour éviter d'être débordé, Coligny appuya sa bataille du même côté. La canonnade devint plus nourrie.

Habitués à la mobilité des armées modernes, nous comprenons difficilement la lenteur à manœuvrer des armées du XVIᵉ siècle, où la transmission des ordres était lente et où avant de s'ébranler chaque corps était harangué par ses chefs et exhorté par ses prédicateurs attitrés, qu'on ne se permettait pas d'interrompre. Aussi la perte de temps en préliminaires du combat à Moncontour dépasse notre compréhension. Entre temps, signe de relâchement dans la discipline, de jeunes nobles, insouciants autant que braves, s'avancèrent sur les fronts des armées, pour observer l'effet du canon, pour défier l'ennemi, pour échanger des politesses avec d'anciens amis avant de s'entretuer, mais les plus avisés et les anciens soldats restaient à leur poste, peu désireux de s'exposer inutilement et de surmener leurs montures.

Sous le feu du canon escadrons et bataillons avaient fait halte d'eux-mêmes et l'infatigable Tavannes s'était une troisième fois porté en avant ; les protestants impassibles restaient immobiles ; les lansquenets avaient baisé la terre suivant leur usage, jurant de mourir plutôt que de se rendre ou de reculer.

Tavannes revint et dit à Monsieur que c'était trop temporiser. Il était 3 heures de l'après-midi. Monsieur fit donner à l'avant-garde l'ordre d'attaquer. Montpensier ne bouge pas. Il était hanté par le souvenir de la bataille de Dreux, où le grand Guise, faisant halte, avait laissé écraser le connétable pour n'avoir à partager avec personne l'honneur de la victoire. Ce fut, à Moncontour, à qui n'entamerait pas la lutte de l'avant-garde et de la bataille. L'ordre est donné une seconde fois et reste inexécuté. Monsieur est furieux, Tavannes ronge son frein. Biron est envoyé pour transmettre l'ordre en personne.

La gauche de l'armée royale s'étant, à deux reprises, portée en avant en appuyant à gauche vers Airvault sans que l'avant-garde se mît en mouvement, celle-ci et la bataille formaient entre elles un angle rentrant presque droit au sommet duquel étaient Guise et La Valette (1).

(1) La Motte-Messemé dit que le duc d'Anjou avança sa bataille en forme d'équerre faisant un angle droit avec l'avant-garde..., l'ennemi était enveloppé comme par une équerre. L'armée *de deux fronts regardait le camp des protestants*. Le duc de Guise n'avait que 140 chevaux comptés par Bussillon, la Valette, pareil nombre. Le duc de Guise « *descoubs lequel j'avois ma compagniée mise* ». On sait que Messemé écrit en vers détestables.

Pour arriver jusqu'au duc de Montpensier, Biron passait près du duc de Guise. Il lui fit part du mécontentement de Monsieur. Guise s'en offensa comme si on eût mit en doute sa bravoure. Il était d'ailleurs humilié de n'avoir sous ses ordres qu'une poignée d'hommes, lui qui était colonel général de la cavalerie légère. Son régiment, en effet, réduit par ses pertes au siège de Poitiers, ne comptait que 140 chevaux et La Valette n'en avait pas davantage.

La Motte-Messemé, qui s'était mis sous les ordres du duc de Guise, n'avait que quelques cavaliers. « C'est au duc de Montpensier et non à moi qu'il faut vous adresser, dit à Biron le duc, tout courroucé. Que font aux flancs des Suisses tous ces jeunes muguets dont la place serait avec moi, leur colonel général? — Je vais de ce pas, se borna à répondre Biron, dire au duc de Montpensier que, s'il ne se hâte, Monsieur chargera avant lui » et comme il s'éloignait, on vit, en effet, la bataille s'approcher à gauche de l'ennemi autant que l'avant-garde à droite.

Montpensier est forcé d'obéir ; son artillerie, cessant le feu, dégage son front. L'intrépide Martigues charge avec ses coureurs, des italiens et quelques gentilshommes français. Les trompettes des huguenots, muettes jusque-là, font retentir la sonnerie d'attaque : *Dedans, dedans.*

L'action s'engageait à droite et Monsieur s'avançait au centre. « Marchons, lui avait dit Tavannes, puisqu'il faut que vous serviez d'avant-garde. » Mais c'était une ruse, car la bataille ne tarda pas à faire halte dans un petit vallon, où on était plus à l'abri des boulets.

Quand Montpensier s'en aperçut, il ne pouvait plus s'arrêter (1). Accueilli par les décharges de 300 arquebuses,

(1) « *Il ne peut plus faire belle et boit le calice.* » (*Mémoires de Sault-Tavannes.*)

Martigues tourne à main droite et donne avec impétuosité
sur de Mouy et La Loue à l'entrée de la vallée traître. Il les
rompt ainsi que leurs deux cornettes de reîtres de soutien.
Martigues et de Mouy étaient rivaux de gloire et de réputation comme soldats d'avant-garde. Martigues avait une
revanche à prendre, car de Mouy se vantait d'avoir chargé
le premier à la bataille de Dreux. Il la prit. Vainement,
pour dégager de Mouy, d'Autricourt et le marquis de Resnel
chargent Martigues avec furie, le comte de Santa-Fiore
avec sa cavalerie italienne, la Barthe et Sarlabous viennent
à la rescousse, soutenus par Montpensier et le prince Dauphin. Martigues a rallié les siens et fait tête.

De Mouy est fait prisonnier. D'Autricourt, emporté par
son ardeur, a troué l'avant-garde catholique, et donné jusque dans les escadrons du prince Dauphin et de Chavigny,
mais ceux-ci se referment sur lui ; entouré, on le somme de
se rendre, il refuse et trouve une mort glorieuse au milieu
des catholiques.

Le résultat de l'attaque de l'avant-garde de Montpensier
ne se dessine pas. L'artillerie des huguenots continue à
tirer. Un boulet tombe près de l'étendard du duc de Guise
et tue Bourbonne près de Messemé. A gauche et devant
le duc de Guise, quelques arquebusiers protestants cher-
chaient à s'emparer d'une grange entourée de quelques
ormeaux, à la *croix-des-six-voies* (1). Pour y arriver avant
eux, Guise pénètre à travers cinq à six cornettes complètes
de français et de reîtres ; Canassé portait sa cornette. La
Valette charge un peu à sa droite. Le choc est furieux.
Guise est blessé au cou-de-pied gauche, son cheval est tué,
c'était un turc bai que Brissac avait monté à Jarnac et qui y

(1) « Qui seule dans la plaine y paraissait de loin, » dit Messemé.

avait perdu une oreille. La Valette, à demi démonté, est obligé de s'arrêter. Il avertit Messemé, qui était à côté de lui, que son cheval est assez fortement blessé à l'épaule. On ne fait pas de prisonniers, le duc de Guise est en danger, mais de May, qui a chargé derrière La Valette, tourne à gauche en bon ordre et dégage le duc en prenant en flanc ceux qui l'assaillaient de front. La grange reste aux catholiques.

Cependant Coligny a vu venir à lui Montpensier avec sa formidable cavalerie. Pour compenser un peu son infériorité numérique, il demande du renfort au comte Ludovic, et dès lors, augurant mal de l'issue de la bataille, il prescrit aux jeunes princes de Béarn et de Condé de s'éloigner du champ de bataille. Ceux-ci obéissent les larmes aux yeux et sont suivis dans leur retraite non seulement par leur escorte, mais encore par les six cornettes françaises qu'on y avait ajoutées. Ce départ fut d'un fâcheux effet moral et l'effectif, si faible déjà, de la bataille protestante devint moindre encore.

Le comte Ludovic, impatient de combattre, amena en personne à Coligny trois cents reîtres de renfort. Priver la bataille de son commandant en chef, c'était une faute que n'excusent ni le courage, ni le désir de se mesurer plus tôt avec l'ennemi.

Coligny était prêt pour une puissante attaque. Les reîtres de Mansfeld étaient groupés autour de sa cornette blanche, de son régiment et de ceux de d'Acier et de Téligny. Il fait avancer trois régiments français flanqués d'arquebusiers qui ont l'ordre de ne tirer qu'aux chevaux, puis il s'avance contre le prince Dauphin, le landgrave de Hesse, les deux comtes Rhingraves, Bassompierre et Schomberg. A 50

pas les arquebusiers font une décharge et démontent nombre de cavaliers catholiques. Coligny charge alors en tête
suivi de ses gendarmes. Nul n'oserait le dépasser. Il est revêtu d'une magnifique armure. L'aîné des Rhingraves se
porte à sa rencontre. Tous deux sont armés du long pistolet
qui a succédé à la lance des anciens preux et qui égalise les
forces corporelles. Un combat singulier est le prélude du
formidable choc qui se prépare. Le comte allemand tire le
premier. D'une balle dans le casque de son adversaire, il
lui troue la joue et lui casse les dents. Coligny riposte et
tue raide le Rhingrave d'un coup dans sa visière. Les deux
masses de cavalerie s'entrechoquent, la mêlée est furieuse.
Plusieurs charges se succèdent. L'avantage est d'abord
pour les huguenots, qui crient victoire. Coligny a pénétré
si avant avec Téligny et La Noue au milieu des reîtres catholiques qu'il est en danger d'y rester, mais Mansfeld le dégage avec ses cinq cornettes de reîtres. Le heaume de
l'Amiral regorge de sang, il étouffe, car sa visière est faussée
et il ne réussit pas à la lever. Une grêle de balles lui a fait
perdre son épée et son baudrier, et a rompu la courroie d'en
bas de sa cuirasse, qui ne tient plus que par celle d'en
haut. Il est tiré de la mêlée par Plotinière, son ancien page,
mais il est forcé de quitter le champ de bataille, aussi secrètement que possible. Comme à Jarnac, La Noue est prisonnier. On l'emmène; il a vu l'Amiral si grièvement blessé
qu'il le croit mortellement atteint. Pendant que Coligny
s'acheminait vers Parthenay en litière, Lestrange, vieux
gentilhomme de ses conseillers intimes, blessé lui aussi,
cheminait en même équipage; profitant d'un élargissement
de la route il fait mettre les deux litières de front, et passant
la tête à la portière, il regarde fixement son chef malheu-

reux, puis, se séparant de lui, la larme à l'œil : « Si est-ce que Dieu est très doux, » murmure-t-il (1). Ils se séparèrent sans pouvoir rien ajouter. Coligny assura dans la suite que ce touchant appel à sa foi avait relevé son courage et ses forces.

Quoiqu'au désavantage des catholiques, ce premier choc des deux avant-gardes n'avait rien de décisif. Les deux partis se retirèrent en arrière pour se rallier. Il y avait beaucoup de cavaliers catholiques démontés.

Cependant Tavannes avait vu le comte Ludovic quitter son poste en face de Monsieur, à la tête du renfort qu'il menait à Coligny. Il jugea qu'il était à propos de charger. Les boulets arrivaient nombreux autour du duc d'Anjou. Sur l'ordre donné par le prince, le duc d'Aumale et le marquis de Bade s'avancent au trot suivis de cinq cornettes de reîtres. Méru s'ébranle et s'approche plus lentement avec les Suisses. D'Aumale et Bade chargent si à fond que le marquis est tué dans les rangs ennemis ; d'Aumale se dégage à grand'peine. C'est le comte de Mansfeld qui a refoulé leur attaque.

Monsieur frémissait d'ardeur ; sans attendre que les Suisses fussent en ligne, et oubliant qu'il était chef d'armée pour se rappeler seulement qu'il est le premier des gen-

(1) C'est le commencement du psaume 72. « Quam bonus Israel Deus, » traduit en français par Théodore de Bèze :

« Si est-ce que Dieu est très-doux.
« A son Israel, voire à tous.
« Qui gardent en toute droiture
« Leur conscience entière et pure.
« Mais j'ay esté tout prest à voir
« Mes pieds le bon chemin laisser :
« Et mes pas tellement glisser
« Que me suis veu tout prest de choir, etc. »

(La Bible, qui est la Saincte escriture, contenant le vieux et le nouveau Testament. A Genève, de l'imprimerie de Jean Bonnefoy, MDLXVI.)

tilshommes, il s'élance, suivi de son escorte de seigneurs.
Les huguenots ralliés, et le comte Ludovic, accouru, mar-
chent à sa rencontre. A 50 pas de l'ennemi, le duc d'Anjou
essuie le feu de cent arquebusiers à cheval. Carnavalet et
ses 50 cavaliers d'élite ont été ramenés, l'escorte du prince
fléchit et s'éparpille ; l'ennemi, qui a pris l'offensive, pénètre jusqu'à la cornette blanche que portait le jeune
Clermont-Tallard. Bientôt cette cornette disparaît, c'est
Tavannes qui l'a fait baisser comme signalant par trop la
présence de Monsieur. Les deux enseignes des *cent-gentilshommes* sont portées à terre, La Guiche, l'un des porte-
enseignes, est tué ; le cheval du duc d'Anjou, blessé, s'abat
sous lui ; le prince démonté est en danger de mort ; Longueville, Tavannes, Villars lui font un rempart de leurs
corps ; le marquis de Villars lui amène un autre cheval, il
est à peine remonté que cinq des gentilshommes qui le
précèdent sont tués d'un même coup de canon, qui fut le
dernier que tira la pièce nommée par les huguenots le
Chasse-Messe. Dans cette furieuse mêlée, il s'est fait des
prodiges de valeur. Les protestants ont eu l'avantage, mais
Monsieur est dégagé et des deux côtés on se rallie avant de
recommencer la lutte : mais le maréchal de Cossé en a
suivi les phases, et s'avance à la tête de ses 600 gendarmes
en ordre profond. Il a fait avancer les Suisses en toute hâte
à sa droite, Tavannes court à sa rencontre et tous deux
pressent encore les Suisses, qui prennent le pas de course.
Biron, de son côté, accourt avec la réserve.

Quinze cents reîtres protestants attaquent le flanc droit
des Suisses, mais il est couvert par leurs chariots et des
arquebusiers catholiques, placés entre les compères et ces
chariots, accueillent les assaillants par des décharges meur-

trières ; le premier rang des reîtres ayant déchargé ses armes, cède sa place au deuxième rang en présentant le flanc pour se reformer à la queue ; c'est l'instant qu'attendait le maréchal de Cossé pour charger avec ses gendarmes, dont les longues lances et les puissants chevaux ont facilement raison des reîtres et les culbutent. Les survivants tournent bride et fuient (1). Le centre de l'armée protestante, entamé ainsi par Cossé, va subir l'attaque de Biron et des Suisses. Nassau et Mansfeld, qui ont rallié leur cavalerie, ne tardent pas à se convaincre que tout retour offensif devient inutile contre tant de troupes fraîches. L'ordre est partout rétabli dans l'armée catholique, l'avant-garde de Montpensier gagne du terrain, son infanterie va donner ; Monsieur est prêt pour de nouveaux efforts, Cossé vainqueur passe à travers les huguenots avec Matignon, les deux frères normands Épinac, Sanfroy et Bellegarde. Les compères et l'infanterie française, une forêt de piques, s'avancent, Biron et les maréchaux de camp amènent la réserve. Les catholiques peuvent livrer une seconde bataille. Quel contraste chez les protestants ! Leur avant-garde se disperse, les arquebusiers enfourchent les chevaux de l'artillerie pour fuir ; l'infanterie reste sans soutien à la merci du vainqueur. La partie est définitivement perdue. Nassau et Mansfeld ne peuvent plus songer qu'à une retraite honorable. En faisant sonner le ralliement, ils parviennent à

---

(1) C'est au commandement préparatoire de « Haut le boys », équivalant aux commandements actuels : sabre-main, pour la cavalerie, que les gendarmes dressaient leurs lances. A Moncoutour, les gendarmes de Cossé chargèrent sur plusieurs rang, ce qui était une innovation, au lieu de charger sur un rang, selon la coutume française. Le choc en fut plus puissant et plus décisif. L'ordre profond pour la cavalerie, emprunté aux Allemands, ne tarda pas à devenir réglementaire. La manœuvre habituelle des reîtres, que nous avons décrite complètement ailleurs, s'appelait faire le limaçon.

grouper autour d'eux près de 4.000 chevaux, dont quelques cornettes intactes. Pour les rejoindre, des cavaliers de l'avant-garde passent sur le ventre de leur propre infanterie et en augmentent le désordre. Pendant l'action, les deux armées ont appuyé sur le centre et s'y sont comme tassées. La route d'Airvault se trouve redevenue libre. Les deux intrépides chefs protestants s'y engagent et se retirent du champ de bataille au pas ; ils ne sont que mollement poursuivis. L'infanterie protestante reste seule, abandonnée à son malheureux sort.

Les lansquenets sont la proie des Suisses, leurs anciens ennemis ; ce sera une revanche des cruautés de la Roche-Abeille (1). Les compères pénètrent, comme par une brèche, à travers la trouée faite dans l'infanterie par les fuyards de la cavalerie. Le massacre commence ; les lansquenets, affolés, jettent leurs armes et demandent grâce. Plus d'un, à genoux, s'écrie : «Bon papiste, moi, bon papiste (2).» Roche Abeille ; Roche-Abeille, répond le vainqueur impitoyable, et le carnage continue. Tercé, colonel de lansquenets, instigateur de la mutinerie du matin, fait, dès le commencement, lever les piques à son régiment, disant de nouveau que, faute d'être payé, on ne doit pas combattre. Il fait mettre des mouchoirs au bout des piques et se rend, mais on ne lui fait pas quartier. « Un enseigne nommé Meslier, « rapporte d'Aubigné, ses compagnons se rendant, se fit

(1) « Au combat de la Roche-Abeille, le carnage y fut grand et sans peu de rémission. Aussi, cinq mois après, à la bataille de Montcontour, on criait par revanche parmi les bandes : « La Roche-la-Bellie ! » comme d'un mot et signal pour tuer tout et n'en épargner aucun. » (*Brantôme*, VI, 61.)

(2) Il y avait, en effet, plus d'un catholique parmi les lansquenets. Donnons l'opinion de Brantôme sur eux. « Les lansquenets sont sallautz et ne se tiennent si propres que les autres nations. En la campagne tant qu'on voudra, encore qu'ils aient fait beaucoup de fautes comme à Dreux et à Montcontour. Pris de longue main et aguerris ils sont très bons. » (*Brantôme*, VI, 226.)

« une écharpe de son drapeau et se fit percer de coups.
« La cavalerie qui aida à cette défaite en sauva quelques-
« uns, entre autres il me souvient du capitaine Saint-Li-
« vrade qui, faisant déjà le mort, choisit un jeune cavalier,
« qui avait armes dorées ; il se relève et lui présente son
« épée, disant : *de votre main, Monsieur, et non pas de ces*
« *gens-là.* » — On vit, ce jour-là, dit la Motte-Messemé, les
« gens de pied se mettre dix à douze en un monceau par
« terre, à qui serait plus caché pour échapper à la mort.
« Un, que l'on m'a conté, trempait son arme en riant dans
« quatre ou cinq à la fois, et s'en vanta au coucher de
« Monsieur, qui le blâma. » Le grand régiment français
(près de 3.000 arquebusiers du Rouergue et du Languedoc),
amené par d'Acier, abandonné par la cavalerie, s'était joint
aux lansquenets et partagea leur infortune ; plus du tiers fut
passé au fil de l'épée. La cavalerie entourait ces malheureux fantassins ; on amenait même du canon pour les achever,
lorsque Monsieur survint et plus humain qu'à Jarnac s'écria :
« Sauvez les Français. » Le massacre cessa et on prit à merci
les survivants des lansquenets sur leur promesse d'abandonner le parti des Princes pour servir le roi.

Les guerres civiles de ce temps ne nous offrent que trop
de scènes de cruauté comparables à cet épisode. Combien de
fois les prisonniers ne furent-ils pas froidement massacrés
après des capitulations violées ? La Noüe, que le farouche
Montpensier avait déjà voulu faire tuer à Jarnac (1), fut pris
à merci à Moncontour par Santa-Fiore, qui s'attira ainsi la
disgrâce du pape Pie V. Laissons raconter par cet illustre
chef comment il fut épargné après la bataille : « Le meurtre

---

(1) Martigues sauva la vie de La Noue à Jarnac, et Santa-Fiore à Moncontour.

« fut grand pour ce que les catholiques estoient fort animez,
« pour les cruautez, disoient-ils, de la Rocheabeille et prin-
« cipalement pour la mort de Saincte-Colombe, et autres
« tuez en Béarn. Et à plusieurs de nos prisonniers on fit
« alors passer le pas, pour en prendre satisfaction. Je
« cuiday aussi suivre le mesme chemin *à la chaude*, sans
« l'humanité de Monseigneur, qui fut instrument de la bé-
« nédiction de Dieu, pour la conservation de ma vie :
« ce qui m'a semblé que je ne devois celer. » D'Acier fut
aussi épargné. Quand Monsieur fit cesser le massacre, de
4.000 lansquenets 200 à peine survivaient, mais 700 environ avaient pris la fuite avant l'attaque des Suisses, 1.000
à 1.200 arquebusiers français jonchaient aussi la plaine.

Telle fut la bataille de Moncontour. Elle n'avait duré que
deux heures depuis la première attaque. Avant-gardes et
batailles s'étaient abordées presque en même temps. Le duc
d'Aumale, Biron, Thoré, Chavigny, La Valette, la Motte-
Messemé poursuivirent Mansfeld et le comte Ludovic, qui
se retournaient pour faire tête lorsqu'ils étaient trop pressés.
Composée en majeure partie de reîtres, cette masse de
cavalerie en retraite comptait cependant dans ses rangs des
français, et parmi eux Mergey avec la cornette de M. de
Bonneval, et Tanneguy du Bouchet, dit Saint-Cyr-Puygref-
fier en Poitou, à la tête de trois cornettes. Mergey raconte
que par sa bravoure sa cornette s'attira l'estime des reîtres
qui « l'adoraient et criaient : Bonne France, bonne France »,
lors de ses retours offensifs. Quant à Saint-Cyr, l'épisode
qui le concerne et que rapporte d'Aubigné est digne de mémoire. On était arrivé au bois de Mairé, sur les hauteurs
d'Airvault. Saint-Cyr reconnut que, par une charge faite à
propos, il pouvait sauver 1.000 hommes. Son ministre l'y

encouragea et l'engagea à haranguer ses hommes. « *A gens de bien, courte harangue*, dit le bonhomme, *frères et compagnons, voici comment il faut faire*. Là dessus, couvert à la vieille française d'armes argentées jusques aux grèves et aux sollerets, le visage descouvert et la barbe blanche comme neige, âgé de 85 ans, il donna vingt pas devant sa troupe, mena battant tous les maréchaux-de-camp, et sauva plusieurs vies par sa mort. »

La Motte-Messemé, avec son frère et 8 compagnons, suivait la cavalerie protestante, qui passa le Thouet en amont d'Airvault ; Nancé et le jeune Messemé passèrent le gué les premiers. Guitinières passa le troisième, puis Sainte-Soline avec 120 chevaux. Quant à Messemé, son cheval, blessé depuis plusieurs heures, manqua sous lui, saisi par le froid de l'eau. Ce seigneur, démonté, dut se borner au rôle de spectateur. Sur la rive gauche du Thouet l'ennemi s'arrêta pour charger les poursuivants qui, à cause de leur petit nombre, repassèrent la rivière. L'infanterie protestante avait été défaite dans le champ Piégris, au pied de la hauteur de Douron, près du lieu appelé encore de nos jours charnier des protestants. Les charrettes à vivres et les chariots à bagages des reîtres furent la proie des catholiques ; les bagages des protestants français avaient pris les devants vers Airvault, la veille de la bataille, avec le convoi des malades.

Le gros des fuyards se dirigea vers le nord de la plaine. Monsieur les poursuivit jusqu'au Thouet, à Saint-Généroux. Il faisait nuit lorsqu'il mit pied à terre et rendit grâces à Dieu. En descendant de cheval, Tavannes dit à Monsieur : « Nous les avons bien frottez, ast'heure, faictes la paix. » Survint La Valette qui avait poursuivi Mansfeld et le comte Ludovic. Monsieur l'embrassa, et le touchant de son épée le fit chevalier ainsi que six gentilshommes de sa suite dont faisait partie Jean d'Antras (1).

C'était le lundi 3 octobre 1569 que fut livrée cette mémorable bataille de Moncontour; la victoire du duc d'Anjou dépassait ses espérances, le parti calviniste semblait anéanti.

L'ennemi avait perdu plus de 6.000 hommes, dont 250 cavaliers seulement, mais peu d'hommes marquants. Le butin était considérable : onze bouches à feu, c'est-à-dire toute l'artillerie, plus de 200 drapeaux, 900 charrettes de vivres, et tout le bagage des Allemands. Les pertes des catholiques n'étaient sensibles qu'en cavalerie et se montaient à 400 cavaliers et 200 hommes de pied, mais on comptait parmi les morts plusieurs des principaux chefs. Le nombre des blessés catholiques peut être évalué au double des morts et parmi eux étaient plusieurs gentilshommes. Beaucoup de blessés ne survécurent pas à leurs blessures (2).

(1) Nous devons cet épisode à Jean d'Antras qui pendant la bataille avait chargé avec Guise et La Valette, avait reçu un coup de pistolet sur le devant de sa cuirasse et dont le cheval culbuté et un peu blessé à l'épaule était tombé sur lui. D'Antras s'étant remis en selle continua à combattre. (*Mémoires* de Jean d'Antras de Samazan, seigneur de Cornac.)

(2) Morts de distinction parmi les protestants :

Des français : D'Autricourt — Tanneguy du Bouchet, seigneur de Puygreffier, dit Saint-Cyr, poitevin — Biron, frère du maréchal de camp catholique. — Saint-Bonnet, cornette de Coligny, et 70 capitaines d'infanterie.

Des Allemands : Grand-Villiers du comté de Ferette, cousin issu de germain de Tavannes, colonel général des lansquenets ; 2 colonels et 27 capitaines de lansquenets sur 28 ; 2 colonels de reîtres sur 4.

Prisonniers : La Noue, d'Acier, Blaccons. — Blessés : Coligny — Lestrange.

Morts de distinction parmi les catholiques :

L'aîné des comtes Rhingraves — Philbert, marquis de Bade — Clermont de Tallard — Le seigneur de la Guiche — Le seigneur de Blaru, enseigne de Rochefort —Le sieur de Vérac, blessé mortellement. — Bourbonne.—Des Italiens : Scipion Piccolomini, lieutenant du comte de Monte-Acuto, et Francisque Perusin.

Tous les colonels des reîtres étaient tués ou blessés.

Blessés de distinction parmi les catholiques :

Le duc de Guise. — Le jeune comte Rhingrave. — Ernest de Mansfeld. — Le comte de Westerburg. — Gaspard de Schomberg. — De Mailly, gouverneur de Montreuil. — Bassompierre. — Le seigneur de Talmay, bourguignon. — De Racan, guidon du duc de Montpensier. — De Larchan, guidon du baron de Neufbourg. — De Vatan. — Bouchard, lieutenant de Lignerolles. — De Vesigny. — Murat et

Les lauriers de Moncontour après ceux de Jarnac mettaient le comble à la renommée du duc d'Anjou, mais c'est à Tavannes que revient l'honneur de la victoire. Il semble, dit une relation du temps, « que son seul corps mouvait les « escadrons et les bataillons comme ses membres ».

Monsieur eut un moyen délicat de lui témoigner hautement sa reconnaissance ; il donna l'ordre de porter à son logis toutes les enseignes et cornettes conquises, en lui ordonnant de les envoyer au roi. Vedignac, enseigne de Tavannes, fut chargé de cette mission.

Tavannes, dont la reine-mère avait su discerner le mérite en le donnant pour principal conseiller et en réalité pour mentor à son fils préféré improvisé chef d'armée, avait su triompher et de l'indolence du prince et de la jalousie de ses rivaux. Il se montra le digne adversaire de Coligny.

Dans la soirée, Monsieur envoya une dépêche au roi par le comte de Retz, l'un des Florentins favoris de sa mère. Mais ce seigneur fut devancé au Plessis-lès-Tours par M. de Chely, gentilhomme appartenant au duc de Guise, et par un courrier dépêché par Villeroi.

C'est le 4 octobre, à cinq heures du matin, que Charles IX reçut la grande nouvelle. Il sauta à bas de son lit, remercia Dieu et fit prévenir S. M. la reine-mère, Madame et tous les princes. Puis, suivi de la cour, Sa Majesté se rendit au couvent des Bonshommes-lès-Plessis et y entendit un Te Deum et une messe. Les chantres de sa chapelle, accourus, chan-

le capitaine Charon, de la suite du duc de Montpensier. — Ursigné. — Le baron de Senecey, guidon du duc de Guise. — Le baron de Coze. — Le capitaine Regis, maréchal des logis do Bapteresse.

Des Italiens : Le comte d'Ysti. — Le comte François de Sassatello.

Des Suisses : Clery (Peterman) qui succomba.

Le prince Dauphin avait reçu deux arquebusades dans sa cuirasse. Le marquis de Mayenne avait été porté par terre, mais sans blessures.

tèrent un second Te Deum en musique. L'office terminé, le cardinal de Guise partit à cheval pour Chinon, où on avait transporté son neveu, blessé d'une arquebusade sur la jointure du pied, comme le prouvait une chausse de soie, rougie de sang, apportée par Chély (1).

Les vêpres étaient dites quand arriva le comte de Retz qui cependant avait fait diligence. Il dit tenir de La Noue, prisonnier, que Coligny était mortellement atteint d'une arquebusade à travers le corps. Cette nouvelle augmenta la joie et on la fit répandre à l'instant. La reine-mère frémit en apprenant le danger qu'avait couru son fils de prédilection. Elle devait garder longtemps rancune à Tavannes de l'avoir laissé s'exposer ainsi.

Charles IX, malgré son habitude de dissimuler, ne put s'empêcher de laisser percer sa jalousie contre son frère (2). Sans consulter cette fois sa mère, dont l'empire sur lui était presque absolu, il lui manda de tenir ferme et lui annonça qu'il allait prendre lui-même le commandement de l'armée.

C'était le comte de Retz, son favori et son mauvais génie (3), qui, en surexcitant sa jalousie, le poussa à se réserver

(1) Charles IX écrit le 4 octobre 1569 à la Mothe-Fénelon, son ambassadeur en Angleterre : « nouvelle apportée par un courrier que Villeroy m'a dépêché et par un gentilhomme de mon cousin le duc de Guise (ramené à Chinon) blessé d'une arquebusade dessus le pied, qui n'est pas grand'chose. »

(2) Le poète Daurat avait fait des vers à la louange du roi. « Ha! dit-il, n'escrivez point rien désormais pour moi, car ce ne sont que toutes flateries et mentéries de moy, qui n'en ay donné encore nul subjet d'en bien dire; mais réservez tous ces beaux escritz, et tous vous aultres messieurs les poètes, à mon frère qui ne vous faict que tous les jours tailler de bonne besogne ». Il disait souvent de son frère : que la reyne, pour l'aimer plus que luy, lui ostoit l'honneur qu'il devoit avoir... il dist qu'il voudroit de bon cœur que Monsieur son frère et luy deussent tenir le royaume alternativement, ou qu'il deust tenir sa place la moytié de l'année. » (Brantôme.)

(3) Brantôme qualifie ainsi Albert Gondy, qui devint, par l'intrigue, maréchal de Rays : florentin, fin, caut et trinquet, corrompu, grand menteur et dissimullateur. Après avoir insisté sur sa basse extraction et sur l'immoralité de ses père et mère (celle-ci avait été gouvernante de Charles IX), il dit: « Le roy emprès le prit en amytié... et l'advança... Et apprit au roy à jouer, à faindre et à dissimuller... à faucer sa foi, etc. »

l'achèvement des huguenots. Tavannes dit, dans ses Mémoires, que « Sa Majesté eust mieux aymé les huguenots à naistre que la victoire entière à son frère ».

Le conseil du roi expédia des ambassadeurs extraordinaires à tous les princes alliés par leur annoncer la victoire de Moncontour. Tous répondirent par des félicitations, même la fière Élisabeth d'Angleterre. Alliée de Coligny, à qui, outre de l'argent (1), elle avait envoyé un secours d'hommes, qui arriva trop tard (2), elle sut faire taire son dépit et ne jugea pas politique de rompre en visière à la France victorieuse. Les félicitations du pape Pie V et du roi Philippe II d'Espagne furent plus sincères. Charles IX envoya à Sa Sainteté 28 drapeaux pris par les Italiens, qui furent suspendus à la voûte de la basilique de Saint-Jean-de-Latran, et la reine-mère écrivit à Sa Majesté Catholique une lettre de remerciements pour le concours et la belle conduite à la bataille du contingent espagnol et de son général le comte de Mansfeld(3).

(1) Le 28 juillet 1569, le cardinal de Châtillon avait touché 20.000 livres d'Elisabeth.

(2) Ce secours, de 100 chevaux seulement, et de cent gentilshommes, commandé par Henri Champrenon, n'arriva à Niort que le 5 octobre. L'étendard, *tête de mort sur champ noir*, portait la devise: *Det mihi virtus finem.*

(3) Lettre de Catherine de Médicis au roi d'Espagne du 7 octobre 1569 : A Monsieur mon fils le roy catholique. — « Monsieur mon fils, nous ayant fayst la « grace que mon fils le duc d'Enjou ha encore guagné une bataille sur les rebelles « du Roy, vostre frère lequel... n'a voleu falir yncontinent qu'il a hentendu toute « la vérité et particularité, come le tout ayst passé, le fayre entendre hà Vostre « Majesté par un discours qu'i lui envoye par cet présant porteur, comme à celui « qui y a sa part pour le secours qu'il a plu à Vostre Majesté nous baller du « Conte de Mansefel, lequel ayt blésé et a si bien et vallamant fayst que je ne puis « que je ne prie Vostre Majesté de luy faire conoystre coment ayle (elle) l'estime « et ha agréable le servise que lui et les truppes que lui a donnes en garde nous « ont fayst là ; a cet que vous ha mon fils yl n'et posible de mieulx, et puisqu'il a « pleu à Dieu nous donner cete grande victouire et me conserver mon dist fils du « azart ou il a aysté, nous ayspérons qu'il nous fayré la grace que ce sera la fin « de tant de mauls que avons eu en cet royaume... » (*Lettres de Catherine de Médicis*, tome III.)

Nous ne résistons pas à placer ici en note les lignes suivantes d'Ambroise Paré, ayant pour titre: *Voyage de la bataille de Moncontour*. 1569. Inutile de dire qu'elles concernent les blessés de Moncontour.

« Pendant la bataille de Montcontour, le Roy Charles estoit au Plessis lez Tours,

Santa-Fiore et ses deux frères Mario et Pol s'étaient aussi distingués entre tous (1).

« où il entendit l'avoir gaignée. Il se retira grand nombre de gentils-hommes et
« soldats, en la ville et fauxbourgs de Tours, blessés, pour se faire penser et
« médicamenter. Où le Roy et la Royne Mère me commandèrent faire mon devoir
« avec les autres chirurgiens, qui lors estoient en quartier, comme Pigray, du Bois,
« Portail et un nommé Sirei, chirurgien de Tours, homme bien entendu en la chirur-
« gie, estant alors chirurgien de Monseigneur frère du Roy : et pour la multitude
« des navres n'estions guères à repos, ny les médecins pareillemèt.
« M. le Côte de Mansfeld, gouverneur de la duché de Luxembourg, chevalier de
« l'ordre du Roy d'Espagne, fut grandement blessé à la bataille, au bras senestre
« d'un coup de pistollet qui luy rompit grande partie de la jointure du coulde et
« s'estoit retiré à Bourgueil près Tours. Estant-là il envoya un gentil-homme vers
« le Roy, le supplier bien affectueusement luy vouloir envoyer l'un de ses chirur-
« giens pour le secourir de sa blessure. Le conseil fut tenu quel chirurgien seroit
« qu'on y envoyeroit, Monsieur le Mareschal de Montmorency dit au Roy et à la
« Royne, qu'il seroit bon de luy envoyer son premier chirurgien, et leur remonstra
« que ledit seigneur de Mansfeld avoit esté une grande partie cause du gain de la
« bataille. Le Roy dit tout à plat, qu'il ne vouloit que j'y allasse et vouloit que je
« demeurasse près de luy. Adonc la Royne mère luy dit que je ne ferois qu'aller
« et venir et falloit avoir esgard que c'estoit un seigneur estranger qui estoit venu
« de la part du Roy d'Espagne, pour son secours. Et sur ce il me permit d'y aller,
« pourveu que je revinsse bien tost. Après cette résolution, il m'envoya quérir et
« pareillement la Royne mère, et me commandèrent d'aller trouver ledit seigneur,
« comte de Mansfeld, la part où il seroit, pour luy servir en tout ce que je pour-
« rois faire pour la guarison de sa blessure. Le l'allay trouver accompagné d'une
« lettre de leurs Majestez. L'ayant veuë, il me receut de bonne volonté et deslors
« donna congé à 3 ou 4 chirurgiens qui le pensoient: qui fut à mon très grand
« regret, parce que sa blessure me sembloit estre incurable. Or audit Bourgueil
« s'estoient retirés plusieurs gentils-hommes qui avoient estés blessez à ladite
« bataille, scachans que M. de Guize y estoit, qui avoit esté aussi fort blessé d'un
« coup de pistolet au travers d'une jambe, bien asseurez qu'il auroit de bons chi-
« rurgiens pour le penser, et aussi qu'estant debonnaire et fort liberal, il les assis-
« teroit d'une grande partie de leurs necessitez. Ce que véritablement il faisoit
« volontiers tant pour leur manger et boire qu'autres nécessitez et de ma part
« je les soulageois et aidois en mon art, autant qu'il m'estoit possible: les uns
« mouroient, autres guarissoient, selon leurs blessures. Le Comte Rhingrave mou-
« rut, qui avoit un coup à l'espaule semblable à celuy qu'eut le Roy de Navarre
« devant Rouen. Monsieur de Bassompierre colonnel de 1200 chevaux, fut sembla-
« blement blessé de pareil coup et endroit, que celuy de M. le comte de Mansfeld
« que je pensay, et Dieu le guarit. Dieu benist si bien mon œuvre, que dans 3
« sepmaines je les remenay à Paris, où fallut faire encore quelques incisions au
« bras dudit comte de Mansfeld, pour extraire les os qui estoient grandement fra-
« cassez, rompus et carieux. Il guarit par la grace de Dieu et me fist un honneste
« présent, de sorte que je me contentai bien fort de luy et luy de moy, comme il
« m'a fait paroistre depuis. Il escrivit une lettre à M. le duc d'Ascot comme il
« estoit guari de sa blesseure, et aussi M. de Bassompierre de la sienne, et plu-
« sieurs autres que j'avois pensez après la bataille de Moncontour et luy conseil-
« loit de supplier le Roy de France, mon bon Maistre, me permettre d'aller voir
« M. le marquis d'Auret, son frère. » (Les Œuvres d'Ambroise Paré, conseiller et
premier chirurgien du roy, 9ᵉ édition. À Lyon, 1633, chez la veuve de Claude Rigaud
et Claude Obert, en rue Mercure, à la Fortune. — Apologie et Voyages, p. 917.)
(1) C'est ce dont fait foi une lettre du duc d'Anjou au roi datée du camp d'Air-

Nous avons laissé la Motte-Messemé démonté sur la rive droite du Thouet. On lui amena un autre cheval sur lequel il vint coucher à Airon (1) au bord de la Dive, dans une hôtellerie où il trouva le protestant Bessé et les *Nous* (sic); il apprit d'eux que Coligny, blessé, avait eu son cheval bai tué sous lui, mais qu'il était remonté sur un cheval noir de longue haleine, acheté par Téligny. Messemé ne voulut pas faire prisonnier Bessé et alla avec lui à la recherche du corps de Châteauneuf, dit de Chergé, qu'ils retrouvèrent à l'endroit où l'Amiral avait chargé, et qu'ils firent enterrer dans le cimetière de l'église d'Airon. Puis Messemé écrivit au roi. Ces menus détails, provenant d'un combattant de Moncontour, ne manquent pas d'intérêt pour nous parce qu'ils servent à préciser l'emplacement de la bataille de Moncontour. En effet, après nous avoir appris que c'est à Airon que, quelques jours plus tard, Charles IX vint coucher pour visiter le champ de bataille, Messemé ajoute que ce village en est à une lieue et demie. Le roi se fit décrire les épisodes du combat sur le terrain.

Deux jours après sa victoire, Monsieur donna l'ordre aux habitants des paroisses d'enterrer les morts gisants sur leur territoire. On ne put retrouver les corps du marquis de Bade et de Grand-Villers. Le duc d'Anjou avait assemblé son conseil à Saint-Généroux. L'avis de Tavannes, c'était de poursuivre l'ennemi l'épée dans les reins en profitant de leur désarroi, de leur lassitude et de leur épouvante. Il ne put le faire prévaloir quoique ce fût incontestablement le meil-

vault le 5 octobre 1569. Ils ont pris aux ennemis les 28 enseignes que ce prince propose d'envoyer au pape par Carles de Birague.

(1) Airon, que Messemé écrit *Ouerron*, est un petit village sur la Dive, à 2 kil., à l'ouest de Plumain et à 1 kil. au sud de Saint-Chartres, et non Oiron, malgré l'orthographe de Messemé et la consonnance.

leur (1) ; et on décida qu'on ne s'avancerait qu'après avoir soumis toutes les places encore occupées dans le pays par les Protestants. On écarta également une proposition qui consistait à marcher droit sur la Rochelle, véritable capitale du Protestantisme, et à l'assiéger. Le conseil du roi approuva la décision du conseil de l'armée.

Tavannes fut si offensé de voir son opinion rejetée qu'il demanda un congé et obtint d'aller trouver le Roi. Les Montmorency et le cardinal de Lorraine, les premiers parce qu'ils ne voulaient pas la ruine de l'Amiral, le second parce qu'il craignait que ses neveux fussent exclus des commandements, firent, selon Tavannes, pencher la balance en faveur de la décision adoptée ; Charles IX lui-même, con-

---

(1) « Voici l'opinion de La Noue à ce sujet : « Si les catholiques eussent poursuivi « les reliques de l'armée rompue à Moncontour, elles eussent été du tout anéanties, « vu l'étonnement qui se mit parmi, et les difficultés qui surgirent... J'ay ouï dire « que les principaux capitaines de Monseigneur avoient été réunis. Aucuns disoient « que toute l'infanterie des princes ayant été taillée en pièces, et que les princes « n'ayant plus que gens de cheval la plupart reîtres, mécontents et demi enragés « de la perte de leurs bagages, il falloit les poursuivre chaudement, alors on les dé- « feroit ou feroit capituler pour leur retraite en Allemagne, ce qu'on obtiendroit faci- « lement en accordant 2 mois de gages.... D'autres disent qu'ayant déjà gagné six « villes en 10 jours, il falloit s'attacher à conquérir les autres, que les huguenots ne « se contiendroient jamais tant qu'ils auroient des retraites, qu'il falloit donc les « en priver.... Cet avis, le moins bon, prévalut. Je me recorde qu'étant prisonnier « ainsi qu'on me menoit chez le roy Charles à Tours, en passant par Loudun, feu « M. le cardinal de Lorraine, qui y estoit, me fit dire qu'il désiroit parler à moy. « L'estant aller trouver, il m'usa de fort honnestes langages ; puis... il me dit que « la cause de la perte de l'admiral et de ceux de son poste avoit esté le siège de « Poictiers... et que nous eussions peu aller jusqu'à Paris sans trouver résistance ; « mais que nous luy (à l'armée du roi) avions donné le temps de se refaire et « nous prendre quand nous estions demy desfaicts. Je luy respondis : « Monsei- « gneur je croy que nostre erreur vous admonestera de n'en faire un pareil. — « Nous nous en donnerons bien garde ; répliqua-t-il. Certes ny l'un ny l'autre ne « pensoit à ce qui survint depuis ; et quand les effects en apparurent, je conus bien « que nostre exemple leur avoit bien peu profité, et qu'ils n'avoient laissé de bron- « cher à la mesme pierre...

« ... M. l'Amiral m'a autrefois dit que si on eût vivement poursuivi Messieurs les « Princes et luy, ils étoient en danger de se perdre... Mais que le temps qu'ils « eurent de se rafraischir, fortifier d'infanterie et de butiner dans le bon pays où « ils allèrent, restaura les courages et l'espoir de tous. Voilà comment Saint-Jean « aida à réparer en quelque sorte les ruines que Poictiers et Montcontour avoient « faictes. » (Mémoires de La Noue, chap. XXVI.)

seillé par de Retz, son favori, ne voulut pas, par jalousie, procurer à son frère un nouveau triomphe. Quoi qu'il en soit, les fruits de la victoire de Moncontour furent perdus par le siège de Saint-Jean d'Angély, qui ne contribua pas à la gloire du Roi. Tavannes refusa de rester à l'armée en prétextant qu'il était fatigué et malade. L'opinion publique lui attribuait à juste raison les succès obtenus ; elle ne se méprenait pas sur la part qui en revenait à un généralissime de vingt ans. La ville de Paris l'accueillit avec des honneurs qu'elle ne prodiguait pas et lui fit le cadeau princier d'un vase et d'un bassin en argent à ses armes ; et le vainqueur de Moncontour se retira dans ses terres honoré et glorieux. Après la bataille, l'armée catholique se diminua fort par le départ de beaucoup de gentilshommes ; plusieurs cornettes de gens de pied se dérobèrent, deux jours après, chargées de butin.

Monsieur mit la Rivière sur la piste de l'ennemi avec sa compagnie et celle de M. de Longueville.

Mais revenons aux huguenots en fuite. En prévision d'un échec, Coligny avait fait occuper Airvault, le Pas-de-Jeu et Parthenay pour assurer la retraite. C'est ce qui sauva les débris de son armée. Laubouinière de Chaillé avait devancé à Parthenay le capitaine catholique Allard, qui trouva cette ville aux mains des protestants.

Mansfeld et le comte Ludovic de Nassau, suivis de leurs 4.000 cavaliers, gagnèrent cette ville tout d'une traite à 7 grandes lieues d'Airvault. Ils y arrivèrent à 10 heures du soir et y trouvèrent les Princes et l'Amiral dont la blessure était moins grave qu'il n'avait semblé au premier moment.

Les chefs protestants, découragés, parlaient de soumission au roi ; les reîtres, de lui livrer Coligny. Celui-ci montra

une indomptable énergie. Il tint conseil avec les Princes et
les principaux chefs. La tête enveloppée d'un bandage en-
sanglanté et la voix à peine distincte, il s'entretint de la défaite avec sang-froid, et montra que rien n'était perdu. Les
pertes en cavalerie étaient minimes, l'armée facile à rallier ;
Niort, Saint-Jean-d'Angély, La Rochelle arrêteraient le vainqueur. A bref délai il pourrait prendre sa revanche et livrer
une autre bataille. Puis il blâma avec hauteur les gentilshommes qui n'étaient pas présents à Moncontour, notamment
ceux qui avaient assisté au mariage de Saint-Gelais (1).
« Il y eust, dit Brantôme, le sieur de Genlys le jeune
« qu'on appelait Ivoy, qui avoit la teste près du bonnet,
« qui voulut parler pour tous : « Et mort Dieu, dit-il,
« Monsieur, qui eust jamais pensé aussi que vous eussiez
« donné la bataille si légèrement ? — Comment ! dist
« M. l'Admiral, et petit capitaine de m.... (2), osés-vous
« controoller mes actions ? » et sur ce luy vouloit passer son
« épée à travers le corps ; mais il en fut empesché et prié de
« luy pardonner, ce qu'il fit après qu'il luy eut faict toutes
« les humbles excuses et sattisfactions qu'il peut : et si es-
« toit grand et de bon lieu, et si avoit commandé à l'artillerie
« devant Poictiers, et si despuis ne cessa de le rechercher
« et honnorer comme son roy... tant il avoit pris un habi-
« tude de leur impérier qu'il sembloit qu'elle luy fust née et
« que ses partisans le luy deussent. Voilà comment cet ad-
« miral scavoit régir ses gens, qui ne luy devoient ny cens
« ny rentes et rien qu'une salutation, car ils n'estoient ny ses
« subjectz et vassaux, ny ses stipendiés, ny ses merce-

(1) Guy de Saint-Gelais, sieur de Lansac, avait épousé le jour même de Moncontour Antoinette Raffin, fille de François R., seigneur d'Azai-le-Rideau, capitaine
des gardes du roi. (Castelnau, 1731, t. III, p. 629.)
(2) Variante : Cappitayneau de merde. (Ms. 6601, f° 321, v°.)

« naires... Aussi, ajoute Brantôme, quand une telle accor-
« dance règne entre le chef et les membres, ils sont invin-
« cibles .»

C'est ainsi que Coligny maintenait autour de lui le respect
et la discipline. Il parvint à rendre le courage à tous.

Avant de quitter Parthenay pour Niort, qui était le rendez-
vous de l'armée et où on comptait arrêter le vainqueur,
l'Amiral dépêcha lettres et ambassadeurs aux confédérés
d'Angleterre, d'Écosse, de Danemark, d'Allemagne et de
Suisse, exprimant la certitude de rétablir ses affaires, et de
pouvoir bientôt se mesurer de nouveau avec les catholiques.
Il demandait des secours en hommes et en argent au nom
de la cause commune et sacrée de la Religion. Il écrivit spécialement au vidame de Chartres et à Odet de Châtillon, ses
ambassadeurs près d'Élisabeth, à ses agents en Écosse,
Allemagne et Danemark, au prince d'Orange et aux reli-
gionnaires de Genève, Berne et Zurich. Puis il monta à
cheval vers 3 heures du matin. Il devait trouver à Niort
Jeanne d'Albret, accourue pour « *tendre la main aux affli-
gés et aux affaires* », l'héroïne de la religion réformée comme
il en était le héros.

Après avoir confié à de Mouy le commandement de Niort,
à l'énergique Piles celui de Saint-Jean-d'Angély, Coligny
était à Saintes le 16 octobre et y apprenait que le Parlement
l'avait condamné à mort, que ses armoiries avaient été traî-
nées dans le ruisseau et qu'on l'avait pendu en effigie au
gibet de Montfaucon. « Si c'est la volonté de Dieu, écrit-il
alors à ses enfants, que nous endurions, ou en nos personnes, ou en nos biens quelques dommages pour la religion, nous devons nous en réputer bien heureux. »

Personne n'ignore que l'armée catholique perdit les résul-

-tats de Moncontour en s'acharnant à assiéger Saint-Jean-
-d'Angély et que Coligny parvint à réparer le désastre de
cette journée. Il mérita pleinement cet éloge de Brantôme,
qui résumera notre étude :

« Qui eust jamais cru qu'après une telle bataille de Mont-
« contour perdue, et si grande desroute, M. l'Admiral eust pu
« si bien se remettre ? (1)... M. l'Admiral en tant de
« batailles qu'il a données en nos guerres civiles et perdues
« quant et quant, en a fait ses retraictes si belles et si signa-
« lées et mesmes en celle de Montcontour, tout blessé qu'il
« estoit, que, quasy, on ne sçavoit que plus louer ou les
« beaux exploitz d'armes qu'il y faisoit ou ses retirades.
« Ceux qui ont vu les retraictes de Dreux, de Sainct-Denis,
« de Jarnac, de Montcontour, en sçauront bien que dire ; et
« que si la fortune luy estoit contraire en la bataille, pour le
« moins la demesloit-il bien, et s'en retiroit si honorable-
« ment qu'on ne sçauroit luy reprocher qu'il eust pris l'es-
« pouvante et s'en fust fuy, comme ont faict beaucoup de
« capitaines après leur bataille perdue (2). »

Pendant 25 ans, les Protestants eurent toujours le dessous
dans les grandes rencontres ; les catholiques avaient une
organisation supérieure, un matériel plus puissant et pour
généraux Guise et Tavannes. La fortune ne changea de camp
qu'en 1587, lorsqu'Henri de Bourbon, roi de Navarre, parut
à la tête du parti protestant.

Juillet 1892

(1) Brantôme. Ed. Lalanne, IV, p. 321.
(2) Brantôme. Ed. Lalanne, VI, p. 292.

ANNEXE N° 1

Discussion sur la position des deux armées à la bataille de Moncontour.

L'emplacement des troupes qui combattirent à Moncontour est controversé. Les Mémoires de la Société des Antiquaires de l'Ouest contiennent deux importantes notices, dont les auteurs ne sont pas d'accord sur ce point. La première est l'œuvre du docteur Allonneau (tome X, 1843), la seconde en date (tome XI, 1844), extraite du *Spectateur militaire*, est due à M. Saint-Hypolite, officier d'état-major.

Toutes les deux sont accompagnées d'une carte.

Le docteur range l'armée protestante un peu au sud des hauteurs des *Justices* et de celles de *Douron*, face au sud, et l'armée catholique sur un front parallèle face au nord en arrière de *Borcq* et de *Plumain* ; l'étude des documents et celle du terrain que nous avons parcouru en tous sens nous a amené à conclure comme le docteur.

Quant à M. Saint-Hypolite il range tout autrement les deux armées en bataille. L'armée catholique, face à l'ouest, a la Dive derrière elle, et l'armée protestante est placée parallèlement à moins d'un kilomètre face à l'est avec sa droite au-dessus de Plumain et sa gauche en avant de la Pinatterie près de Marnes. Les deux armées sont séparées par la vallée qui se dirige de Plumain vers Marnes, qu'on appelait, en 1569, vallée *traite* ou *traître* et qui, de nos jours, porte près de Plumain le nom de vallée Sanguine, plus loin celui de vallée de la Bataille, et près de Marnes et de la Dive celui de vallée des Chiens.

Depuis 1844 la compétence militaire du savant officier a fait accepter sa conception sans qu'on la discutât ; je me propose d'en faire ressortir l'invraisemblance et de prouver que la conception Allonneau est la seule admissible.

Je mettrai d'abord sous les yeux du lecteur ce que j'appellerai les pièces du procès, c'est-à-dire : 1° les extraits de la notice de M. Saint-Hypolite relatifs à la position des troupes ; 2° les passages des auteurs contemporains qui peuvent conduire à fixer cette position, puis je conclurai et j'espère que le lecteur conclura de lui-même comme le docteur Allonneau et comme moi.

1. — Extraits de la notice de M. Saint-Hypolite.

« C'est sur le versant peu incliné de la Dive, et près de cette
« rivière, que se donna la bataille de Moncontour. Les calvinistes se
« rangèrent en bataille en arrière d'un vallon raviné, qui, de Plu-
« main, se dirige au Nord-Est vers le village de Marnes. Les catho-
« liques prirent position sur le revers opposé du même vallon.

« Un seul point, l'emplacement des troupes qui combattirent, reste
« en discussion...

« Puisqu'il ne s'agit que de déterminer la position des troupes,
« on doit chercher dans les auteurs les indications qui servent à
« placer en quelque sorte les jalons de lignes de bataille. De toutes
« celles que j'ai recueillies, pour les vérifier sur les lieux mêmes,
« je n'ai reconnu que le champ de *Piegris*, et la motte *Puitallier*.
« Le premier endroit est une localité comprise dans un bas-fond,
« situé entre les deux chemins qui conduisent également de Mon-
« contour à Airvault. Non loin de Piégris se trouvent des tombelles
« appelées par les habitants le charnier des huguenots. La présence
« de ces ossuaires semble indiquer le lieu où le plus grand nombre
« de morts se trouvèrent après l'action.

« Dans une défaite ce n'est jamais sur la ligne de bataille qu'ils
« se rencontrent en quantité. Les défenseurs périssent lorsqu'ayant
« leur front rompu ils sont en butte aux poursuites violentes des
« assaillants. Ce ne serait qu'en arrière des troupes, que succom-
« beraient les premiers blessés et les hommes atteints en battant en
« retraite.

« A la première observation sur la situation de Piégris, vient se
« joindre celle qui ressort de la dépression du sol dans lequel se
« trouve cette localité. A moins de nécessité absolue, des troupes
« en bataille ne se placent pas au pied des pentes, elles abandon-
« neraient l'avantage du commandement. Ces deux raisonnements
« m'ont décidé à établir les protestants sur la hauteur qui est en
« avant de Piégris, elle porte d'ailleurs le nom de la *Bataille* : ce
« n'est pas sans un motif plausible... Nous avons là des éléments
« pour déterminer autant que possible les dispositions de l'amiral
« Coligny. Examinons d'après quelles données locales nous pou-
« vons également tracer la ligne de bataille du duc d'Anjou.

« La motte Puitallier devait se trouver en arrière des troupes ca-
« tholiques puisque le prince monte sur cette butte afin de voir la

« formation de son armée et de reconnaître celle de l'amiral. Les
« ennemis n'étaient pas loin de Puitallier, car on sait que M. de Ta-
« vannes supplia le duc d'Anjou de ne pas s'exposer inutilement...
« Cette motte est donc un point fixe dont on ne peut éloigner les
« troupes royales ; on sait également que pendant l'action M. de
« Biron monte sur ce mamelon. Sur la gauche de Puitallier et au
« sud-ouest du hameau de Plumain se trouve également le charnier
« des catholiques. Cette nouvelle indication montre que vers ce
« point l'armée du duc d'Anjou eut beaucoup à souffrir...

« Entre Puitallier et Piégris un vallon qui part de Plumain s'ap-
« pelle d'abord la vallée *Sanguine*, ensuite *Traite*, plus loin de la
« *Bataille* et enfin des *Chiens*. Les 4 dénominations doivent avoir
« trait à la bataille de Moncontour. En effet, cette vallée séparait
« les deux armées...

« Prévenu par ses coureurs que l'armée catholique passait la Dive
« à la Grimaudière, à l'heure de la diane, le 3 octobre, Coligny
« *s'avança d'une lieue* (1) à la rencontre du duc d'Anjou...

« Formée sur une seule ligne, l'armée protestante était rangée
« au pied des pentes de la vallée *Traite* dite aussi *de la Bataille* et
« l'artillerie, placée en arrière tirait par-dessus les troupes.

« Son armée (celle de l'amiral) devait avoir sa droite à Plumain et
« la gauche vers la Pinaterie, appuyée aux forts escarpements de la
« vallée des Chiens, le centre occupant le terrain appelé *de la Ba-
« taille*.

« Son front (du duc d'Anjou) devait s'appuyer à la droite sur la
« Dive et se prolonger à gauche vers Plumain. »

M. de Saint-Hypolite dit plus loin de Coligny :

« Au lieu d'appuyer sa gauche à la Dive, et de découvrir sa ligne
« de retraite sur Airvault, il avait dû se former perpendiculairement
« à sa ligne d'opération et occuper les hauteurs situées au delà de
« Borc. S'il avait eu le temps de dérober sa marche au duc d'Anjou,
« il devait se porter, par Airvault, derrière le Thoué... »

Il critique aussi le duc d'Anjou.

« Ayant eu connaissance des convois dirigés par l'amiral sur Air-
« vault, il devait supposer que l'ennemi en faisait son point de re-
« traite. Dans ce cas, au lieu d'appuyer sa droite à la Dive, ce prince

(1) M. Saint-Hypolite fait ici une erreur ; aucune relation ne dit que Coligny
s'avança *d'une lieue*; toutes, comme nous le verrons, disent une *demi-lieue* depuis
Moncontour. La Noue dit *un quart de lieue*.

« devait marcher par sa gauche et s'établir sur les hauteur de Borc
« pour couper la ligne d'opérations de l'amiral. Il eût agit comme le
« ferait de nos jours un général habile. »

Tels sont les extraits de la notice de M. Saint-Hypolite en ce qui
concerne la position des troupes.

Avant de réfuter cet auteur, il convient de donner des extraits
des auteurs contemporains de la bataille, en soulignant ce qui doit
servir à déterminer l'emplacement des deux armées.

1° La Noue.

« Après avoir fait *un quart de lieu*, nous aperçûmes l'armée en-
« nemie (catholique) qui venait vers nous, et on n'eut que le temps
« de se ranger en ordre et se mettre en un petit fond à couvert des
« canonnades. »

2° Manuscrit de la bibliothèque nationale (F. français, t. 15505,
ancien Harlay 121/7 contenant dans le procès-verbal de la communication au *Parlement* (de Paris) du 5 octobre 1569 le « *Discours de la
bataille* et victoire obtenue par le Roy sur ses ennemis et rebelles
sous la conduite de M. le duc d'Anjou, son frère, auprès de Moncontour ».

« Le duc d'Anjou fit passer toute son armée dans les *plaines qui*
« *sont belles et grandes* de l'autre côté (de la Dive) et ayant *com-*
« *mansé quelque peu le long de la plaine* fut averti par le sieur de la
« Valette, vieux capitaine expérimenté, que les ennemis estoient à
« la campagne. Aucuns vouloient dire *qu'ils traversoient la plaine*
« *pour gagner la rivière de Thoue pour la passer à chevaux à*
« *Hernaus* (Airvault) un château qu'ils tenoient... Le dit sieur de
« Tavannes, qui avoit recognu le chemain, luy dit (au duc d'Anjou)
« *qu'il estoit besoin retirer la bataille un peu plus à gauche* tant
« *pour prendre le chemin large et avantageux* que *pour leur couper*
« *le chemin s'ils se vouloient retirer soudain* (vers Airvault)...

« L'artillerie pour autant que *la plaine estoit belle et large* s'es-
« toit partie (divisée) en deux...et (Monsieur) mande audit maréchal
« d'Ecosse (de Cossé), qui tenoit le costé gauche du bataillon
« des Suisses de la bataille, de le faire *tirer un peu plus sur la*
gauche...

« Ladite armée des ennemis *tint ferme en sa place sans bouger,*
« attendant que celle de mondit seigneur *marchât.* »

« *Étant la campagne belle et large, tout s'aborda presque d'un
front.* »

3° *La Molle-Messemé* (nous supprimons les vers, mais sans altérer, bien entendu, le texte).

« L'Amiral, trois heures avant le jour, *veut marcher sur Airvault.*

« Messemé, en reconnaissance dès le matin, fait une lieue et
« demie et voit venir les bataillons ennemis vers *Ouerron* (Airon),
« L'Amiral *jette sa bataille sur la droite*, et loge ses gens de pied
« dans un *creusé cavain*, ainsi que les reîtres pour les abriter du
« canon. Il se place lui-même sur une hauteur.

Le village d'Ouerron (Airon) où vint coucher Charles IX pour
« visiter le champ de bataille en est *à une lieue et demie.* »

4° *Castelnau* (qui commandait, à Moncontour, une compagnie
d'ordonnance) :

« Le troisième jour (3 octobre), il (le duc d'Anjou) la (son armée)
« fit avancer *plus à gauche*, tirant à la plaine d'Assay pour y ren-
« contrer ses ennemis et *empêcher leur retraite en Bas-Poitou*, en
« cas qu'ils voulussent s'y acheminer, et *afin qu'ils ne pussent passer*
« *à la Toue, qui leur servait de barrière du côté droit ;* il envoya
« deux compagnies pour se servir d'Ervault et de son passage...
« Le duc sur les 2 heures de l'après-midi fit marcher son armée en
« ordre —non guères loin de l'armée huguenote, que l'Amiral avait
« aussi disposée dès le matin en bataille *en une large campagne dis-*
« *tante de demi-lieue de Montcontour entre la Dive et le Thouë*, deux
« rivières fort peu guéables...

« La bataille (protestante), *qui était à droite tirant à la Thouē*
« était conduite par le comte Ludovic. »

5° *Villegomblain.*

« Les coureurs de notre avant-garde ne furent guères avant dans
« la plaine qu'ils virent descendre de Moncontour les ennemis dans
« la dite plaine et *marcher droit pour aller à Airvault*, où *ils avaient*
« *la tête tournee*, mais découvrant notre avant-garde, *ils lui firent*
« *face et se rangèrent dans une vallée entre Moncontour et nous.* Il y
« avait au milieu de la plaine une petite montagnette en rotondité
« et assez élevée entre les deux armées, mais nous avançant vers
« eux, nous *la laissâmes derrière* et d'où l'on découvrait tout le
« champ de bataille. *La plaine était spacieuse et nette...*

« Notre armée *marcha la première pour aller à eux*, puis, avant-
« garde contre avant-garde, et les deux batailles se choquèrent en
« même temps..., on mit les mains sur leur infanterie et principa-
« lement sur les lansquenets, *qui furent tous tués à leurs rangs.* »

6° *Tavannes.*

« La campagne était *large*. Le sieur de Tavannes fait marcher de
« grand matin l'armée et se trouve aussitost à la plaine de Montcon-
« tour qu'eux. Le sieur de Tavannes voyant que si on faisait halte
« les huguenots à leur vue *tireraient droit à Ervaux* pour passer la
« rivière, il *tire l'armée plus à gauche pour barrer le chemin d'Air-*
« *vault.* »

7° *La Popelinière.*

« Cette campagne s'éloignait de Montcontour de *demi-lieue fran-*
« *çaise et de deux d'Airvault... fort unie* presque *partout... A droite*
« de l'armée catholique *la Dive...*; en aucuns endroits *collines* et
« *petits monts* dont on pouvait tirer parti où l'amiral serra la plupart
« de son infanterie et quelques reîtres à l'abri du canon *dans de*
« *petites et douces descentes... Il fit avancer la bataille plus à droite*
« *comme s'il eût voulu* tirer vers Airvault... L'avant-garde était *à la*
« *gauche tirant vers la rivière* (la Dive) *un peu moins avancée que*
« *la bataille...* La bataille était rangée *beaucoup plus haut à la*
« *main droite tirant vers Airvault.*

« L'artillerie tant à l'avant-garde qu'à la bataille commença la
« noise et endommagea fort les troupes catholiques surtout les
« pièces de bataille et *personne ne bougea dans l'armée protestante.*

« La plaine était *belle et large*, l'artillerie (catholique) fut divisée
« en deux.., L'artillerie (catholique) répondit avec plus de bruit et
« moins d'effet, donnant trop haut ou trop bas et l'infanterie pro-
« testante était couchée sur *la pente* de la plaine en des *petits val-*
« *lons.* Tavannes jugea nécessaire de faire *retirer un peu les batailles*
« *à gauche* tant pour *prendre le pays large et avantageux que pour*
« *couper le chemin aux protestants s'ils se voulaient retirer dans*
« *leurs conquêtes,* et aussi pour garantir les troupes de la fureur de
« l'artillerie. Ce qui donna occasion à l'Amiral de changer le cam-
« pement de toutes ses troupes *pour s'étendre plus à droite sur*
« *l'avenue d'Airvault et Montcontour, comme pour faire barrière aux*
« *catholiques.* Notre artillerie (catholique) faisait peu de mal. »

8° *D'Aubigné.*

« *Pour gagner Oirvault,* l'Amiral fit le plus tôt qu'il pût avancer
« le comte Ludovic avec la bataille.

« Monsieur fit *larguer à gauche les bataillons* (de la bataille) *tant*
« *pour chercher plus de plaine* que pour esquiver les coups de
« canon... Les enfants perdus de Monsieur allèrent tête baissée en-

« foncer ceux des ennemis que La Ramière avait accommodés dans
« le village de la vallée.

« Le champ où était placé Monsieur s'est appelé de tout temps le
« champ *Papaul* et *celui* des autres *champ Piégris*. L'artillerie des
« réformés moindre, mais mieux logée, faisait plus de mal que
« l'autre... L'Amiral avait *fait large à droite* quand Monsieur *l'avait*
« *fait à gauche* tant pour fournir à tout que pour *se parer vers*
« *Oirvault.* »

Nous arrêterons là ces citations et nous nous croyons en mesure
de faire ressortir : 1° que l'hypothèse de M. Saint-Hypolite est purement gratuite, qu'elle est contraire à ce qu'indiquent les récits du
temps et qu'elle est sans aucune base ni vraisemblance, donc elle est
inadmissible ; 2° que l'hypothèse Allonneau concorde avec les récits,
qu'elle est logique et qu'elle s'impose.

1. — HYPOTHÈSE SAINT-HYPOLITE

Cet auteur affirme que la bataille s'est donnée sur le versant *peu
incliné* de la Dive et près de cette rivière, puis il range les deux armées parallèlement sur les crêtes opposées du vallon *raviné* qui de
Plumain va aboutir à la Dive près de Marnes. Elles sont à moins de
600 mètres l'une de l'autre, puisque l'infanterie protestante a été
placée au pied des pentes, où elle a réussi, nous ne nous expli-
quons pas comment, à être un peu à l'abri du canon. On eût dû
nous dire par quels mouvements les deux armées ont réussi à
prendre ces positions en se longeant en quelque sorte sans s'attaquer.
L'armée protestante aurait-elle marché la première en colonne vers
le sud ? C'eût été bien imprudent, car elle risquait de faire envelop-
per sa tête de colonne et de la faire rejeter sur la queue, en un mot
de se faire prendre tout entière en flanc par l'armée catholique, très
supérieure en nombre. Si au contraire l'armée catholique est arrivée
la première quelle singulière position elle a choisie, le dos à la
Dive, ayant devant elle un terrain où les charges de la cavalerie sont
presque impossible (M. Saint-Hypolite qualifie le terrain de *raviné*,
il eût pu ajouter que c'est le seul qui soit *raviné* entre Dive et
Thouet), et où elle risquait d'être jetée dans la Dive ? Si les deux
armées ont pris leurs positions en même temps, comment concevoir
qu'elles l'aient fait sans s'entrechoquer ? Moncontour fut une bataille

de cavalerie précédée d'une longue canonnade dans laquelle l'artil
lerie protestante eut l'avantage. Cette bataille n'a pu être livrée sur
un champ de bataille très accidenté, ou les *deux* artilleries pouvaient occuper des positions aussi avantageuses l'une que l'autre et
où l'artillerie catholique de la bataille pouvait prendre en flanc
toute l'armée protestante.

M. Saint-Hypolite a reconnu le champ *Piégris* qu'il appelle un
jalon pour fixer l'emplacement des protestants et un peu en arrière
de Piégris le *charnier des huguenots;* on s'attend à ce qu'il fasse passer par Piégris le front de l'armée de Coligny et il place néanmoins
celui-ci a plus de 3 kilomètres à l'est de son *jalon* et de ce charnier,
alors qu'il faut conclure des récits de la bataille que l'infanterie
protestante n'a pas bougé une fois rangée en bataille et a été mas-
sacrée sur place. Le même auteur a aussi reconnu ce qu'il appelle
un *jalon* pour l'armée catholique, c'est la motte de Puitallier, il dit
que cette motte devait se trouver en arrière de l'armée du duc d'Anjou puisque le prince monta dessus et il ajoute que les ennemis
n'en étaient pas loin puisque M. de Tavannes supplia le duc d'en
descendre pour ne pas s'exposer mal à propos, et que M. de Biron y
monta pendant la bataille. Faisons observer que si l'armée catholique s'était rangée en bataille comme l'indique l'auteur à 2 kilomètres
au Nord-Ouest de cette motte, le duc d'Anjou n'aurait couru aucun
danger en y montant, ayant, *dès le commencement*, devant lui pour
le couvrir au moins une partie de ses troupes; si, au contraire, on
suppose, comme nous, que Monsieur est monté sur cette motte très
peu de temps après que les coureurs ennemis l'avaient quittée et
pendant qu'on rangeait l'armée catholique dans la plaine à l'ouest
de la motte, face au nord, on conçoit les craintes de Tavannes (tout
en les trouvant exagérées) surtout lorsque Mergey nous apprend
qu'il se retira après l'escarmouche de Puitallier sur Saint-Chartres
(sur la Dive), où avait couché la compagnie de M. de Bonneval,
village qui ne fut évacué que plus tard. Le *jalon* Puitallier ne
nous apprend rien au sujet de la position de l'armée catholique en
bataille. C'est un point très culminant, d'où on découvre toute la
plaine; voilà tout.

Notre conclusion est que M. Saint-Hypolite, ayant placé tout à fait
arbitrairement et à sa façon le front des deux armées, a tort de cri-
tiquer l'Amiral et le duc d'Anjou, en reprochant au premier de ne
pas avoir attaqué Monsieur lorsqu'il traversait les marais de la Gri-

maudière, et *d'avoir découvert sa ligne de retraite vers Airvault*; et
au second d'avoir manœuvré *timidement*, de ne pas avoir marché
par sa gauche et de ne pas s'être établi *sur les hauteurs de Borc
pour couper la ligne d'opérations de l'amiral.* Nous croyons pouvoir
prouver en discutant l'hypothèse Allonneau que l'amiral a constamment cherché à se ménager une retraite sur Airvault et que le duc
d'Anjou a fait tout le possible pour *couper la ligne d'opérations de
l'amiral.*

2. — HYPOTHÈSE ALLONNEAU

M. Allonneau a tracé sur une carte deux lignes pointillées qu'il
intitule : Position approximative de l'armée protestante et position
approximative de l'armée catholique. Ces deux lignes parallèles sont
dirigées à peu près du Nord-Est au Sud-Ouest. La première passe
par le champ Piégris et se dirige un peu au nord de Marnes; la seconde passe en arrière de Borc et est à 500 toises (environ un kilomètre) de la seconde. M. Allonneau fait marcher l'armée catholique depuis le Grimaudière jusqu'à un quart de lieue au delà du village de Maisoncelle pour la ranger en bataille dans le champ *Papaut*
(suivant d'Aubigné : face au Nord). Les coureurs protestants, après
avoir vu l'armée catholique passant la Dive et avoir livré une escarmouche près de la motte Puitallier, se sont retirés derrière le val
Foirisseau, sur la crête sud duquel s'arrête la poursuite des coureurs catholiques. Ils renseignent l'Amiral sur les mouvements des
catholiques. Celui-ci range aussitôt son armée en bataille face vers
le sud, *dans la plaine située à une demi-lieue ouest de Moncontour et
qui s'étend jusqu'au-dessus d'Airvault.* « *Il* lui importait bien plus
« de choisir un champ de bataille propre à la défensive, ayant ses
« ailes bien couvertes, et sur son front une vallée étroite et profon-
« de, qui pouvait servir de retraite à son infanterie, si elle était
« trop exposée au canon ennemi, que de marcher à la rencontre du
« duc d'Anjou, dont l'armée était beaucoup plus nombreuse que la
« sienne. Il serra donc en masse une grande partie de son infanterie
« et quelques reîtres dans les vallées; la cavalerie fut dispersée sur
« les ailes, et l'artillerie, en arrière de la ligne de bataille, sur le
« plateau de Douron, qui domine toute la plaine.., il fit appuyer son
« corps de bataille à droite pour couvrir Airvault. »

Le docteur Allonneau place l'armée catholique face au nord parallèlement à l'armée protestante, en arrière de Borc.

Telle est l'hypothèse Allonneau, dont la nôtre diffère peu ; il nous reste à montrer qu'elle s'accorde avec les récits du temps. En se reportant aux phrases des auteurs (que nous citerons entre parenthèses), et que nous avons précédemment soulignées à desseln, le lecteur en contrôlera l'exactitude.

Partie fort tard de Moncontour, à cause de la mutinerie de ses auxiliaires étrangers, l'armée protestante marchait en colonne vers Airvault (Discours de la bataille, Messemé, d'Aubigné) à travers la plaine qui sépare la Dive du Thouet, lorsque Coligny est prévenu par ses coureurs que l'armée catholique était rangée en bataille dans la plaine et prête à s'avancer contre lui beaucoup plus tôt qu'on n'aurait pu le supposer ; il n'a encore fait qu'un quart de lieue depuis Moncontour (La Noue), il juge n'avoir que juste le temps de ranger son armée en bataille (La Noue) dans la plaine qu'elle traversait. Il la forme à gauche en bataille ayant la Dive à gauche et le Thouet à sa droite. (Il ne s'agit ici que de la direction du front, l'armée protestante ne s'appuyait ni à la Dive, ni au Thouet.) Une fois cette formation terminée, la *bataille* protestante formant la droite de l'armée tirant à la Thoue (Castelnau, La Popelinière) avait son infanterie dans le champ de Piégris et son artillerie en arrière, sur les hauteurs de Douron.

L'armée protestante resta immobile dans ses positions jusqu'à l'attaque des catholiques ; les lansquenets sont tous massacrés à leur rang (Castelnau, La Popelinière, Villegomblain) à Piégris.

Le champ de bataille (Discours sur la bataille, Castelnau, La Popelinière) est une plaine, belle et large, spacieuse et nette, le pays est large et avantageux. Il est à une demi-lieue française de Moncontour (La Popelinière), à une lieue et demie d'Airon (Messemé), à 2 lieues d'Airvault.

L'armée catholique en bataille a la Dive à droite, le Thouet à gauche (La Popelinière). C'est la *bataille* qui, sous les ordres de Monsieur, forme la gauche. D'après le conseil de Tavannes, lorsque l'armée se met en marche, Monsieur fait retirer la bataille plus à gauche pour prendre le chemin large et avantageux et couper les protestants d'Airvault. (Discours, La Popelinière, Messemé.)

Tous ces détails ne peuvent s'appliquer à l'hypothèse Saint-Hypolite et ont leur raison d'être dans l'hypothèse Allonneau.

Nous n'entrerons pas dans plus de détails et nous renverrons le lecteur à notre récit. Nous nous trompons fort si, pour lui, la lumière n'est pas faite.

ANNEXE N° 2

Table alphabétique onomastique

Acier (Jacques de Crussol, seigneur d'), capitaine huguenot, frère du duc d'Uzès — commande en chef les protestants du midi à la prise d'armes de Condé en 1567, devient colonel général de l'infanterie protestante après la mort de d'Andelot ; est à la Roche-Abeille, est au siège de Poitiers, y tombe malade de la fièvre et se retire à Niort, puis à Saint-Maixent, rejoint l'armée à peine convalescent, la veille de Moncontour, est fait prisonnier par le comte de Santa-Fiore, qui l'épargne malgré les ordres de Pie V, et s'attire ainsi la disgrâce de ce pape. Cependant le pape renvoie d'Acier sans le rançonner. D'Acier abjura le calvinisme après la mort de son frère aîné, le duc d'Uzès, en 1573, et mourut en 1586.

Allard, capitaine catholique, gouverneur de la ville et du château de Parthenay, capitaine de cent hommes d'armes ; est envoyé pour s'emparer d'Airvault, puis de Parthenay avant la bataille de Moncontour, mais est devancé par les huguenots ; d'origine poitevine. Cette famille compte encore en Poitou et en Anjou des représentants.

Ambres (Jean de Voisins, seigneur d'), fils de Meffre de Voisins et de Jeanne de Crussol, capitaine huguenot, colonel des bandes de Languedoc, lieutenant de la compagnie de Crussol. Les autres membres de cette famille étaient du parti catholique.

Anconne (Antoine de Pracomtal, seigneur d'), capitaine huguenot.

Audancourt, gentilhomme huguenot, lieutenant de de Mouy, tué à la rencontre de Saint-Clair.

Aumâle (Claude de Lorraine, duc d'), deuxième fils de Claude de Lorraine, premier duc de Guise, et frère de François de Guise ; tué au siège de la Rochelle en 1573.

Autricourt (d'), capitaine protestant, picard d'origine, avait pris les armes avec le prince d'Orange et avait rejoint en Lorraine l'armée du duc de Deux-Ponts, commandant cent chevau-légers, tué à Moncontour.

Bade (Philibert, marquis de) servait, quoique protestant de religion, dans l'armée royale, avait amené 1500 reîtres au roi en 1568, réduits à un millier lors de bataille de Moncontour où le Marquis fut tué.

Bassompierre (Christophe, baron de), seigneur d'Harouel et de Beaudicourt, colonel de reîtres au service du roi, avait été estropié du bras gauche à Jarnac, le fut du bras droit à Moncontour; fougueux ligueur en 1585, mort en 1596.

Beaudiné et de la Côte Saint–André (Galiot de Crussol, seigneur de), sixième et dernier fils de Charles de Crussol, vicomte d'Uzès, et frère d'Antoine de Crussol, premier duc d'Uzès, gentilhomme huguenot, colonel d'un régiment d'infanterie à Moncontour, tué à la Saint-Barthélemy.

Beaujeu, capitaine huguenot, porte-guidon de d'Andelot.

Beaupied, capitaine catholique, gascon d'origine, lieutenant de la compagnie de gendarmes du roi de Biron.

Beauvais (Louis de Goulard, seigneur de), gouverneur du prince de Navarre, secrétaire de Jeanne d'Albret, tué à la Saint-Barthélemy.

Beauvais (ou Beauvoir)-la-Nocle (Jean de Lafin, seigneur de), capitaine huguenot renommé; étant malade à Niort, n'assistait pas à la bataille de Moncontour.

Beauvoisin (Hercule de), gentilhomme catholique, volontaire, tué au commencement de l'attaque du Port-de-Piles par les protestants.

Bellegarde (Roger de Saint-Lary, seigneur de), gentilhomme catholique, neveu du maréchal de Thermes. — Monsieur l'emmena en Pologne et, devenu roi, le fit maréchal de France. On le surnomma le *torrent de la faveur*. Sa disgrâce fut rapide. Il épousa la maréchale de Thermes en Piémont et s'empara en 1579 du marquisat de Saluces; mourut empoisonné.

Bernier, capitaine protestant d'origine dauphinoise, commandait 400 arquebusiers huguenots.

Besse, capitaine huguenot.

Birague (Charles de), dit le capitaine *Sacremore*, gentilhomme italien, mestre-de-camp des Italiens, est chargé de porter au pape 28 enseignes protestantes conquises par eux à Moncontour; était gouverneur du marquisat de Saluces.

Biron (Armand de Gontaut, baron de), né en 1524 au château de Biron en Périgord, tué au siège d'Epernay, le 26 juillet 1592, mestre-de-camp de l'armée; catholique, eut un rôle important à Saint-Clair et à Moncontour, devient grand-maître de l'artillerie en 1569, maréchal de France en 1577 et lieutenant-général pour le roi en Guyenne, en 1578.

Biron (Jean Foucault de Gontaut, seigneur de Puybeton, baron de), capitaine protestant, frère cadet du précédent, connu sous le nom de baron de Biron, avait été fait prisonnier à Saint-Quentin et fut tué à Moncontour.

Blacons (Jean de Forest, seigneur de), chevalier de Malte depuis le 7 mai 1526, s'était fait huguenot et commandait un régiment d'arquebusiers à Moncontour, où il fut fait prisonnier ; mourut en Saintonge peu de temps après.

Blaru (le seigneur de), gentilhomme catholique, enseigne de la compagnie d'Antoine de Silly, comte de Rochepot et de Rochefort, fut tué à Moncontour.

Bouchard l'aîné (le sieur), capitaine catholique, lieutenant de la compagnie de gendarmes des ordonnances du roi du seigneur de Lignerolles, qu'il commandait sous Biron à Saint-Clair et à Moncontour, en l'absence du seigneur de Lignerolles.

Bourbonne (Nicolas de Livron-Bourbonne), gentilhomme catholique attaché au duc de Guise, tué par un boulet près du duc au moment où celui-ci s'apprêtait à charger à Moncontour. Il n'était âgé que de vingt ans.

Briquemault (François de Beauvais, seigneur de), capitaine protestant célèbre, fils d'Adrien de B. et d'Alexane de Sainte-Ville ; né vers 1502, chevalier de l'ordre du roi, mestre-de-camp et gentilhomme ordinaire de la chambre, se fait protestant, est envoyé à la reine Elisabeth pour hâter l'envoi du secours promis par elle et demande vainement la restitution du Hâvre ; va à la rencontre de Jeanne d'Albret fugitive de ses états et l'escorte à La Rochelle ; se distingue à Jazeneuil, à la Roche-Abeille, au siège de Lusignan, est atteint de la fièvre au siège de Poitiers et est obligé de se retirer à Châtellerault ; n'était pas à Moncontour. A peine convalescent se retire à la Charité après la bataille, manque de surprendre Bourges, combat à Arnal-le-Duc, est condamné à mort avec Cavagnes par le parlement le 27 octobre 1572 et est pendu en grève à la Saint-Barthélemy. Charles IX assiste à son supplice.

Brissac (Charles II de Cossé, comte, puis premier duc de), fils du maréchal de Brissac, succéda, quoique enfant, à son frère Timoléon tué à Mucidan dans la charge de colonel des bandes de Piémont, était trop jeune pour assister à Moncontour où était son régiment, fut gouverneur de Poitiers pour la ligue et fut blessé dans le combat devant cette ville où Malicorne (Jean Chources de) défit les ligueurs. Créé maréchal de France par la Ligue, il livra à Henri IV Paris, dont il était gouverneur.

Brossay, capitaine huguenot.

Carloue d'Ascoli, gentilhomme catholique italien ; porte-enseigne d'un régiment italien, blessé à l'assaut de Châtellerault.

Carnavalet (François de Kernovenoy, dit), seigneur de Noyen, fut premier écuyer de Henri II et gouverneur de Henri III, commandait à Moncontour 50 cavaliers des premières familles de France, avec lesquels il chargea devant Monsieur après les enfants perdus.

Carrouges (de), gentilhomme catholique de la suite du duc d'Anjou à Moncontour, sans doute Tanneguy le Veneur Seigneur de C. et comte de Tillières.

Cars (Jean des), comte de la Vauguyon, prince de Carency, maréchal de camp en 1578, chevalier du Saint-Esprit, le 31 décembre 1578, lieutenant du roi en Bretagne, mort en 1594.

Caumont (Jacques Nompar de), gentilhomme huguenot, échappa au massacre de la Saint-Barthélemy; duc de la Force; devint maréchal de France. Il y eut un autre Caumont (François de), seigneur de Castelnau, tué à la Saint-Barthélemy, également dans le parti huguenot.

César (le capitaine), catholique, lieutenant de la Colonelle de Piémont, porte-enseigne, tué à l'assaut de Châtellerault.

Champrenon ou **Campernon** (Henri), capitaine anglais, commandant le secours de cent gentilshommes, envoyé à Coligny par la reine Elisabeth, qui n'arriva à Niort que le surlendemain de la bataille de Moncontour (5 octobre 1569).

Charon (le capitaine), de la suite du duc de Montpensier. Blessé à Moncontour.

Châteauneuf, dit de Chergé, gentilhomme protestant, tué à Moncontour ; La Motte-Messemé et Bessé le font enterrer dans le cimetière de l'église d'Airon (Deux-Sèvres).

Châtillon (Odet de Coligny, cardinal de), évêque de Beauvais, frère de l'amiral Coligny; quitta l'habit et le nom de cardinal pour se faire appeler le comte de Beauvais, déposé par le pape pour avoir abjuré le catholicisme, épouse par bravade en soutane rouge Elisabeth de Loré. Condamné par le concile de Trente, se sauva en Angleterre déguisé en matelot, y fut ambassadeur des huguenots près de la reine Elisabeth; mourut en Angleterre empoisonné par un valet.

Chavigny (François Le Roy, seigneur de), comte de Clinchamp, seigneur catholique, lieutenant du duc de Montpensier en Touraine, gouverneur du château de Chinon ; chargea avec Martigues à Moncontour; devint aveugle.

Chely, gentilhomme catholique de la suite du duc de Guise, annonça le premier à Charles IX, au Plessis-lès-Tours, la victoire de Moncontour.

Cheylard (Pierre, Sauvain, seigneur du), capitaine protestant, originaire du Dauphiné, compagnon d'armes du baron des Adrets au commencement de la guerre (1568), commandait un régiment d'infanterie de l'avant-garde de Coligny à Moncontour.

Choisy (comte de), gentilhomme protestant, commandait un régiment de cavalerie à Moncontour.

Claude, évêque de Saintes, aumônier du duc d'Anjou, controversiste, auteur de : *la Méthode contre les sectes* et de *la Déclaration d'aucuns athéismes de Calvin et de de Bèze* (1563), dédiée à Charles IX.

Clermont d'Amboise, gentilhomme huguenot, sauve l'avant-garde protestante d'un désastre le jour de Saint-Clair.

Clermont-Tallard (Claude de), fils aîné de Clermont-Tallard, ancien lieutenant du roi en Dauphiné, et de Françoise de Saint-Vallier, sœur de

Diane de Poitiers, porte-enseigne de Monsieur, duc d'Anjou, à la bataille de Moncontour.

Clermont-Tonnerre (Henri, comte de Clermont et de Tonnerre), gouverneur de Bourbonnais et d'Auvergne, portait à Moncontour la cornette du duc d'Anjou; duc et pair le 1er mars 1571; tué au siège de La Rochelle, le 7 avril 1570.

Cléry (Petermann), chancelier de Fribourg, vieux capitaine suisse, qui servait la France depuis Henri II, mort le 19 octobre 1569 des blessures reçues à la bataille de Moncontour.

Coligny (Gaspard II de), né le 16 février 1517; grand capitaine, mais général souvent malheureux dont l'habileté réparait ce qui semblait irréparable. Il parlait et écrivait avec pureté. Trop célèbre pour qu'il soit utile de faire autre chose que de le nommer.

Cossé (Artus ou Arthur de), seigneur de Gonnor, dit le maréchal de Cossé, frère puîné du maréchal de Brissac, gouverneur de Metz, puis de Mariembourg; fut surintendant des finances en 1563, maréchal de France en 1567, se distingua à Jarnac et à Moncontour, où il rétablit les affaires; battu par Coligny à Arnai-le-Duc. Mort au château de Gonnor (Anjou) en 1582; *avait la tête aussi bonne que le bras*, disent les historiens.

Cosseins ou Cossains, gentilhomme catholique, d'origine gasconne (maison de Cassagnet), avait épousé la belle-sœur de Montluc; capitaine puis mestre-de-camp dans l'armée du duc d'Anjou; fut un des bourreaux de Coligny à la Saint-Barthélemy, où il s'enrichit. Brantôme parle de ses remords. Il mourut au siège de La Rochelle des suites d'une blessure.

Coutenan (le sieur de), lieutenant de la compagnie de gendarmes des ordonnances du roi du marquis d'Elbeuf, qu'il commandait sous Biron en l'absence du marquis à la rencontre de Saint-Clair.

Coutty-Goutty, gentilhomme catholique, basque, blessé à l'attaque du Port-de-Piles par les protestants.

Coze (le baron de), gentilhomme catholique, blessé à Moncontour.

Dierzen (les deux), bâtards de Hesse, commandaient, dans l'avant-garde catholique à Moncontour, le contingent hessois envoyé à Charles IX.

Dodencourt, gentilhomme protestant, lieutenant de Mouy, tué à la rencontre de Saint-Clair.

Dupuy-Vatan, gentilhomme catholique, commandait un régiment de l'arrière-ban à la bataille de Moncontour et y fut blessé.

Duquesne, gentilhomme protestant, commandait un régiment de gens de pied de l'armée de Coligny à Moncontour.

Entrechaux (d'), gentilhomme protestant, cornette de Saint-Auban, chargea avec de Mouy à Saint-Clair, où il fut tué.

Epinac (les deux), gentilshommes catholiques, d'origine normande, chargèrent à Moncontour avec le maréchal de Cossé.

Fompertuis de Beaumont (le sieur de), lieutenant de la compagnie de gendarmes du jeune comte de Brissac, qu'il commandait sous Biron à la rencontre de Saint-Clair.

Galèas de Sienne, porte-enseigne d'un régiment italien, blessé à l'assaut de Châtellerault.

Gastine, gentilhomme catholique du Perche, enseigne de la compagnie de gendarmes d'Odart d'Illiers, seigneur de Chantemesle, gouverneur du Perche; commandait cette compagnie sous Biron à la rencontre de Saint-Clair.

Genlis-le-Jeune (Jean de Hangest, seigneur d'Ivoy, puis de Genlis), capitaine huguenot, mestre de camp de Condé, commandait en chef l'artillerie au siège de Poitiers, commanda une armée en 1572, fut fait prisonnier par le duc d'Albe et secrètement égorgé en prison. On saisit sur lui une lettre du roi à Ludovic de Nassau, lui promettant aide et secours contre les Espagnols.

Gilles (le sieur de), catholique, guidon de la compagnie de gendarmes du marquis d'Elbeuf à la rencontre de Saint-Clair.

Gohas (Jean de Biran, seigneur de), catholique, colonel de gens de pied, mestre-de-camp d'infanterie, tué en 1573 au siège de la Rochelle.

Gramont (Antoine d'Aure, vicomte d'Aster, baron de), capitaine huguenot à Moncontour.

Grandvilliers, du comté de Ferette, huguenot, colonel de lansquenets, cousin de Gaspard de Saulx-Tavanes; tué à Moncontour.

Greselée (Guérin Gansgorff, baron de) ou Grebeser, protestant, colonel de lansquenets dans l'armée des Princes.

Gualteroti (François), catholique, porte-enseigne d'un régiment italien, blessé à l'assaut de Châtellerault.

Guise (Charles de Lorraine), cardinal de Guise, fils de Claude de Lorraine, premier duc de Guise, oncle d'Henri, duc de Guise, né le 17 février 1525, fut ministre de François II et de Charles IX, regardé comme l'un des principaux fauteurs des guerres civiles, était à Rome lors de la Saint-Barthélemy, fut un des principaux chefs de la *ligue*, encouragea les lettrés et les savants, fonda l'université de Reims.

Guise (Henri de Lorraine, duc de), fils aîné de François, *le grand duc de Guise*, né le 31 décembre 1550, n'avait pas encore 19 ans lorsqu'il s'attira tous les regards par sa belle défense de Poitiers, fut blessé à Moncontour, reçut à Dormans, près Château-Thierry, à la joue, un coup d'arquebuse, d'où le surnom de *balafré*, qu'avait aussi reçu son père. — Poignardé à Blois en 1588 à l'entrée du cabinet d'Henri III, par ordre de ce prince (23 décembre); était grand-maître de la maison du roi et gouverneur de Champagne.

Guytinières (Geoffroy d'Aydie, vicomte de Castillon, baron de), gentilhomme catholique, blessé au siège de Poitiers, poursuivit, à la fin de la bataille de Moncontour, la cavalerie protestante en retraite, était de la suite du duc de Guise.

Isles ou de l'Isle (les deux), gentilshommes catholiques, commandaient chacun un régiment de gens de pied français à la bataille de Moncontour.

Isle-Boinville (le sieur de l'), catholique, enseigne de la compagnie de gendarmes du marquis d'Elbeuf, à la rencontre de Saint-Clair.

La Barthe (François de), capitaine catholique, neveu du maréchal de Thermes, mestre-de-camp d'un régiment des vieilles bandes de gens de pied.

La Bauvinière, gentilhomme protestant, s'empara d'Airvault par ordre de Coligny et y devança le capitaine catholique Allard, envoyé dans le même dessein par le duc d'Anjou.

La Fayette (Jean Motier de la), seigneur de Hautefeuille, grand prieur d'Auvergne et lieutenant de Montmorin-Saint-Heram, gentilhomme catholique de l'escorte du duc d'Anjou.

La Guiche, gentilhomme catholique, porte-enseigne dans les *Cent-gentilshommes*, tué près du duc d'Anjou à Moncontour.

La Loue, célèbre capitaine huguenot, originaire du Vendômois, était à Jarnac et à Moncontour, tué le 1er avril 1570, près de Montpellier.

La Motte, capitaine huguenot, se signala surtout au siège de St-Jean d'Angély.

La Motte-Messemé (François le Poulchre, seigneur de), gentilhomme catholique, chevalier de l'ordre de roi, capitaine de 50 hommes d'armes de ses ordonnances, avait mis sa bannière à Moncontour sous le duc de Guise, eut un cheval blessé sous lui, poursuivit la cavalerie protestante en retraite. — A écrit en vers la troisième guerre civile dans les *Honnestes loisirs*, en 1587.

La Motte-Messemé (de Senone de), frère du précédent, gentilhomme catholique, traversa le Thouet le second à la poursuite de la cavalerie protestante. C'était un vaillant qui prit part à toutes les guerres civiles. Il mourut empoisonné en 1572.

Landon (de), l'aîné, gentilhomme volontaire dont l'armée royale; se distingua à l'assaut de Châtellerault en relevant et emportant l'enseigne colonelle de Piémont, après la mort du porte-enseigne. Cet acte de bravoure lui valut de remplacer ce porte-enseigne tué, le capitaine Cézar.

La Noue (François de), dit *Bras-de-fer*, illustre capitaine huguenot que Henri IV qualifia ainsi : *un grand homme de guerre et encore plus un grand homme de bien*, fut fait prisonnier à Moncontour et dut la vie au duc d'Anjou. Varillas dit que La Noue combattit tant que ses blessures lui permirent de rester debout. Mais nous ne croyons pas que La Noue ait été blessé à Moncontour. Il était Breton et a écrit des *Discours politiques et militaires;* il est superflu de faire son éloge.

La Ramière, capitaine huguenot, commandait les enfants perdus de l'avant-garde de l'armée des Princes à Moncontour.

Larchan (de), gentilhomme catholique, guidon du baron de Neufbourg, blessé à Moncontour.

La Rivière, capitaine Huguenot, mortellement blessé à la rencontre de Saint-Clair, où il portait la cornette des gendarmes de Coligny.

La Serre, capitaine huguenot, blessé à la rencontre de Saint-Clair.

La Serrée, capitaine huguenot, guidon de Beauvais-la-Nocle, dont il commandait la cornette en son absence dans l'avant-garde de l'armée protestante, est emporté par son cheval et fait prisonnier à l'attaque du Port-de-Piles.

La Tournelle, gentilhomme huguenot, originaire du Gâtinais, tué à l'attaque du Port-de-Piles.

Laubouinière des Champs, capitaine protestant, occupe Parthenay par ordre de Coligny, en devançant le capitaine Allard, envoyé par le duc d'Anjou.

La Valette (Jean de Nogaret, seigneur de), seigneur de Cazaux et Caumont, capitaine de 50 hommes d'armes des ordonnances du roi, lieutenant-général en Guyenne, beau-frère du maréchal de Bellegarde et père du fameux duc d'Épernon, mestre-de-camp de la cavalerie légère. — Mort le 18 décembre 1575.

Lavardin (Monsieur de), gentilhomme protestant, commandant un régiment de cavalerie à la bataille de Moncontour.

Lechelat, capitaine protestant, commandait à Moncontour un régiment de cavalerie de l'armée des Princes.

Lemignan (le jeune), surnommé La Fontaine, champenois, commandait une compagnie de gens de pied catholiques au Port-de-Piles, fut blessé lors de l'attaque des protestants.

Lestrange, gentilhomme protestant, l'un des conseillers intimes de Coligny ; blessé à Moncontour comme l'amiral et porté comme lui en litière, rencontre celui-ci et l'encourage par une citation des psaumes de David.

Lisle, capitaine protestant, tué à Saint-Clair.

Longueville (Léonor d'Orléans, duc de), né en 1540, était de l'entourage du duc d'Anjou à Moncontour, fut gouverneur de Picardie, obtint de Charles IX le titre de prince du sang à cause de son origine, fut le troisième mari de Marie de Bourbon, duchesse d'Estouteville, était beau-frère du prince de Condé.

Mailly (René, baron de), capitaine de 50 hommes d'armes et chevalier de l'ordre, gouverneur de Montreuil, blessé à Moncontour.

Mailli-Beuchart, gentilhomme catholique, lieutenant de Lignerolles, blessé à Moncontour.

Malatesta (Caluccio), colonel italien tué à l'assaut de Châtellerault.

Mansfeld (Pierre-Ernest, comte de), prince de l'empire, gouverneur d'Yvoi, d'Avesnes, de Luxembourg, de Bruxelles, servit Charles IX dans les guerres civiles et fut grièvement blessé à Moncontour, où il commandait le contingent espagnol. «*Il y fit si bien et si vaillamment qu'il y fut blesé dans un bras à la mort, lequel il cuyda perdre, mais par les bons remèdes (d'Ambroise Paré) il guérit. Il était très aimable, très aimé, et avait une belle façon. (Brantôme, 1, 308.)*

Mansfeld (Wolrad de), huguenot, lieutenant du duc de Deux-Ponts, prit le commandement de l'armée de ce prince à sa mort le 11 juin 1569 ; sauva de la déroute l'avant-garde de l'armée des Princes dans la plaine de Saint-Clair et les restes de la cavalerie le soir de Moncontour ; rentra en Allemagne peu de temps après la bataille ; mourut le 30 décembre 1578.

Martigues (Sébastien de Luxembourg, duc de Penthièvre et d'Etampes, marquis de Beaugé, vicomte de), baron de Berre, fils de François II, de Luxembourg, et de Charlotte de Brosse, colonel général de l'infanterie en 1562, surnommé *le chevalier sans peur*. — Tué le 19 novembre 1569, au siège de Saint-Jean d'Angély.

Matignon (Jacques Goyon de), prince de Mortagne, comte de Thorigny, devint maréchal de France — chargea avec le maréchal de Cossé à Moncontour.

May (de ou de), capitaine catholique de chevau-légers, renommé pour sa bravoure.

Mayenne (Charles de Lorraine, marquis puis duc de), frère cadet du duc de Guise, né en 1554, prit part au siège de Poitiers à moins de 15 ans et à la bataille de Moncontour, où il fut porté par terre sans être blessé. En 1589 après l'assassinat de ses deux frères à Blois, il exerça à Paris un pouvoir presque royal en qualité de lieutenant-général de l'Etat et couronne de France. Il fut battu par Henri IV à Arques et à Ivri, et se soumit en 1611. On l'appelait le plus souvent marquis puis duc du Maine.

Melli, gentilhomme catholique, commandait un régiment de l'arrière-ban de France à Moncontour.

Mergey (Jean de), gentilhomme protestant, lieutenant de la compagnie de M. de Bonneval. Cette compagnie était logée à Saint-Chartres, sur la Dive (que Mergey appelle Saint-Clair par erreur), dans la nuit du 2 au 3 octobre 1569, et M. de Bonneval avait placé quelques cavaliers en vedettes à la motte Puytaillé. Le 3 octobre, au matin. M. de Bonneval, malade, se retira à Niort laissant à Mergey le commandement. Le cheval de Mergey étant blessé dans l'escarmouche de la motte, celui-ci monta un cheval d'Espagne appartenant à M. de Bonneval et se retira à Saint-Chartres. Il rejoignit l'armée des Princes et eut deux de ses hommes tués à ses côtés. Il chargea l'avant-garde catholique avec le comte Ludovic et fit prisonnier un Italien que deux autres protestants massacrèrent malgré lui. **Mergey** se retira avec sa compagnie sur Airvault avec Mansfeld et le comte Ludovic, lorsque la bataille fut perdue. Il a laissé des mémoires imprimés dans la collection Michaud.

Méru (Charles de Montmorency, seigneur de), duc de Damville, colonel général des Suisses, l'était à titre provisoire à Moncontour : amiral de France, troisième fils du grand connétable Anne de Montmorency.

Mirabel, gentilhomme protestant, commandait un régiment d'arquebusiers français à Moncontour.

Montbrun (Charles du Puy de), gentilhomme du Dauphiné, protestant, commandait un régiment d'arquebusiers français dans l'armée des Princes, servit longtemps sous les ordres du baron des Adrets, devint, après la Saint-Barthélemy, chef de tous les protestants de Dauphiné et de Provence, pilla les bagages de Henri III revenant de Pologne et l'insulta gravement et publiquement à l'occasion d'une lettre que le roi lui écrivait. Aussi quelques temps après, étant blessé et prisonnier, il fut condamné par le parlement de Grenoble a avoir la tête tranchée, et fut décapité.

Monte (Fabian di), capitaine italien, fils de Baudoin di Monte, frère du pape Jules III.

Monte-alto (Ottavio di), seigneur italien, neveu du pape Jules III, tué à l'assaut de Châtellerault.

Monterud, capitaine catholique, commandait sa compagnie de gendarmes des ordonnances du roi, sous Biron, à la rencontre de Saint-Clair. Innocent Tripier de Monterud était gouverneur d'Orléans.

Monteurin, gentilhomme huguenot, charge avec de Mouy les catholiques à Saint-Clair ; il y est tué.

Montluc ou **Monluc** (Fabian de), dit Montesquiou, quatrième fils du maréchal de Monluc, commandait un régiment de gens de pied catholiques à Moncontour, s'appela d'abord François à cause de La Châtaigneraie, son parrain ; fut gouverneur de Pignerol.

Montmorency (Guillaume de), seigneur de Thoré. (Voir Thoré.)

Montpensier (François de Bourbon, duc de), dauphin d'Auvergne, dit ordinairement le prince Dauphin, fils de Louis II de Bourbon et de Jacqueline de Longwy, né en 1542, eut deux arquebusades dans ses armes à la bataille de Moncontour, mort à Lisieux le 2 juin 1592.

Montpensier (Louis II de Bourbon, duc de), prince de la Roche-sur-Yon, descendant de Saint Louis, est le premier des Montpensier qui porta le titre de duc, gouverneur de Touraine, d'Anjou et du Maine sous François II, lieutenant du roi pendant la première guerre civile, commandait à Moncontour l'avant-garde de l'armée royale ; lieutenant du roi en Guyenne ; fameux par sa cruauté envers les protestants, auxquels il ne garda jamais la foi jurée. -- 10 juin 1512-22 septembre 1582.

Morvilliers (Louis de Lannoy, seigneur de), catholique, gouverneur de Boulogne-sur-Mer.

Mouy (Louis de Vaudray, seigneur de). La terre de Mouy était en Beauvoisis. Puîné de la maison des seigneurs de Saint-Phale, ce capitaine huguenot célèbre était généralement appelé Mouy-Saint-Phale. *C'était un des plus vaillants hommes de ce temps* (duc d'Aumale). Il fut perfidement assassiné à Niort en octobre 1569 par le trop fameux Morvel ou Maurevert, *le tueur du roi*. Son fils Arthur de Vaudray fut tué, en le vengeant, à Paris, rue Saint-Denis.

Murat, capitaine catholique de la suite du duc de Montpensier, blessé à Moncontour.

Nancé, gentilhomme catholique, qui franchit le Thouet le premier à a poursuite de la cavalerie protestante en retraite.

Nassau (Louis ou Ludovic, comte de), appelé le comte Ludovic, frère de Guillaume Ier, prince d'Orange, dit le Taciturne; commandait la *bataille* de l'armée des Princes à la bataille de Moncontour.

Normand (ou Bretin dit), capitaine huguenot, originaire de Rouen, commandait des arquebusiers à cheval. De 1569 à 1574, on le retrouve à Châtellerault, à Brouage, à la Rochelle.

Normant (le sieur), capitaine catholique, enseigne de la compagnie de gendarmes des ordonnances du jeune comte de Brissac.

Onoux (d'), ou d'Honoux, ou d'Aunoux, mestre de camp du régiment de Brissac, tué au siège de Poitiers. Mentionné pour signaler que c'est à tort que des historiens du temps le font assister à la bataille de Moncontour.

Orange (Guillaume Ier de Nassau, prince d'), l'un des plus grands capitaines du xvie siècle, fondateur de la république de Hollande. Venu en France au secours des protestants avec le duc de Deux-Ponts, auquel il avait amené 1200 chevaux, il quitta l'armée des Princes à Faye-la-Vineuse sous un déguisement et avec une faible escorte pour faire de nouvelles levées en Allemagne, laissant à l'armée ses deux frères, Ludovic et Henri de Nassau, qui combattirent à Moncontour.

Paré (Ambroise), premier chirurgien de Charles IX, né vers 1516 à Laval, d'abord barbier, puis aide-chirurgien, fut successivement au service du maréchal de Montejeau, du vicomte de Rohan, d'Antoine de Bourbon et de Henri II, était protestant, mais fut épargné à la Saint-Barthélemy, mourut le 22 décembre 1590.

Perusin (Francisque), seigneur italien, tué à Moncontour.

Pezac (de), gentilhomme catholique, guidon de la compagnie de gendarmes des ordonnances du roi de Chantemesle à la rencontre de Saint-Clair et à Moncontour.

Phiffer (Louis), colonel suisse renommé, s'était déjà illustré à la retraite de Meaux en couvrant la personne du jeune roi Charles IX et l'empêchant d'être pris par les protestants.

Piccolomini (Scipion), seigneur italien, lieutenant de Monte-Aculo, tué à Moncontour.

Pierre-Condrelieu (le sieur de la), capitaine catholique, guidon de la compagnie de gendarmes des ordonnances du roi du seigneur de Ligne-rolles.

Piles ou **Pilles** (Armand de Clermont de), gentilhomme périgourdin protestant, grièvement blessé au siège de Poitiers, se réfugia à Saint-Jean d'Augély dont il organisa la défense et qu'il défendit glorieusement, du 26 octobre ou 2 décembre 1569, contre l'armée royale commandée par Charles IX en personne.

Plotinière, ancien page de Coligny, tira de la mêlée l'amiral blessé et l'emmena à l'écart.

Poigny-Rambouillet (le sieur de), gentilhomme catholique, guidon de la compagnie de gendarmes du vicomte d'Anchy.

Princes (les), c'est-à-dire les princes de Navarre et de Condé, chefs nominaux de l'armée protestante. En 1569, Henri de Bourbon, prince de Navarre (depuis Henri IV), se qualifie ainsi : Henri, prince de Navarre, duc de Vendosmois et de Beaumont, premier pair de France, comte de Marle, baron d'Espernon et de Montdoubleau, Blou, Brillon et Avrilly, seigneur Doisy, de Há, Rohan, Beaurevoir, d'Anguyen en Flandres, gouverneur, lieutenant-général et amiral pour le roy, Monseigneur es pays de Guyenne et Poitou, — et Henri de Bourbon, prince de Condé, ainsi : Henry de Bourbon, prince de Condé, duc d'Anguyen, pair de France (*serment prêté par les Princes après Jarnac*). A la bataille de Moncontour figuraient à la tête des armées quatre Henri dont le plus âgé n'avait pas 19 ans, savoir : 1° Henri de Lorraine, duc de Guise, né le 31 décembre 1550 ; 2° Henri de France, duc d'Anjou, né le 19 septembre 1551 ; 3° Henri de Bourbon, prince de Condé, né le 29 décembre 1552 ; 4° Henri de Bourbon, prince de Navarre et de Béarn, duc de Vendôme, né le 14 décembre 1553.

Racan (de), gentilhomme catholique, guidon de la compagnie de gendarmes du roi du duc de Montpensier, blessé à Moncontour, père du célèbre poète Racan.

Raiz ou **Retz** (Albert de Gondi, seigneur du Perron, duc de), devenu maréchal de France ; favori de Charles IX, était petit-fils d'un meunier et fils d'une favorite de Catherine de Médicis amenée par cette princesse d'Italie lors de son mariage avec Henri II ; s'appela d'abord du Perron, capta la faveur de Charles IX, dont il fut le mauvais génie ; vicieux et sans scrupules, fut un des principaux auteurs de la Saint-Barthélemy, fournit des preuves de noblesse pour recevoir l'ordre du Saint-Esprit, fut un des auteurs de la *ligue*. L'histoire doit stigmatiser ce seigneur vil et méprisable.

Rance, seigneur catholique champenois, dit Contenan, gouverneur du marquis d'Elbeuf, colonel des légionnaires de Champagne.

Regis, catholique, maréchal-des-logis de Bapteresse, blessé à Moncontour.

Renty (de), gentilhomme catholique tourangeau, commandait un régiment de gens de pied à Moncontour.

Resnel (Antoine de Clermont, marquis de), ajouta à son nom celui d'Amboise que portait sa mère. Il était frère utérin du prince Porcien, commandait à Moncontour une cornette de chevau-légers dans le régiment de Coligny ; il fut tué à la Saint-Barthélemy par son cousin, le fameux Bussy d'Amboise, avec lequel il était en procès.

Rhingrave l'aîné ; c'est Jean-Philippe, comte de Salm (1545-1569), tué à Moncontour de la main de Coligny, il avait amené au roi cinq enseignes de lansquenets le 1er août 1562. Il avait épousé la cousine germaine de Bassompierre, Diane de Dompmartin. Il était fils de François Rhingrave et de Marie Egyptienne, comtesse d'Oëtingen.

Rhingrave (Frédéric), né en 1547, frère du précédent, fut blessé à Moncontour et retourna en Allemagne, où, devenu l'aîné de sa famille, il succéda à son père.

Rochechouart (René de), baron de Mortemer et de Montpipeau, gentilhomme catholique, né en 1528, épousa la fille de Saulx-Tavannes ; — mort le 17 avril 1587.

Roesses, capitaine huguenot.

Rouvray, capitaine huguenot, d'origine normande, commandait le régiment de Valfrenière (René de Provanes, seigneur de), tué au siège de Mons en 1572.

Ruccellai (Jérôme), porte-enseigne d'un régiment italien, blessé à l'assaut de Châtellerault.

Saint-Auban (Albert Pape de), capitaine huguenot renommé, est fait prisonnier à Saint-Clair, mais réussit à s'échapper.

Saint-Bonnet (Laurent de Peyrusse d'Escars (ou mieux des Cars), seigneur de), proche parent de La Vauguyon, capitaine protestant, enseigne des gendarmes de Coligny, tué à Moncontour.

Saint-Cyr (Tanneguy du Bouchet, seigneur de Puygreffier, dit), capitaine protestant, ancien prévôt d'Orléans sous Condé, tué le soir de Moncontour en couvrant la retraite de la cavalerie protestante.

Sainte-Colombe, gentilhomme catholique tué en Béarn au mépris d'une capitulation.

Sainte-Marie-aux-Anneaux, gentilhomme protestant, commandait un régiment de cavalerie à Moncontour.

Sainte-Soline (Joseph d'Oineau ou Doyneau de), capitaine catholique, né à Poitiers ; après s'être distingué au siège de cette ville, assista à la bataille de Moncontour et poursuivit la cavalerie huguenote en retraite.

Saint-Gelais (Guy de), dit Lansac-le-jeune, fils de Louis de Saint-Gelais, seigneur de Lansac (dit le bonhomme Lansac), se mariait le jour même de la bataille de Moncontour avec Antoinette Raffin, fille de François Raffin, seigneur d'Azai-le-Rideau, capitaine des gardes du roi. Plusieurs gentils-

hommes protestants assistant à ce mariage ne se trouvèrent pas à la bataille.

Saint-Geniez (Jean II, de Gontaut, seigneur de Saint-Geniès ou de
catholique, guidon de la compagnie de gendarmes des ordonnances du roi
de Biron.

Saint-Gouard (Jean de Vivonne, seigneur de Pisani, marquis de), catholique, enseigne de la compagnie de gendarmes du seigneur de Monterud.

Sanfray, gentilhomme catholique, charge les huguenots avec le maréchal de Cossé, à Moncontour.

Santa-Fiore (Ascanio Sforza, comte de), commandait le contingent
italien envoyé par Pie V à Charles IX, se couvrit de gloire à la bataille
de Moncontour.

Santa-Fiore (Mario Sforza, comte de), frère d'Ascanio, servait sous
ses ordres à Moncontour.

Santa-Fiore (Pol Sforza, comte de), frère des deux précédents, servait sous les ordres d'Ascanio.

Sarlabous le jeune (Raymond de Cardaillac, dit), frère cadet de Corbeyran, seigneur de Sarlabous, capitaine bigourdan, colonel de gens de
pied catholiques, chevalier de l'ordre du roi, gouverneur d'Aigues-Mortes.
Brantôme faisait plus de cas du cadet que de l'aîné des Sarlabous : « Ces
deux frères, dit-il, ont eu l'estime d'avoir esté deux forts bons capitaines
de gens de pied, mais l'on estimoit plus le jeune. » Raymond avait perdu
un bras au siège de Rouen en 1562. Il mourut à Bagnères-de-Bigorre en
1591. Son frère Corbeyran fut tué au siège d'Oleron en 1586.

Sassatelli (Giovanni, comte), seigneur italien, blessé à la bataille de
Moncontour.

Savigny (Chrétien de), seigneur de Rosne, gentilhomme catholique
lorrain, chambellan du duc d'Anjou.

Schomberg (Gaspard de), né en 1540, homme de guerre sans convictions religieuses arrêtées, se bat d'abord pour les huguenots, mais,
dès 1563, devint capitaine de reîtres au service du roi. Chambellan en
1566, puis colonel-général des bandes noires (reîtres), se signale dans l'armée royale à Moncontour; se fait naturaliser français (1570), ambassadeur des princes protestants d'Allemagne, prend une part active à la con-
version d'Henri IV, est chargé avec de Thou d'une première rédaction de
l'édit de Nantes, meurt en 1599. Son fils Henri fut maréchal de France.
Gaspard de Schomberg, quoique blessé à la cuisse à Moncontour, tint à
passer la nuit sur le champ de bataille.

Senecey (Claude de Bauffremont, baron de), gentilhomme catholique,
député de la noblesse aux premiers Etats de Blois, était guidon du duc de
Guise à Moncontour, où il fut blessé.

Sommière (le sieur de), catholique, lieutenant de la compagnie de gendarmes des ordonnances du roi du vicomte d'Anchy, qu'en son absence il commandait sous Biron à la rencontre de Saint-Clair.

Soubise (Jean Larchevesque, seigneur de), huguenot, dernier rejeton mâle de la maison de Parthenay. Sa fille unique, Catherine, épousa, en 1575, le vicomte de Rohan et en eut le grand Henri, duc de Rohan. Soubise était un des principaux chefs de l'armée des Princes.

Talmay, gentilhomme catholique bourguignon, capitaine de gendarmerie, blessé à Moncontour.

Taschy (le sieur de), catholique, guidon de la compagnie de gendarme des ordonnances du roi du jeune comte de Brissac.

Tavannes ou plutôt **Tavanes** (Gaspard de Saulx, seigneur de), était chef du conseil de l'armée du duc d'Anjou pendant la troisième guerre civile jusqu'après la victoire de Moncontour, dont l'honneur lui revient; devint maréchal de France, fut l'un des auteurs de la Saint-Barthélemy, a laissé des mémoires que son fils a publiés.

Téligny (Charles de), seigneur protestant, gendre de Coligny, une des pures figures du protestantisme, assassiné à la Saint-Barthélemy, a joué constamment un rôle important dans les affaires et dans les combats.

Thoré (Guillaume de Montmorency, seigneur de), fils du connétable Anne, était de l'entourage de Monsieur à Moncontour.

Tracy (de), gentilhomme huguenot, commandait un régiment de cavalerie à Moncontour.

Ursigné, gentilhomme catholique, blessé à Moncontour.

Valavoire (Scipion de), capitaine huguenot, frère d'un capitaine catholique et d'un autre capitaine protestant qui fut assassiné à la Saint-Barthélemy.

Vérac, gentilhomme catholique, mortellement blessé à la bataille de Moncontour.

Verger l'aîné (du), gentilhomme poitevin protestant, reçut une blessure mortelle à l'attaque de Port-de-Piles; était de la famille des du Verger, seigneurs de la Rochejacquelein.

Vermily, capitaine huguenot, envoyé en reconnaissance le matin de Moncontour.

Vésigny, gentilhomme catholique de l'entourage du duc d'Anjou, blessé à Moncontour.

Vésins, gentilhomme catholique, commandant un régiment de l'arrière-ban à la bataille de Moncontour.

Vidame de Chartres (le), ambassadeur de Coligny, avec Odet de Châtillon, près de la reine d'Angleterre.

Villars (Honorat de Savoie, marquis de), frère du duc de Somme et du comte de Tende, fut gouverneur de Guyenne et amiral. Le duc d'Anjou ayant eu son cheval tué sous lui à Moncontour, Villars lui porta secours et le remit à cheval.

Villauneuf, gentilhomme catholique poitevin, enseigne des gendarmes du duc d'Aumale, mourut d'une blessure (rupture du fémur), reçue à l'assaut de Châtellerault, auquel il assistait comme volontaire.

Villequier (René do), baron de Clairvaux, un des familiers du duc d'Anjou. C'est lui qui en septembre 1577 assassina dans le château de Poitiers, où il logeait avec Henri III, sa première femme, Françoise de la Marck (bâtarde de Guillaume de la Marck, de la branche de Lumain), ainsi qu'une suivante de celle-ci. Ce crime resté mystérieux ne lui fit pas perdre la faveur du roi. Villequier défendit Poitiers, se distingua à Moncontour, accompagna le duc d'Anjou en Pologne, fit partie du conseil secret d'Henri III, dont il fut premier gentilhomme de la chambre, fut commandeur des ordres du roi.

Villeroi (Nicolas de Neufville, seigneur de), d'une famille de noblesse récente, né en 1542, secrétaire d'État, puis ministre sous quatre rois : Charles IX, Henri III, Henri IV et Louis XIII, mourut en 1617, à 74 ans, avec la réputation d'un habile politique.

Virieu, gentilhomme protestant, commandait à Moncontour un régiment d'arquebusiers français.

Westerburg (le comte de), de la maison de Ninkel, originaire des environs de l'électorat de Trèves, commandait un régiment allemand dans l'armée catholique, à Moncontour.

Ysti (le comte d'), seigneur catholique italien, blessé à la bataille de Moncontour.

ANNEXE N° 3

BIBLIOGRAPHIE

SOURCES CONSULTÉES

Discours politiques et militaires du seigneur de la Noue. Dernière édition. MDCXII. (La Noue assistait à la bataille de Moncontour.)

CASTELNAU (Michel de), *Mémoires* (1559-1570). Paris, 1659. (Castelnau assistait à la bataille.) Additions de Le Laboureur.

Les Honnestes Loisirs de Messire François de Poulchre, chevalier de l'ordre du Roy, cappitaine de cinquante hommes d'armes de ses ordonnances, seigneur la Motte Messemé. Paris, 1587 (en vers). (La Motte-Messemé assistait à la bataille.)

Les Mémoires des troubles arrivés en France sous les règnes des rois Charles IX, Henri III et Henri IV...; par M. de Villegomblain. A Paris, en la boutique de l'Angelier, chez Henri Guignard, etc. MDCLXVII. (Villegomblain assistait à la bataille.)

Mémoires de Jean d'Antras de Samazan, seigneur de Cornac..., publiés pour la première fois par M. J. de Carsalade de Pont... et M. Ph. Tamisey de Larroque. Sauveterre de Guyenne. Jean Chollet, libraire-éditeur. 1880 (Jean d'Antras assistait à la bataille).

MERGEY (*Mémoires* de Jean de), tome XLI de la collection des Mémoires particuliers relatifs à l'Histoire de France. (Mergey assistait à la bataille.)

POPELINIÈRE (Lancelot Voisin, sieur de la), *la Vraye et entière histoire des troubles et choses mémorables avenues tant en France qu'en Flandres et pays circonvoisins, depuis l'an 1562;* troisième édition augmentée. Bâle, 1579. 2 vol. in-8°. (La Popelinière assistait à la bataille.)

TAVANES (Gaspard de Saulx-Tavanes, maréchal de France), *Mémoires des choses advenues en France et guerres civiles depuis l'année 1560 jusqu'en 1596*, publiés par Guillaume de Saulx-Tavanes, son fils. Paris, 1625. (Gaspard de Saulx-Tavanes assistait à la bataille.)

Histoire universelle de d'Aubigné, publiée pour la Société de l'Histoire de France par le baron de Rubbe (Alphonse). Paris, Renouard, 1884.

Discours de la bataille de Montcontour, fait par de Neufville, le 4 octobre 1569.

Discours de la bataille et victoire obtenue par le Roy sur ses ennemis et rebelles sous la conduite de Monseigneur le duc d'Anjou, son frère, auprès de Montcontour (inséré dans le procès-verbal de la communication au parlement du 5 octobre 1569). Bibl. Nat. Fonds français, t. 15505, ancien Harlay, 121.

Le siège de Poitiers, par LIBERGE, suivi de la bataille de Moncontour et du siège de Saint-Jean d'Angély, nouvelle édition annotée par H. Beauchet-Filleau, de la Société des Antiquaires de l'Ouest. Poitiers, Létang, 1846.

DAVILA, *Histoires des guerres civiles en France*, par H. C. Davila, mis en français par I. Baudoin. 3ᵉ édition. A Paris, chez P. Rocolet, MDCLVII.

DE THOU, *Histoire universelle de Jacques-Auguste de Thou*, depuis 1543 jusqu'en 1607, traduite de l'édition latine de Londres. Londres,

MDCCXXIV, et Jac. Augusti Thuani Historiarum sui temporis. Excussi curavit Samuel Baekley. MDCCXXXIII.

Œuvres complètes de Pierre de Bourdeille, seigneur de Brantôme, publiées... pour la Société de l'Histoire de France par Ludovic Lalanne. Paris, Renouard, terminé d'imprimer en MDCCCLXXXII.

Varillas (Antoine), *Histoire de Charles IX.*

Jean de Serres, *Histoire des choses mémorables avenues en France depuis l'an MDXCVII jusques au commencement de l'an MDXCIX*, contenant infinies merveilles de notre siècle. Deuxième édition. Imprimé l'an de notre salut MDXCIX.

Mémoires de la troisième guerre civile et des derniers troubles en France... Charles IX, régnant. Marc, XIII. VII. « Quand vous orrez des guerres et bruits de guerre, ne soyez point troublés, car il faut que ces choses se facent, mais encore ne sera ce pas la fin » MCLXXI.

Histoire des Princes de Condé pendant les XVIᵉ et XVIIᵉ siècles, par M. le duc d'Aumale, de l'Académie française, avec cartes. Paris, Calmann Lévy.

Histoire de France, principalement pendant le xvIᵉ et le xvIIᵉ siècle, par Léopold Ranke. Traduction de J.-Jacques Porcher. Paris, Friedrich Klincksieck, rue de Lille, nᵒ 11. 1854.

Mémoires de la vie du maréchal de Vieilleville. Vincent Carloix. Paris, MDCCLVII.

Correspondance de Catherine de Médicis. 1860 et suiv. in-4ᵒ. Comte Hector de la Ferrière. Paris, Imprimerie Nationale.

Daniel, *Histoire de France...* par le père G. Daniel, de la compagnie de Jésus. A Paris, chez les libraires associés, MDCCLV.

Vie de Coligny, par le comte Jules Delaborde. 1879-1882.

Les Saulx-Tavanes, *Études sur l'ancienne société française.* Lettres et documents inédits par L. Pingard, professeur à la faculté des lettres de Besançon. Paris, Firmin Didot, 1876.

L'Amiral Coligny, étude historique par Jules Tessier, docteur-ès-lettres, professeur d'histoire au lycée de Poitiers. Paris, Sandoz, 1872.

Les ducs de Guise et leur époque, étude historique sur le xvIᵉ siècle, par Forneron. Paris, E. Plon, 1877.

La France protestante, par Haag (1847-1859), in-8ᵒ.

Tortorel et Perissin, *Grandes scènes historiques du XVIᵉ siècle.* Deux planches s'y rapportent à la bataille de Moncontour, l'une intitulée : L'ordonnance des deux armées près de Moncontour, le 3 octobre 1569 (Tortorel fecit) et la seconde intitulée : La desroute du camp de M. les Princes, et la desfaite des lansquenets à Moncontour, le 3 d'octobre 1569. (Peirissim fecit, 1570.)

La Vraye et entière histoire des troubles et guerres civiles, avenues de notre temps pour le faict de la religion, tant en France, Allemaigne que Pays-Pas, recueillie, etc., etc., par I. LE FRÈRE, de Laval. A Paris, 1575. (C'est une contrefaçon de La Popelinière, avec quelques additions.)

François de la Noue (1531-1591), par HENRI HAUSER, agrégé de l'Université, professeur d'histoire au Lycée de Poitiers. Paris, Hachette et Cⁱᵉ, 1892.

Société des Antiquaires de l'Ouest. Mémoires, tome X, 1843, *Mémoire sur la bataille de Moncontour*, par M. ALLONNEAU, avec carte.

Notices sur les batailles de Voulon, Poitiers, Maupertuis et Moncontour, avec quatre cartes, par M. SAINT-HYPOLITE, officier d'état-major (extrait du *Spectateur militaire*). Paris, 1884. Reproduites en partie dans les *Mémoires de la Société des Antiquaires*, tome XI, 1844.

Discours de la bataille du lundi, troisième jour d'octobre 1569, en laquelle il a pleu à Dieu donner tres memorable victoire au Roy tres chrestien par la boue, heureuse et vertueuse conduite de moseigneur duc d'Anjou, son frère, et lieutenât general de Sa Majesté en tous ses royaume, pays, terre et seigneuries. A Paris, par Jean Dallier, libraire, sur le pont Saint-Michel, à la Rose blanche. Par commandement du Roy et privilège de sa Cour de Parlement. — Signé DE NEUFVILLE.

Le XVIᵉ siècle et les Valois, par le comte H. DE LA FERRIÈRE, 1879. Imprimerie Nationale.

CLAUDE HATON, Mémoires recueillis par FÉLIX BOURQUELOT. Paris, 1857. Documents inédits.

HOTMAN, *Vie de Coligny.*

PERAU, *Vie de Coligny*, dans les *Vies des hommes illustres de France*, tome XX.

Discours sur la bataille de Moncontour. Plusieurs publications officielles et copiées l'une sur l'autre ont paru en 1567 sous ces titres : Discours de la bataille et cruelz assautz donnez entre Moncontour et Hernaulz et de la très mémorable victoire obtenue par la grâce de Dieu et la bonne conduite de Monsieur le lundy 3ᵉ jour d'octobre MDLXIX. De l'imprimerie de Nyvert. S. d. 11 ff. et Discours de la bataille donnée le 3 octobre proche de Moncontour. Paris, Dallier, 1569. — Orléans, Gibier, 1569, in-8°. — Poitiers, 1621, in-12. — Dijon, Lyon ; enfin on trouve la relation officielle dans le tome VII de la *Correspondance diplomatique* de LA MOTTE-FÉNELON, p. 65.

Histoire de Charles IX, par E. DE LA BARRE-DUPARCQ. Paris, aux frais de l'auteur, 1875.

DECRUE, *la Cour de France au XVIᵉ siècle*, 1888, in-12.

Histoire de nostre temps contenant un recueil de choses mémorables passées et publiées pour le faict de la religion et estat de France depuis l'edict de pacification du 23ᵉ jour de mars 1565 jusques au jour présent 1570. Gros in-12 de 800 pages.

Relations des ambassadeurs vénitiens. 1838, in-4°.

P. BRISSON, *Histoire des guerres civiles du Poitou* (édit. de la Fontenelle de Vaudoré). Niort, 1839-49, in-8°.

Archives curieuses, CIMBERT et DANJOU, tome VII.

BOUTARIE, *Institutions militaires de la France.* 1863, in-8°.

Histoires de France de Dareste, Henri Martin et Michelet.

UNE MÉPRISE ARCHÉOLOGIQUE

LES PUITS FUNÉRAIRES

Par A.-F. LIÈVRE

Il y a une trentaine d'années, l'abbé Baudry, curé du Bernard, en Bas-Poitou, fut amené par un heureux hasard à fouiller un certain nombre de fosses, en forme de puisards, qu'il prit pour des sépultures et auxquelles il donna, en conséquence, le nom de Puits funéraires. Ces fouilles procurèrent au nouvel archéologue toute une collection d'objets antiques d'un réel intérêt, et firent dans le temps quelque bruit, grâce à l'opinion qu'il émit au sujet de la destination de ces trous ; mais cette attribution, aussi étrange que nouvelle, aurait difficilement trouvé créance si elle n'avait d'emblée été acceptée, puis patronnée par Jules Quicherat, qui, par le seul fait de son adhésion, l'a pour ainsi dire soustraite à la discussion.

Nous nous demandons si dans cette circonstance la sagacité de Quicherat n'a pas été mise en défaut et s'il n'a pas consacré de sa haute autorité la plus lourde méprise qu'un archéologue puisse commettre.

Disons d'abord que, dès le début de ses recherches, l'abbé Baudry s'est mis dans de mauvaises conditions pour observer. Au mois d'avril 1858, on vient l'avertir que d'une « grande fosse en forme de puits », découverte par hasard sur la colline de Troussepoil, à l'une des extrémités de sa paroisse, on a retiré divers objets singuliers, entre autres trois vases qu'on lui présente. Quelques jours après il visite les champs de Troussepoil : il y a là des substructions, des débris de toute sorte ; déjà il rêve de « tombeaux » recélant les restes d'une civilisation éteinte. Décidé à opérer des fouilles, il dit au paysan qui le guide : « Allons, cherchez-moi des murailles; mais par-dessus tout trouvez-moi des puits. » Peu après on lui trouve un puits et il s'écrie : « Des villas gallo-romaines, il y en a partout; mais des sépultures rondes et profondes comme des puits, les antiquaires n'en mentionnent pas, que je sache, » et il ajoute en lui-même : « Quelle chance si l'humble paroisse que je dessers pouvait « avoir la primeur de cette découverte (1) ! »

Le fouilleur n'a pas encore donné son premier coup de pioche et déjà l'auteur tient sa conclusion ou, pour mieux dire, sa conclusion le tient. C'est dans un autre état d'esprit qu'on doit aborder un fait nouveau, c'est-à-dire l'inconnu.

Cette conviction préconçue a obsédé l'abbé Baudry pendant ses longues recherches : elle lui a fait voir parfois ce qui n'était pas et l'a souvent empêché de voir ce qui pour d'autres eût été l'évidence même.

Nous avons eu occasion, dans la Charente, d'observer des excavations du même genre que celles de Troussepoil, à la Terne, à Merpins et surtout aux Grands-Maisons, près de Jarnac. Toutes ont avec celles de Troussepoil une ana-

(1) *Les Puits funéraires*, par l'abbé Baudry et L. Ballereau; La Roche-sur-Yon, 1873, in-8, pp. 17-18.

logie telle qu'il est impossible de leur attribuer une origine différente. Cette ressemblance fut même ce qui nous frappa le plus lorsque nous visitâmes pour la première fois les fosses de Jarnac, et, comme l'opinion était alors aux puits funéraires, nous crûmes de prime abord que nous nous trouvions en présence de fosses sépulcrales. Cette idée au bout de quelques heures était fort ébranlée, et depuis elle n'a pas résisté à un examen vingt fois répété.

Les fosses de Jarnac ont été creusées dans les alluvions de la Charente, épaisses en cet endroit de six à sept mètres. Au moment où j'y arrivai des ouvriers étaient occupés à extraire le gravier des couches les plus profondes pour empierrer les routes. Ils procédaient par sections verticales, et lorsqu'ils rencontraient une fosse ils la coupaient du haut en bas, et de cette façon la rendaient apparente dans toute sa hauteur à la fois. Trois puits étaient ainsi éventrés lors de ma première visite. Après les avoir vidés, j'intéressai les manœuvres à me signaler les découvertes du même genre qu'ils pourraient faire à l'avenir; de son côté, le propriétaire du terrain, M. Dupuy, se mit obligeamment à ma disposition; une gracieuseté de la Compagnie des chemins de fer des Charentes me permit, d'autre part, de me rendre sur les lieux dès qu'une fosse m'était annoncée. J'ai pu de cette façon, pendant plusieurs années, suivre les travaux des carriers, étudier une vingtaine de puits dans les conditions les plus favorables et en recueillir le contenu (1).

Trois choses sont à considérer dans ces trous : leur situation, leurs dimensions et leur contenu.

(1) A.-F. Lièvre, *les Fosses gallo-romaines de Jarnac et les Puits funéraires.* Angoulème, 1883.

SITUATION DES PUITS

Toutes les fosses que j'ai visitées, à Jarnac, à Merpins, à la Terne, au Vieux-Poitiers sont dans un sol dont la surface est jonchée de débris romains et dans le voisinage immédiat d'habitations, dont elles semblent, par cela même, avoir été une dépendance. A Jarnac il y en avait qui n'étaient qu'à une quinzaine de pas d'un groupe de fours à potiers datant de la même époque. A la Terne, c'est à côté de fondations romaines et au centre même de l'antique petite ville que j'ai remarqué une fosse, découverte en retirant du sol les matériaux de ces substructions. Il en était de même à Troussepoil : « La colline que j'ai fouillée, dit l'abbé Baudry (1), renferme des substructions sur un diamètre de cinq à six cents mètres... Les sépultures dont j'ai à rendre compte étaient échelonnées aux abords de ces constructions, qui se trouvaient ainsi comme enclavées dans un vaste cimetière. » Le cimetière reste à démontrer ; mais cette proximité des fosses et des habitations est une circonstance à retenir. A Gien-le-Vieux, un trou de ce genre était contigu au mur d'un établissement de bains ou d'une vaste habitation et trois autres ont été découverts à l'intérieur même de l'établissement (2).

DIMENSIONS DES PUITS

Les puits de Jarnac, généralement circulaires, parfois carrés ou de forme irrégulière, avaient de un mètre à cinq ou six de profondeur et de un mètre à un mètre et demi de diamètre. Les plus petits étaient simplement excavés dans

(1) Baudry, *Puits funéraires*, pp. 15-16.
(2) *Revue des Sociétés savantes*, iv⁰ série, t. IV, p. 384.

l'alluvion graveleuse ; les plus profonds, au contraire, avaient été revêtus d'un parement en petit appareil, qui presque toujours s'était écroulé et dont on retrouvait les pierres, à des niveaux différents, mêlées au contenu de la fosse. Des lits de gravier que l'on constatait à diverses hauteurs pro- . venaient également de petits éboulements détachés des parois. A Troussepoil, les fosses ont été creusées dans un schiste suffisamment résistant pour rendre ce revêtement inutile. Ce n'est que dans la partie supérieure de quelques puits et seulement dans l'épaisseur du sol meuble qu'on a fait une paroi en maçonnerie.

La fosse la plus profonde de Jarnac n'atteignait pas sept mètres ; à ce niveau on rencontrait l'eau de la Charente, qui arrivait par infiltration et qui nous a empêché de fouiller à fond un de ces puits, creusé apparemment pendant une période des plus basses eaux du fleuve. Une des fosses de Gien, qui avait treize mètres, descendait également jusqu'au niveau de la rivière et était de même envahie par les eaux.

A Troussepoil, où l'on n'avait à craindre ni l'invasion des eaux souterraines ni l'éboulement des parois, un des puits atteint quatorze mètres. Quelques-uns, au contraire, n'ont qu'un mètre ou deux. M. Baudry, gêné par le nom que lui-même avait créé, n'a pas osé l'appliquer à ces simples trous, tout en reconnaissant que leur contenu ne diffère en rien de celui des grandes fosses et qu'ils ont eu la même destination. La plus petite des excavations qu'il a décorées du titre de puits funéraires a trois mètres vingt-cinq centimètres de profondeur ; celles qui ont moins de deux mètres vingt-cinq centimètres ne sont pour lui que de « petites fosses se rattachant aux puits funéraires ». Cette distinction est absolument arbitraire.

CONTENU DES PUITS

Terreau noir. — Le contenu des fosses de Jarnac était
très varié : ce qui dominait, ce qui formait pour ainsi dire
le milieu ambiant, c'était un terreau noirâtre, fortement
chargé de matières animales et généralement accumulé au
fond. L'une d'elles, haute de 1 m. 70 et large de 1 m. 50, en
contenait près de deux mètres cubes, presque sans mélange.
Ce remplissage à la longue avait dû se tasser ; car la partie
supérieure de la plupart des puits était remplie de débris de
toute sorte et enfin de terre végétale. Deux de ces excavations, qui se trouvaient sous un réservoir à huîtres (1),
avaient été, pour en former l'aire, recouvertes d'une épaisse
couche d'argile grise imperméable, qui, au centre, s'était
abaissée en forme de cuvette.

Dans l'un des puits de Gien-le-Vieux, M. Bréan, à partir
de deux mètres, « a trouvé une terre très noire, mêlée de
charbon de bois » ; au-dessous, « même terre noire et
grasse » ; plus bas, « terre noire compacte, boue humaine
semblable à de l'argile» ; plus bas encore, terre noire, grasse
et compacte, comme la précédente ; » puis, « des cendres
compactes, grasses et très noires (2) ». On ne saurait esti-
mer à moins de cinq à six mètres cubes la quantité de cette
matière noire et grasse que contenait cette seule fosse.
Ce compost se retrouve dans un second puits; un troisième en renferme, comme le premier, au moins cinq à six
mètres cubes ; dans un quatrième, beaucoup plus petit, on
rencontre de même et toujours cette terre « très noire et très

---

(1) A.-F. Lièvre, *les Huîtres nourries en eau douce*, dans la *Revue archéologique*, août 1873.
(2) Bréan, *Revue des Sociétés savantes*, IVᵉ série, t. IV, p. 384.

grasse ». Une telle accumulation de matières organiques, —
car il n'y avait guère à se tromper sur la nature de ce ter-
reau, — aurait dû faire naître des soupçons sur son origine. M. Bréan n'en eut aucun.

L'abbé Baudry, de son côté, a constaté, à Troussepoil,
l'existence de ce terreau noir, mais sans y attacher grande
importance. En parlant de puits analogues, découverts dans
une vingtaine d'endroits différents, il rappelle que « tous
étaient comblés avec de la terre meuble, le plus souvent
noirâtre et mêlée de charbon ». Celui de Saint-Lubin,
arrondissement de Châteaudun, « avait, dit-il, pour mobilier des couches de terres devenant de plus en [plus noires à
mesure qu'on approchait du fond (1) ». Dans le premier
des puits de Troussepoil, il avait remarqué, lui aussi, que
« la terre, couleur gris de cendre, devenait plus noire à
mesure qu'on approchait du fond (2) ». Dans le troisième
puits, il trouve une « boue mêlée de charbon ». Dans le
septième, les objets sont « noyés dans une matière noirâtre ». Le douzième contient également de la « terre noirâtre », et « l'aspect général des quarante centimètres
inférieurs de la fosse était un gris cendre noirâtre ». Dans
le quatorzième, à partir de sept mètres, « la terre est de
plus en plus noire » ; entre sept et onze mètres, certains
vases « contrastaient par leur teinte jaune-verdâtre avec le
compost noir dans lequel ils étaient plongés ». Sous les
vases du quinzième puits « s'étendait une couche de
matière noirâtre, d'une épaisseur de trente à trente-trois
centimètres ». Au fond du dix-septième, il y a soixante-six
centimètres de « matière cendrée ». Dans le vingt-unième

(1) Baudry, *Puits funéraires*, pp. 4, 6.
(2) Id., *Ib.*, p. 24.

se trouve à différents niveaux une « boue noirâtre », puis,
en bas, un « compost gris-noirâtre ». Enfin, dans la partie
inférieure de son vingt-deuxième puits, l'abbé Baudry constate encore ce « compost noirâtre (1) ».

Objets divers. — Partout les fosses ont livré à leurs
explorateurs des collections d'objets très variés, presque
toujours brisés et sans valeur intrinsèque :

A Jarnac, un talon de hache, utilisé en dernier lieu comme
masse ou comme marteau, un crochet, des clés de diverses
formes, de vieux clous, une fibule à boudin, dont le ressort
n'a rien perdu de sa souplesse, une agrafe à plaque portant des traces d'argenture ; une charnière en os, une
épingle et un bouton également en os ; deux molettes de
quartz (2) ;

A Gien-le-Vieux, des épingles en cuivre et en os, une
serrure, une plaque de cadenas, des clous, de la ferraille,
un gril, des clés, un bracelet d'enfant en cuivre, un poids
en plomb, des médailles, une meule à bras, une coquille
d'œuf, des boucles et des plaques de harnais en fer et en
cuivre, une petite divinité assise, une figurine représentant
un bélier, une épingle d'argent, un phallus en terre (3) ;

A Troussepoil, des débris de meules à bras (4), des
bouts d'ais (5), un galet (6), des clous (7), des crampons (8),
un moyeu de char (9), un fer à cheval (10), la gâche en fer

(1) Id., *Ib.*, pp. 38, 66, 107-110, 128, 140, 153, 186 et 190.
(2) Lièvre, *les Fosses gallo-romaines de Jarnac.*
(3) Bréan, *Revue des Soc. savantes*, ivᵉ série, t. IV.
(4) Baudry, *les Puits funéraires*, pp. 69, 76, 112, 173.
(5) Id., *Ib.*, pp. 25-31, 76, 105, 134, 149.
(6) Id., *Ib.*, p. 24.
(7) Id., *Ib.*, pp. 31, 97, 103, 149, 173.
(8) Id., *Ib.*, pp. 78, 98.
(9) Id., *Ib.*, p. 53.
(10) Id., *Ib.*, p. 98.

d'une serrure (1), des clés (2) ; une babouche dans le cinquième puits (3), une paire de souliers d'homme et un soulier d'enfant dans le sixième (4), cinq souliers dans le treizième, à quatre niveaux différents et paraissant appartenir à quatre paires (5) ; un soulier unique dans le dix-septième (6), une sandale dans le vingt-unième (7) ; l'écusson d'une serrure dans un morceau de porte (8), des fuseaux (9), des moules à médailles, de petits mortiers, des fragments d'outils et de statuettes, entre autres une Vénus décapitée, en terre, et une tête de bélier en argile rouge, etc.

Je ne parle pas de bagues en or et en bronze qui auraient aussi été trouvées dans les fosses de Troussepoil. L'auteur qui, dans la description de ses puits, signale la rencontre du moindre objet, d'un clou, par exemple, ou d'un tuileau, ne dit point où ces bijoux auraient été rencontrés et on ne ¡les voit apparaître, non sans surprise, que dans une dissertation qui termine le livre.

A Jarnac, à Gien, à Troussepoil, il y avait quelques fragments de vases en verre, mais ce qui partout domine dans le terreau noir c'est la poterie.

Poterie. — A Jarnac, il y avait des vases de toutes les pâtes, depuis la terre grise la plus vulgaire jusqu'à la plus fine argile samienne ; de toutes les formes, depuis la patère jusqu'au pot-au-feu ; de toutes les dimensions depuis les

---

(1) Baudry, *les Puits funéraires*, p. 162.
(2) Id., *Ib*., pp., 69, 80, 81, 86, 124, 133, 162, 173.
(3) Id., *Ib*., p. 47.
(4) Id., *Ib*., pp. 55, 56.
(5) Id., *Ib*., pp. 111-126.
(6) Id., *Ib*., p. 149.
(7) Id., *Ib*., p. 188.
(8) Id., *Ib*., p. 150.
(9) Id., *Ib*., pp. 55, 111.

pots à onguent ou à médicament, gros comme le pouce,
jusqu'aux amphores et aux doliums, dont les flancs sont
épais de deux ou trois centimètres ; de toutes les couleurs,
blancs, gris, bleus, noirs, jaunes, rouges, les uns tenant
leur nuance de la terre même, les autres d'une couverte et
quelques-uns peut-être d'une substance ajoutée à la pâte. Il
y en a de tournés et de moulés ; de nus, qui ne sont pas
toujours les moins élégants, et d'ornés par tous les procédés connus : applique, barbotine, incision, roulette, pression, pinceau.

L'usage de ces vases a été aussi varié que leur forme et
leur dimension. A côté des plats, des patères, des bouteilles et des coupes, on trouve des pots à conserves et d'autres
qui, ayant été au feu, gardent à leur flanc des traces de
suie ; des trépieds, qui ont également subi l'action de la
flamme, et une faisselle ou passoire, percée de trous d'un
millimètre ; une tire-lire, etc. La plupart ont fait un long
service : la base est usée par un frottement prolongé et la
couverte, quand ils en ont, est éraillée. Une superbe patère, au contraire, a dû être cassée à peine sortie du moule.
Quelques pots ont conservé, adhérents à la paroi, des restes
de la substance qu'ils ont contenue. Dans un tesson, qui
avait servi de godet, nous avons trouvé une quantité notable de minium.

Ces vases n'avaient qu'un caractère commun : à l'exception de deux petits pots, gros comme une noix ou une pom-
me, tous étaient cassés et hors d'usage. Et on peut affirmer
qu'ils avaient été jetés tout brisés dans [les fosses. Presque
toujours, en effet, il manquait des fragments et l'on avait
beau chercher il était impossible de reconstituer complètement le vase. La vaisselle samienne se trouvait toute dans

ce cas et à rien n'a servi d'examiner poignée par poignée le terreau des fosses, quelque morceau faisait toujours défaut. Souvent même c'était la plus grande partie qui manquait. Évidemment tous les fragments du vase n'avaient pas été apportés dans le trou.

Quelquefois les tessons d'un même pot ou d'un même plat se trouvaient à des niveaux différents, à un pied, par exemple, ou à un demi-pied l'un de l'autre. Le vase dans ce cas ne s'est certainement pas brisé dans le puits. Il faut pour expliquer cette dispersion supposer ou que les morceaux d'un même vase n'ont pas été jetés en même temps, ce qui n'est guère soutenable, ou admettre qu'ils ont été projetés dans des matières à demi-liquides ou peu solides, dans lesquelles ils ont pénétré plus ou moins en raison de la résistance qu'ils ont rencontrée ou selon qu'ils sont tombés de plat ou de champ. Parfois des tessons susceptibles de se rapprocher, tout en reposant au même niveau, se trouvaient à une certaine distance les uns des autres, et ce n'est pas ainsi non plus qu'ils se présenteraient si, déposés entiers, les vases s'étaient brisés sous la charge. Enfin, les morceaux d'un grand vase ont été trouvés emboités les uns dans les autres, les plus plus petits dans les plus grands, leurs courbes concentriquement placées. Cette disposition est à remarquer : ce n'est pas celle d'un vase qui se serait écrasé en place sous la pression de ce qui était autour ou dessus (1).

A Gien-le-Vieux, des tessons retirés du milieu d'une fosse « se sont exactement rapprochés à d'autres trouvés au fond ». Il est même arrivé une fois que les morceaux d'un même

---

1) Lièvre, *les Fosses gallo-romaines de Jarnac.*

vase ont été retirés de deux puits différents, fouillés à une
année d'intervalle et distants de cent cinquante mètres (1).

A Troussepoil, même mélange et même abondance de
débris qu'à Jarnac. Ce sont des culots et des anses d'amphores, des goulots de cruches, des anses de pots et de
cruches, des fonds de vases de toute sorte, un fragment
de passoire et un tesson de trépied, des morceaux de tuyaux
en terre, la tétine d'un biberon, une couverture de pot, une
queue de casserolle, des têts de tuiles, un poids en terre
cuite, des débris de bols, d'assiettes, de coupes, de ter-
rines, de pots-au-feu, etc.(2). Dans le second de ses puits,
une couche d'un mètre seulement a livré à l'abbé Baudry
« des fragments de vases de vingt-cinq espèces différentes » ;
de la partie supérieure du dixième puits, « il sortit soixante
fonds de vases divers, trente goulots et vingt-cinq anses de
cruches ». Dans le douzième, une couche de soixante-six
centimètres lui a donné « des fragments nombreux appartenant à dix-neuf espèces de vaisselle (3) ».

De même qu'à Jarnac et à Gien, les différentes parties
d'un même vase n'étaient pas toujours ensemble (4).

M. Baudry prétend avoir trouvé beaucoup de vases
entiers ; mais, sans y prendre garde, il a donné lui-même
en maint endroit la preuve que son assertion n'est pas
exacte. Ainsi, en décrivant son treizième puits, il avance
qu'il contenait « quinze vases entiers, ayant, dit-il, chacun
pour le loger, une cachette formée de trois pierres ». Or, de
ces quinze vases, il en a fait figurer quatorze dans son ouvrage, et nous remarquons que six sont incomplets et deux,

(1) Bréun, *Revue des Sociétés savantes*, IVᵉ série, t. IV, p. 394.
(2) Baudry, *les Puits funéraires*, passim.
(3) Id., *Ib.*, pp. 30, 91, 109.
(4) Id., *Ib.*, p. 196.

fêlés (1). En rendant compte des fouilles de la dix-huitième fosse, il parle de « dix-neuf vases, dont trois seulement, dit-il, sont entiers ». La vérité est que de ces trois, à en juger par le dessin, un au moins est gravement endommagé (2). Mis en défiance par ces contradictions entre le texte et les planches, nous nous demandions si les vases figurés entiers et intacts, mais représentés d'un côté seulement, ne cachaient pas de l'autre quelque blessure qui jadis les aurait rendus impropres au service. Ce détail, on le verra plus tard, a de l'importance. Pour savoir ce qu'il en était, nous avons fait le voyage de la Roche-sur-Yon, où se trouve actuellement le produit des fouilles de Troussepoil, et nous avons compté les vases que l'on peut considérer comme entiers. Voici le résultat de cet examen : 3ᵉ puits, un ; 8ᵉ puits, huit ; 15ᵉ, un ; 18ᵉ, deux; 19ᵉ, deux. Il y a, en outre, cinq pots qui sont donnés comme provenant de Troussepoil, sans indication de fosse. En tout dix-neuf vases. Le 13ᵉ et le 18ᵉ puits, qui à eux deux avaient livré, nous disait-on, 18 poteries entières, n'en ont donné que deux.

Le résultat de notre enquête a donc été qu'au désaccord du texte et des dessins il faut ajouter la contradiction du livre et des objets.

Disons ici, parce que cela aura plus tard son utilité, que l'un des vases entiers de la huitième fosse contient une substance qui s'est durcie et qu'on n'en peut plus extraire.

Nous avions une autre vérification à faire. M. Baudry, dans son livre, parle souvent d'urnes, et nous avions remarqué que les vases auxquels il donne ce nom sont en général

(1) Baudry, *les Puits funéraires* p. 114.
(2) Id., *Ib.*, p. 156.

ceux qu'il ne figure pas. Or, au musée de la Roche, nous avons trouvé des pots, des amphores, des cruches, des assiettes, des bols, des tasses, et, quoique l'urne cinéraire des anciens n'eût pas de forme rigoureusement déterminée, il n'en faudrait pas moins une grande bonne volonté, pour reconnaître une destination funéraire à une partie quelconque de cet assortiment de vaisselle. L'urne y fait défaut.

Os et coquilles. — Ce qui, avec la poterie, se présente le plus souvent dans les fosses, ce sont les os d'animaux : à Gien, le bœuf, le porc, la chèvre, le sanglier, le cerf, le lapin, le poulet ; à Jarnac, le porc, le mouton, le bœuf, le cerf, c'est-à-dire des espèces comestibles ; à Troussepoil, les mêmes espèces avec d'autres, au sujet desquelles on pourra soupçonner quelque erreur, quand on verra, plus loin, comment ont été faites les déterminations d'os au Bernard.

Jamais à Jarnac on ne trouvait à la fois qu'une faible partie du squelette de l'animal. Il paraît en avoir été de même partout ailleurs. A Jarnac, quelques os de bœuf avaient même été sciés et la fosse ne renfermait qu'un des morceaux.

L'abbé Baudry a rencontré dans ses puits beaucoup de coquilles marines. A Jarnac, il y en avait également ; toutes appartenaient aux espèces comestibles, l'huître, la moule, le pétoncle, le sourdon, et se présentaient généralement par petits tas.

Débris prétendus humains. — Arrivons à la question des restes humains qu'on prétend avoir trouvés parfois au milieu de ce remplissage si hétérogène des fosses, et qui, de très naturel qu'il est, le rendrait fort singulier.

A Jarnac, ni moi ni aucun de ceux qui pendant plusieurs années en ont pu étudier les fosses n'avons rencontré de débris humains.

Mais à Beaugency, antérieurement aux fouilles de Troussepoil, M. de Pibrac avait recueilli une dent humaine dans une fosse (1). Après l'éclosion bruyante de la théorie des puits funéraires, il se prévalut même de cette trouvaille, pour revendiquer l'honneur d'avoir le premier reconnu ce mode d'inhumation, tandis que l'abbé Baudry, de son côté, fit argument de cette dent pour corroborer son opinion sur la destination des fosses du Bernard. Ni l'un ni l'autre ne se demanda si cette dent, trouvée seule, n'avait pas tout simplement été perdue jadis par celui auquel elle appartenait.

A Gien, ce ne serait pas seulement une dent, mais un crâne qu'on aurait découvert. Il importe d'entrer à ce sujet dans quelque détail. M. Bréan, qui était conducteur des ponts et chaussées, avait, au cours de travaux de terrassements, rencontré des vestiges antiques et tout de suite s'était figuré avoir trouvé l'emplacement de Genabum. M. Quicherat, tout en lui conseillant de ne pas s'occuper de Genabum, qui n'avait là, en effet, rien à faire, l'encouragea dans ses recherches et lui fit obtenir une subvention du Ministère. Il fut malheureusement entendu que ce crédit devait être employé à fouiller des puits funéraires. Le savant illustre procédait avec son élève, archéologue d'occasion, exactement comme l'abbé Baudry avec son

_____

(1) *Mémoires de la Société d'agriculture de l'Orléanais.* 1859.

terrassier, au Bernard : « Trouvez-moi des puits. » Il faut rendre cette justice à M. Bréan, que si dès lors il n'a plus douté de la destination de ses fosses il ne les a pas moins décrites de manière à rendre inadmissible l'opinion qu'on lui avait suggérée à leur égard. Quelques-unes de ses constatations accompagnées d'un plan et de détails précis embarrassèrent singulièrement Quicherat, qui, ne songeant lui-même qu'à sa théorie préconçue, écrivait à M. Bréan : « Vous savez ce que c'est qu'une conviction acquise : on en est dominé tant qu'une conviction contraire n'a pas pris la place de celle-là ; sans le vouloir, on ramène tout à l'objet de sa préoccupation (1). » Sages paroles, dites après les fouilles en présence de résultats gênants ; plus sages encore si elles avaient été dites auparavant et si, les appuyant de son exemple, le maître n'avait pas commencé lui-même par décorer du nom de puits funéraires des fosses qu'on n'avait pas encore vidées.

Dès son premier puits, à environ neuf mètres de profondeur, M. Bréan trouva « un crâne humain ». Était-il entier? Était-ce un fragment? Était-il ancien? Portait-il la trace, facile à reconnaître, du milieu dans lequel il aurait séjourné durant de longs siècles? De tout cela, M. Bréan ne s'est pas préoccupé. Il ne nous dit pas non plus s'il a recueilli ce débris lui-même ou s'il lui a été apporté par sa « personne de confiance ». Il faut savoir, en effet, qu'il se faisait remplacer dans ses fouilles, comme il aurait pu le faire pour un travail de terrassement.

Nous n'insisterons pas d'ailleurs et, comme il ne trouvera pas d'autres ossements, nous admettrons que celui-là vient

_____

(1) *Revue des Sociétés savantes*, IVᵉ série, t. IV, 375.

bien réellement du puits et qu'il l'a ramassé lui-même à la profondeur indiquée ; mais nous ferons remarquer, après lui, que cette fosse, creusée dans « un sable très friable et sans solidité », traversait une ancienne sépulture, bien réelle celle-là (1), une sépulture néolithique, à demi enfoncée dans le sol, et nous nous demandons si les parois, qu'on était, dit-il, obligé d'étrésillonner, n'ont pas pu laisser crouler le crâne dont il s'agit, soit pendant la fouille, soit antérieurement.

Remarquons en passant qu'on est en 1865 et qu'à cette date, comme nous le verrons tout à l'heure, on accepte indifféremment pour preuve de la destination funéraire des puits les os non incinérés aussi bien que les os calcinés. Un an ou deux après, ce crâne, qui n'avait pas passé par le feu, aurait été un grave embarras, mais à ce moment-là on n'y regardait pas de si près.

Dans un second puits, M. Bréan trouva une cassolette ; « l'analyse, dit-il, a mis à même de reconnaître qu'elle contenait des cendres humaines (2). » Ce serait se contenter de peu que d'accepter comme probante une déclaration de ce genre. Des cendres humaines ne se distinguent pas si facilement que l'analyse et même le nom de l'expert n'eussent été ici à leur place. Il est à peine besoin de faire remarquer, en outre, que ces cendres dans une cassolette supposent l'incinération, tandis que le crâne de tout à l'heure et la fameuse boue humaine se rapportaient à un mode funéraire tout différent, l'inhumation pure et simple.

Voyons si à Troussepoil nous aurons des constatations plus scientifiquement faites.

_____

(1) _Revue des Sociétés savantes_, iv° série, t. IV, 384.
(2) Id., p. 390.

Et tout d'abord mettons hors de cause un crâne aujour-
d'hui déposé au musée de Saint-Germain, comme une sorte
de pièce de conviction en faveur de la thèse des puits funéraires et qui provient d'une sépulture ordinaire. M. l'abbé
Baudry a indiqué avec grand soin dans le texte de son livre
la place et la forme de chacun de ses puits. Il a fait de même pour ce qu'il appelle les petites fosses, à une seule exception près, et le malheur a voulu que cet oubli regrettable
porte justement sur la fosse qui a fourni la seule sépulture
incontestable. Cette fosse, et celle-là seulement, ne figure
pas non plus dans le plan de Troussepoil qui accompagne
le texte. Cette sépulture, dont l'emplacement n'est indiqué
nulle part, n'est pas non plus décrite ; l'auteur dit seulement
que « cette petite fosse, contrairement aux autres, était à
inhumation. Le cadavre s'y trouvait en entier (1) ». Elle
contenait, en outre, des médailles qui peuvent la faire attribuer à l'an 275 environ. C'est de cette fosse, différente
et séparée des autres, que vient le crâne du musée de Saint-
Germain. En nous en disant la forme, l'auteur aurait donné
un démenti à sa théorie des puits funéraires ; mais en nous
en indiquant la place, il nous aurait appris où se trouve le
véritable cimetière gallo-romain de Troussepoil.

Maintenant examinons de près ce qui va sortir de ces puits
ou ce qu'on nous présentera comme en étant sorti, car on
peut avoir à ce sujet des doutes là où M. Baudry n'en a pas
eu. Il vient d'arriver au Bernard ; on lui signale des fosses
qui déterminent, dit-il, sa vocation archéologique. L'endroit
où elles se trouvent est à une lieue du presbytère ; il en serait
même à deux si on s'en rapportait à l'échelle que l'auteu

(1) *Puits funéraires*, pp. 233 et 245.

a mise au bas de sa carte de la commune. Il n'est pas sûr qu'il soit jamais descendu dans l'un de ses puits ; en tout cas il surveille mal ses fouilles et il convient lui-même que son « premier » puisatier fut un « aventurier » qui le trompait (1). Il a, du reste, annoncé d'avance que les trous qu'on va vider sont des sépultures.

Et dès le premier puits « le succès, dit-il, fut complet (2) ». Son homme lui exhibe les fragments d'un dolium : « C'est une urne ; » s'écrie-t-il. Cette urne est remplie de quelque chose de noir, ce sont des cendres ; ces cendres sont celles d'un chef gallo-romain ; ce chef était riche, c'est-à-dire « ayant de l'or et de l'argent en lingot », puisque, dans le mobilier de la fosse, il y a des moules à monnaie ; il était « versé dans les lettres, » car on a trouvé dans le puits un style ; puissant, parce qu'il y avait aussi une clé ; guerrier, ce dont témoignait un instrument de fer à deux tranchants, qui a dû être une épée ou un poignard ; marié, puisqu'il y avait aussi un morceau de quenouille (3). Enfin, dans cette fosse, si pleine d'objets révélateurs, il se trouvait, à partager entre les deux époux, un tibia, deux radius, une vertèbre, deux fragments de cubitus et un morceau de fémur. Ces os, ajoute l'auteur, n'avaient pas été soumis à l'incinération.

Dans le 3ᵉ puits, on aurait trouvé « un fémur, un tibia, un cubitus, qui n'ont pas été en contact avec le feu », et, en outre, « plusieurs ais ou planches, qui semblaient indiquer un coffre funéraire (4) » ; dans le 4ᵉ, des « os non brûlés, mais si petits et si consumés » qu'on ne peut les détermi-

(1) *Puits funéraires*, pp. 29, 33.
(2) *Ib.*, p. 18.
(3) *Annuaire de la Société d'émulation de la Vendée*, t. V (1858), p. 216. Il est juste d'ajouter que de ce hardi échaffaudage d'hypothèses il ne reste presque rien dans les *Puits funéraires*, publiés quinze ans plus tard.
(4) *Ib.*, t. VII, p. 162.

ner, sauf un fragment de radius (1); dans le 5ᵉ, un fémur brisé, un tibia, une portion d'humérus, plus un cercueil. nécessairement posé debout ou à peu près (2). Ce cercueil a une histoire, nous y reviendrons.

Depuis environ sept ans, l'abbé Baudry avait vidé cinq puits. En 1865, rendant compte de sa dernière fouille au congrès de la Sorbonne, il s'exprimait ainsi : « Tous les puits en question contiennent des ossements d'hommes et d'animaux posés dans des olla ou des cercueils et non brûlés, quoique entourés de cendre et de charbon (3). »

Les puits funéraires atteignaient cette année-là l'apogée de leur renommée : on en trouvait partout. Mais il y avait aussi des incrédules. Peut-être trouvait-on que les constatations, assez légèrement faites, n'étaient pas exemptes de certaines contradictions.

Dès lors, l'abbé Baudry se sentit apparemment obligé de surveiller de plus près ses fouilles et il arriva ceci, qu'après avoir rencontré des os dans presque toutes ses fosses, ou même dans toutes, si l'on en croit sa déposition à la Sorbonne, il n'en trouva pour ainsi dire plus dans les dix-huit puits qu'il fouilla depuis. Voici, au surplus, le relevé : 6ᵉ, 7ᵉ, 8ᵉ 9ᵉ, 10ᵉ, 11ᵉ, 12ᵉ, 13ᵉ, 14ᵉ, rien ; 15ᵉ, « une esquille d'os qui a dû appartenir à l'espèce humaine ; un morceau de tête d'articulation, qui peut avoir la même provenance (4) » ; 16ᵉ, rien ; 17ᵉ une molaire (5) ; 18ᵉ, rien ; 19ᵉ, rien ; 20ᵉ, rien ; 21ᵉ, divers fragments d'os (6).

---

(1) *Annuaire de la Société d'émulation de la Vendée*, t. XII (1865), p. 235.
(2) *Ib.*, t. XII (1865), pp. 257-58.
(3) *Mémoires lus à la Sorbonne*, 1865, Archéologie, p. 111.
(4) *Puits funéraires*, 141.
(5) *Id.*, p. 152.
(6) *Id.*, p. 183.

Mais ce n'est pas tout. Jusqu'en 1865, les os extraits des puits n'avaient pas subi l'action du feu ; l'auteur l'affirme et le répète (1). Au 21ᵉ puits, il se trouve, au contraire, que les os sont incinérés (2).

Deux changements, l'un amenant l'autre, s'étaient produits : un changement de système et un changement d'expert.

On avait dû finir par comprendre que des puits étroits et profonds sont un mode de sépulture tout au plus compatible avec l'incinération. A dater de ce jour-là on ne découvrit plus d'os. Mais il y avait ceux des premières fosses, ceux qui avaient fait la renommée des puits funéraires. On les soumit à un nouveau médecin et il se trouva que ces os, dont on nous assurait qu'aucun n'avait passé par le feu, étaient tous incinérés (3).

Nous sommes ici fort embarrassé : nous ne voulons suspecter personne ; mais nous ne voudrions pas non plus nous exposer à passer pour plus naïf qu'il ne convient, et la science, de son côté, a le droit de s'étonner qu'on la traite de pareille façon.

Rien n'est facile comme de reconnaître des os calcinés ; comment se fait-il que ni l'abbé Baudry ni les premiers médecins auxquels il dit avoir soumis ceux de Troussepoil ne se soient aperçus de cette circonstance ? Ce doute en éveille un autre : M. Baudry s'est-il assuré que les fragments d'os, incinérés ou non, qu'on lui présentait, gardaient dans leurs pores des témoins d'un séjour prolongé dans un milieu

(1) *Ann. de la Soc. d'émulat. de la Vendée*, t. V (1858), p. 216 ; VII, p. 162 ; XII, p. 255 ; — *Mém. lus à la Sorbonne*, 1865 ; Archéologie, p. 111.
(2) *Puits funéraires*, p. 183.
(3) *Id.*, p 26.

tout particulier, autrement dit, qu'ils venaient bien des puits et étaient anciens ? Ces os, enfin, sont-ils bien des os humains ? S'il est facile de reconnaître que des os ont passé par le feu ou qu'ils sont anciens, c'est au contraire chose très délicate que la détermination d'une espèce au moyen d'une esquille ou d'un fragment. Nous pourrions, à ce propos, citer le cas d'un savant de premier ordre, un des fondateurs de l'anthropologie, qui à un premier examen a pris pour un fragment de crâne humain ce qui était tout autre chose. Les médecins des environs du Bernard ont bien pu se tromper de même.

Obsédé par ces doutes nous aurions voulu voir ces débris et, au besoin, les soumettre à l'examen d'experts compétents. C'était avec les poteries un des motifs qui nous avaient engagé à faire le voyage de la Roche-sur-Yon. Le produit des fouilles du Bernard est installé, et fort bien installé, dans le joli petit musée de la Roche ; mais d'os humain, nous n'en avons pas trouvé la moindre esquille.

Voyons si les analyses de cendres ou de ce qu'on a pris pour des cendres humaines nous donneront plus de garantie. L'auteur fonde sur ces résidus beaucoup d'espérances et estime qu'ils « résolvent victorieusement la question des puits funéraires. » Il n'y avait pas d'abord attaché tant d'importance ; mais, tout naturellement, lorsqu'il avait été obligé de renoncer à se servir des os non incinérés comme d'un argument en faveur de la destination funéraire des fosses, il avait, par contre, été amené à attribuer plus de valeur probante à ce qu'il prenait pour des cendres.

C'est en 1866 que s'opéra ce changement de thèse, et M. Baudry nous avertit lui-même que « les analyses sérieuses de la cendre d'os ou de phosphate de chaux renfermé dans nos enfouissements, ne commencèrent guère qu'en 1866 ». A cette époque-là il envoya à M. Grimaud, alors agrégé à la Faculté de médecine de Paris, quelques portions de matières contenues dans trois vases, à l'un desquels il donne, sans le figurer ni le décrire, le nom d'urne. Ce dernier, au rapport de M. Grimaud, contenait un « mélange d'une substance minérale, calcaire, ferrugineuse, avec du sable siliceux et une matière organique animale, qui se carbonise par la calcination en répandant l'odeur caractéristique de la viande brûlée ».

Et M. Baudry ajoute : « Cette viande brûlée, dans une urne de la grandeur d'un vase à boire, ne pouvait être que de la viande humaine (1). »

Il y a en tout cela une étrange confusion. Et d'abord cette « matière organique animale », cette viande brûlée, comme il l'appelle, il la classe sous la rubrique : Phosphate de chaux !

Ensuite, M. Baudry paraît croire que M. Grimaud avait trouvé de la viande brûlée gardant encore, après une quinzaine de siècles, l'odeur du bûcher. Or, le savant chimiste ne dit pas même avoir trouvé des cendres ni de la viande brûlée, mais une matière organique animale qui, à la calcination, répand une odeur de viande brûlée. Nous verrons tout à l'heure ce que c'est.

Quant à pouvoir, dans ces vieux résidus, distinguer une « viande humaine » d'une autre viande, c'est un résultat que ne saurait donner l'analyse la plus subtile, et lorsque notre auteur affirme que c'est de la viande humaine, il n'y a qu'à l'en croire sur parole ou à sourire.

(1) *Puits funéraires*, pp. 342-43.

Un autre chimiste de Paris, auquel il avait également adressé un échantillon du contenu de ses puits, ne répondit pas. Celui-là aurait-il cru à une mystification ?

.Le fouilleur eut enfin recours à un jeune pharmacien du pays, qui trouva 10 p. 100 de phosphate de chaux, 1,20 de carbonate de chaux et de magnésie, 1 'd'oxyde de fer et de silice et 87,80 de sable et de terre. Voilà maintenant qu'il n'y a plus trace d'une viande quelconque ; mais M. Baudry, pour qui la chair est du phosphate, ne se doute pas de la contradiction ou tout au moins de la différence des deux opérations, et, de son côté, le nouvel expert, essayant de tirer quelque chose de son analyse par voie de déduction, arrive, de donc en donc, à cette conclusion : « Donc la matière prise dans l'un des vases gallo-romains de Troussepoil est un mélange de terre et de cendres d'os (1). » C'était scientifiquement aller peut-être un peu loin, et cependant cela ne concluait pas encore suffisamment au gré de l'archéologue : « J'ajouterai, moi, dit M. Baudry : Donc cette cendre d'os est une cendre d'os humains ; les animaux descendaient dans les sépultures comme cortège et comme nourriture, sans passer par le bûcher ; aussi leurs os ne sont presque jamais calcinés. Donc les dix puits que j'ai fouillés depuis 1858, présentant les mêmes caractères, sont des puits funéraires (2). »

Dans l'un des puits un « pot noir, ayant été au feu », contenait, avec de la terre et du sable, un résidu gris de cendre, du charbon, du carbonate de chaux et du phosphate de chaux : « Ce sont, dit M. Baudry, les débris d'un bûcher (3). »

(1) *Annuaire de la Soc. d'émulation de la Vendée*, 1867, p. 267.
(2) *Annuaire de la Soc. d'émulat. de la Vendée*, 1867, p. 262.
(3) *Pults funéraires*, p. 119.

Une fois il a fait analyser la « matière cendrée » de l'un des puits, le 17ᵉ, et on y a constaté 2 0/0 de phosphate de chaux ; mais il n'a vu là que le phosphate et, même en s'en tenant à cette substance, il n'a pas été frappé de l'analogie qu'il y avait entre le contenu des pots, tous ouverts ou cassés, et la matière ambiante, c'est-à-dire le terreau noir constaté partout.

L'abbé Baudry est excusable d'avoir attaché une telle importance à la présence du phosphate de chaux dans ses puits et cru que cè phosphate provient nécessairement de cendres humaines, s'il est vrai qu'il se soit trouvé parmi ses amis un médecin et un pharmacien pour lui livrer une analyse ainsi formulée : « Débris de bûcher attestés par l'existence, en certaine quantité, du phosphate de chaux, qui révèle la combustion d'un corps organisé et dont les os calcinés ont abandonné, à l'état amorphe, les sels calcinés qui en composaient la texture (1) ! »

Tout ce qu'il y a à retenir de cet appel de l'archéologue à la chimie, c'est : 1° la conclusion de M. Grimaud au sujet du contenu d'un vase : « Mélange d'une substance minérale calcaire, ferrugineuse, avec du sable siliceux et une matière organique animale, qui se carbonise par la calcination en répandant l'odeur caractéristique de la viande brûlée ; » 2° l'analogie ou l'identité de la matière contenue dans les vases et de celle du milieu ambiant. C'est-à-dire que ce que l'on a trouvé dans ceux-ci ne différait pas de la matière noirâtre accumulée dans les fosses.

Après l'argument chimique, celui que l'auteur paraît considérer comme le plus décisif, c'est que les puits du Bernard

(1) *Puits funéraires*, p. 191.

n'ont pas pu être creusés pour avoir de l'eau (1), et il attache
même assez d'importance à cette circonstance pour la faire
figurer dans ses conclusions : « Nos puits n'étant pas des
puits à eau... sont des puits funéraires (2). »

Nous admettons, en effet, que ce ne sont pas des puits
ordinaires; aux bonnes raisons qu'en donne M. Baudry nous
pourrions même en ajouter d'autres. Mais de ce que ces excavations n'ont pas été faites pour avoir de l'eau, il ne s'ensuit pas forcément qu'elles l'ont été pour recevoir des cendres humaines.

Avant de présenter à ce sujet nos propres conclusions,
nous ne pouvons nous dispenser de dire quelques mots des
dessins qui accompagnent le texte de M. Baudry et du degré de confiance qu'il convient de leur accorder.

Dès la première lecture nous avions été frappé de ce fait
que les vases représentés entiers sont de ceux que l'on peut,
avec certains fragments, reconstituer complètement par la
pensée, en continuant les courbes indiquées par les morceaux
et qu'il en est de même pour les poteries ornées de dessins
géométriques se reproduisant, identiques, sur tout le pour-
tour. Mais il en va tout autrement des vases qui présentent une série de scènes faisant tout le tour et dont on ne
peut préjuger l'ornementation de la partie absente. De ceux-
ci, l'artiste n'a dessiné que des fragments, c'est-à-dire ce
qu'il avait réellement sous les yeux. En fait, les premiers
ont, pour la plupart, été reconstitués par le dessinateur, et
c'est là un tort grave, car il n'est pas indifférent de savoir si
on a jeté dans les fosses des tessons dont on voulait se dé-

(1) *Puits funéraires*, p. 8.
(2) *Puits funéraires*, p. 351.

barrasser ou si on y a déposé des vases entiers renfermant quelque chose de précieux. C'est même là toute la question.

Les puits, du moins, sont-ils fidèlement représentés ? Pour en douter il n'est pas nécessaire d'avoir assisté aux fouilles de Troussepoil, ou d'avoir vu ailleurs des fosses du même genre ; il suffit de comparer le texte de M. Baudry et les coupes de M. Ballereau. Auquel faut-il croire, par exemple, lorsque celui-ci recouvre le quatorzième puits d'une calotte, que l'autre déclare n'avoir jamais vue (1), ou bien quand il supprime au troisième celle que l'auteur lui attribue (2) ? Que faut-il penser, lorsque sur le sixième on voit une élégante voûte ou plutôt une triple voussure surhaussée, alors que, dans la description, elle est surbaissée (3), ou bien lorsque le dôme du deuxième devient dans la gravure une couverture absolument plate (4) ?

Nous pourrions allonger cette liste de contradictions ; mais en voilà sans doute assez pour rendre plus que suspect l'arrangement du contenu des puits, qui visiblement a été fait d'imagination.

Il nous reste à dire un mot du cercueil dessiné à le page 45. Dans son cinquième puits, M. Baudry avait trouvé un madrier qui, paraît-il, était légèrement évidé et son imagination aussitôt en avait fait « un lit funèbre, creusé un tant soit peu en auge dans le tronc (5) ». Le dessin nous donne, au contraire, une auge complètement creusée à angle droit. Pour M. Baudry lui-même, le « lit funèbre » du premier moment devient à la fin un véritable cercueil, et sept ou huit

(1) *Puits funéraires,* p. 127.
(2) *Puits funéraires,* p. 38.
(3) *Puits funéraires,* p. 51.
(4) *Puits funéraires,* p. 29.
(5) *Annuaire de la Soc. d'émulat. de la Vendee,* 1865, p. 257.

ans après la découverte il se trouve que dans cette singulière bière il y avait des cendres (1), dont jusque-là on n'a-
vait pas dit un mot.

Essayons de résumer.

Voilà une dépouille mortelle qu'il faut rendre au fond
commun de la nature. On la dépose ou dans un trou rond,
presque à fleur de terre, ou dans un puits profond, et il est
telles de ces fosses qui ont dû se rouvrir bien souvent pour
recevoir de nouveaux restes, si l'étonnante quantité de matière noirâtre qu'on y trouve provient de la décomposition
des corps, et plus souvent encore, si ce sont là des résidus
d'incinération.

Est-ce le corps ou des cendres qu'on y apporte ? On nous
a d'abord assuré que c'était le corps et que les os ne portaient pas trace de calcination ; puis on a affirmé que c'é-
taient les cendres ; mais, même après s'être retranché dans
la théorie de la crémation, l'auteur des *Puits funéraires* a
continué à faire argument d'un squelette non incinéré, qui,
pour comble, n'a pas été trouvé dans un puits, et il n'a pas
davantage renoncé à se servir de son prétendu cercueil,
comme d'une pièce probante, alors qu'avec l'incinération
on ne devait plus s'attendre qu'à des urnes.

Y a-t-il du moins des urnes ?

On sait que l'urne cinéraire des anciens n'a pas une forme rigoureusement déterminée et très différente, par exemple, de celle de la cruche ordinaire ou de certains pots à
conserves. Il ne s'ensuit pourtant pas que n'importe quel
vase puisse avoir été destiné à recevoir des restes humains.
Or, à Troussepoil, comme à Jarnac, il est très peu de réci-

---

(1) *Puits funéraires*, p. 45.

pients qu'il soit permis, même avec beaucoup de bonne volonté, de prendre pour des urnes funéraires. M. Baudry lui-même nous en donne inconsciemment la preuve : il est très souvent question d'urnes dans son livre ; il en avait même parlé, avant d'admettre l'incinération, et il a fait reproduire plus de cent cinquante poteries dans son ouvrage ; il y a là des cruches, dont le goulot étroit et trilobé indique l'usage, des bols, des tasses, des bouteilles, des amphores, des plats, des patères, des doliums, des pots-au-feu, etc. ; que le lecteur veuille bien rechercher lui-même ce que, dans cette collection, il pourra prendre pour une urne funéraire.

Si l'urne fait défaut, il y a, par contre, dans les puits, toutes sortes de choses dont on ne voit nullement la raison d'être. Que signifie, par exemple, cette qnantité de vaisselle brisée, hors d'usage, que l'on rencontre dans la plupart des fosses ? M. Quicherat admet pour cela un rite : sur le bord de la tombe, nous dit-il (1), on cassait de la vaisselle et on en jetait les morceaux dedans. L'explication nous cause quelque embarras et nous voudrions bien faire à chacun sa part, à M. Quicherat, qui jette dans le puits de la poterie toute brisée, et à M. Baudry, qui y dépose avec soin des vases entiers contenant de précieuses dépouilles ; mais alors s'il y avait ainsi des uns et des autres, des tessons symboliques et des urnes, comment se fait-il que les poteries plus ou moins intactes qui proviennent des puits ne soient pas précisément des urnes ?

M. Quicherat invoque l'analogie de ce qui, d'après lui, se passait dans les temps préhistoriques et en cela encore il se

---

(1) *Revue des Sociétés savantes*, iv° série; t. IV, p. 367.

trompe. On ne cassait point de vaisselle sur la tombe à l'é-
poque des tumulus et des dolmens. A côté du mort on déposait un vase entier, et à chaque fois que le caveau se rou-
vrait pour recevoir une nouvelle dépouille, celle-ci était de
même accompagnée d'un vase ; mais, à chaque fois aussi, il
fallait vider la petite chambre, puis la remblayer, et c'est
dans ces déblaiements répétés que les poteries ont été mises
en pièces. Une seule d'ordinaire se trouve entière, celle qui
fut déposée avec le dernier corps, de même que le squelette
de celui-ci est seul en place sous un tas d'ossements en désordre. Ce vase témoigne d'une pieuse intention, celle de
ne laisser le défunt manquer de rien. On lui a apparemment
mis là de la nourriture pour le voyage, de même qu'on a
déposé à ses côtés les objets qui lui ont été chers dans cette
vie et ceux dont il peut avoir besoin dans l'autre.

Mais à quelle intention les Gallo-Romains de Troussepoil
auraient-ils bien pu donner à un des leurs, au moment de la
séparation, les « soixante fonds de vases divers, les trente
goulots et les vingt-cinq anses de cruches », que M. Baudry
a retirés de son dixième puits ? Qu'est-ce que, dans l'autre monde, le mort de la vingtième fosse pouvait faire d'une
queue de casserolle et de la moitié d'une couverture de
pot ? Et ses voisins, quel besoin avaient-ils de culots d'amphores, d'une tétine de biberon ou d'un fragment de passoire ? A quoi bon des clous tordus, des clés dont les ser-
rures restaient ici-bas ? Et puis ces chaussures dépareillées,
était-ce aussi un rite ?

Abordons maintenant la question par un autre côté.

Les Romains pour certaines nécessités avaient, comme
nous, dans leurs habitations des endroits spéciaux. La plu-

part des archéologues paraissent l'avoir ignoré ; quelques-
uns même l'ont contesté. On peut pardonner aux uns et
aux autres, à la condition que si dans leurs fouilles ils tombent sur ces anciens réduits ils n'essaient pas de nous faire
prendre pour des cendres humaines les résidus qu'ils y ren-
contreront.

L'existence de ces retraits n'est pas douteuse. C'est dans
un de ceux de son palais que Vitellius, poursuivi par les
Flaviens, fut découvert. Tacite, qui rapporte le fait, désigne
très clairement cet endroit, *pudenda latebra*, sans toutefois
le nommer, parce que le mot propre n'était pas assez noble
pour sa plume. Nous sommes condamné par notre sujet à
ne pas avoir le même scrupule.

Les Romains avaient des latrines et ils ne les appelaient
pas autrement que nous.

A l'origine, chez eux, le mot *lavatrina* désigna la salle de
bain d'une maison particulière. Il semble même que son
dérivé *latrina* ait conservé ce sens, étendu aux établissements
publics, jusqu'au troisième siècle (1).

Mais si *lavatrina* ou *latrina* ont signifié bain, il n'en est
pas moins certain qu'ils ont eu aussi le sens spécial que le
mot latrine a conservé jusqu'à nous. Apulée (2) parle de la
latrina dans des termes qui ne permettent pas d'en faire le
synonyme de *balneum*. « Quelle odeur de fond de latrine ! »
Fœtorem extremœ latrinœ ! s'écrie un personnage des Méta-
morphoses, en repoussant un de ses amis qui veut l'embras-
ser après avoir reçu en plein visage tout autre chose que

---

(1) Dans le *de Pallio*, Tertullien mentionne l'*Antistes latrinarum. Opera.*
Lutetiæ Parisiorum, 1664, p. 117.
(2) *Metamorphoseon*, lib. I.

les huiles parfumées dont les esclaves oignaient leurs maîtres au sortir du bain.

Latrina, quia eu parfois le sens de *balneum*, mais qui ne
l'a certainement pas ici, n'a jamais eu celui de cloaque, que
lui ont attribué certains traducteurs de Columelle et de Sué-
tone.

Columelle (1) conseille aux jardiniers de ne point se laisser arrêter par une répugnance mal placée et de rendre au
sol épuisé tout ce que la latrine vomit par les cloaques,
immundis quæcumque vomit latrina cloacis. Il serait moins
téméraire de chercher dans ce texte le système du Tout-à-
l'égout que de voir dans l'avant-dernier mot le synonyme
du dernier, comme l'a fait un traducteur.

C'est dans des fosses d'aisances, *in latrinas*, et non dans
des cloaques, que Néron ordonna de jeter les statues et les
bustes des anciens vainqueurs aux jeux publics, où il avait
lui-même la prétention d'exceller (2).

Aux yeux de Tibère, c'était un crime capital, quand un
besoin à satisfaire vous forçait d'aller dans une latrine, *la-
trinæ*, d'y emporter avec soi une bague ou une pièce de
monnaie où était empreinte sa divine effigie (3).

L'existence de latrines dans les maisons romaines étant
hors de doute, il n'est pas indifférent pour notre sujet de
savoir où elles se trouvaient et comment elles étaient faites.

D'après Varron (4) elles se trouvaient à côté de la cuisine,
d'où un tuyau y amenait l'eau, *trua quæ e culina in lavatri-
nam aquam fundunt*. C'est bien ainsi, en effet, que sont dis-
posées celles que l'on connaît, car on en connaît pour les-

(1) *De Re rustica*, lib. **X.**
(2) Suetonius. *Nero*. **XXIV.**
(3) Suetonius, *Tiberius*. **LVIII.**
(4) *Latina lingua.*

quelles aucun doute n'est possible. Le déblaiement de
Pompéi a mis au jour de nombreux cabinets d'aisances :
« Tous, dit Rich (1), sont contigus aux cuisines. » Un dessin qui accompagne ce texte, nous montre le fourneau d'une
cuisine et, dans un mur en retour d'équerre, une porte ouvrant sur un réduit, qui est la latrine. Au fond de celle-ci,
on remarque l'orifice du tuyau, *trua*, qui y amenait l'eau.
La cuisine et son annexe sont en contrebas d'une pièce à
laquelle on monte par quatre marches.

Cette disposition des cuisines et des retraits de Pompéi
est exactement celle que l'on peut constater dans le plan

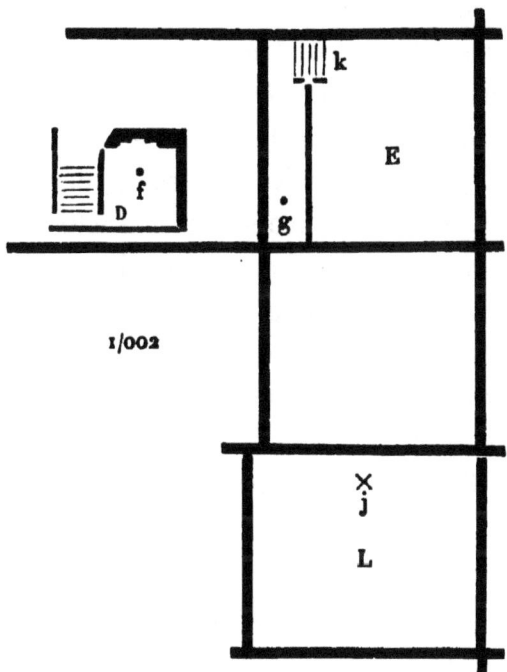

que M. Bréan a joint à son rapport sur les fouilles de
Gien-le-Vieux. Tout s'y retrouve : salle basse, fourneaux,

(1) *Dictionnaire des antiquités*, art. *Latrina*.

fosse et jusqu'à la *trua*, allant de la cuisine à la latrine ; il y a même des cheminées, et, dans les fourneaux comme dans les cheminées, il restait encore des cendres et du charbon. Citons plutôt :

« Salle souterraine E. L'emplacement où l'on avait reconnu l'année dernière une longue ligne de fourneaux et de cheminées a été fouillé à fond, et on a trouvé sur ce point une salle basse, à laquelle on accédait par un escalier *k*. Sous cet escalier passait un conduit en tuiles concaves superposées, qui communiquait avec les fourneaux. On a trouvé dans cette salle... des corps de cheminées et des fourneaux de brique, les uns en ruine, les autres parfaitement conservés. Ils étaient tous remplis d'une cendre très noire et de charbon de bois. On a recueilli aussi des tuyaux de plomb et des fragments de conduits en tuile. » Vers le fond de cette pièce il y avait une fosse *g*, de 13 mètres 40 de profondeur, dont nous avons fait connaître le contenu.

Il a fallu à M. Quicherat beaucoup d'imagination et non moins de prévention pour faire de cette cuisine, avec ses cheminées et ses fourneaux encore remplis de cendre et de charbon, un *columbarium*, et de cette fosse, remplie de matières noires et grasses, un puits funéraire, c'est-à-dire un *columbarium* d'une espèce différente, mais non moins singulière.

Dans une autre salle L, on a de même reconnu des restes de fourneaux et il y avait également une fosse *j*.

Enfin, dans cet établissement, que l'on suppose avoir été des thermes et qui, en tout cas, était considérable, se trouvait, à deux ou trois mètres en contrebas du sol, une troisième petite salle D, dont le pavé en ciment présentait en un certain point *f* une ouverture circulaire, au-dessous de la-

quelle il y avait une fosse, remplie, comme les autres, de ce
que l'on sait.

On a peine à comprendre que Quicherat cette fois ne se
soit pas rendu à l'évidence et qu'il ait cru pouvoir conclure,
que « les thermes de Gien-le-Vieux ont été élevés par dessus un cimetière détruit ». Il faudrait admettre alors que
l'architecte des thermes n'aurait pas seulement oublié de
couvrir les fosses funéraires existant sur leur emplacement,
mais qu'il aurait, juste au-dessus d'elles, ménagé dans le
pavé un orifice bien régulier, de même que dans une autre
partie de ses constructions, il aurait gardé le double *columbarium* que nous avons pris pour une cuisine avec l'annexe
ordinaire !

Une fosse non moins démonstrative est celle que l'on a
découverte dans les environs de Guérande, et qui est figurée dans le tome XII du Bulletin de la Société archéologique
de Nantes. Elle était grossièrement maçonnée et avait au
moins six mètres de profondeur ; son contenu était le même
que celui des puits du Bernard et de Gien. Elle était recouverte d'une pierre de 1 m. 10 de large, au milieu de laquelle il y avait un trou rond, de quarante centimètres de
diamètre. C'était complet et en état.

Concluons :

Les puits du Bernard, de Gien-le-Vieux, de Jarnac et toutes
les fosses du même genre ont eu une destination plus usuelle
et infiniment moins noble que celle qu'on leur attribue. Ils
ont été faits pour recevoir ce qui y domine, c'est-à-dire les
résidus organiques particuliers qui, tassés et décomposés,
sont devenus le terreau noirâtre constaté partout et dont la
singulière abondance aurait dû faire réfléchir ceux qui cher-
chaient là tout autre chose.

Placées à côté des habitations ou même à l'intérieur, dans le voisinage des cuisines, ces fosses recevaient, en outre, des débris de vaisselle en abondance, des os, des déchets de toute sorte, des balayures, des cendres, du charbon, des ustensiles hors de service, de vieilles chaussures et même les divinités protectrices de la maison dont la place était toujours restée près de l'âtre, à la cuisine, et qui, par suite de la perte d'un bras ou d'une jambe, étaient jetées au rebut.

A ce mélange déjà bien hétérogène s'ajoutaient de temps à autre des pièces de monnaie, des clés, de menus objets de toilette ou autres, tombés par accident dans la fosse ou apportés avec le bourrier.

Parfois il arrivait que des pierres ou du gravier, se détachant de la paroi, tombaient sur la couche et formaient un lit ou une assise dans le contenu du puits. C'est ce que l'on a pris pour des séparations.

Il est probable, enfin, que les planches et les madriers qui recouvraient certaines fosses grossièrement établies y glissaient quelquefois, ou bien que, souillés et impropres à un nouvel usage, on les jetait dans le trou, lorsque celui-ci était plein ou qu'il fallait les remplacer. Ce sont là apparemment les ais, les perches et le lit funèbre dont on nous a parlé.

Les puits funéraires sont une légende. Il importait d'y mettre fin, en recherchant la vérité dont elle avait pris la place, et la méprise avait été si étrange qu'il était aussi à désirer que justice en fût faite en famille, c'est-à-dire que tout se passât entre archéologues.

Ce qui restera des fouilles du Bernard, ce sont les objets mêmes que l'abbé Baudry a retirés des fosses, objets variés et usuels, qui nous aident à nous faire une idée de ce qu'était la vie dans un village du Bas-Poitou, au temps des Romains. Ils n'ont malheureusement pas tous été conservés ; il y en a assez toutefois pour constituer une sérieuse contribution à la science archéologique. Mais ces objets, qui font l'intérêt du musée de la Roche-sur-Yon et sont les gages d'un service rendu à la science, témoignent aussi du danger qu'il y a à s'aventurer dans certaines questions spéciales sans la culture particulière, l'indépendance d'esprit et la méthode rigoureuse qu'elles exigent.

ÉTUDES

sur

LE CHATELLERAUDAIS

Par M. Alfred BARBIER

Ce titre exige quelques explications ; elles seront courtes.

Le but est évident, mais il n'en convient pas moins d'indiquer les sujets et les temps auxquels ces études se rapportent.

L'histoire moderne du pays châtelleraudais est assez bien connue ; ses origines le sont moins. Nous devons rechercher dans les événements qui se sont produits autour du dixième siècle, dans la formation de ses divisions administratives sous les Carolingiens, plus tard dans son régime féodal, le secret d'une prospérité qui a fait de cette contrée une des plus intéressantes du Poitou.

Des travaux peu nombreux, il est vrai, ont déjà soulevé quelques coins du voile qui nous dérobait les premiers efforts de ce pays cherchant, par l'activité laborieuse de ses habitants, par sa position favorable près d'une grande rivière coulant au milieu de plaines fertiles, à conquérir la place importante qu'elle occupe aujourd'hui dans le département de la Vienne. A ces travaux nous ajoutons le faible contingent de nos recherches et de notre bonne volonté avec l'espoir qu'elles ne seront pas tout à fait inutiles.

L'abbé Lalanne a été jusqu'à présent l'explorateur le plus complet d'une contrée qu'il affectionnait beaucoup. Il lui a consacré de patientes recherches monumentées dans l'*Histoire de Châtellerault et du Châtelleraudais* parue en 1859. Ce livre solide et consciencieux aurait gagné à être médité davantage. L'auteur y a introduit une grande partie des documents connus et il y en a ajouté de nouveaux empruntés aux archives privées qui se sont libéralement ouvertes devant lui. Dans le silence et les loisirs de son rustique presbytère, auprès de sa petite et curieuse église romane, le curé d'Oiré a joui d'un butin recueilli çà et là avec l'enthousiasme d'un homme qui, dominé par son sujet, ne veut rien laisser perdre de ce qu'il a amassé et de ce qu'il a vu. Il a manqué d'éclectisme en ne se rendant pas compte de la valeur relative des textes nombreux et variés soumis à son jugement d'historien. Mais l'abondance est préférable à la stérilité qui, sous les apparences de l'exactitude et à l'aide d'une synthèse exagérée, veut tout dire et n'explique rien.

M. de Saint-Genis, dans une note de son *Inventaire des Archives de Châtellerault*, qu'il a compulsées sans les approfondir par une lecture exacte et suffisante, a dit : « L'abbé Lalanne seul a fait un travail d'ensemble, mais sur 1041 pages il en consacre 148 à la statistique, 293 au dénombrement des fiefs, 138 à des notices biographiques, et sur les 462 pages réservées à l'histoire proprement dite, les deux tiers sont absorbés par des questions religieuses. » Cette critique anodine, faite à vol d'oiseau, provoque une réponse nécessaire. Nous trouvons aussi que les détails statistiques ne sont pas à leur place ou qu'ils en occupent une trop grande, mais nous estimons que les dénombrements des fiefs empruntés aux archives du duc des Cars et à celles du département ont un réel intérêt. Ils nous permettent de connaître les hommes qui ont été successivement les tenanciers des vicomtes et des ducs. Les notices biographiques étaient indiquées par le but que se proposait l'auteur. Quant aux développements excessifs donnés aux questions religieuses, ils trouvent leur justification sinon dans un emploi toujours judicieux et impartial, du moins dans l'abondance des documents relatifs à ces questions. A partir du seizième siècle elles prédominent. Avant cette période d'agitation et de renaissance, les sources de l'histoire du Châtelleraudais, surtout en ce qui concerne les vicomtes, ne se rencontrent que dans les cartulaires, les mémoires et les écrits sortis des couvents et des abbayes. Ces chartes peu abondantes ont été recueillies avec soin, mais la brièveté des textes laisse subsister des lacunes regrettables.

Donc, l'histoire de Châtellerault et du Châtelleraudais existe et nous n'avons pas la tâche ardue de la refaire. Notre but, aussi simple qu'il est compréhensible, est, dans les pages qui vont suivre, d'éclairer certaines époques de cette histoire locale à l'aide de recherches et de documents dont quelques-uns sont nouveaux.

C'est pourquoi nous allons présenter, dans la première partie de ces études, le tableau des vigueries qui ont composé le *Castri Adraldi* du huitième au dixième siècle. Non pas que ce sujet soit entièrement neuf, mais nous avons essayé de lui donner un intérêt plus saisissant en adoptant une méthode de groupement qui permet de juger l'importance relative de chaque viguerie. C'est, à vrai dire, un travail de topographie historique.

Là nous sommes obligé d'avouer que ce tableau n'est pas complet et qu'il ne le sera jamais. En effet, la répartition par viguerie des lieux-dits lui appartenant avec certitude d'après les textes formels des chartes ne saurait donner une idée exacte de la densité des habitants alors fixés sur le sol châtelleraudais. A l'aide d'un travail de patience et de sélection, nous aurions pu trouver beaucoup d'autres noms venant se joindre sur la carte à ceux déjà enregistrés. Une œuvre de cette nature confirmerait l'étendue et les limites des vigueries indiquées avec les éléments à notre disposition, mais elle n'ajouterait rien à l'exactitude de nos assertions. Il reste les lieux disparus ; on ne les retrouvera pas.

Du dixième siècle nous passons brusquement au quinzième pour étudier la constitution féodale du Châtelleraudais, alors que Jean VII d'Harcourt en était le vicomte, c'est-à-dire de 1422 à 1445.

Cette lacune de cinq cents ans est remplie par l'histoire des vicomtes qui a déjà été écrite par Dom Chamard, avec une exactitude qui n'a pas été dépassée. Il s'arrête malheureusement aux d'Harcourt qui sont mieux connus que les Airault, dont la généalogie complète a été donnée par Beauchet-Filleau dans son *Dictionnaire des familles nobles du Poitou*. Ces publications sont à lire. Elles nous conduisent presque aux ducs qui apparaissent en 1514 et sombrent à la Révolution. On peut encore consulter avec fruit les manuscrits de Dom Fonteneau, celui de Roffay des Palus, un Châtelleraudais convaincu qui, malgré ses erreurs et ses naïvetés, renferme des détails empruntés à des écrits aujourd'hui introuvables.

Si nous nous étendons à l'aise, dans la seconde partie de ces études, sur la constitution féodale du Châtelleraudais, c'est que nous y avons été amené par une circonstance que nous dirions fortuite, si nous ne l'avions provoquée.

Ayant obtenu du ministère de l'Instruction publique la communication obligeante d'une respectable pancarte appelée vulgairement le *Livre Noir de Châtellerault*, conservée à la Bibliothèque Nationale, nous n'avons pas voulu perdre l'occasion de faire connaître ce livre aux autres en profitant pour nous-même de la lecture fort instructive de ses textes.

Que contient ce volumineux manuscrit de 368 pages rédigé par les ordres du dernier vicomte du nom d'Harcourt?

Des notes brèves, extrêmement curieuses, sur les origines de la vicomté. On y trouve la preuve qu'à la suite de partages un frère du comte de Poitiers eut en *parage*, conformément aux antiques coutumes du pays, la vicomté de Châtellerault. Les domaines de cette seigneurie de la féodalité naissante y sont énumérés.

A la suite viennent les textes des droits de prévôté du vicomte, peinture au vif des mœurs étranges et des procédés fiscaux d'il y a cinq cents ans.

Enfin, se déroule la longue série des aveux rendus au vicomte pour les fiefs tenus de lui par les grands seigneurs du pays. La lecture en est laborieuse, mais en revanche elle suggère à l'esprit une idée générale des noms de personnes, de lieux, des droits et des obligations d'une société sans cohésion se mouvant dans le cercle étroit des obligations féodales. On en jugera par les analyses et les textes que nous donnons. Nous n'avons négligé aucune des indications se rapportant à la ville même de Châtellerault.

Ces aveux et dénombrements ne sont pas, à vrai dire, du domaine pur de l'histoire, mais ils révèlent, pour une époque d'autant moins connue qu'elle est plus reculée, une quantité de faits qu'on peut soumettre à des déductions historiques.

C'est à ce résultat que nous a conduit la lecture du *Livre Noir de Châtellerault*. — Au moins nous le pensons.

LE CHATELLERAUDAIS ET SES VIGUERIES

Le *Pagus Castri Araldi, Adraldi* ou *Airaldi*, occupait le nord-est du Haut-Poitou. D'après quelques auteurs (1), son chef-lieu aurait été d'abord établi au Vieux-Poitiers, puis à Châtellerault lorsque le premier vicomte de ce petit *pagus* ou *condita*, qui relevait du comté de Poitou, eut bâti au commencement du dixième siècle, sur la rive droite de la Vienne, un château fort auquel il donna son nom. Il est établi aujourd'hui que ni Châtellerault ni Poitiers n'ont eu pour origine l'antique territoire de Cenon, où l'érudit conservateur de la bibliothèque de notre ville, M. Lièvre, a placé, avec les meilleures preuves, le centre de la petite tribu gauloise des Brivates. *Briva* est un mot celtique qui s'appliquait à des villes ou bourgades situées aux abords des rivières à proximité d'un passage. Là où s'élève le fameux *menhir* que tout le monde savant connaît, il y a deux cours d'eau importants : le Clain et la Vienne, qui se rejoignent à quelques kilomètres au sud de la ville de Châtellerault ; entre l'un et l'autre passait la voie romaine se dirigeant sur Poitiers, sans beaucoup s'éloigner de la rive droite du Clain.

Les limites du pays châtelleraudais d'après de Longuemar,

---

(1) Notamment M. de Matty de la Tour, dans sa dissertation sur *la Capitale du Poitou sous les Gaulois et les Romains*.

qui remonte avec une complaisance excessive à l'époque
celtique pour arriver, sans transition, aux divisions administratives établies par les Carolingiens aux huitième et neuvième siècles, n'en sont pas moins conformes à la tradition
et aux données générales que nous tirerons de l'étendue
territoriale particulière des vigueries d'après les chartes et
aussi de l'emplacement des lieux-dits qui s'y rencontrent et
dont un certain nombre existent encore. Ces bases certaines
nous permettront de sortir, dans la plupart des cas douteux,
du domaine banal et trop facile des hypothèses.

En partant du nord, ce *pagus*, d'une création plus récente
que celui de Poitiers et qui en fut un démembrement, avait
la forme d'un angle aigu, au sommet duquel se trouvait
Champigny-sur-Veude (Indre-et-Loire), non loin de Richelieu, ville toute moderne bâtie d'une seule pièce. Mais là
justement se trouvait la viguerie de Braye placée en quelque sorte à cheval sur le territoire des Pictons au nord et
des Turons au sud. — Nous y reviendrons tout à l'heure.

De là le *pagus* se dirigeait au sud-est vers la Vienne par
une ligne presque droite pour rejoindre, vis-à-vis les Ormes-
Saint-Martin, la rive gauche de cette rivière dont il remonte
le cours jusqu'à Ingrande, où il le franchit en même temps
que la voie romaine de *Cæsarodunum* à *Limonum* (de Tours
à Poitiers). Les limites du *pagus* se dirigent alors vers l'est,
passent par Oiré, traversent une partie de la forêt de la
Guerche, touchent au Gros-Caillou, atteignent la rive gauche
de la Creuse et la Roche-Posay, franchissent la Gartempe,
se rapprochent de la Creuse dont elles suivent à peu près le
cours et vont former un second angle aigu dans le département de l'Indre. A ce point, ces limites tournent brusquement à l'ouest, traversent l'Anglin et la Gartempe, passent

par Saint-Pierre-de-Maillé, au-dessous d'Archigny, franchissent la Vienne près Bellefont, pénètrent, en remontant
au nord, dans la forêt de Moulière et laissent derrière elles
le Clain à *Siculum* (St-Cyr) ; puis, longeant la Pallu, se dirigent vers Vendeuvre, Lencloître, Orches, suivent le cours
du Mable, ayant Faye-la-Vineuse, Richelieu et Braye à
droite, et reviennent au-dessous de Champigny et de la
jonction du Mable avec la Veude.

Telles étaient les limites approximatives du pays châtelleraudais au temps des Carolingiens ; mais nous ne saurions
les fixer que par la tradition ou par les textes comparés de
chartes dont la brièveté, l'incorrection ou les erreurs laissent encore un vaste champ aux incertitudes. Cependant la
persistance des noms de lieux antiques, qui existent encore
sur divers points sous une forme plus ou moins altérée,
permet d'identifier certaines localités actuelles avec celles
des premiers siècles de la monarchie française en remontant
aux Carolingiens, aux Mérovingiens et même à la domination romaine. Sous ce rapport, le *Dictionnaire topographique de la Vienne* de Redet nous sera d'un puissant secours,
non moins que les récentes découvertes de l'archéologie
locale.

En résumé, la forme générale du *Pagus Castri Adraldi*
présente, je le répète, deux angles très accentués, l'un au
nord-est, du côté du Loudunais et de la Touraine ; l'autre
au sud-est, du côté de l'Indre et du Poitou proprement
dit. A gauche de ce vaste et riant pays châtelleraudais, les
limites naturelles jouent un rôle important. En effet, la
Vienne et la Creuse séparent les Turons et les Bituriges du
Pagus Castri Adraldi et lui forment de ce côté une ligne de
défense qui lui eût été plus utile au nord, car c'est de ce

côté que lui venaient les invasions par la grande et facile voie de *Cæsarodunum* à *Limonum*. La Loire les favorise encore par le développement de ses larges et fertiles vallées, et la Creuse, malgré ses rives abruptes, n'oppose aux barbares, qu'ils soient Francs ou Arabes, Visigoths ou Normands, qu'un obstacle facile à surmonter à quelques kilomètres au-dessus de son confluent avec la Vienne, au lieu antique de Port-de-Piles, *Portus Pilarum*. C'est le passage habituel des armées qui, à toutes les époques de notre histoire nationale, descendent des rudes contrées du nord pour occuper, sous un climat plus doux, les vastes territoires de l'Ouest et du Midi.

Bornons-nous à rappeler que les *pagi* se divisaient en vigueries (*vicariæ*) et si nous pouvions faire un rapprochement instructif entre les divisions administratives modernes et celles des premiers temps de la monarchie, nous dirions que les vigueries étaient aux *pagi*, ce que les cantons sont à l'arrondissement au point de vue de la composition territoriale.

Puisque nous parlons des vigueries, disons quelques mots des fonctionnaires chargés de les administrer.

Les viguiers (*vicarii*) étaient des officiers royaux, d'un ordre inférieur, qui remplaçaient les comtes ou vicomtes par délégation. Ils étaient en même temps des agents fiscaux et les juges des causes légères. Nous en trouvons la preuve dans les anciens textes. Il leur était défendu, ainsi qu'aux autres officiers du fisc, d'exiger du peuple au delà du tribut imposé par les envoyés du roi ; en cas d'infraction à cette règle, ils étaient contraints à la restitution. Les viguiers, les centeniers et les échevins dans les municipes d'importance secondaire et dans les bourgs étaient les lieutenants des comtes, et ces derniers devaient s'entourer des conseils de leurs viguiers ordinaires, des centeniers et des échevins les plus expérimentés. Il était interdit à tous d'acheter, dans une intention mauvaise et avec une habileté coupable, les biens des pauvres. Les comtes devaient choisir les viguiers et les centeniers parmi les citoyens réputés par leur probité : « *Justos habere debent ;* » ils ne jugeaient du reste, ainsi que nous l'avons déjà expliqué, que les causes sans importance : celles considérées comme graves étaient réservées au comte ou vicomte. Lui seul pouvait condamner à mort ou priver de la liberté, ou confisquer les biens d'un sujet placé sous sa domination. Telle est l'origine de la haute, moyenne et basse justice, usurpées plus tard par les seigneurs grands et petits, qui s'en firent une sorte de patrimoine au détriment de l'autorité du roi leur maître et encore plus des droits des justiciables.

Les viguiers surveillaient aussi la réparation des ponts et des chemins ; mais lorsqu'il s'agissait de grands travaux et de constructions neuves, ils incombaient, selon les cas, au duc, au comte, à l'évêque ou à l'abbé qui, les uns et les autres, ne pouvaient s'en décharger sous quelque prétexte que ce fût.

Ce que nous venons de dire des viguiers suffira pour mettre en évidence le rôle important qu'ils ont joué dans l'administration si sagement combinée des Carolingiens. N'est-il pas aussi très intéressant d'étudier par quels moyens ingénieux et prévoyants le souverain assurait à ses sujets, dans les plus petites subdivisions de son empire, une protection efficace en même temps qu'il les obligeait au respect de son autorité, se traduisant surtout par le paiement régulier de l'impôt.

Alors même que l'étude des *pagi* et des *vicariæ* qui les
composaient ne servirait qu'à déterminer leur étendue, leur
forme, leur position respective et leurs limites comparées
aux divisions administratives du moyen âge et des temps
modernes, ce résultat serait très appréciable. Nous pouvons même déjà en tirer cet enseignement que, pour quelques-uns de ces *pagi*, les limites et divisions de l'antiquité
existent encore et se sont perpétuées à travers les âges,
malgré des vicissitudes nombreuses et séculaires. Nous l'é-
tablirons pour le Châtelleraudais, qui fut à toutes les
époques de notre histoire le trait d'union géographique
entre la Touraine et le Poitou et resta presque immuable
dans sa composition territoriale. *Condita* détachée du grand
pagus Pictavensis, vicomté sous le régime féodal dès le
dixième siècle, duché laissé en apanage par le souverain à
des princes du sang au commencement du seizième, district
puis arrondissement de par les lois modernes, il ne varie
guère dans son assiette territoriale. C'est qu'elle résultait
de la tradition s'appuyant elle-même sur des considérations
matérielles que la logique aussi bien que la nature imposent ;
forcément il fallait subir le joug du passé afin de ne pas
compromettre l'avenir. Les idées des générations qui se
succèdent changent ; les fleuves et les montagnes, les rivières
et les collines, le sol et ses facultés de production restent les
mêmes. L'homme est obligé d'accepter cette loi de tous les
temps. Les Romains conquérants, devenus maîtres dans
l'art de la civilisation, l'avaient ainsi compris ; la division de
la Gaule en provinces a été faite sous l'empire de ces principes sans négliger ce puissant auxiliaire qui rattache le
vaincu au vainqueur : le respect des mœurs, de la religion
et des nationalités.

Mais l'étude difficile et non moins aride des *pagi* et des *vicariæ*, qui nous reporte aux temps obscurs. de la seconde et de la troisième race, pendant une longue période de trois siècles, sollicite à un autre point de vue l'attention des antiquaires. En effet, ces noms de lieux souvent travestis, passant de la langue romane naissante dans le style officiel latin des cours et des monastères, puis de ce dernier dans le langage vulgaire qui a oublié les traditions et les règles grammaticales les plus élémentaires, rappellent soit une splendeur disparue, soit une prospérité éteinte, soit une idée économique, soit un fait particulier dont il convient de rechercher les causes et de déduire les effets. Dans tous les cas, les noms de ces lieux-dits relevés sur les chartriers qui nous restent et qu'il est facile de ramener à leur forme originaire prouvent une antiquité indiscutable et au moins millénaire. Ces villas, ces fermes, ces mansions, ces castra, ces alleux, — quel que soit d'ailleurs le nom qu'on leur attribue, — ont succédé les uns aux autres à des âges divers pour des besoins variables et se prêtent à des découvertes intéressantes quand elles ne sont pas merveilleuses. Aux constructions rudimentaires des Gaulois ont succédé les édifices élégants de la civilisation romaine, à ceux-ci et sur le temple payen même, l'église chrétienne primitive. Si les barbares ont fait table rase des uns et des autres, ils nous ont au moins laissé des ruines, et le devoir s'impose à nous de les fouiller, puis de leur trouver un langage qui les rende compréhensibles. A l'archéologue appartient la première partie de cette tâche ; l'historien doit se contenter de la seconde.

C'est guidé par de telles considérations que nous avons écrit ces notes sur le Châtelleraudais, contrée du Poitou qui

nous semble avoir été moins étudiée que les autres formant
notre belle et grande province.

Le *Pagus Castri Adraldi* était traversé du nord au midi,
c'est-à-dire du Port-de-Piles, sur la Creuse, à Saint-Cyr,
dans la vallée du Clain, par la voie romaine de *Cæsarodunum*
(Tours) à *Limonum* (Poitiers) tracée sur la table de Peutinger
sans stations intermédiaires. Elle comptait 42 lieues gauloises qui, à raison de 2.436 mètres, donnent un parcours
total de 102.312 mètres; le chemin de fer en compte 101 mille.
Ils étaient donc à vrai dire parallèles. Venant de Tours par
Ballan, Pont de Ruan (*Rotomagus*), où elle franchissait
l'Indre, la chaussée antique passait à Thilouze, Saint-Épain,
Maillé, la Celle-Saint-Avant. A la hauteur de cette dernière
localité la voie se divisait en deux ainsi qu'il ressort d'une
charte de l'abbaye de Noyers, que nous citerons plus loin
avec les explications nécessaires.

Puis la voie principale, franchissant la Creuse à Longe-
ville un peu au-dessus du Port-de-Piles, à l'est, touchait au
village de Colombiers et, laissant à droite les Ormes et
Bussières, traversait le hameau de la Mardelle, longeait à
l'est le bourg de Dangé et, se tenant à mi-côte au-dessous
de la Braudière, de la Sibillière, de la Bodinière et de Saint-
Ustre, se dirigeait vers le bourg d'Ingrande, qu'elle laissait
à droite. A quelques centaines de mètres au nord du susdit
bourg on rencontre le petit ruisseau de Batreau, qui se jette
dans la Vienne. Là est le point exact du *fines* indiqué par
une borne milliaire érigée sous le règne de l'empereur Antonin (138-161) et conservée dans le parc du château du
Fou. Puis la voie touchait aux fermes de Neuville et de la
Saunerie, passait par la courance de la Ferrandière et, laissant à l'ouest la plaine alors déserte où s'est élevée au

dixième siècle la ville de Châtellerault, allait par une courbe légère raser Beauregard, Pouthumé, le Charrault et traversait l'Ozon au moulin du Chillou. A partir de ce point, la voie, qui s'était sensiblement éloignée de la Vienne, se rapproche de cette rivière, la côtoie, puis tourne à droite et passe, au moyen d'un gué, sur la rive gauche vis-à-vis Cenon, laissant à l'est les ruines du Vieux-Poitiers et le tumulus de la Basse-Flotte, commune de Saint-Cyr.

Là nous abandonnons le tracé de la voie antique qui se dirige vers Poitiers et est relevé sur la carte de l'état-major. S'éloignant du pays châtelleraudais, il s'éloigne en même temps de l'objet de ces notes.

Il est à remarquer toutefois que la voie romaine se tenait toujours au pied des collines crayeuses et à pentes douces qui dominent la vallée de la Vienne, largement ouverte sur ce point jusqu'à sa jonction avec la Loire.

Construite sans difficultés dans un terrain meuble et sablonneux, empierrée avec des matériaux sans dureté, elle n'a pu résister aux assauts du temps et de la charrue; aussi les traces qu'elle laisse sont-elles à peine visibles. Mais on dirait que les ingénieurs des chemins de fer et les grands voyers du dix-huitième siècle se sont entendus pour suivre les lignes droites adoptées par les *curatores viarum* des Romains, qui eux-mêmes ne dédaignèrent pas les travaux primitifs des Gaulois. En effet, de Port-de-Piles à Châtellerault la route nationale n° 10 et le railway suivent la même direction que la chaussée antique qu'elles laissent presque toujours à gauche, de telle sorte qu'on les trouve parallèlement réunies dans une largeur qui ne dépasse guère quinze cents mètres à partir du cours de la Vienne. Pour les anciens comme pour les modernes, il y avait dans la préférence accordée à ce trajet, qui est le plus direct entre Tours et Poitiers, une question de nivellement évidente résolue par la disposition des vallées de la Vienne et du Clain, en même temps qu'un motif économique de bon sens pratique et de stratégie militaire. A gauche, une armée en marche sur la capitale du Poitou gagne en rien de temps une forte position sur les hauteurs voisines où elle se dissimule sous le couvert de grands bois ; à droite, les troupes ont à leur portée les eaux de la rivière et les vivres fournis par une plaine bien cultivée où les céréales et le bétail abondent.

Nous consignerons ici quelques chiffres statistiques sur les distances accusées par une borne milliaire conservée au château du Fou en les comparant à celles qui résultent soit du parcours de la route nationale n° 10, soit du tracé du chemin de fer de Poitiers à Port-de-Piles, en les appliquant à divers points intermédiaires entre ces limites extrêmes.

La susdite borne milliaire, dont l'inscription complète sera reproduite plus loin, porte cette mention : *Limonum*, IX lieues ; *Fines* VII lieues, au total 16. Voilà deux points clairement déterminés ; — par conséquent, en admettant que la lieue gauloise fût de 2.436 mètres, ce qui nous semble prouvé, nous trouverions une distance de 38.976 mètres entre Poitiers (*Limonum*) et les *fines* qui étaient à 800 m. au nord d'Ingrande.

Si même, à l'aide de ces données, on voulait fixer d'une manière approximative l'emplacement de la borne milliaire précitée, il suffirait de suivre la chaussée antique à partir du ruisseau de Batreau, à 1.000 m. au-dessus de son confluent avec la Vienne, sur une longueur de 17 kilom. 52 mètres en marchant vers le sud, et on serait amené à

constater que la précieuse borne leugaire qui assigne aux
Pictons leurs limites au nord, celles des Turons au sud,
avait été érigée entre le pont de Domine et Moussais-la-
Bataille, à 500 m. du Clain, non loin du château du Fou
(3.000 m.), où elle a pu être facilement transportée.

D'Ingrande à Port-de-Piles, on compte 15 kilomètres, un
peu plus de 6 lieues gauloises, de telle sorte que la distance
de Poitiers à Port-de-Piles était de 22 lieues gauloises qui,
à 2.436 mètres, donnent un total de 53.592 m. De ces chiffres
il résulte que la voie romaine avait 600 m. de moins que la
route nationale tel que son développement linéaire a été relevé par l'ingénieur en chef Matty de la Tour (54 km.) pour
le bornage de sa carte routière ; qu'elle était aussi plus courte
que le chemin de fer (56 km.) de 2.500 m. environ. En effet,
de Poitiers à Cenon et de Châtellerault à Port-de-Piles, l'ancienne chaussée tracée par grandes sections rectilignes forme
en quelque sorte la corde de deux arcs de cercle décrits,
l'un par le Clain, l'autre par la Vienne, rivière dont le cours
infléchit très légèrement à l'Orient et que suivent à petite
distance la route nationale et le chemin de fer, à gauche du
Clain de Poitiers à Châtellerault, à droite de la Vienne de
cette dernière ville à Port-de-Piles sur la Creuse.

Ainsi que nous l'avons déjà fait remarquer, la voie antique de *Cæsarodunum* à *Limonum* se bifurquait à la hauteur
de la Celle-Saint-Avant, vis-à-vis Grouin ou Bec des deux
eaux (*Castrum quod vulgo Cronnium appellatur*, v. 1054),
puis elle franchissait la Creuse un peu au-dessus du Port-
de-Piles. La voie secondaire passait la Vienne à Ports. Une
charte de l'abbaye de Noyers, de l'année 1032, vient à l'appui
de cette assertion. En effet, elle nous apprend qu'un certain
Kadelon, Geoffroy, son frère, et leur mère Ersinde donnent

à l'abbaye *Terram quæ est inter duas vias ad transitorium,
et illam partem qui est ad Petram fixam et combrum qui
est in Vigenna et alodum quod est in parochia Porti.*
« C'étaient là, dit l'abbé Chevalier, deux points très importants dont les moines de Noyers cherchèrent de bonne heure
à s'assurer la possession et pour lesquels ils soutinrent plus
d'une lutte. La propriété de ces ports leur assurait la préémi-
nence incontestée de toute cette région en leur mettant dans
la main les clefs des deux passages par lesquels la Touraine
communiquait avec le Poitou et le midi. Le pays était d'ailleurs fertile en blé, en vin, en arbres fruitiers de toute espèce
et surtout en noyers, qui vraisemblablement donnèrent leur
nom à la contrée. »

Les détails qui précèdent nous permettent d'apprécier
l'importance du cartulaire de l'abbaye de Noyers pour l'histoire, à partir du onzième siècle, de la région extrême du
Haut-Poitou et de la Basse-Touraine. Elle était comprise
entre les profonds ravins de la Manse (*Ismantia*) au nord,
la Creuse à l'est, Châtellerault au sud et la Veude à l'ouest,
petite rivière coulant non loin de Faye-la-Vineuse (*Faia*) ou
le *Grand Batisseur* Foulques Nerra avait élevé une redoutable forteresse destinée à arrêter de ce côté les incursions
des Poitevins.

Non loin de la voie romaine s'étaient établis des centres
habités compris dans les vigueries d'Ingrande et de Châtellerault; nous en citerons quelques-uns dont l'antiquité est
incontestable, leur origine remontant bien au delà des dates
fournies par les chartes. En partant du nord, c'est-à-dire
de la Creuse, nous trouvons le *Portus qui est ad Pilas* (1064),
Moncell (985), *Paizaicus* (1061), *Columbers* (1109), *Bu-
xeria* (1080), *Macheries* (v. 985), *Ecclesia de Dangeo* (637),

Vicus Ingrandisse (637), *Villa Carboneria* (1022), *Coldre-dum* (928 ou 929), *Nova villa* (1349), *Magnacus villa* (918), *Postimiacus* (1025), *Targiacus* (915). Nous pourrions rendre cette énumération plus complète, bien qu'elle nous semble étayer suffisamment l'opinion que nous venons d'émettre en faveur de l'œuvre civilisatrice des Romains dans le pays châtelleraudais.

Examinons maintenant comment le *Pagus Castri Adraldi* avait été divisé sous les premières races pour faciliter l'administration judiciaire, financière et politique du vicomte et de ses délégués locaux, les viguiers. Nous ne sommes pas encore arrivés au régime féodal, qui rendra si difficile l'unité française, mais nous en approchons peu à peu.

Cinq vigueries ou parties de vigueries appartenant aux *Pagi Pictavensis, Castri Adraldi* et *Lausdunensis* entrèrent dans la composition territoriale de la vicomté de Châtellerault, telle qu'elle fut constituée au moyen âge.

Celles d'Ingrande et de Châtellerault à l'est.

Celle de Braye au nord-ouest, pour partie.

Celle de Colombiers à l'ouest, pour partie.

Celle dite *Vicaria Niverniacensis*, au sud-est de la viguerie d'Ingrande.

Nous entrerons dans quelques détails sur chacune de ces vigueries en essayant d'identifier certaines localités encore existantes avec les noms que nous ont légués les chartes conservées dans les archives publiques. Cette étude nous amènera à développer des considérations d'un autre ordre et à des hypothèses qui pourront se transformer en réalités.

Le territoire de la viguerie d'Ingrande était très peuplé en même temps que très étendu. Sa situation exceptionnellement favorable dans un pays cultivé, aux abords d'une grande rivière et d'une voie romaine encore praticable au huitième et au neuvième siècle, la concentration d'habitants sur les nombreux villages ou exploitations rurales répandues dans cette riche contrée donnaient une grande importance à cette viguerie dont le chef-lieu, *Vicus Ingrandisse*, existait déjà au septième siècle. Elle comprenait dans ses limites des agglomérations fort éloignées, ainsi que nous le verrons tout à l'heure.

Au surplus, voici quelques lignes empruntées au *Dictionnaire topographique* de Redet sur la viguerie d'Ingrande.

« Limithrophe de la Touraine, elle s'étendait sur la rive droite de la Vienne jusqu'à Bellefont. Les localités qui en dépendaient se trouvent sur le territoire des communes d'Ingrande, des Ormes, de Châtellerault, Targé, Senillé, Availle, Montoiron, Chenevelles, Archigny, Vouneuil-sur-Vienne, Bonneüil-Matours et Bellefont. Une petite portion de cette viguerie appartenait à la Touraine : *in pago Turonico, in vicaria Ygrandinse, villa que dicitur Nocearius*, Noyers : au delà de la Creuse, *villa que vocatur Moncell*, Mousseaux, commune des Ormes, et *villa cujus vocabulum est Macheries*, Mazières, commune de Saint-Remy, v. 985 (cart. de Saint-Cyprien, p. 185). »

Aux deux points extrêmes de cette viguerie : au nord les Ormes, au sud Bellefont font encore partie de l'arrondissement de Châtellerault.

Les localités dont l'énumération suit, et en tête desquelles nous plaçons le chef-lieu de la viguerie, ont été relevées sur les chartes qui, pour la plupart, offrent des dates certaines précieuses pour l'histoire de ces temps qui, sans être préhistoriques dans l'acception étroite du mot, n'en laisse pas moins un vaste champ aux hypothèses et aux incertitudes. Les diverses formes et appellations latines nous éclaireront quelquefois sur l'origine des noms dont il est si instructif d'étudier les transformations successives.

Commençons par Ingrande-sur-Vienne:

Fines (bornes milliaires de la voie romaine de Poitiers à Tours, érigées sous le règne de l'empereur Antonin; conservées dans le parc du château du Fou).

Nous citerons une seule de ces inscriptions recueillie sur une colonne itinéraire déterrée dans l'ancien cimetière de Cenon pour établir que les *Fines* dont il est ici question se trouvaient précisément au ruisseau de Battreau, à quelques centaines de mètres au nord d'Ingrande.

Voici le texte restitué par M. le lieutenant Espérandieu (*Ep. Rom.* du Poitou, p. 19):

[Imp(erator) Cæ(sar) [Divi Ha]driani fil(ius) divi Trajan Parthici nepos, Divi Nervae pr[o]ne(pos) T(itus) Aelius Hadrianus Antoninus Aug(ustus) Pius, p(ontifex) m(aximus) tr(ibunicia) P(otestate) [III, co(n)sul III], pater p(atriæ).

Lim(onum) IX, Fines VII.

« L'empereur César Titus Aelius Hadrien Antonin, fils du divin Hadrien, petit-fils du divin Trajan le Parthique, arrière-petit-fils du divin Nerva; Auguste, pieux, grand pontife, revêtu de la puissance Tribunice pour la troisième fois, consul pour la troisième fois, père de la patrie.

« Poitiers, à 9 lieues, Ingrande, à 7 lieues (gauloises). »

On sait qu'à partir du troisième siècle et des temps postérieurs les distances étaient marquées en lieues (*leucæ*).

Ingrandisse (*Vicus*) *cum ecclesiis apostolorum Petri et Pauli et sancti Ypoliti martiris*, 637 ;
  Igorande (*in quodam viculo*) *vocabulo ;*
  Eurande villa ;
  Igorandinsis (*Vicaria*) *in pago Pictavo*, 913 ;
  Izannensis (*Vic.*), 918 ;
  Yngrandensis (*Vic.*), 925 ;
  Ygrandinsis (*Vic.*), 927 ;
  Ingrandinsis (*Vic.*), 941 ou 942 ;
  Igrandinsis (*Vic.*), 942 ;
  Igorandis (*Vic.*), vers 950 ;
  Igoranda (*Vic.*), 964 ;
  Ygrandisse (*In vic.*), vers 998 ;
  Ygranda (*Vic.*), vers 1030 ;
  Ingranda, 1163.

Avec ces données il est facile de se rendre compte des modifications apportées au mot latin *Ingressus* appliqué à la partie du pays châtelleraudais où se trouvait l'entrée de la Touraine dans le Poitou ; là étaient également les *fines*, c'est-à-dire les limites ou frontières.

Puis viennent dans l'ordre alphabétique les localités de moindre importance dont l'énumération suit :

Anisius villa in pago Pictavo, in vicaria Igoranda, 964.

Lieu inconnu qui ne peut être Anzec, hameau, commune

de Jardres, qui faisait partie de la viguerie de Liniers vers 970, mais bien *Asnieras* (*villa*) *in vicaria Igrandinse*, 987-996.

Asneriis (*Capellanus sanci Medardi de*).

Asnières, hameau, commune de Montoiron.

Avalliacus villa in vicaria Igrandinse, 1031-1046.

Availia juxta castrum Burneys, 1123.

Availle, près le château du Bornais, commune du canton de Vouneuil-sur-Vienne. Ce château est situé sur le territoire de Senillé.

Bella fons villa in vicaria Igorande, v. 950.

Belefunt (*Alodum quod vocatur*) *cum ecclesia in honore beati Hilarii*, v. 1080.

Bellefont, commune du canton de Vouneuil-sur-Vienne.

Cabriella (*Villacus qui dicitur*) *in villa quæ vocatur Avalliaco, in vicaria Igrandinse, et in ipso loco fuit antiqua ecclesia*, 1031-1046.

La Caverie, ferme, commune d'Availle.

Canta Lupum (*Locus nomine a*).

Ce nom a été relevé par l'abbé Lalanne (*Hist. de Châtelleraud et du Châtelleraudais*, t. I, p. 16); nous ne l'avons pas vu ailleurs. Il existe dans le département de la Vienne neuf lieux-dits semblables. Le *Canta Lupum* qu'on attribue à la viguerie d'Ingrande ne peut pas être celui de la commune de Salles-en-Toulon, trop éloigné des limites extrêmes de cette viguerie, qui s'arrêtent à la paroisse de Bellefont, et encore moins le Chanteloup des communes de Journet et de Mazerolles. Mais en tenant compte d'une contraction fréquente dans les noms de lieux qui aurait fait de *Canta Lupum* Cotelelue ou Cotelue, nous pourrions l'identifier avec un village de la commune de Bonneuil-

Matours qui porte ce nom. La situation topographique de ce village enfoui dans les bois justifierait encore une appellation aussi significative. A l'appui de cette opinion, nous citerons la charte deux cent soixante-trois, p. 170, du cartulaire de Saint-Cyprien, ayant pour titre *de Loriaco et de Cantalupi*. Entre les deux localités, dont la première était de la paroisse de Liniers, la seconde de celle de Bonneuil-Matours, il n'y avait qu'une faible distance. Elles faisaient partie du même héritage dont un certain Archambault détacha quelques terres en faveur du monastère de Saint-Cyprien de Poitiers, vers l'an 1000.

Carboneria (Villa quæ dicitur) in vicaria Ygrandinse, 1022.

Les Charbonneries, hameau, communes de Châtellerault et d'Ingrande.

Cavannas (In); 673.

Kabannas (Villa quæ vocatur) in vicaria Ygrandinse, v. 990.

Cavannas (Villa) 988-1031.

Cabannas, 1022.

Chabannes, ferme, commune de Chenevelles.

Cavannas, Cabannaria doivent venir du nom commun *Cabanna,* « cabanne » ; c'est l'opinion de d'Arbois de Jubainville : *Des noms de lieux habités en France,* pp. 474-475.

Chistriacus villa, 899.

Cistriacus (Villa quæ nuncupatur) in pago Pictavo in vicaria Igrandinse, v. 942.

Kastriaco (In villa), v. 942.

Chistrico (Goffredus de), v. 1077.

Chestriacum (Apud).

Chistrec (Hugo de), v. 1090.

Chistriaco (Capella de), 1097-1100.

Chitré, château en ruine et village, commune de Vouneuil-sur-Vienne.

Coldredum villa in vicaria Ygrandinse, 928 ou 929.

Couldrayum, 1404.

Le Coudray, village, communes de Châtellerault et
Targé.

Disnæ Masnilium, in villa Postemia, v. 1020.

Lieu aujourd'hui inconnu dans l'ancienne paroisse de
Pouthumé.

Fraxenello (In) in Alsonem Fluvium, 909.

Fraxenolio (In villa), 962 ou 963.

Fraxineto (In villa), v. 990.

Fraxinellio (Airaudus de), v. 1090.

Fressineau, village, commune de Montoiron.

Loriacus villa in vicaria Ygrandinse, v. 1000.

Lorere, Guydo de Loreriis, 1309.

Lieu inconnu. Nous semble devoir être identifié avec Lo-
rière, commune de Liniers. (Voir l'observation déjà faite
au mot *Canta Lupum*.

*Lunziacus (villa) in vicaria Ygrandinse cum molendino
sito in fluvio Alsoni*, v. 1020.

Leugny, lieu détruit, près Bertouin, commune de Bonneuil-Matours.

*Macheries (Villa cujus vocabulum est) in pago Turonico,
in vicaria Ygrandinse*, v. 985.

Mazière, village, commune de Saint-Rémy-sur-Creuse.

Magnacus (Villa) in vicaria Izannense, 918.

Magniacus (Villa) in vicaria Ygrandinse, 937 ou 938.

Marniacus, vers 1010.

Le Grand-Marigny, commune d'Ingrande.

Marciacus villa in pago Pictavo, *in vicaria Ingorandinse*, *in condita Niverniacense*, 913, *in vicaria Ygrandinse*, 954-986.

Le Grand-Marcé, ferme, commune de Senillé.

Malgandus villa in vicaria Igorande, vers 950.

Mallogante (In villa que dicitur) in vicaria Ygrandinse, 960.

Maalganum, maalgenti villa, 908-1031.

Malgam villa super fluvium Alsoni, vers 1020.

Maalgam, vers 1030.

Maugeant, hameau et bois, commune de Montoiron.

Moncell (In villa que vocatur), *in pago Turonico*, *in vicaria Ygrandinse*, vers 985.

Moncellis, vers 1080.

Mulsatus Campus.

Mousseaux, village, commune des Ormes.

Au nord de ce village et à peu de distance, se trouvait une métairie aujourd'hui détruite, appelée les Cartes, *Quarta* (vers 1075), ancien fief relevant de Mousseaux et qui aurait appartenu au philosophe Descartes, ou tout au moins à sa famille. — La petite ville de la Haye n'est qu'à quelques kilomètres.

Monte Ebroni (In loco qui dicitur) in vicaria Ygrandisse, vers 998.

Lieu inconnu, dit Redet. — Pourrait être Montoiron.

Nucharius, Nocearius, Nucharii, Noers, à partir de 1031.

Noyers, Indre-et-Loire.

« Noyers, dit l'abbé Chevalier, au début de son histoire de cette abbaye aux xiᵉ et xiiᵉ siècles, n'est plus aujourd'hui qu'un humble village dépendant de la commune et de la paroisse de Nouâtre et ayant perdu toute espèce d'autonomie, mais au moyen-âge c'était un centre actif d'influence religieuse, morale, scientifique et agricole dans la Basse-Touraine et dans le Châtelleraudais.

« L'abbaye bénédictine de Noyers fut fondée au commencement du xi° siècle, en l'an 1031. Elle était assise sur la rive droite de la Vienne, dans une plaine fertile et un site agréable, à quatre kilomètres au-dessous du confluent de cette dernière rivière avec la Creuse, non loin du Port-de-Piles et de Maillé, où passait la voie romaine de Tours à Poitiers. »

Postimiacus (*Villa que dicitur*) *in vicaria Ygrandinse*, 1025.

Poulhumé, hameau, commune de Châtellerault.

Posthimiagus, Postumiacus, Posthumiacus, viendrait du gentilice Postumius, d'après d'Arbois de Jubainville, *Des noms de lieux habités*, p. 298.

Prisciacus (*Villa*) *in vicaria Ygrandinse*, vers 1020.

Prinçay, village, commune d'Availle, canton de Vouneuil-sur-Vienne.

Roca, 1029.

La Roche, maison isolée, commune de Bonneuil-Matours ou plutôt la Roche, village, commune de Bellefont.

Saviniacus (*Villa*) *in vicaria Ingrandinse, super fluvium Vigenna*, 925.

Savigny, château et hameau, commune de Vouneuil-sur-Vienne.

Targiaco (*In villa*), 915.

Targiacus ecclesia in honore sancti Georgii constructa (*In villa que dicitur*), *in vicaria Ygrandinse*, 1030 ou 1031.

Targé, commune du canton de Châtellerault.

D'après la quarante-troisième charte du cartulaire de

l'abbaye de Noyers, t. XXII (1872) des *Mémoires de la Société archéologique de Touraine : Stephánus de Targiaco, factus monachus, dat monásterio Nuchariensi terram apud* Fonlarge, *aliamque terram apud Usellum* (Usseau), 1065.

Varennas (Villa que nuncupatur) super fluvium Vigenna, cum Molendino, vers 943.

Varenas (Molendinum cum exclusa in villa cognomento) in parrochia de Bonolio Monasterio, vers 980.

In vicaria Ygrandisse, vers 998.

Varennes, maison rurale, commune de Bonneuil-Matours.

Vengolia villà in vioariá Ygrandinse, vers 1010.

Vangueil, hameau et moulin sur l'Auzon de Chenevelles, commune d'Archigny.

Vernolium villa in vicaria Ygrandinse, 962 ou 963.

Lieu inconnu, dit Redet ; peut-être Vouneuil-sur-Vienne : au lieu de *Vernolium,* il faudrait lire *Vænolium.*

Villaris (Villa que dicitur) in vicaria Igrandinse, vers 943.

Vilares villa in vicaria Ygranda, vers 1030.

Le haut et le bas Villiers, commune de Vouneuil-sur-Vienne.

VIGUERIE DE CHATELLERAULT

La viguerie de Châtellerault, démembrée à la fin du neuvième siècle de celle d'Ingrande, dans laquelle elle formait une sorte d'enclave, n'avait pas à beaucoup près l'importance de cette dernière, si on en juge par le nombre restreint de lieux-dits relevés sur les chartes ; elle n'est du reste mentionnée que dans deux documents : l'un d'environ 1025, l'autre d'environ 1035. Châtellerault fut le siège d'une vicomté au commencement du dixième siècle, comme nous le verrons plus loin.

Castro Araldi (Vicaria de) in pago Pictavo, v. 1025.

Castro Adraldum (In condito), v. 1035.

Castrum Airaldi, 1047.

Castellum Airaudi, v. 1055.

Castrum Araudi, v. 1065.

Castri Arraldi vicecomes, v. 1080.

Châtellerault, chef-lieu d'arrondissement.

Bacnolios (Villa cujus vocabulum est) in vicaria de Castro Araldi.

Bagnos (Cujus vocabulum est A), v. 1025.

Bignoux, hameau et moulin sur le ruisseau du même nom, commune de Châtellerault.

Burgus juxtum Castellum, videlicet Araldi.

Peut-être l'agglomération naissante de l'important faubourg de Châteauneuf (*Castrum novum*), sur la rive gauche de la Vienne. Hugues II, vicomte de Châtellerault, avait fait bâtir (1157-1175) le château et la chapelle de Saint-Jean-l'Évangéliste.

Chasnas (Locus qui dicitur) in vicaria de Castro Araldi, v. 1025.

Chêne, château en ruine et ferme, commune d'Ingrande.

Marchet (Locus dictus).

Cette localité a été indiquée par La Fontenelle de Vaudoré, sans date ni référence. Nous croyons qu'elle est la même que le *Marciacus* de la commune de Senillé, qui a fait partie de la viguerie d'Ingrande en 913 et s'appelle aujourd'hui le Grand-Marcé.

Postemia (*Villa*) *in vicaria de Castro Araldi*, v. 1025.

Postumiaco (*Ecclesia Sancte Marie de*), 1097-1100.

Pouthumé, hameau, commune de Châtellerault.

Vilares villa in pago Pictavo, in condito Castro Adraldum et in ipsa vicaria, v. 1035.

Villiers (Le Haut et le Bas), hameaux, commune de Vouneuil-sur-Vienne.

Viveris (*In villa que vocatur*) *in vicaria de Castro Araldi*, v. 1025.

Vivers (*Castellarium nomine*), v. 1088.

Le Vivier, hameau près Montgamé, commune de Vouneuil-sur-Vienne. (V. Viguerie d'Ingrande.)

VIGUERIE DE COLOMBIERS

La viguerie de Colombiers (*Vicaria Columberii*), après avoir dépendu de celle de Sauves, fut le chef-lieu d'une viguerie mentionnée dans des actes de la seconde moitié du dixième siècle relatifs à des localités situées dans les communes de Marigny-Brizay et Vendeuvre. Elle tirerait son nom de l'antique *castrum* appelé *Columberium*, comme l'atteste une charte de Saint-Martin de Tours. (Mabille, *la Pancarte Noire*, p. 223.)

Columberum castrum, 926. (Besly, *Histoire des comtes de Poitou*, p. 219).

Columberis (*In villa*), 928 ou 929.

Columberia (*Villa*) *in vicaria Salvinse, castrum cum ecclesia*, 936 ou 937.

Columbarii (*Vicaria*), 993.

Columbarium (*Alodum*) *cum ecclesia in honore sanctæ Virginis Mariæ.*

Columberio (Ecclesia de) vetustissimo Castro, 1097-1100.

Baidon, in vicaria Columberii, 964.

Baidon, ferme, commune de Marigny-Brizay.

Bociacus, 938.

— *In vicaria Columbario*, 993.

Boussay, village, commune de Vendeuvre.

Grezilion (villa quæ dicitur), v. 964.

Gremillon, maison rurale, commune de Marigny-Brizay.

Signiacus in vicaria Columberio, 993.

Signy, village, commune de Vendeuvre.

Surimius (Capella in honore sancte Marie et sancti Phi-liberti confessoris dicata, in villa que dicitur) in vicaria Co-lumberio, 975-989.

Surim (Ecclesia sancti Philiberti de), 1097-1100.

Saint-Philbert, ferme, commune de Marigny-Brizay.

On peut ajouter à ces noms :

Selena (villa quæ dicitur), v. 1080.

Le lieu appelé autrefois Salennes se voit, sur la carte de Cassini, entre la Tour-Savary et l'Ane-Vert, où se trouvent actuellement les hameaux de Laumont et des Crocharts.

VIGUERIE DE BRAYE

La viguerie de Braye, *vicaria Braiacensis* ou *Brainsis*, située au nord-ouest du Châtelleraudais, englobait plusieurs localités appartenant au *Pagus Castri Adraldi*, c'est pour-quoi elle doit figurer dans les éléments de notre travail.

Le cartulaire de Noyers lui donne les noms suivants :

Braiacum au xe siècle et vers 1090.

Braia, vers 1120.

Braya, 1248.

Braye-sous-Faye est aujourd'hui une commune du canton de Richelieu. Il y avait un prieuré dépendant de l'abbaye de Saint-Cyprien de Poitiers et relevant de la baronnie de Faye-la-Vineuse.

« Centre religieux, Braye devint tout naturellement, sous les Carlovingiens, un centre politique et administratif. Les comtes y placèrent un représentant, un viguier, et cette viguerie avait dès le neuvième siècle un rôle de quelque importance. Les noms des viguiers connus sont ceux de Norbert et de Rainaud, en 960. Sous le rapport féodal, Braye relevait de Mirebeau, forteresse considérable dont les seigneurs furent longtemps fameux (1). »

Les noms attribués aux localités ont quelquefois une origine dont il est instructif de rechercher les causes. D'où vient par exemple celui de Braye?

En s'en rapportant au Glossaire de Ducange, on pourrait admettre qu'il trouve sa raison d'être dans cette définition : *Braium, Limus terræ, Gallis, Bray.* En effet, Bray est une bourgade assise au milieu d'une plaine basse, humide et marécageuse, enserrée par deux ruisseaux, à gauche le Mable (*Meabilis*), à droite la Veude (*Vosda*), qui se rejoignent à Champigny, non loin de Richelieu. Cette position semble justifier le qualificatif caractéristique *Braiacensis* appliqué à la viguerie. Nous nous garderons bien de le faire venir du gentilice *Braccius*, dont parle d'Arbois de Jubainville (2).

D'autres centres antiques appartenaient à cette viguerie : *Brigolii villa in vicaria Brainse, ex Curte Potente*, 957.

Un endroit appelé Bourgueil existait près du village de

---

(1) L'abbé Bossebœuf, *Richelieu, monuments et souvenirs.*
(2) *Des noms de lieux identiques à des gentilices*, p. 352.

Joué (*Gaudiacus villa in vicaria Lugdunense*, 904), non loin de Pouant. Nous n'hésitons pas à l'identifier avec le *Brigolium* des chartes de Saint-Hilaire. Le scribe aurait dû lire *Burgolium*. Enfin, si la carte de Cassini ne fait pas mention de ce lieu, il est marqué sur celle de l'état-major à une très faible distance au sud de Joué.

Dociacus, 774.

Dociacus (Villa) in pago Pictavo, in vicaria Braciacinse, cum ecclesia in honore sancti Martini constructa, 892.

Une des villas de l'abbaye de Saint-Martin de Tours en 775.

Doussay, canton de Lencloître.

Olcas (Villa que dicitur) in pago Pictavo, in vicaria Brainse, 933 ou 934.

Les Ouches, ferme, commune de Pouant, et non pas Orches, comme l'avance Dom Fonteneau.

Pollicias (Villa que dicitur) in pago Pictavo, in vicaria Brainse, 933 ou 934.

Pouillé, vieille tour en ruines et ferme, commune de Thuré.

Potentum, 889.

Potente (In villa), 942.

Potente (Ex curte) in pago Pictavo, in vicaria Brainse, 957.

Poent (Johannes de), vers 1083.

Pouant, commune de Monts-sur-Guesnes.

Saviniacus (villa) in vicaria Brainse, 975 ou 976.

Saviniaci (Ecclesia), vers 1081.

Savigny-sous-Faye, canton de Lencloître.

Sene Corbiaco (de), vi⁰ siècle.

Subcorbiacus (*Villa*) *in vicaria Braiacense, in rem sancti Ylarii*, vers 993.

Succurbiacus, cum ecclesia in honorem sancti Hilarii consecrata, vers 1070.

Scorbé-Clairvaux, canton de Lencloître :

Sogum villa in pago Pictavo, in vicaria Brainse, et farinarium super fluvium Wosda, 960 ou 961.

Sigault, hameau, commune de Saint-Christophe.

De La Fontenelle indique comme appartenant à cette même viguerie de Braye :

Nozoliaco (*Drogo de*), 1117-1140.

Sans doute Nouzilly, village et ancien château de la commune de Chalais.

Villa Boiaco, in vicaria Brainse, que nous identifions avec le Bouchet. *Bociaco* serait une corruption de *Bosculo* (petit bois) dans le département de la Vienne, dix-huit localités portent le nom de Bouchet et justifient l'interprétation que nous donnons au mot *Bosculo*.

VICARIA NIVERNIACENSIS

Une quatrième viguerie, dite *vicaria Niverniacensis*, entrait dans la composition du pays châtelleraudais ; elle se trouvait au sud-est de celle d'Ingrande et sur la rive droite de la Vienne. Son chef-lieu n'est pas connu, et sur ce point on ne peut que faire des conjectures sur la signification du mot *Niverniacensis*. C'est un problème difficile à résoudre.

Le cartulaire de Saint-Cyprien, qui a fourni tant de précieuses indications au *Dictionnaire topographique* de Redet, nous révèle, en ce qui concerne cette viguerie, les noms et les dates qui suivent :

Saviniacus (Villa) in pago Pictavo, in vicaria Nivernia-
  cinse, vers 900 (1).
— *in vicaria Linarensi,* 909.
— *in vicaria Ingrandinse,* 925.

L'emplacement géographique de Savigny, château et
hameau, commune de Vouneuil-sur-Vienne, a cela de
remarquable qu'il était situé à l'extrémité des vigueries de
Liniers et d'Ingrande, auxquelles il touche, et dont les
chefs-lieux sont connus. Nous verrons tout à l'heure quelles
inductions on est autorisé à tirer de cette circonstance.

Marciacus villa in pago Pictavo, in vicaria Igorandinse,
  in condita Niverniacinse, 913.
— *in vicaria Ygrandinse,* 954-986.

Le Grand-Marcé, ferme, commune de Senillé, second
point connu de cette viguerie, se trouvait donc aussi à l'extrémité de celle d'Ingrande et au nord-est de celle de Liniers, de telle sorte que la *vicaria Niverniacinsis* paraît avoir
compris dans son territoire le pays situé sur la rive droite
de la Vienne formant deux plateaux couverts de forêts et de
brandes, le premier entre la Vienne et l'Ozon, le second
entre ce dernier cours d'eau et un de ses affluents dit l'Ozon
de Chenevelles. A peu près au centre de cette contrée, où la
population ne semble pas avoir été jamais très dense, se

(1) Ego in Dei nomine Gulfradus et uxor mea Aldensendis, constat nos insi-
mul vendere, ita et vendidimus, tradere, ita et tradidimus ad dilectis filiis
nostris Gerrardo nomine nec non et Richardo diacono ex congregatione sancti
Petri, hoc est alodus noster *in pago Pictavo, in vicaria Niverniacinse, in villa*
cujus vocabulum est Saviniacus, et est plus minus inter vinea et terra vacante
jugera IIII ; ab jacet ipsa vinea et ipsa terra de uno latus et uno fronte vinea
vel terra *alodus Guarnoni,* de alio latus rivo currente, quarto vero fronte via
publica : totum et ad integrum quantum visi sumus in ipso loco habere vobis
vendimus.........
(*Arch. histor. du Poitou,* t. III, p. 155, *cart. de Saint-Cyprien.*)

trouvait Archigny, et non loin de ce bourg, dont il est question dans une charte de l'an 1000, un lieu dit *Nivoire*, porté sur la carte de Cassini. Les titres les plus anciens (1474) qu'on possède sur cet endroit, qui n'a aujourd'hui aucune importance, ne peuvent autoriser à dire que c'était le chef-lieu de la viguerie en question ; cette similitude de nom permet seulement de hasarder une hypothèse. Toujours est-il que, dans cette *condita* ou petit *pagus* qui aurait eu un moment d'éclat dans l'antiquité et au moyen-âge, on voit encore des ruines importantes qui attestent une civilisation et une splendeur éteintes. Telles sont les restes de *Norman-don*, qu'on croit avoir été une villa romaine pittoresquement assise sur la rive droite de l'Ozon de Chenevelles. Ce point a-t-il été occupé par les Normands ou bien ont-ils laissé leur nom à des ruines qui auraient été leur œuvre ; ce sont là des questions qu'il faut seulement poser, tant que les recherches des archéologues ou quelque charte aujourd'hui inconnue ne nous auront pas fournis les éléments d'une solution qui éclairera l'histoire de ces temps obscurs.

La viguerie dite *Niverniacensis* fut absorbée par celles d'Ingrande et de Liniers dès le commencement du dixième siècle ; elle n'aurait donc pas eu une longue existence.

Nous avons déjà fait remarquer que certaines localités des vigueries d'Ingrande et de Châtellerault étaient groupées près de la voie antique traversant du nord-est au sud-ouest le *Pagus Adraldi*, et que les centres de population, *vici, villæ* et autres, s'étaient développés avec une plus grande intensité que partout ailleurs dans la vallée de la Vienne, qui se prolongeait jusqu'à Candes, où cette rivière se jette dans la Loire après avoir reçu la Creuse, *Crosa*, au-dessous du Port-de-Piles, nommé *Portus qui est ad Pilas, propter suum na-*

vigium. A cette considération, il est nécessaire d'en ajouter une autre destinée à faire ressortir l'importance du rôle physique joué par le voisinage des cours d'eau dans la distribution primitive sur le sol des habitants toujours à la recherche des conditions favorables au développement matériel de la tribu rurale.

Les chefs-lieux des vigueries châtelleraudaises, au nombre de quatre, le cinquième est inconnu, étaient très proches de cours d'eau plus ou moins importants mais tous abondants.

Citons d'abord la Vienne, qui porte dans les chartriers du dixième siècle les noms suivants : *Vingenna, Vigenna, Vincenna, Vinzana, Vinzenna, Vizenna.*

Sur la rive droite de cette rivière, qui a toujours été la plus habitée, on trouve les chefs-lieux des vigueries d'Ingrande et de Châtellerault, voisines l'une de l'autre, mais dont la seconde a été formée aux dépens de la première. Ce n'est que depuis le dixième siècle que Châtellerault a pris un développement sans arrêt par un concours de circonstances favorables dues à son assiette parfaitement choisie. Ainsi, à la fin du douzième siècle, cette jolie ville avait déjà une réelle importance si on en juge par les détails contenus dans la chanson de geste d'*Aïol et Mirabel.* Un voyageur du dix-septième siècle (1631) la dépeint ainsi : *Situm est planitie amœna et fertili, ad fluvium Viennam qui ponte transitur novum.* Quant à Ingrande, dont l'existence est antérieure au septième siècle, il est resté avec son église romane à peu près ce qu'il était aux temps antiques, un *viculus* qui doit sa notoriété à cette particularité géographique qu'il formait autrefois la limite de deux grandes provinces séparées par un minuscule ruisseau appelé Batreau, qui a sa source près de Remilly, commune d'Oyré.

A proximité de l'Envigne, *flumenculum Inenvinea*, v. 120, se trouvait Colombiers, le *Columberium Castrum* d'une charte de 926, chef-lieu de la viguerie de ce nom.

Sur la Veude de Champigny (en Touraine), *aqua quæ Voda vocatur*, 637 ; *Rivulus Vorda*, 931 ; *Fluvius Wosda*, 960 ou 961, *Vosda*, y. 1067, s'était élevé le lieu antique de Braye, entouré de nombreux moulins à farine, dans une plaine basse et humide.

Tout porte à croire, nous le répétons, que le chef-lieu de la viguerie dite *Niverniacensis*, dont on ignore l'emplacement, ne devait pas être très éloigné d'Archigny et d'un petit cours d'eau, l'Auzon de Chenevelles, à proximité duquel on rencontre des substructions antiques qui jusqu'à ce jour ont gardé leur secret.

Tel était l'aspect général du pays châtelleraudais au moyen-âge, vers l'an 1000, époque nébuleuse autant pour l'historien que pour l'archéologue. Les grands plateaux crayeux de ce *pagus* ondulés çà et là par de légères collines et des vallons sans profondeur baignés de minces filets d'eau étaient peu habités, mais les rives fertiles de la Vienne et de ses deux principaux affluents, le Clain et la Creuse, se couvraient peu à peu d'une population agricole et laborieuse attirée par ses instincts de sociabilité et encore plus par les avantages que la nature a prodigués dans les terrains d'alluvions fécondes qui confinent à la Touraine, qu'on a pu appeler sans métaphore le *Jardin de la France*.

Le *pagus Castri Adraldi* était une sorte de marche commune à trois grandes provinces voisines : l'Anjou à l'ouest, la Touraine au nord, le Berry à l'est. On s'explique ainsi que les traces matérielles de l'occupation romaine y soient

moins nombreuses que sur d'autres points du Poitou.
L'influence des grands foyers de civilisation concentrés à
Angers, à Tours, à Poitiers, venait en quelque sorte expirer dans une contrée qui ne servait que de passage aux po-
pulations émigrantes et de champ de bataille aux armées
qui, pour des motifs divers, se rendaient de l'une dans l'autre de ces provinces. Mais la féodalité, née de besoins et
d'intérêts nouveaux, devait jeter dans le Châtelleraudais et
les pays limitrophes de profondes racines. Çà et là, en
effet, dans un site agréable, près d'une fontaine abondante,
sur une hauteur facile à défendre s'élevèrent des villages,
des bourgs, des communes, sous la protection des châteaux, des donjons et des forteresses des redoutables barons et puissants seigneurs, qui se découpèrent de petits
états dans les grands espaces inoccupés que les plus forts
s'arrogeaient ou obtenaient de la munificence royale.

Les vicomtes de Châtellerault entrent alors en scène et
aussi les seigneurs voisins de Faye-la-Vineuse, de Mar-
de Marmande, de l'Ile-Bouchard de Nouâtre, dans les chartes si instructives du *Cartulaire de l'abbaye de Noyers*.
Les guerres sauvages, les méfaits et les crimes de ces
chevaliers turbulents remplissent nombre de pages de ce
précieux document, qui nous est arrivé intact. Chez ces
hommes à tempérament de fer, toujours prêts à la lutte,
la conscience parle encore, ils croient à un Dieu vengeur,
et, humblement agenouillés devant les moines de la puissante abbaye bénédictine, ils implorent et obtiennent sans
trop de difficultés leur pardon moyennant des dons et des
privilèges qui enrichissent le monastère. Son influence, qui
est fort grande, s'étend sur la Vienne et ses bords, du Port-
de-Piles à l'Ile-Bouchard, et se fait encore ressentir à dix

lieues à la ronde dans le pays compris entre les ravins de la Manse, la Creuse, Châtellerault et Champigny-sur-Veude. Dès le onzième siècle, l'abbaye de Noyers possède dix prieurés et sept églises paroissiales dans le diocèse de Poitiers.

A proximité de ses frontières, le Châtelleraudais est bordé d'une ceinture de forteresses redoutables à Mirebeau, l'Ile Bouchard, à Nouâtre, à Chauvigny, à Marmande, à Sainte-Maure, à la Roche-Posay, à Angles, à Saint-Remy. Nous jugerions encore de la puissance des seigneurs féodaux par l'aspect imposant de ces vieilles forteresses, qui ont moins résisté à la morsure des siècles qu'aux nombreux assauts qu'elles ont eu à supporter.

L'étude des vigueries du Poitou n'est pas de celles qui ont échappé aux vigilantes recherches des membres de la Société des Antiquaires de l'Ouest. De la Fontenelle de Vaudoré a écrit sur ce sujet, en 1838, des pages intéressantes que les notices plus complètes et très exactes consignées dans le *Dictionnaire topographique* de Redet permettent de rectifier sur plusieurs points. Quel incomparable fouilleur que ce savant archiviste qui a toujours aidé à la gloire des autres sans vouloir travailler à la sienne. D'un autre côté, M. Faye a publié en 1845 des recherches géographiques sur les vigueries du pays d'Aunis, qui, bien qu'ayant de l'intérêt, s'éloignent du centre de notre province.

Est-il utile de faire remarquer, en terminant, que la géographie très attachante des pays et de leurs subdivisions est appelée à former dans l'histoire du Poitou la transition naturelle entre la fin des temps antiques, où le paganisme expire et l'aurore du christianisme régénérateur apparaît.

L'ère de l'affranchissement commence et prépare celui de
la liberté. Sous ce rapport, la vieille monarchie française
n'a pas failli à sa mission civilisatrice : elle a cherché à
émanciper les hommes par les idées conformes à ses
antiques croyances. C'était son droit et son devoir. L'œuvre
sociale et humanitaire que Charlemagne a poursuivie dans
ses admirables Capitulaires, ses successeurs l'ont continuée
dans leurs ordonnances, leurs édits et leurs règlements,
qu'on ne saurait trop lire pour en dégager les enseigne-
ments philosophiquesqu'ils renferment. Si notre siècle avait
la prétention de résumer en lui l'ensemble des progrès
accomplis, nous oserions dire qu'il n'en est pas le seul
auteur, quoiqu'il en ait tous les avantages.

II

CONSTITUTION FÉODALE

DE LA VILLE ET DE LA VICOMTÉ DE CHATELLERAULT AU XV° SIÈCLE

L'étudelocale qui va suivre embrasse dans la limite de ses investigations tout le pays formant l'extrémité nord du Poitou contiguë à la Touraine, c'est-à-dire le Châtelleraudais.

Les documents authentiques sur lesquels elle s'appuie et comprenant une période de dix ans, sous le règne de Charles VII, de 1429 à 1439, nous permettront de justifier le titre qui précède.

Ce travail se divise en quatre parties :

La première est relative au *Livre Noir*;

La seconde présente le tableau de la constitution féodale de la vicomté de Châtellerault au quinzième siècle;

La troisième fournit l'énumération complète des aveux et dénombrements rendus à Jean VII d'Harcourt, vicomte de Châtellerault, par ses vassaux. Les uns, c'est le plus petit nombre, ont été reproduits *in extenso*, les autres simplement analysés, des notes en facilitent l'intelligence. Dans leur ensemble ces aveux présentent un réel intérêt historique et géographique, et si nous éprouvons un regret c'est de ne pouvoir les publier tous.

Enfin la quatrième et dernière partie est composée des textes du *Livre Noir* relatifs aux droits, privilèges et domaines du vicomte. — Ils sont inédits.

Ce volumineux cartulaire de la seigneurie a été distrait en 1805 des archives de la ville de Châtellerault ; l'État en fit l'acquisition en 1807. Sa belle conservation, le soin avec lequel il a été exécuté, l'époque ancienne à laquelle il appartient permettent de lui attribuer une grande valeur, et on doit se féliciter de le voir en sûreté à la Bibliothèque Nationale, où il est inscrit sous le n° 8817 du *Fonds Français*. Ce manuscrit figure d'ailleurs au nombre des titres du duché de Châtellerault inventoriés en 1658 par Pierre Picard, sieur de la Cande, dans les termes suivants :

« Un gros volume ou livre de parchemin appelé vulgairement le livre noir, contenant 184 feuilletz escriptz, dont la couverture de bois est couverte de veau noir, et commence au premier de sesd. feuilletz par ces mots marqués en lettres rouges : C'est le livre et pancarte du vicomté de Châtellerault dont, au temps que ce présent livre fut compilé estoit seigneur droicturier et propriétaire très noble et très puissant Jehan, comte de Harcourt et d'Aumale, auquel livre sont premièrement les domaines et châtellenyes que mondit seigneur tient en sa main, dont les partyes se rendent par son receveur, avec les garennes, bois, prez, rivières, estangs et tous autres domaines à lui appartenant, et en après sont par le menu les fiefs nommés et adveuz de tous les nobles vassaux qui tiennent d'icelluy seigneur à cause dudict vicomté. Le premier des adveuz transcrits en ce livre est de l'an 1429, et le dernier est de l'an 1439, non signé. »

M. Victor de Saint-Genis, qui a publié en 1877 l'inventaire des archives municipales de Châtellerault, parle de ce manuscrit, mais d'une manière tellement sommaire qu'on peut croire qu'il n'a pas eu le temps de le lire. Il s'est borné à en extraire les principaux titres, sans approfondir les textes nombreux et intéressants qui composent ce gros in-folio.

Sur le recto de sa première page nous avons remarqué une signature : *de Sauzay*, qui est évidemment le nom d'un de ses détenteurs. Selon nous, le *Livre Noir* a dû appartenir à Louis de Sauzay, receveur du domaine de Châtellerault, au temps des ducs, et marié à Anne Rasseteau.

Nous avons déjà exposé que le manuscrit en question a 184 feuillets, ce qui donne un total de 368 pages écrites par diverses mains avec une application inégale. Les titres sont à l'encre rouge et la lettre initiale du texte (un C) est ornée en couleurs bleu et rouge, avec une certaine élégance. Dans le reste du manuscrit, il n'y a aucune illustration de ce genre, tout y est simple et positif comme le sujet qu'il traite. Enfin l'écriture des chartes est nette, forte et lourde, les abréviations multipliées. Il est difficile d'y distinguer le *c* du *t;* les lettres romaines appelées *chiffres financiers* y remplacent les chiffres arabes. La réglure est au crayon de plomb; ces divers caractères se rapportent bien au quinzième siècle.

D'ailleurs, en nous plaçant au point de vue historique, il nous sera facile de déterminer à quelle époque le *Livre Noir* a été composé. Il ne porte aucune autre date que celles de chacun des aveux qui y ont été transcrits à la suite. Ils sont au nombre de soixante-sept, rendus au vicomte par ses nobles tenanciers dans une période de dix ans, de 1429 à 1439.

Quel était alors le seigneur du pays châtelleraudais ?

D'après le P. Anselme et les divers auteurs qui ont adopté ses détails généalogiques sans y trouver matière à critique, c'était Jean VII d'Harcourt, qui non seulement était vicomte de Châtellerault, mais encore sire d'Elbœuf, de la Saussaye, de l'Isle, Bonne, d'Archost, de Mézières-en-Brenne, de Chauvigny (1), etc. Puissant et riche feudataire du comte de Poitou, ce membre illustre de la famille d'Harcourt, originaire de Normandie, avait fourni une carrière militaire des plus brillantes. Au siège de Taillebourg (1387), il est fait chevalier ; en 1390, il accompagne son oncle, Louis II de Bourbon, en Afrique ; en 1391, il assiste à l'hommage du duché de Bretagne à Tours ; en 1415, il est fait prisonnier à Azincourt et meurt le 18 décembre 1452, âgé de 82 ans (2). Le couvent des Cordeliers de Châtellerault, qu'il avait fondé, reçut sa dépouille mortelle. Celle de Marie d'Alençon, sa femme, y reposait depuis 1423 (3).

(1) V. *Dict. top.* de Redet, au mot *Harcourt.*
(2) Jean dut se rencontrer le 24 mars 1429 avec Charles VII, qui, venant de Poitiers, passa à Châtellerault et retournait à Chinon avec la Pucelle.
(3) Les armes de ce vicomte sont aux archives de la Ville de Poitiers sous la forme d'un scel aux contrats à Châtellerault de 1427. Il est ainsi décrit : rond, cire jaune, lion et bordure chargée de besants ou tourteaux, légende brisée. Au revers deux fasces et pour légende : *Contre scel de Châtelleraud.* Ce sont : 1° les armes de la vicomté dont parle le *Livre Noir;* 2° celles de la Maison d'Harcourt, de gueules à deux fasces d'or.

Un des prélats attachés à la cause du Dauphin, Louis d'Harcourt, archevêque de Rouen et vicomte de Châtellerault, frère de Jean VII, étant décédé en 1422, ce dernier entra en possession de la vicomté et en rendit hommage au roi Charles VII, le 18 mars 1423 (1).

Après avoir joui de la seigneurie châtelleraudaise pendant vingt-trois ans, jusqu'au 17 décembre 1445, Jean VII céda à Charles d'Anjou, comte du Maine, « la ville, chastel, vicomté et seigneurie de Châtellerault et la terre de Saint-Flour, les chatels et chatellenies de Gironde et de Puy-Milleroux, la forteresse et château de Bonneuil-Matours..., qui sont vicomté de Châtellerault, ensemble la baronnie, ville et chastel, terre et seigneurie de Mazières-en-Brenne... » Le vicomte reçut en échange la baronnie, terre et seigneurie de la Ferté-Bernard. C'est le dernier du nom d'Harcourt qui ait possédé la vicomté de Châtellerault, laquelle vicomté était dans sa famille depuis 1302.

La rédaction du *Livre Noir* eut donc lieu entre 1422 et 1445, et elle avait pour but d'établir par « le menu » les droits et redevances féodales de la vicomté passés à titre d'échange à Charles d'Anjou.

Les autres « livres ou volumes de pancarte » cités par Picard de la Cande dans l'inventaire de 1658, déposé aux archives de la ville de Châtellerault, sont du seizième siècle et appartiennent à la période ducale commençant en 1514. Ils ont presque tous disparu.

L'inventaire précité, après avoir décrit et analysé tout d'abord le *Livre Noir*, énumère comme il suit les autres manuscrits du trésor seigneurial :

_____

(1) Charles VI était décédé à Paris, le 20 octobre 1422. Le Régent prit le titre de roi, le 30 du même mois, au château de Mehun-sur-Yèvre.

« Un autre plus petit livre de parchemin dont la couverture un peu rompue est de carton couvert de veau tanné contenant neuf feuillets escrits commençant par ces mots : C'est le livre où sont écrits les droits des prévosts de la ville et vicomté de Châtellerault appartenant à très haut et très puissant prince Monsieur le Comte du Maine, avecques autres droits, privilèges et ordonnances tant sur le fait de la police que du gouvernement de ladite ville et vicomté et qui de toute ancienneté ont esté gardées et observées comme il est apparu par les papiers, registres, pancartes et lettres anciennes desquels a esté extrait ce présent livre à fin de perpétuelle mémoire.

« Lequel livre est un extrait qui fut fait de l'ordonnance de MM. les officiers par le greffier dud. lieu le 14 d'août 1517 et collationné à l'original de la pancarte qui estoit alors au trésor de cette seigneurie, lequel extrait est signé, en fin, Perret, greffier.

« Au dernier feuillet de ce livre, et sous la mesme cote, est attaché un extrait en une peau de parchemin, non daté et signé, en teste duquel est escrit : c'est l'instruction de ce qui se doibt cueillir et lever sur le pont de Châtellerault, à cause de deux cieux ou subsides donnés et octroyés par le Roy, nostre Sire... Lequel extrait contient les droits de pontenage deubz sur tout ce qui passe sur led. pont.

« Quatre livres ou volumes de parchemin couverts aussi de parchemin.

« Le premier contenant 117 feuillets escrits... dans lequel volume sont plusieurs déclarations des choses tenues en roture de ce duché dans les paroisses de la ville et des fauxbourgs de Châtellerault, lesquelles déclarations furent rendues ès années 1528, 1530, 1531, 1536, 1537, 1538,

1539, 1540, 1541, 1542, 1544 et 1546, à la requeste de Pierre Grasteau, alors receveur de ce domaine.

« Le second de ces livres contient 89 feuillets escrits..., dans lequel sont plusieurs déclarations à la diligence du sieur Grasteau en 1528, 1530, 1531, 1532, 1537, 1540, 1541, 1542, 1543 et 1547, pour héritages tenus en roture de ce duché, à Châtellerault, Senillé, La Plante et Claunay, Targé, Gironde, Ingrande et dans la châtellenie de Bonneuil Mathore...

« Le troisième contient 161 feuillets escrits..., dans lequel volume sont plusieurs aveux et déclarations des choses tenues en roture, de ce duché dans les châtellenies et paroisses de Saint-Rémy, de Puimelerioux, de Vaux, de Naintré, de Thuré, de Senillé, d'Anthoigné, de Pouthumé et d'Antran et en quelques lieux voisins de la ville de Châtellerault, lesquelles déclarations furent rendues en 1529, 1530, 1531, 1537, 1539 et 1541, à la diligence dud. Grasteau.

« Et le quatrième volume contient 41 feuillets escrits..., déclarations de choses tenues en roture de ce duché dans la chastellenie de Gironde, rendues à la diligence de Grasteau, en 1530, 1531, 1532, 1537, 1540, 1541, 1542, 1545, 1547 et 1548, presque toutes signées : Ameneau et Massonneau... »

II

CONSTITUTION FÉODALE DE LA VICOMTÉ DE CHATELLERAULT

Maintenant que nous sommes fixé sur les origines de notre curieux manuscrit et sur les motifs et l'époque de sa rédaction, nous allons entrer dans quelques détails particuliers au régime féodal du pays châtelleraudais sous le règne de Charles VII.

Dans le cours du dixième siècle, la vicomté de Châtellerault, créée par un démembrement du comté de Poitou, serait venue à la suite d'un partage fréral à un puîné du comte de Poitou. C'est ce que donne à entendre le *Livre Noir,* sans éclaircir davantage ce point obscur qui nous reporte à Ebles II, duc de Guyenne (926-935). Les armes antiques du vicomte de Châtellerault : *d'argent au lion de sable rampant,* ne différaient de celles du Poitou que par une variante dans la bordure qui était semée de besans de gueules, alors que celles du comté étaient *toutes pleines et sans bordure.* Ce rapprochement semble confirmer l'origine commune indiquée par le texte du manuscrit.

Quatre châtellenies dépendaient de la vicomté : Saint-Rémy-sur-la-Haye, annexée au quinzième siècle à celle voisine de Puymelleriou, Bonneuil-Matours, Clairvaux et Monthoiron ; mais Bonneuil-Matours et Puymelleriou étaient du domaine particulier du vicomte, tandis que les deux autres, Clairvaux et Monthoiron, ne devaient que la foi et hommage. Le château et la terre de Gironde, formant une châtellenie, étaient aussi une propriété du vicomte ; il en touchait les fruits et les revenus.

Indépendamment des cens, rentes et devoirs perçus chaque année par le receveur du vicomte sur les fiefs des
vassaux, le seigneur de Châtellerault avait d'autres domaines nobles et seigneuriaux, tels que les droits de prévôté
que l'on peut assimiler aux revenus que les communes tirent
aujourd'hui des octrois à l'entrée des villes et du plaçage
sur les dépendances du domaine communal. A cela il faut
ajouter le produit annuel des garennes, des bois, des prés,
des moulins, des étangs, qui avait un caractère variable.

Sur les droits de prévôté, qui sont longuement énumérés
dans une pancarte aussi curieuse par son texte que fiscale
par son essence, il y aurait de longues pages à écrire. Ils
peignent dans leur détail les mœurs et les habitudes du
moyen-âge en même temps qu'ils révèlent le soin jaloux
avec lequel les officiers du vicomte frappaient tous les objets
de consommation sans trop se préoccuper de l'utilité générale et des besoins relatifs de chaque classe. C'était, écono-
miquement parlant, l'enfance de l'art, malgré certaines précautions contre les fraudes sur la qualité et la quantité des
objets et denrées vendus dans le périmètre de la cité vicomtale et de ses faubourgs.

Ainsi, les mesures à blé et à vin étaient annuellement
vérifiées à la Notre-Dame-de-Mars devant le procureur du
vicomte. Quand elles étaient mauvaises, on procédait à leur
destruction immédiate et le délinquant était frappé d'une
amende de soixante sous. Les mesures neuves recevaient la
marque du fabricant et après vérification le prévôt y faisait
apposer celle de « Monseigneur ».

A la même fête de Notre-Dame, les pêcheurs de la Vienne
ayant « chalans » payaient 12 deniers pour chaque bateau
et le même droit pour étaler leur marchandise sur le mar-

ché de la ville. — Puis, suivent les tarifs frappant ceux qui pêchent « à la benaste », ceux qui vendent du poisson de mer frais comme saumons, lamproies, aloses, ou du poisson paré comme morue sèche, hados, harengs ; les moules, vendues au boisseau, étaient livrées dans la mesure du prévôt.

La vente du blé dans la ville et les faubourgs était entourée de précautions tout à fait louables pour l'époque. Elle avait lieu au minage le lundi, le jeudi et le samedi de chaque semaine. Le blé accru sur les terres du vicomte jouissait d'un tarif protecteur.

Le sel était aussi frappé de droits proportionnels aux quantités vendues et son mesurage devait être conforme à celui adopté pour la ville.

Il en était de même du vin, des noix, de l'huile ; leurs entrée et débit étaient soumis à des formalités dont on trouvera le détail très instructif dans le texte *in extenso* des droits de prévôté.

Les commerçants, les industriels, les ouvriers n'échappaient pas aux exigences fiscales du prévôt et du receveur du vicomte. C'est ainsi que nous voyons se dérouler à la suite les tarifs imposés aux merciers, ferronniers, cordonniers, curatiers (marchands de cuir), chaussetiers, poëliers, potiers de terre, quincailliers, marchands de couvertures et tapis ; aux boursiers, gantiers, drapiers, etc.

Un long paragraphe s'applique aux bouchers, dont le commerce journalier était une source importante de revenus pour le vicomte. Nous n'entrerons pas ici dans le détail des taxes prélevées soit en argent soit en nature sur les animaux abattus et la viande exposée en vente.

Puis viennent les dispositions réglementaires relatives

aux tourneurs vendant plats et écuelles de bois, aux marchands d'oignons, à ceux qui fabriquent « areaux, joux, fourches, râteaux, billards, bareils et penniers », etc. Pour l'exercice de quelques-uns de ces métiers, il était dû une fois l'an un chef de leur ouvrage.

Les marchands de verre devaient offrir chaque année un de ces vases au prévôt, qui le remplissait de vin à leur profit.

La vente du pain dans les halles, les jours de foire, était soumise à des droits assez minimes et dispensée de la maille revenant aux bourgeois.

Les chevaux, les mulets, le gros bétail ne sont pas oubliés dans les tarifs de la prévôté.

Quand les marchandises pesaient plus de 25 livres, il y avait obligation de se servir du poids de Monseigneur et il était défendu aux particuliers d'avoir des crochets pesant plus de 25 livres au fort.

Nous arrivons à l'énumération non moins instructive de quelques autres taxes perçues en faveur du vicomte. En tête se trouve le droit de ban-vin. Il consistait dans le privilège que le seigneur avait de vendre en détail le vin de son crû, pendant quarante jours, sans que, pendant le même intervalle, il fût permis à aucun de ses sujets de vendre le leur en détail, à moins de son autorisation ou de celle de ses officiers. Les quarante jours s'étendaient de la veille de la Saint-Jean au premier août.

Le seigneur vicomte avait un four à ban, appelé le *Four du Savinier*, dans la ville même, derrière les Cordeliers. Il ne pouvait en exister d'autres sans sa permission, si ce n'est ceux du prieur de Saint-Romain et du chapitre de Notre-Dame.

Les foires de Châtellerault étaient nombreuses, indice certain de la prospérité de la ville à cette époque reculée. On en comptait huit dénommées dans le *Livre Noir*, avec la date de leur tenue et le tarif des droits à percevoir.

Ici nous avons à parler d'une coutume singulière « de tel temps qu'il n'est mémoire du contraire ». Tous les bouchers et cordonniers de la ville et de ses faubourgs y ayant exercé leur métier pendant un an devaient se présenter devant les officiers de justice du vicomte le jour de la Trinité et joûter l'un après l'autre « sur une beste chevaline à l'encontre d'une quintaine fichée en terre ». Ils étaient armés d'une perche résistante qu'ils devaient rompre sur la quintaine comme preuve évidente de leur force et suffisance. Les refusans payaient l'amende d'une livre de cire et de soixante sous.

Une épreuve semblable était imposée aux meuniers du seigneur le dimanche après la Trinité, mais ils joûtaient sur la rivière, leur élément naturel.

Le vicomte avait plusieurs moulins : un sur la rive droite de la Vienne près la Tour du Grand-Pont ; un autre au pont d'Estrées, à Châteauneuf. Le prieur de Saint-Romain et le commandeur d'Ozon avaient droit de « chasse de bestes » dans la ville, mais à certaines conditions restrictives.

Le fief de Saint-Flour, assis au centre de la ville, appartenait au vicomte ; ce domaine avait été acquis en 1374 par Louis d'Harcourt avec l'octroi de Jean duc de Berry, alors comte de Poitou.

Les diverses halles lui appartenaient également, ainsi que les bancs où l'on débitait chaque jour les comestibles, tels que la viande, le poisson, les légumes, etc.; les grandes halles, situées près de la chapelle de Sainte-Catherine, devant le château seigneurial, où on vendait toutes sortes de denrées ; d'autres petites halles contiguës à la susdite chapelle, où se tenaient les bouchers, étaient une source de gros revenus pour le seigneur.

L'hôtel nommé la Berlandière, près de Châtellerault, était du domaine vicomtal. Il y avait un grand clos de vigne, un colombier et un pressoir ; ce n'était qu'une simple habitation de campagne.

Une maison en ruines, appelée l'Herbaudière, près du faubourg de Châteauneuf, était au susdit seigneur, avec les immeubles dont l'énumération suit :

La forêt de Châtellerault, connue alors sous le nom de bois du Feuilloux. C'était une garenne ouverte peuplée de bêtes rousses, noires et de lapins. Elle s'étendait jusqu'aux Barres de Naintré et à l'étang des Mottes, en allant au grand chemin de Châtellerault à Thuré et en venant au pont d'Estrées, sur l'Envigne. — Il résulte de ces limites que la susdite forêt était beaucoup plus étendue au quinzième siècle qu'elle ne l'est aujourd'hui. En 1653, elle contenait environ 1870 arpents.

Le domaine seigneurial comprenait aussi la rivière de Vienne, depuis l'écluse de Garluppe, en amont de la ville, jusqu'au moulin du Pin, en aval, et cet espace était en deffend « car nul, dit le *Livre Noir*, sinon mon dit seigneur, n'a aucun droit dans icelle rivière et n'y doit aucun prendre poisson, ni aucun autre droit réclamer ». Certaines parties de l'Envigne et du Clain, affluents de la rive gauche de la Vienne, se trouvaient dans des conditions identiques. Deux pêcheries existaient sur le Clain entre les moulins de Souez et l'île Gandouart. A cela il faut joindre le pré de Vienne contenant douze journées de faucheurs.

Dans le bailliage de Senillé, étaient compris le château

de Puymelleriou, le moulin de Bignoux, ceux de Béren-
ger, de Battreau et un autre moulin sur la Vienne, vis-à-vis
Puymelleriou, ainsi qu'une écluse sur la même rivière, plus
à Ingrande une écluse avec pêcherie. A Port-de-Piles, un
bac facilitait le passage de la Creuse. Il y avait des bois
étendus dans les anciennes paroisses de Saint-Hilaire de
Mons et d'Abournay, à Saint-Remy et à Puymelleriou.

Dans le bailliage de Naintré, le vicomte possédait deux
hôtels à Salennes, lui venant de Jean et de Pierre de Châtellerault par droit d'aubenage.

A Bonneuil-Matours se trouvait un château fort, dont il
ne restait que la motte.

Dans les bois de Molière, le vicomte était propriétaire de
fonds où étaient « prises les meules à moulins et terre à
faire les pots », mais le bois accru sur le sol appartenait
au roi à cause du comté de Poitou.

Dans le bailliage d'Avrigné, se trouvait le château de
Gironde, la maison du bois d'Ancenne et la vieille tour de
la Plante, avec des moulins, des étangs, des prés et des
bois.

Enfin les hommes et habitants du prieuré de Vaux
devaient à Monseigneur, chaque année, à l'octave de la
fête de Saint-Denis, vingt livres fortes. Il y avait un sergent
pour la garde des bois et faire les exploits du vicomte.

Voilà l'état sommaire des biens appartenant directement
au seigneur de Châtellerault en dehors des domaines utiles
placés dans les mains des vassaux.

Au point de vue religieux, il y avait dans la vicomté des
églises, des collégiaux, des prieurés et des paroisses. Le
Livre Noir en donne l'énumération complète.

Dans le bailliage de la ville on comptait trois prieurés :

Saint-Romain, Saint-Jacques et Remilly ; un chapitre, celui de Notre-Dame, et une commanderie à Ozon.

Le bailliage de Senillé comprenait l'abbaye de l'Étoile, de l'ordre de Citeaux, commune d'Archigny, en outre la commanderie de la Foucaudière de l'ordre de Saint Antoine, et quinze prieurés.

Dans le bailliage de Naintré, quatre prieurés.

Dans celui d'Avrigny, dix.

La vicomté était composée de cinquante-sept paroisses, dont cinq à Châtellerault : Notre-Dame, Saint-Jean, Saint-Jacques, Saint-Romain et Saint-Jean-de-Châteauneuf. Il serait intéressant d'étudier chacune de ces paroisses en particulier, mais alors il faudrait écrire leur monographie, et ce n'est pas le but de ce travail, qui n'embrasse que de grandes lignes. Quelques-uns de ces centres religieux d'une importance variable ont disparu, changé de nom ou même ont été distraits de la vicomté de Châtellerault. C'est ainsi que la paroisse de Pontemboisé, qui était sur le territoire de la seigneurie, dépend aujourd'hui de Luzé (Indre-et-Loire).

Dans les détails qui précèdent se trouvent exactement distribués entre les quatre bailliages, Châtellerault, Senillé, Naintré et Avrigny, les domaines du vicomte et les centres religieux, petits et grands, qui représentaient les intérêts spirituels du pays châtelleraudais.

Ces bailliages n'étaient d'ailleurs que le reflet lointain des vigueries du dixième siècle. Les centres d'influences carolingiens ne répondant plus aux besoins de l'organisation féodale, Ingrande avait été remplacé par Senillé, Colombiers par Naintré, Braye par Avrigny. — Le viguier du pouvoir central avait cédé sa place à un simple officier du seigneur héréditaire appelé bailli.

La petite ville de Châtellerault s'élevait à peine dans la plaine fertile baignée par les eaux de la Vienne, que les seigneurs songèrent à en développer la prospérité en mettant en communication les deux rives de ce grand cours d'eau. Une foule d'avantages devaient résulter de la construction d'un pont; le passage des étrangers enrichirait la cité vicomtale, son industrie et son commerce y gagneraient et le *Castrum novum* (le faubourg de Château-Neuf) se trouverait en contact immédiat avec la ville. On établit donc un pont en bois sur la rivière, un peu au-dessous de celui actuel et, d'après une charte qui inspire toute confiance, cette construction, que nous n'oserions affirmer être la plus ancienne, remonterait au onzième siècle.

Une dépense aussi considérable, toute à l'avantage des habitants de la ville, ne resta pas sans compensation pour les vicomtes qui en avaient pris les frais à leur charge ; ils la trouvèrent dans les droits dits de pontenage, dont le *Livre Noir* a conservé les dispositions et les tarifs.

Bêtes et personnes, charrettes et marchandises, tout cela était englobé dans les droits de passage, excepté « les gens d'église et nobles d'état qui ne payaient aucune chose ». Les habitants de Châtellerault étaient aussi exemptés de la taxe, sauf pour les objets qu'ils achetaient dans un but commercial. Ces droits étaient de un à douze deniers tournois, selon le cas, et n'étaient payés qu'une fois par chaque jour. Le texte des droits de pontenage du *Livre Noir* a été reproduit dans un registre d'insinuation conservé aux archives départementales de la Vienne (C², liasse 11) et qui a pour titre : « C'est le papier où escript est les choses qui sont délibérées par les gens du conseil l'an mil IIII°LVII. » Ce document, rédigé à partir du 27 octobre de

la même année 1457, est intéressant à consulter. Il se
rapporte aux actes d'administration de Charles d'Anjou,
comte du Maine, vicomte de Châtellerault, successeur
immédiat de Jean VII d'Harcourt, pour lequel le *Livre Noir*
fut compilé.

III

LES AVEUX

Nous arrivons à l'étude des aveux transcrits *in extenso*
dans le *Livre Noir* dont ils forment la partie principale. Ils
sont, nous l'avons déjà dit, au nombre de soixante-sept. De
leur examen, on doit conclure qu'ils ont été rédigés sous
l'empire des règles et principes contenus dans le titre I⁰ᵉ des
Coutumes du Poitou, relatif aux fiefs et à la juridiction haute,
moyenne et basse qui en dépendait. La vicomté avait même,
d'après ces coutumes, quelques règles qui lui étaient particulières. Ainsi, le devoir de rachat était dû lorsque le fief
tombait en quenouille, en *hoir fumeau*, d'après le style du
quinzième siècle (1). En dehors de cela, le Châtelleraudais,
qui n'a jamais été une province, n'avait pas d'autres coutumes que celles du comté de Poitou.

Le vicomte de Châtellerault avait pour seigneur dominant
le comte de Poitou, mais le roi était son suzerain, dont il
était par conséquent l'arrière-vassal. Lui-même recevait de

(1) « En la vicomté de Châtellerault, et en la châtellenie du Blanc en Berry,
les hommages soient plains ou liges, courent en rachapt, quand la chose cheoit
en main de femme: et autrement n'y a devoir de rachapt, si n'est pas conve-
nance et usance. Aussi n'en sera dû si le mari ayant porté la foi pour la dite
femme la prédécède. » (Art. 150 des *Coutumes du comté et pays de Poitou*. V:
aussi Harcher, *Traité des fiefs sur la coutume de Poitou*, t. I, pp. 162 et s.)

ses vassaux nobles les foi et hommage à des époques et dans les circonstances réglées par nos coutumes.

L'hommage lige obligeait à servir le seigneur en personne ; l'hommage plein n'était dû qu'à cause du fief. L'un et l'autre étaient obligatoires à toute mutation de seigneur et de vassal et dans le délai de quarante jours, à partir de l'entrée en possession du fief servant. La foi et hommage lige précédaient le dénombrement.

D'après les aveux du *Livre Noir*, le vicomte de Châtellerault recevait cinquante-trois hommages liges, treize pleins et un simple.

Quant aux tenanciers des héritages roturiers et dont l'énumération occupe une grande place dans les aveux, ils ne devaient que le cens et n'étaient assujettis qu'à une simple déclaration, conformément à l'article 99 de la *Coutume du Poitou*.

Enfin, il est souvent question dans ces mêmes aveux de droits appelés Aides ou Loyaux Aides. C'était une charge fort lourde à raison de la multiplicité des cas qui en prescrivaient le versement au seigneur. S'il était promu chevalier, aide ; s'il mariait sa fille, encore aide ; s'il allait outre-mer, toujours aide ; s'il était pris par l'ennemi, sa rançon était à la charge des vassaux ; enfin les gens d'église, qui savaient au besoin se faire mettre en franche aumône, c'est-à-dire ne rien payer, n'échappaient pas aux loyaux aides, quand ils entraient dans leurs bénéfices.

On voit d'ici la complication qu'un pareil système d'exigences multiples devait engendrer. A côté du fisc, l'administration de la justice, avec tous ses degrés de juridiction, était un véritable chaos. Maistre Charles Loyseau, dans son discours *De l'abus des justices de village*, a spirituellement raillé une institution vermoulue qui attribue à des particuliers la propriété de la justice et du droit de glaive « qui doit appartenir à la République ou au Monarque ».

« En France, dit le savant auteur du *Traité des Seigneuries,* nous voyons aujourd'hui (il écrivait sous le règne de Henri IV) qu'il n'y a presque si petit gentilhomme qui ne prétende avoir en propriété la justice de son village ou hameau ; tel même qui n'a ni village, ni hameau, mais un moulin ou une basse-cour près sa maison, veut avoir justice sur son meunier, ou sur son fermier ; tel encore qui n'a ni justice, ni moulin, mais le seul enclos de sa maison, veut avoir justice sur sa femme et sur son valet ; tel finalement, qui n'a point de maison, prétend avoir justice en l'air sur les oyseaux du ciel, disant en avoir eu autrefois. »

Ces justices de village, nous les retrouvons vivaces et multipliées dans les aveux présentés au vicomte. Les nobles vassaux et les tenanciers des arrière-fiefs les plus minuscules y stipulent avec un soin jaloux le degré de juridiction qui leur appartient et constitue pour eux une source de revenus et une autorité qui dans ses abus peut être redoutable. La conscience tranquille ou non, le manant, à l'aspect sinistre des fourches patibulaires de son seigneur haut-justicier, éprouve un sentiment d'effroi bien naturel. Il a en partage la taille et la corvée auxquelles il se soumet par force sans être convaincu de leur justice. Il proteste moins par la violence que par son espoir dans un avenir meilleur.

Au commencement du *Livre Noir* se trouve la table des aveux qu'il contient et dont le texte est précédé d'un avertissement ainsi conçu :

« Cy après ensuivent les adveux et dénombremens des nobles vassaulx de ladicte viconté qui ont esté par eux baillez et advouez soubz leurs sceaulx ou soubz autre scel auttentique et receuz o les protestacions de droit, lesquelx adveuz sont cy après intitulés et incorporez chacun par ordinaire, comme par la table cy après déclairée peut apparoir. »

En parcourant ces dénombrements, qui ont surtout un caractère fiscal, le lecteur se préoccupera sans doute de connaître la valeur de l'argent sous le règne de Charles VII, par rapport à celle de notre temps. C'est le seul moyen d'apprécier la richesse publique à une époque quelconque de l'histoire du pays. En apparence, les redevances féodales imposées par le vicomte de Châtellerault à ses vassaux nobles et par ces derniers aux tenanciers des arrière-fiefs, enfin aux censitaires pour les héritages roturiers, semblent peu élevés ; il n'en est rien, car pour fixer la valeur en francs de notre monnaie actuelle, il faut multiplier par quarante le taux des susdites redevances. Ainsi, un devoir, une rente, un cens de 20 livres, dix sols, 3 deniers tournois équivalait à 820 fr. 60 c. (1).

Commençons l'énumération des aveux qui n'est pas la moindre partie de notre tâche.

3 mars 1429. — Aveu de Clervaux par Catherine de la Haye à foi et hommage lige, au devoir de trente livres aux loyaux aides, à justice châtelaine, c'est-à-dire haute, moyenne et basse.

(1) Vallet de Viriville, *Histoire de Charles VII*, t. I, p. 40.

De vous et resdoubté et très puissant seigneur, Monseigneur le conte de Harcourt et d'Aubmale, viconte de Chastellerault, Je Katerine de la Haye, dame de Clervaux, tiens et advoue à tenir à cause de votre dicte viconté à foy et hommage lige et à trente livres aux loyaux aides quant elles y adviennent selon raison, l'usaige et coustume du pais et tant pour moy que pour mes hommes de foy, parageurs, subgiez et teneurs, c'est assavoir mon chasteau et chastellenie de Clervaux et au devoir de rachapt toutesfois que mond. chasteau et chastellenie chiet et advient en quenouille ou hoir fumeau, selon la coustume du pais, on tous les droiz de chasteau et chastellenie, justice et juridiction haulte, moyenne et basse, et telle comme mes prédécesseurs et moy avons acoustumé y avoir et tous austres droiz, prérogatives et noblesses qui s'en deppendent et qui appartiennent à chasteau et chastellenie ainsi que moy et mes prédécesseurs devons et avons acoustumé y avoir tenu, user et exploiter d'ancienneté, avecques ma garenne que j'ay en toute la paroisse de Scorbé, ainsi comme elle se pourssuit à conilz et à lièvres et à toutes austres bestes grosses et menues, fauves et noires. Et premièrement s'ensuit ce que je tiens en mon domaine, c'est assavoir mondit chasteau avec les appartenances tenant ensembles, ainsi qu'il est enclos à doues et fossez, avecques mes vieulz planteiz tenans audit chasteau comprenans trois soxterées de terre ou environ. *Item*, un hébergement assis en la ville de Clervaux appelé la Disme, avecques ses appartenances tenant le tout ensemble. *Item*, ma grange avec la court et appartenances d'icelle estans en lad. ville. *Item*, mon estang et mes viviers estans près la ville de Clervaux. *Item*, mon estang des Motes avecques les bruères et pasturaux d'environ. *Item*, mon estang de Selins. *Item*, mon estang de Fouilloux. *Item*, mon clos de vigne appelé Paillart, contenans œuvre de LX hommes ou environ. *Item*, mes vignes de Besdon, contenans œuvre de dix hommes ou environ que tient de moy Jehan Chevalier, au tiers des fruiz. *Item*, mon pré de la Fosse, comprenant œuvre de trois hommes ou environ. *Item*, mes prez du Pas des Motes comprenans œuvre de VII hommes ou environ. *Item*, mes prez de la Tremblaye Bastart contenant œuvre de V hommes ou environ. *Item*, mes prez de la Chelle, contenans œuvre de VII hommes ou environ. *Item*, mes prez de la Brunalière, contenans œuvre de V hommes ou environ. *Item*, mes prez de Maupertuis (1), contenans œuvre de quatre hommes ou environ. *Item*,

(1) Commune d'Orches.

mes bois de Dougie, comprenans trois cens sexterées ou environ.
Item, mes bois des Jarosses, comprenant soixante sexterées ou environ. *Item*, mon bois d'Avrigné contenant quatre vingt sexterées
ou environ. *Item*, mes bois de la Bouquenayc, contenant XL sexterées ou environ. *Item*, mes bois des Chaignerottes, contenans LX
sexterées ou environ. *Item*, mon bois appelé le Bois Richart, contenans dix sexterées ou environ. *Item*, ma gaignerie de Fouilloux,
ainsi qu'elle se poursuit, tant bois que autres choses, contenans
gaignerie à six beufx ou environ. *Item*, tiens en la paroisse de Thuré
ma gaignerie de Maulay, avecques les appartenences et deppendences tant bois que autres choses contenues ainsi qu'elle se poursuit que souloit tenir par hommage feu Nicolas Chabot. *Item*, tiens
à mon domaine, en la paroisse d'Antran, mon houstel du Brueil
avecques appartenances et deppendences d'iceluy et ma gangnerie
dudit lieu, contenans gaignage à quatre beufx ou environ et mes
deux estangs et mes deux moulins estans auprès dudit hostel et les
prez qui sont dudit lieu contenans jornau à X faulcheurs ou environ.
Item, mon bois et ma garenne tenans audit houstel du Brueil. *Item*,
mon houstel de Joye et les appartenances d'icellui, contenans gaignerie à deux bœufx ou environ. *Item*, mon hostel de Barges
avecques les appartenences d'icellui, contenans gaignerie à IIII beufx
ou environ. *Item*, à mon domaine en la paroisse d'Orches, mon
hostel et herbergement de Grantchamp avecques les appartenances
d'icellui, contenans gaignerie à IIII beufx ou environ. *Item*, tiens à
mon domaine en la paroisse de Cenon, entre le Clain et la Vienne, le
fondeis ou souloit estre le herbergement de Coué et le lieu de Salvert
et le lieu de la Groye et toutes et chalcunes les terres que j'ay en
ladite paroisse de Cenon contenant gaigneries à XL beufx ou environ.
Item, tiens en mon domaine mon moulin de Tiretoyne, assis en la
paroisse de Scorbé. *Item*, mon moulin du Bois, assis en la parroisse
de Saint-Légier en Palu. *Item*, ma disme de blez estans en la parroisse de Scorbé, qui puent bien valoir communs ans de XL à L septiers de blez ou environ. *Item*, mes dismes de vin en ladite parroisse
de Scorbé, qui puent bien valoir communs ans de XII à XV pippes de
vin ou environ. *Item*, ma disme d'Esgrun estans en ladite paroisse,
qui puet bien valoir communs ans de XX à XXX sols ou environ.
Item, ma disme appellée la disme de Méoc, estans en la parroisse de
Marigné et de Vendevre, qui puet bien valoir communs ans de myne
à I septier de blez ou environ. *Item*, ma disme de blez appellée la

disme d'Escotion (1), assise en la parroisse de Senillé, qui puet bien
valoir communs ans 1 septier de blé. *Item*, sensuit les cenz qui me
sont deuz au lieu de Clervaulx, lesquelz me doivent plusieurs personnes et premièrement à la feste de meaoust IIII l. IIII s. X d. *Item*,
il m'est deu à ladite feste de meaoust, à la ville d'Aurigué, XX s. XI d.
ob. *Item*, m'est deu à Méoc, en la parroisse de Marigné, en ladicte
feste de meaoust, VIII s. I. d. *Item*, m'est deu au lieu du Brueil,
en la parroisse d'Antran, à la dicte feste de meaoust, LI s. II d.
Item, il m'est deu à ladite feste de meaoust, au lieu de Lesiné,
qui sont communs par moitié à moy et à Aymeri Giroisme,
sire de la Court (2), XXXII s. VIII d., dont il en y a pour ma
part XVI s. IIII d. *Item*, m'est deu à ladicte feste de meaoust
au lieu de La Girardière, en la parroisse d'Antran XIIs. X d. *Item*,
m'est deu au tiers an, à ladicte feste, au lieu du Brueil V s. *Item*,
m'est deu au lieu de Grantchamp, en la parroisse d'Orches, à lad.
feste de meaoust XXXVIII s. X d. ob.. *Item*, m'est deu, au lieu de
Maulay, en la parroisse de Thuré, à lad. feste de meaoust, III s. XI d.
Item, m'est deu au terme Saint Michel que me doivent plusieurs
mes hommes et subgiez renduz au lieu de Clervaux XIII l. XIII s.
X d. ob. de cens et rentes. *Item*, m'est deu aud. terme Saint Michel, à mon hostel de Grantchamp, en la parroisse d'Orches, II s. IIII
d. de cens. *Item*, il m'est deu au terme Saint Michel, à mon houstel
de Maulay, assis en la parroisse de Thuré, III s. de cens. *Item*, m'est
deu au terme de Toussains, chacun an, renduz landemain de la
foyre de Clervaux, qui est le lundi emprès la Toussains que me doivent plusieurs mes hommes et subgiez XXXVI l. et XVIII s. VIII d.
partie cens et les autres flines et tailles. *Item*, m'est deu à Meoc, en
la paroisse de Marigné, aud. terme de Toussains, que me doivent
plusieurs mes hommes et subgiez, XXXV s. VII d. ob. de cens et X
s. au tiers an, aud. terme de Toussains. *Item*, m'est deu aud. terme
de Toussain, rendus à Cenon, XIII s. IIII d. *Item*, m'est deu au
terme de Toussains renduz à mon hostel du Brueil C. s. six d. ob.
de cens. *Item*, m'est deu chacun an aud., terme de Toussains, rendus
à mon hostel de Grantchamps; en la parroisse d'Orches, IIII l. XVII
s. I d. de cens. *Item*, m'est deu à mon hostel de Maulay, chacun an,
aud. terme de Toussains, XLII s. VIII d. de cens. *Item*, m'est deu
au terme de Noël renduz au lieu de Clervaux que me doivent plu-

(1) *Ecotion.*
(2) Commune d'Antran.

sieurs mes hommes et subgiez LX s. VI d. de cens, et au lieu de la Guierche, II s. X d. de cens. *Item*, m'est deu au terme de l'an neuf, renduz à mon hostel du Brueil, en la parroisse d'Antran, IX s. IX d. ob. de cens. *Item*, m'est deu aud. terme de l'an neuf, chacun an, rendus au lieu de Maulay, en la parroisse de Thuré, XII d. de cens. *Item*, m'est deu chacun an, à la feste Saint Hilayre de Mons, renduz audit lieu de Mons, VIII s. III d. ob. de cens. *Item*, m'est deu chacun an à la Chandeleur au Breuil, assis en la parroisse d'Antran, IX d. de cens. *Item*, m'est deu chacun an à Pasques flouries, au lieu de Clervaux, que me doivent plusieurs mes hommes et subgiez, LX s. VIII d. ob. de cens. *Item*, m'est deu audit lieu de Clervaux, audit terme de Pasques flories, au tiers an, IX s. de cens. *Item*, m'est deu aud. jour de Pasques flouries, à Maulay, en la parroisse de Thuré, XII d. de cens. *Item*, le droit de mes foyres qui sont tenues le lundi emprès la Toussains et le lundi à quinzaine après, se baillent bien chacun an por plus por moins IIII l. ou C. s. *Item*, le droit de mon banc qui dure XL jours et XL nuyz en quelque saison que je le vueil prendre une foiz l'an et est bien baillé et afermé por plus por moins X ou XII l. *Item*, le droit de mon péage et levage puet valoir por plus por moins chacun an IIII l. ou C. s. *Item*, la revenue de mes seaulx aux contraitz puet bien estre affermée C¹ s. ou IIII l. *Item*, m'est deu une payre d'esperons dorez que me donnent les doien et chappitre de Saint Pierre de Poitiers, à muance de seigneur, par raison de leur disme de Méoc et autres choses. S'ensuivent les rentes en froment qui me sont dues au terme Saint Michel; et premièrement aud. lieu de Clervaux que me doivent plusieurs mes hommes et subgiez XVIII septiers VII boesseaux chastellains et II boesseaux bris. *Item*, me doivent plusieurs mes hommes et subgiez au lieu de Méoc, en la parroisse de Marigné, II septiers Mᵉ mesure chastellaine. *Item*, me doivent plusieurs mes hommes et subgiez au lieu de Coué, en la parroisse de Cenon, aud. terme Saint-Michel, II septiers IIII boes. de froment chastellains. *Item*, me doivent plusieurs mes hommes et subgiez, rendus à mon hostel du Brueil, chacun an, aud. terme Saint Michel, LXXVII septiers II boes. déc. de froment, mesure chastellaine. *Item*, m'est deu chacun an à Grandchamp, audit terme de Saint Michel, XII septiers myne, III b. bris, et I b. chastellain. *Item*, m'est deu chacun an à Maulay, audit terme Saint Michel, VII boes. chastellains. *Item*, m'est deu audit lieu de Clervaux, de seigle, chacun

an audit terme Saint Michel que me doivent plusieurs mes hommes
et subgiez, V septiers M*, VII boes. chastellains. *Item*, m'est deu à
mon hostel du Brueil chacun an, audit terme Saint Michel, I septier
M*. I boes. chastellain. *Item*, m'est dû audit lieu deGrantchamp, chacun an, audit terme Saint Michel, II septiers M*, I boes. mesure de
Faye. *Item*, m'est deu chacun an, audit terme, à Maulay, I boes. chastellain. *Item*, m'est deu chacun an de rente, audit terme Saint Michel,
au lieu de Clervaux et du Brueil, de baillerge, III septiers VI boes.
déc. mesure chastellaine. *Item*, m'est deu chacun an de rente audit
terme Saint Michel, que me doivent plusieurs mes hommes et subgiez,
au lieu de Clervaux et de Maulay, d'avoine XIII septiers M*, VI boes.
bris et XIIII boes. II tiers mesure chastellaine, et au lieu du Brueil,
à ladite feste, I sept. chastellain, *Item*, et au lieu de Grantchamp, à
ladite feste, III mynes mesure Faye. *Item*, m'est deu chacun an de
rente, aux festes et lieux dessus déclairés, de chappons VII$_{zz}$ ou
environ, de gélines LXIIII, deux poucins et I geau. *Item*, Jehan Sermigneau me doit chacun an, au terme de Penthecouste, un chapea
de roses. *Item*, ledit Sermigneau me doit chacun an, au jour de la
Trinité, un coulon blanc ou deux d'autre plumage. *Item*, m'est dû
chacun an à Noël, au lieu de Maulay, une chansson. *Item*, le prieur de
Saint Philebert (1) me doit chacun an, au jour de la Penthecouste,
ungs gans blans. *Item*, l'abbé de Saint Benoist me doit uns gans
blans à muance d'abbé, pour raison de sa disme d'Orches, appellée la
disme cartière. *Item*, Thomas Piart me doit chacun an ung costeret
d'uile rendu au Brueil, le jour Saint Nicolas d'iver. — S'ensuivent les
hommes de foy qui tiennent de moy et à quel devoir : et premièrement messire Jehan de Jaunay, chevalier, homme de foy six fois:
l'une par raison du fié Painaut des Belois, l'autre par raison du
séage de l'aumosnerie et l'autre par raison du fié du Pressouer et
me doit chacun par raison desdiz trois homaiges, au terme de Toussains, XL solz de service et vingt cinq solz aux loiaulx aides. *Item*
ledit messire Jehan de Jaunay, homme de foy lige par raison du
fié messire Thomas de Bours, à ung cheval de service de LX s. au
IX* an et XX s. aux loiaulx aides, et n'a èsdiz quatre hommages des-
susdiz que simple voirie. *Item*, ledit messire Jehan de Jaunay,
homme de foy lige, par raison de son herbergement et séage de la
Faye et m'on doit XX solz aux loiaulx aides et y a haulte justice.

(1) Commune de Marigny-Brizay ; le prieuré dépendait de l'abbaye de Saint-
Cyprien de Poitiers.

Item, ledit messire Jehan de Jaunay, homme de foy lige par raison de son herbergement et séage de la Caillerie (1), et m'en doit XIIII solz aux loiaulx aides et y a haulte justice. *Item*, Ymbert Affroy, homme de foy lige par raison de son fié et lieu de Beau regard (2) et m'en doit V s. aux loiaulx aides et n'y a point de justice. *Item*, le prieur de Scorbé me doit par raison du prieuré XXX s. à muance de prieur. *Item*, le seigneur du Pin, homme de foy par raison de son lieu et séage du Pin, à I cheval de service de C s. à muance de seigneur et XXXIII s. IIII d. aux loiaulx aides et à XL jours de garde. *Item*, ledit seigneur est mon homme de foy par raison du séage qui fut à la Cruée et m'en doit IX s. aux loiaulx aides. *Item*, ledit seigneur du Pin est mon homme de foy simple par raison de son fié de Rimort (3) et m'en doit chacun an, à la Saint Michel, XL sólz et une géline. *Item*, ledit sieur du Pin, homme de foy plain par raison de son fié de Marigné et m'en doit V s. aux loyaux aides. *Item*, ledit seigneur du Pin est mon homme de foy simple par raison du fié qui fut Jehan Briend de Vendevre et m'en doit V s. à muance de seigneur et d'homme et VI s. aux loiaulx aides et n'a ledit seigneur du Pin, en tous les séages dessusd., point de justice. *Item*, Charlot de Monfaucon est mon homme de foy lige par raison de son fié de la Costardière (4), et m'en doit XX s. aux loiaulx aides et n'a point de justice. *Item*, Perrot d'Asnières est mon homme de foy lige par raison de son fié de la Picherie et de sa garenne de Bours et m'en doit III s. au tiers an et III s. aux loiaulx aides et n'a point de justice. *Item*, messire Jehan de Marconnay, chevalier, est mon homme de foy plain par raison de son fié de la Picherie (5) et m'en doit ung cheval de service de C s. au IX an et XXXIII s. IIII d. aux loiaulx aides et n'y a point de justice. *Item*, ledit messire Jehan de Marconnay, homme de foy lige par raison de son péage des Mothes et de son séage de la Barbelinière (6) et m'en doit aux loiaulx aides X s. et y a basse justice. *Item*, Pierre Foucher est mon homme de foy lige pour raison de son fié de la Picherie et m'en doit VIII s. au IX⁰ an et aux loiaulx aides. *Item*, Jehan d'Aurigné, fils feu Guil-

(1) « Herbergement de la Caillerie, qui fut feu Guillaume Cailler, autrefoiz appellé *la Mayson neuve*, 1301. » (*Dict. top.* Redet.)
(2) Commune de Colombiers.
(3) Commune de Savigny-sous-Faye.
(4) *La Coutardière*, commune de Scorbé-Clairvaux.
(5) Commune de Thuré.
(6) Commune de Thuré.

Iaume d'Aurigné, est mon homme de foy lige par raison de son lieu et séage d'Aurigné et m'en doit aux loyaulx aides XV s. et n'a point de justice. *Item*, Guillaume Boutin, à cause de Hillere de la Pleigne, sa femme, est mon homme de foy lige par raison de son herbergement et séage d'Aurigné et m'en doit XX s. aux loiaulx aides et n'a point de justice. *Item*, Jehan Bruneau est mon homme de foy plain par raison de son hostel et séage de la Brunalière (1) et m'en doit XV s. aux loyaulx aides et n'a point de justice. Orches : le seigneur de la Sistière est mon homme de foy pour raison du lieu et fié de la Sistière (2) et m'en doit XXV s. aux loyaulx aides et n'a point de justice. *Item*, Guillaume de Vaux est mon homme de foy plain pour raison de son lieu et séage de Clostaux (3) et m'en doit ung cheval de service de C s. au IX⁰ an et XXIII s. IIII d. aux loiaulx aides et n'y a point de justice. *Item*, Brunet Dampierre est mon homme de foy lige par raison de son lieu et séage de Bonneville et m'en doit un cheval de service au IXᵉ an et XXXIII s. IIII d. aux loiaulx aides et y a haulte justice. Guillaume Fuillet est mon homme de foy plain par raison du lieu de la Coustière (4) et m'en doit chacun an, au terme Saint Michel, 1 boes. chastellain de froment et au terme de Toussains chacun an XX s. et aux loiaulx aides XX s. et n'a point de justice. *Item*, Mery Messier est mon homme de foy lige par raison du lieu de séage de la Bonetière et m'en doit IIII livres aux loiaulx aides et n'y a point de justice. *Item*, la dame des Roches du Gué Jacquelin (6) est ma femme de foy plain par raison dudit lieu et séage des Roches et m'en doit III s. au tiers an et XX s. aux loiaulx aides et n'y a point de justice. *Item*, la dame de la Choire est ma femme de foy par raison du lieu et séage de la Choire et m'en doit un cheval de service de LX s. au IX⁰ an et XXV s. aux loiaulx aides et n'y a point de justice. Antran : la dame d'Availle est ma femme de foy lige par raison de l'oustel et séage d'Availle (6) et m'en doit ung cheval de service au IXᵉ an de C s. et XXXIII s. IIII d. aux loiaulx aides et n'a point de justice. *Item*, le seigneur de la Gastinalière (7) est mon homme de foy par raison du lieu et séage de la

(1) Commune de Scorbé-Clairvaux.
(2) *La Citière*, commune d'Orches.
(3) *Les Clouzeaux*, commune d'Orches.
(4) *La Coutardière*, commune de Scorbé-Clairvaux.
(5) Commune de Doussay.
(6) En 1423, ce fief appartenait à la famille de Gain.
(7) Commune d'Antran.

Gastinalière et m'en doit .VI. aux loiaulx aides. *Item*, led. seigneur de la Gastinalière est mon homme de foy plain par raison du moulin de Gastineau et m'en doit III s. au tiers an et III s. aux loiaulx aides et n'y a droict de justice. *Item*, Jehan d'Usseau, homme de foy lige par raison du moulin du Gué et de son séage d'Antran et m'en doit par chacun an, au terme Saint Michel, une mine de froment et aux loiaulx aides XX s. *Item*, messire Jehan de Marconnay, chevalier, homme de foy lige par raison de l'ostel et séage de la Bigotière (1) et m'en doit aux loiaulx aides XXX s. et n'a point de justice. *Item*, Jehan Costard, homme de foy plain par raison de son hostel et séage de Gasteborce (2) et m'en doit V s. au tiers an et V s. aux loiaulx aides et n'a point de justice. *Item*, Aymeri Giroisme, homme de foy deux foiz par raison de son hostel, disme et séage de l'Esmé (3) les Mées, commune d'Usseau et m'en doit chacun an XXX s. de service et aux loiaulx aides LXVI s. VIII d. et n'y a point de justice. *Item*, Jehan Rasseteau, à cause de Jehanne Dupuy, sa femme, homme de foy lige par raison de son lieu et séage des Champs (4) et m'en doit XV s. aux loiaulx aides. Marigné et Saint-Légier : Ecortye Bocheron est mon homme de foy lige par raison de son séage de Saint Légier et m'en doit un cheval de service au IX° an de C s., et XXXIII s. IIII d. aux loiaulx aides et n'y a point de justice. *Item*, Pierre Frétard, comme bail de ses enfans et de Jehanne de Colay sa feue femme, est mon homme de foy lige par raison du lieu et séage de Méoc (5) et m'en doit ung cheval de service au IX° an de C s. et XXXIII s. IIII deniers aux loyaulx aides et n'y a point de justice. *Item*, Philippe Louneil est mon homme de foy par raison de son hostel et séage d'Origné (6), assis en la parroisse de Vendeuvre, et m'en doit X s. au tiers an et XV s. aux loyaulx aides et n'y a point de justice. *Item*, le seigneur de la Tour de la Pleigne est mon homme de foy deux foiz simple par raison de son hostel et séage de la Tour de la Pleigne (7) et m'en doit deux chevaulx de service du pris de dix livres au IX° an et LXVI s. VIII d. aux loyaulx aides et y a moyenne justice. *Item*, Guillaume de la Pleigne, près Besdon,

(1) Commune d'Antran.
(2) Commune de Châtellerault.
(3) *Les Mées*, commune d'Usseau.
(4) Commune de Thuré.
(5) *Meocq*, commune de Marigny-Brizay.
(6) *Origny*.
(7) *La Plaine*, commune de Marigny-Brizay.

est mon homme de foy lige par raison de son séage qu'il tient de moy on dit terroir de Besdon (1) et m'en doit chacun an V s. X d. de service et aux loyaulx aides V s. X d. et n'y a point de justice. *Item*, le trésorier et Chappitre de Manigouste (2) est mon homme de foy lige, par raison de leur séage d'Ivernay (3), et m'en doit aux loyaulx aides LXs. et n'y a point de justice. *Item*, Jehan Savary, à cause de sa femme, est mon homme de foy lige par raison de son séage de Méoc et m'en doit chacun an au terme de Toussains X. d. de service et XV s. aux loiaulx aides. *Item*, messire Nycolas Gislier, chevalier, homme de foy lige par raison de sa disme de la Chatière, et m'en doit ung cheval de service de LX s. au IXe an et XV s. aux loiaulx aides. Et lesquelles choses dessusdictes pevent bien valoir chacun an, por plus por moins, environ cinq ou six cens livres de rente, et fais protestacion d'acroistre, diminuer, corriger, spécifier et d'esclairer plus applain se mestier [est], les choses dessusd. en lieu et en temps convenables, en vous suppliant, mon très redoubté et très puissant seigneur, que se j'avoys erré, plus mis ou obmis à mectre aucunement en cest présent adveu, qu'il vous plaise moy adrecier et je offre à le repparer ainsi comme de raison appartiendra; en tesmoing de ce jay scellé cest présent adveu de mon propre scel le IIIIe jour de mars, l'an mil quatre cens vingt neuf.

Rendu par Jehan Yvon, procureur de lad. dame de Clervaux et baillé aux officiers de Monseigneur, c'est assavoir le lieutenant du séneschal et le procureur, le IIIe jour de mars, l'an dessusd., et fu receu o les protestacions de droit.

Des aveux avaient été rendus pour ce même fief, en 1391 par Jean de la Haye, en 1411 par Geoffroy de la Haye, en 1417 par Guillaume de la Haye, en 1422 par ce dernier, époux de Catherine dont il est question plus haut.

Primitivement, la terre de Clervaux mouvait du comté d'Anjou. En 1333, un certain Jean de Maillé était seigneur de Clairvaux.

(1) *Baidon*, commune de Marigny-Brizay.
(2) *Menigoule* (Deux-Sèvres.)
(3) Commune de Marigny-Brizay.

II

Le 24 juin 1429. — Aveu de Montoiron, par Antoine Turpin, seigneur de Crissé, à hommage lige, au devoir de douze livres. Justice châtelaine (1).

... Est premièrement à mon domaine l'herbergement de Montoiron avec les treilles, vergiers, fuye, closture et motte environnée d'eau, en laquelle souloit avoir forteresse, l'eaue et le cours d'icelle estans environ et près d'icelle et le deffens de l'eau et de la pescherie estans audessus et audessous, arbres, saulaies et autres appartenances... mon estang de Bertouin (2), la chaussée, l'eaue et le cours d'icelle dessus et dessous, et le moulin et la contrainte des hommes qui donnent moudre audit moulin... L'houstel du Brueil d'Availles, fuye, garenne, prés, vignes, bois, estangs... La forest de Cenan qui est par indivis avec les héritiers feu messire Jehan de Lczay, les héritiers feu messire Estienne Vomoux, chevalier... L'abbesse de Fontevrault, à cause de son prieuré de la Puye, doit six petis tournois forts de cens, à la veille de Noël... *Item*, s'ensuivent les hommages que l'en tient de moy à cause de madicte chastellenie que je tiens de vous mondit seigneur soubz l'obéissance dessusdicte et les devoirs qui pour cause d'iceulx me sont deubz : premièrement, les hoirs messire Jehan Ysoré, pour feu messire Guichard d'Angle, tiennent de moy à hommage lige et XV s. aux loiaux aides les choses qu'ils ont à Champvent (3) en Mirebalays. *Item*, les choses et le fié qui furent feu Guillaume d'Archigné, chevalier, assis en la parroisse d'Archigné, desquelles est aprésent mon homme Jehannot de Bors et souloient estre tenuz de mes devanciez à hommage lige et XV s. aux loiaux aides. *Item*, les choses que Jehan Roullevin, à cause de sa femme héritière de feu Estienne Constan, tient de moy qui furent feu Aymery de Chiré, vaslet, à hommage lige et à X s. aux loiaulx aides. *Item*, les choses que les héritiers féu Jehan de Braco tient de moy qui furent feu Savary de Thiron en la parroisse de Che-

(1) Au début, cette terre formait deux châtellenies. V. l'avou n° 6, rendu par Hugues de Lezay.
(2) Près de l'Auzon, commune de Bonneuil-Matours.
(3) Hameau, commune de Thurageau.

nevelles à foy et hommage lige et XV. s. aux loiaulx aides... *Item*,
Josselin d'Aux pour feu G. de Ligné pour sa disme qu'il tient de
moy, sise à Senillé, qui fut feu Guichoux de Marconnay... *Item*,
Agravain d'Alougné pour Jehan Beauges pour son hébergement de
la Cossonnière sis en la paroisse de Saint Ambroise de Montoiron... *Item*, Guillaume de Marans acause de sa femme pour feu
Guillaume Aigret pour feu Tallebart pour les choses qu'il tient de
moy à foy et hommage lige... assises en la parroisse de Bonneüil
Mathourre et de Bellefons. *Item*, les héritiers feu Estienne Toustan
pour feu Guillaume de la Croix pour les choses qu'il tient de moy
à hommage lige... assises en la parroisse de Saint Ambroise de
Frescineau (1). *Item*, Pierre Bureau pour feu Briend de Palis pour
les choses qu'il tient de moy à hommage lige... ès parroisses de la
Chapelle Roë et d'Archigné, c'est assavoir son herbergement de
Chabonnes (2)... *Item*, les choses que messire Jehan de Bernessay
tient de moy ès parroisses de Chenevelles, d'Asnière, de Montoiron à hommage lige. *Item*, messire Guillaume de Coué, chevalier, pour feu Guillaume de Coué, dit Goupil, filz de feu Goupil
de Coué, les choses qu'il tient de moy en la parroisse de Chenevelles, c'est assavoir le hébergement de Londières, garenne,
préz, bois... *Item*, Perrot Mouchet, pour feu Huguet Fressineau,
pour les choses qu'il tient de moy, qui furent feu Geoffroy de Fressineau, séant en la parroisse de Bonneuil Mathourre... *Item*, les
choses que Pierre Frétart tient de moy, le hébergement du
Chesne (3), terres, vignes, moulins, fuye, garenne et autres choses. .
qu'il a aux Places, à Senillé... *Item*, Loys Phelippes pour feu Phelippoin Phelippes, son père, tient de moy à deux foiz, et deux hommages et deux roussins de service chacun de C s. à paier au IX° an et
LXVI s. aux loiaulx aides, c'est assavoir les choses que feu Lom-
bard son ayol acquist de Nerbonne (4) de feu marc et Phelipon
d'Usseau. *Item*, Hanse de Faubrignel, acause de Anne du Fresne,
héritière de feu Messire Hamelin du Fresne, chevalier, à cause de sa
femme pour feu Perrot Branger... pour l'hébergement du Pas-
souer (5)... en la parroisse de Chenevelles. *Item*, Agravain d'Alou-

---

(1) *Fressineau*, lieu antique cité dans les chartes du dixième siècle, commune de Montoiron.
(2) Commune d'Availle.
(3) *Le Chêne*, moulin sur l'Auzon, commune de Montoiron.
(4) *La grande et la petite Narbonne*, commune de Senillé.
(5) *Le Passoux*.

gné pour Jehaûne, fille au Boucher d'Alougné... le fié de Bray (1),
séant ès parroisses de Chenevelles et de Fressineau. *Item*, Jehan
d'Allemengne, pour feu Guillaume d'Allemengne, pour les choses
qu'il tient de moy à foy et hommage et à un roussin de service...
assises à Bonnes et furent dudit feu Guillaume. *Item*, les choses que
Aymery Guernoullau souloit tenir de moy, son hébergement de Chezelles (2) et appartenances assis entre le Clain et la Vienne... desquelles choses Gillet Bursson, à cause de Ph° Guernoullelle, sa femme,
me fait hommaige de foy de ce qu'il a en territoire de Chezelles...
Item, Raoulin de la Celle, pour les choses que souloit tenir de moy
Seguin de Puygirault, à cause de sa femme, fille de feu Aimery
d'Allemengne, assises en la parroisse d'Archigné.

La terre de Montoiron appartenait aux Turpin dès le
commencement du treizième siècle ; elle resta divisée en
deux châtellenies jusqu'en 1490.

III

20 août 1426. — Aveu de Chaignes (3), par Guillaume
de La Lande, varlet, fils aîné de feue Jehanne Barbe, jadis
femme de feu noble homme Joseph de la Lande, moitié
à hommage lige et au devoir de six livres cinq sols à
muance de seigneur et six livres cinq sols aux loyaux aides.
Justice haute, moyenne et basse.

De vous et par et soubs vostre baronnie, très doubté et très
puissant seigneur, monseigneur le conte de Harecourt et d'Aubmalle, viconte de Chastelerault et à cause de vostredite viconté, Je
Guillaume de la Lande, varlet, filz aisné de feue Jehanne Barbe,
jadis femme de feu noble homme Jehan de La Lande, mon père,
seigneur à présent de la moitié par indivis de l'oustel, appartenan-

---

(1) *Le Breuil*, aujourd'hui commune de Leigné-les-Bois.
(2) Village et moulin sur le Clain, commune de Naintré.
(3) *Chêne*, commune d'Ingrande.

ces, appendances et despendances de l'oustel de Chaignes estans en la parroisse d'Ingrande, tiens et advoue à tenir à foy et hommage lige tant pour moy que pour mes frères et sœurs, au devoir de VI l. V s. paiables à muance de vostre seigneurie toutes fois qu'il avient et VI l. V s., qui sont à paier toutes et quantesfois que les loiaux aides aviendront toutes et chacunes les choses cy dessoubs escriptes. Et premièrement, la moitié adevis du principal houstel et manoir de Chaignes on quel je fais ma résidence et mancion (1) à présent ensembléement avecques la moitié de toutes et chacunes les appartenances et despendances d'icellui houstel et quelconques drois, justice et juridiccion, voirie moienne et basse, la court et obéissance de tous cas qui à telles juridicions appartiennent. *Item*, la moitié de toutes les rentes, devoirs et cens, tant en blés, deniers que poullaille et autres domaines comme dismes, terrages, garennes, prez, bois et la moitié par indivis du moulin et escluse de Meysé (2), des appartenances duquel houstel pour la moitié peut bien avoir douze sexterées de terre ou environ, et des vignes quatre arpens ou environ et sont séant auprez dud., et de prez jornau de dix faucheux ou environ et sont appelés à la Palus. *Item*, une disme séant en la parroisse d'Ingrande volgaument appelée la disme de Besse, ainsi comme elle s'ensuit et comporte, laquelle je tiens à mon domaine, mesmement la moitié par indivis d'icelle, laquelle dicte moitié qui m'en compette peult bien valoir deux septiers de blez ou environ. *Item*, la moitié d'une autre disme séant en la parroisse de Dangé volgaument appelée la disme du prez de Vilaines, la quelle dicte moitié peult bien valoir par communes années six boiss. de blez ou environ. *Item*, la moitié d'une autre disme, appelée la disme du Chillou, séante en la paroisse d'Ingrande, laquelle dicte moitié poult bien valoir une mine de blez ou environ. *Item*, la moitié d'une autre disme ou terrage, commune entre les héritiers de feu messire Regnauld de Mondion et moy, assise en la parroisse d'Oyré, comparsonnière on le sire de la Groye ainsi que la ditte disme ou terrago se poursuit et comporte laquelle dicte moitié peult bien valoir trois mines de blez ou environ. Sur la valeur des rentes en froment au terme Saint Michel, chacun an, pevent bien valoir pour ladicte moitié VI sept. mine d'avoine chaste-

___

(1) Demeure, habitation.
(2) Commune d'Ingrande, *Moiré*, moulin sur la Vienne, détruit avant 1642. *Moulin de Mésé*, 1425; *de Moiré*, 1446.

laine par chacun an, à plusieurs termes II sept. mine. *Item*, en
deniers de cens à plusieurs termes et festes de l'an de paiables XXII.
ou environ,des vacqués (1) C s.ou environ qui sont situez et assignez
sur plusieurs houstels séans en la ville de Chastelerault, et une place
et mote assise par au dedens des vergiers du priour de Saint
Romain, et sur plusieurs autres demaines tout auprès et ès environ
de vostre dicte ville que ailleurs en vostre dicte viconté, sauve à
moy de plus à plain le vous déclairer. *Item*, des fermes en deniers
XVII s. VI d. paiables aux termes de Saint Michel et Toussains.
Item,de poulailles paiables à plusieurs termes de l'an, XX chappons
et V gélines. *Item*, les bois appelez les bois Fasnier, assis en lad.
parroisse d'Auyré, contenans XII arpens de bois ou environ. Sur
lesquelles dismes, terrages, rentes et cens en blez et en deniers et
sur les prez, pasturages, bois, escluse et moulin cy specisfioz et
desclairez et sur toutes et chacunes les autres choses qui sont contenues et desclaireez en cest fief et adveu tant en icelles qui sont
cy dessus déclairées que ès autres cy dessoubz contenues, et excepté
seulement si et en tant que est ledit houstel et manoir de Chaignes,
vignes et gaignerie en par et soubs vous je advoue à tenir et à
avoir toute haulte justice, moienne et basse, avecques tous cas à
icelle appartenanz. *Item*, sensuivent les hommages à moy deubs par
soubs vous. Premièrement, une foy et hommage entérins (2) que me
doit et fait Jehan de Targié, mon homme ou ses héritiers et est le
dit hommaige plain au devoir de C s. au IXᵉ an à XXXIII s. aux
loiaux aides, de et pour raison de plusieurs choses séant en la
parroisse de Targié, en et duquel fié entre autres choses est le moulin dud. Jehan de Targié, appelé le moulin de Mazères (3), et la
terre qui tient aud. moulin d'une part et par l'autre partie à la
rivière de l'Auzon et contient en soy trois mines de terre ou environ. *Item*, une autre foy et hommage que me font et sont tenus
faire les héritiers feu Philippon Jacques de Poitiers, ou les aians
de lui cause, de et pour raison d'une disme séans en la parroisse de
Naintré, volgaument appelée la disme de Clanay au devoir de C s.,
paiables au IXᵉ an XXXIII s. aux loiaux aides et peut bien valoir
laditte disme par communes années VII sexterées de blez ou environ.
Item, quatre jornaux de prez ou environ séans en la rivière de Clain

(1) Biens vacants.
(2) Entiers.
(3) *Mazeray*, sur l'Auzon, commune de Targé.

en lad. parroisse de Naintré tenant d'une part au chemin qui vient
de la Brousse (1) à ladicte rivière de Clain et d'autre part au pré
qui fu au molner Chiotrau, appelé les Rochières de ce pour raison
des quelles choses Louys Philippes et Guion Dize, son nepveu, me
doivent faire foy et hommage plain à devoir de C s. au IX⁰ an et
XXXIII s. aux loiaux aides. *Item*, vingt soubz d'annuelle pension
ou rente que me doit chacun an Jehan Gaudin à cause de sa fame,
fille et héritière de feu Jehan Daniel dit Pelé, de et pour raison
d'un houstel, terres et bois appelez bois Alloua, qui est dud. houstel, séant en la parroisse de Saint Hilaire de Mons et fut feu messire
Hebert Berlant, qui jadis le souloit tenir de mes prédécesseurs
par hommage et me sont obvenus par faulte d'homme ensemblement avecques X s. de cens tant paiables à présent que vacqués.
Item ung houstel, les appartenances et appendances d'icellui comme
les terres qui pevent bien être VIII sexterées de terre ou environ,
séans en la parroisse d'Ingrande et les bois qui souloient être vignes
anciennement, séans au lieu appelé au Quart des Loges, contenans
deux arpens de bois ou environ et aussi les cens, rentes et devoirs,
les quieux devoirs en deniers pevent bien valoir à la Notre Dame
de Mars X s., et en froment de rente IIII boiss., un chappon et une
oaye, que doit à présent Perrot Arnault de Chastelleraud et le souloit devoir feue Jehanne de La Fontaine, et une disme qui est des
appartenances d'icellui lieu, séante en ladite parroisse de Naintré,
on village de Clanay (2), volgaument appelée la disme de Clanay,
qui peult bien valoir VII sept. de blez ou environ et le quel houstel
et appartenances dessusd. et déclairé fu jadis feue Margot de Bellefons, laquelle Margot de et pour raison d'iceuxd. lieux me devoit
et faisoit foy et hommage plain à VII s. VI d. de devoir paiables au
tiers an le jour de la N. Dame de Mars et VII s. VI d. aux loiaux
aides quand elles adviennent, et desdites choses est à présent mon
homme Jehan Berlant à cause de sa femme. *Item*, tient à mon
domaine un houstel et une terre et bois estans pardessus tenant
le tout ensemble, séant près et pardevant l'oustel de Chaignes et
contient ladicte terre trois minées de terre ou environ, et lesdis bois
deux arpens ou environ et souloient anciennement estre aux feuges
Bleslées qui les souloient tenir par hommage plain de mes prédécesseurs, à XV s. de devoir au tiers an et à XV s. aux loiaux aides.

(1) *La Brosse.*
(2) *Clané*, aujourd'hui commune de Châtellerault.

Item, une foy et hommage en quoy m'est tenue Isabeau de Dercé, fille et héritière de feu Jehan de Dercé, son père, au devoir de C soulz paiables au IX⁰ an et à XXXIII s. aux loiaux aides quant elles adviennent, lequel dit hommage on appelle le fief de Chasteauneuf, séant en ladicte parroisse d'Ingrande, ensemblement on ses appartenances et despendances, lesquelles appartenances sont en terres labourées que vacquées et souloient estre partie d'icelles en vignes et tiennent d'une partie aux terres feu Guyon de la Fontaine, quo tient à présent Guillaume Acton de Chastellerault et d'autre part aux vignes des héritiers feu Guiot de Jeu et d'autre part au chemin par où l'on vait de Chaignes à Chastelerault et contient cinq sexterées de terre ou environ duquel fié devant dit me compette la moitié par indivis. *Item*, une foy et hommage qui me souloit estre deue et fete par feu Renouse Berlende au devoir de V s. au tiers an et V s. aux loiaux aides quant elles adviennent, duquel dit hommage est une pièce de terre contenant une sexterée ou environ tenant d'une part et d'autre à la terre des héritiers feu Guillaume Geoffriau d'Availle et en deniers de cens payables au tiers an au terme de Notre Dame de chassemars (1) III s. lesquieux payent particulièrement. C'est assavoir, le commandeur d'Auzon pour ses ténemens qu'il tient on dit fié XVIII d. et les héritiers feu Guieffroy Roy pour les ténemens qu'ilz tiennent on dit fié XV d. et le demourant vacqué. *Item*, une foy et hommage plain que me doit Jehan Boutart, clerc, de et pour son fié appellé le fié de La Perrière (3), séant en la paroisse d'Anthoigné, lequel dit fié fu jadis feu Pierre Touzalin et peult bien valoir led. fié en deniers de cens à la chassemars XIII s. ou environ, en froment un septier, en poulailles, II chappons, II gélines, en bois VI arpens ou environ, en terres III sexterées ou environ, pour lequel dit hommage m'est du au tiers an, au terme de N. Dame de Mars, XX s. et XX s. aux loiaux aides. *Item*, une foy et ung hommage que me fait aprésent Gillet Bouteiller au devoir de V s. anneulx aux loiaux aides pour raison d'un sien fié qui fu feu Guillaume Chaigneau de sur lequel fié sont plusieurs domaines, cens, rentes et bois séans en la parroisse d'Oayré, qui anciennement furent appréciés XXV s. de rente et pevent bien valoir à présent IIII s. dont je suys démuni. *Item*, me doivent et sont tenuz les

(1) 25 mars.
(2) *Les Perrières*, autrement *Villechenour*, aujourd'hui commune de Châtellerault.

religieux, abbé et couvens de la Celle de Poitiers, à cause de leur prieuré de Cenon (1), cinq soulz de devoir paiables au tiers an et V s. aux loiaux aides en et sur plusieurs domaines, assis en la parroisse d'Availle et de Cenon et sont entre les autres choses l'oustel de la Martinière (2) et appartenances d'icellui ensemblement et V sexterées de terre ou environ et journau à trois faucheurs de prez ou environ et II arpens de bois ou environ et X s. de cens qui leur sont deubs chacun an à l'Ozanne, en la parroisse d'Availle. *Item*, une foy et un hommage plain que me fait à présent Gilet des Aubues, au devoir de X s. au tiers an et X s. aux loiaux aides à cause et pour raison d'un sien houstel et appartenances d'icellui, séant aux Aubues, en la parroisse d'Antoigné, onquel dit fié peut bien avoir VIII sexterées de terre ou environ, en deniers de cens X s. ou environ et de prez, jornau de deux faucheurs ou environ, et de bois II arpens, ou environ. *Item*, une foy et hommage plain que me fait à present maistre Guy Charrier à cause de Matheline Boutarde sa femme, au devoir de VIII s. paiables au tiers an et VIII s. aux loiaux aides à cause et pour raison de certains héritages, cens et dommaines séans et resseans en la parroisse de Naintré, qui anciennement furent feu Jehan Largeau et sont lesd. domaines : III sexterées de terre ou environ, en deniers de cens XII s. ou environ. *Item*, une foy et un hommage que souloit faire un nommé Pierre Ruppin aux héritiers feu messire Régnaud de Mondion, chevalier, on quel hommage j'ay la moitié, au devoir de X s. au tiers an et V s. aux loiaux aides, on quel fié sont les choses qui s'ensuivent : premièrement, le hébergement de la Nivaudière, séant en la parroisse d'Oiré, tout ainsi qu'il se poursuit et une pièce de vigne tenant audit hébergement contenans journau de XV hommes ou environ et une touche de bois tenant audit herbergement avecques la garenne estant ondit bois et quatre sexterées et une mine de terre et IX arpens de bois volgaument appelez anciennement le bois Leron (3), lesquelles chouses susdites je tieng à mon domaine. *Item*, une foy et un hommage plain que me font apresent les héritiers feu Guillaume Hatton de Chastelleraut au devoir de V s. au tiers an et V s. aux loiaux aides à cause et pour raison des chouses qui s'ensuivent : c'est as-

---

(1) Le prieuré de Saint-Martin de Cenon dépendait de l'abbaye de Saint-Hilaire-de-la-Celle de Poitiers.

(2) Commune de Targé.

(3) *Le Rond du Chêne,* dans la forêt dite aujourd'hui du Rond, commune de Leugny, limitrophe de celle d'Oiré.

savoir un houstel et appendance d'icelluy séant en la parroisse d'Ingrande avecques deux sexterées et douze boisselées de terre, deux arpens de bois, deux arpens de vigne, et de cens XI d. et en poulaille, II chappons, lequel fié souloit tenir naguères de moy un nommé Perrot Bigot. *Item*, une foy et hommage plain que me fait àprésent le filz feu Perrot de la Bruyère, au devoir de V s. au tiers an et V s. aux loiaux aides, à cause et pour raison d'une pièce de terre contenant III sexterées en semence ou environ séante en la parroisse d'Aurigné et tient par oultre en derniers V s. II d. *Item*, m'estoit tenus et sont faire, feu Perrot de Chastelerault une foy et hommage plain au devoir de soixante soulz paiables à muance de seigneur à cause et par raison de son houstel de Nonnes(1), ainsi comme il se poursuit ensemblement, on les vergiers tenans audit houstel et peult bien avoir de terres appartenans audit houstel XVII sexterées ou environ, en pasturages un arpent ou environ; lesquelles dictes chouses j'ay par aucun temps tenues et levées à ma main par faulte d'homme et icelles ay baillées à Thevenin et Guillaume Pivains frères, à la ferme ou moeson perpétuelle de ung sept. de froment mine de saille (2), mesure chastelaine, et un chapon, le tout de rente paiables chacun an en chacune feste de Saint Michel. *Item*, une foy et hommage plain que Aymery Pontener fait à présent aux héritiers dudit feu messire Regnauld de Mondion et à moy par moitié au devoir de XX s. au tiers an et XX s. aux loiaux aides, àcause et pour raison de l'oustel du Bouschet (3), appartenant et despendant d'icellui que souloit tenir feu Jehan Jouin et sa femme, èsquelles dictes appartenances peult bien avoir six sexterées de terre gaignables ou environ et cinq jornaux de pré ou environ, séans lesdites chouses en ladicte parroisse d'Oiré, entre le Pont des Champs et le Quarroy aux Vieilles, et en blez ung boisseau de saille de rente que lui doit Gillet Rouillé, chacun an, à la Saint Michel. *Item*, un devoir que vous mondit seigneur me devés à muance de seigneur de Chaignes d'uns gans blans de VI d. à cause et pour raison de vostre disme appelée la disme de Chaignes, laquelle vous ou vos prédécesseurs avez acquise desdis religieux, abbé et couvent de la Celle de Poitiers, et est séante icelle dicte disme ès parroisses de Senillé et de Saint Hillaire de Mons. *Item*, s'ensuivent les confronta-

(1) Commune de Naintré.
(2) Seigle.
(3) Communes d'Oiré et Ingrande.

tions des terres de la gaignerie dudit lieu de Chaignes... *Item*,
s'ensuivent ceulx qui tiennent de moy en votre dicte ville et env'-
ron à cens et devoir : premièrement Philippe de Charnizé, vefve
de feu Colas Fossier, me doit chacun an, à la chassemars, X d. de
cens, c'est assavoir VI d. pour son grant jardin touchant à la ruelle
tendant de l'oustel Josselin Rivière au cymetière Saint Jehan
d'une part et à la cuysine de son hostel du Signe, de la chambre
Guillaume Fossier hault et bas, le cuvier et cave hault et bas, la
court, la chambre neuve dud. Signe hault et bas, avecques deux
petits vergiers estans desrières led. houstel, touchant aux murs de
lad. ville l'allée entre deux, et la maison Jehan Dupuis à cause de sa
femme, d'autre ; Perrinet Patin à cause de Jehannette sa femme deux
deniers de cens au terme de N. Dame de Mars sur une pièce de
vigne assise au Chastelier, comprenant jornau de XV hommes ou
environ touchant à la vigne et pré Pierre l'Escossays qui fu feu Jehan
Josselin, d'une part, et à la vigne Dessendeau, d'autre. *Item*, sus un
petit vergier séans sur les doues de lad. ville, joignant au vergier
Jehan Rousseau et au chemin tendant au cymetière Saint Jehan
Baptiste hors ladite ville, XII d. de cens aud. terme. Piètre de
Tongrelou II s. de cens au terme de N. Dame de Mars à cause et
pour raison de l'apentis et balet de son houstel où il demeure, la
court, la cuisine et la moitié de son vergier et au vergier Jehan
Dupuys dit Aumoufle, à cause de sa femme seur dud. Piètre d'une
part et au vergier feu Michau Cardineau, qui de présent est aud.
Piètre. *Item*, led. Piètre et Jehan Dupuys à cause de sa femme
seur dud. Piètre, au dimanche emprez la mi aoust me doivent chacun an V d. de cens pour raison de l'oustel et appartemances qui fu
feu Guillaume Berjonnau avecques une pièce de terre qui fu feue Bar-
beau Chevalliere et aud. terme V d. de cens pour raison de l'ébergement et appartenances de la Guillotière (1). *Item* V d. de cens aud.
terme pour raison de l'ébergement de la Hocerre (?) et pour les chenevières de la Frappinière et pour les vergiers qui furent feu Laurent
Frappin... *Item* me doit sur une pièce de terre estanz près de Saincte
Flourence..., touchant au chemin tendant de Puymilleriou à Saincte
Flourence et à la rote des Chaignes..., Jehan Raceteau, à cause de
Jehanne Dupuy, sa femme, tient de moi en vostre ville de Chasteleraud l'houstel on quel il demeure à présent, avec le vergier touchant led. houstel et vergier au chemin tendant du quarroy qui

(1) Village, commune de Châtellerault.

est devant la maison Rémont Porcheres, droit à l'église Saint Jehan
Baptiste dud. lieu, d'une part, et à la maison et vergier Thévenin
Desnier, d'autre part... Avecques ce, une maison, fondeiz et appartenances assis en lad. ville, joignant au cimetière de lad. église
de Saint Jehan Baptiste, d'une part, et à la rue tendant de lad.
église à l'houstel du Signe, d'autre part, et à la maison feu Jehan
Rousselot et au vergier feu Guillaume Vassault... ; Thevenin Desnier, une maison séant en lad. ville, touchant d'une part à la maison dud. Raceteau et d'autre à la maison Jehan Bienvenu, cordoue-
nier... d'autre part, et à la Grant rue dud. Chasteleraud ; Jehan
Audoin, une maison auprès de la porte aux Peletiers (1), touchant
au portau et murs de la ville, le chemin entre deux, d'une part, et
à la Grant rue, d'autre part... ; Jehan Ledoulx, son houstel on quel
il demeure, assis en la parroisse de Saint Jehan Baptiste, tenant,
d'une part, tout au long de l'houstel du Signe, qui est à présent à
Philippe de Charnizé et, d'autre part, à l'houstel des Chareliers qui
fut de feu Guillaume de La Fontfermée et à l'houstel de Mathé
Chauvin, la Grant rue entre deux...

Chêne appartenait, en 1387, à Renault de Mondion ; en
1446, cette terre passe à Gallehaut d'Alloigny, grand
chambellan de Louis XI, premier sénéchal de Châtellerault, et à Guillaume de La Lande, marié à Gillette d'Alloigny.

IV

Dernier de février 1429. — Aveu de Ternay (2) par
Fédis de Mons, écuier, seigneur de Ternay et de Prissay
en partie ; à hommage lige et au devoir de dix-huit l.
tournois. Justice haute, moyenne et basse.

L'herbergement, houstel et appartenances de Tarnay, avecques le
circuit et pourprinse (3) d'icellui, la garenne, les bois, la vigne, tout

(1) Autrement porte Sainte-Catherine, sur la place de la Prison.
(2) Commune d'Availle-en-Châtellerault.
(3) Enclos.

encloux en dedans des fossés... Le moulin de Tarnay et les hommes levans et couchans et la terre de Prissay (1), estans ès paroisses de Princay et d'Availle et illecques environ, destreignans aud. moulin et la revengence sur eulx pour cause de mouste, ensemblement on l'escluze, laquelle je puis fermer à travers de l'esve, l'isle et pré et arbres estans ond. isle, appartenans aud. moulin et l'esve si comme elle s'enclout audedans de ses rives, et la pesche et desfens en icelle, et les pasturages, rivages et arbres estans au long de lad. esve, et mes prez et terres et autres héritages dès le coing du pré volgaument appelé le pré des Fougereoux, au droit travers de l'esve, jusques à l'esve Jehan de Remeneil... ma justice haulte, moienne et basse, forban et rappiau et toute juridiction par toute ma terre, à ce telle comme mes prédécesseurs l'ont usée et accoustumée à user et exploiter au temps passé... *Item*, l'esve de Vienne, la pesche et desfens en icelle dès l'esve au seigneur de Chistré jusques au coing de l'isle de Tarnay... s'ensuit le fief que feu Jehan de Naintré souloit tenir de moy à hommage lige... son herbergement de Clos Chausson (2)...

4 mai 1446, Félix de Mons ; 1460, Jean de Mons ; 8 avril 1473, demoiselle Allie de la Selle, veuve de feu Jean de Mons, écuyer.

V

Pénultième de mars 1426. — Aveu de Baudiment (3) par Perrot de Thorne, écuyer, seigneur de Baudiment, hommage lige au devoir de trente s. t. aux aides. Justice haute, moyenne et basse.

... La justice et juridiction de Bourneuil, appelé Baudiment, telle que lui et ses prédécesseurs l'ont accoustumée avoir et exercer, et s'estent et comprend dès le chemin qui vait à Poitiers et en retournant droictement à la fontaine de Haillebet, et d'illec au

(1) *Prinçay*, commune d'Availle-en-Châtellerault.
(2) *Clouchausson*, commune d'Availle.
(3) Appelé aussi *Bourneil*, commune de Beaumont.

quarroy du Puy de la Vinçonière et d'illec droit au quarroy des Pineaux, et d'illec à la fontaine de Baines, et d'illec à la fontaine Ducellier en venant à la fontaine de Fonboudoire (1), et d'illec à la fontaine de Gubèce, et d'illec à l'ormea de Javarzay, et d'illec droictement au grant chemin poitevin, la quelle justice et juridicion va dès lesd. bonnes jusques à la rivière du Clain... l'hébergement de Baudiment avec sa clôture de murs touchant aud. houstel...

En 1363, à Briaud de Colombiers ; en 1390, à Guillaume de Thorne ; en 1411, à Jean de Colombiers ; en 1426, à Pierre de Thorne, ci-dessus nommé ; en 1431, à Jean de la Lande.

VI

18 mars 1429. — Aveu d'une part de Montoiron (2) par Hugues de Lezay, chevalier. A hommage lige et au devoir de douze l. en deniers, monnaie courante.

... Et premièrement à mon domaine mon hébergement de Montoiron : la fuye, vergiers, terres, prez, vignes, bois, moulins, esves et leurs cours, cens, fermes, rentes, moesons de blés et de deniers, chapons, poucins, gélines, dismes, terrages, tailles, desfens d'esves, pescheries, garennes de connilz et de bestes rouges et noires, perdrilz, fesans et autres bestes et oisiaux, mesures à blez et à vin et à huille, péages, sceaulx autentiques, escriptures, et autres choses des appartenances et appendances de Montoiron, qui bien valent le tout cent livres tournois par an ou environ. *Item,* mes forestz de Montoiron et de Morte Esve (3), et mes pasturages et avenages en mes dis bois... ma disme et dismerie de blés et vins en la paroisse de Senillé... la disme et dismerie de blés et vins, de chanvres, de lins et autres choses en la paroisse d'Archigné... ma disme et dismerie de blés en la paroisse de Bonneil Mathour... ma disme de l'Aubue en la paroisse de Senillé et de Saint Hillaire

(1) *Fonbedoire,* près Rouet, commune de Beaumont.
(2) V. l'aveu n° 2, rendu par Turpin de Crissé.
(3) Ces deux forêts contenaient 800 arpents en 1429.

de Mons... Une pipe de vin de rente en la paroisse de Bonneil Mathour que me doivent les hoirs feu Guillaume Effroy... Les moulins neufs en la paroisse de Senillé... ceux de Bréon, de Baillault, de Batereau, de 'Roucherol, de la Guessère... le moulin à tam sur la rivière de Nohe...

En 1447, d'après un contrat de partage reproduit dans Dom Fonteneau (t. XII, p. 15), la succession de Hugues de Lezay fut divisée entre Pierre d'Aux, écuyer, seigneur du Bornais et Jacquette de Lezay, sa femme, fille aînée de Hugues, Antoinette, fille puînée de Hugues et de Jeanne de Montléon, et Josselin de Lezay, écuyer, frère de feu Hugues, pour une portion de la même châtellenie d'une part, et Berthomé Marquis, neveu de Gabriel de Bernes, seigneur de Targé et maître d'hôtel du Dauphin.

VII

Pénultième de février 1429. — Aveu de la justice des Vaux, en la paroisse de Saint Gervais d'Avrigné, par Jehanne Juguelle, veuve de feu Jehan Maulay. A hommage lige et au devoir de vingt s.

... Un vieil fondeiz et une vouste appelée à la Tour de Chaigne et une pièce de terre touchant à lad. tour et au chemin parmy lequel l'on vait de Chaigne à Bonnay...

En 1363, Jean de Tarèze; 1376-1391, Jean Juqueau; en 1423, l'avouante.

VIII

25 février 1429. — Aveu de Moreau Jouin, à hommage plein et au devoir de huit s., puis remis à devoir simple.

... Un mazeris ou anciennement souloit avoir maison assise en la paroisse de Naintré, au lieu appelé Bergeresse (1)...

IX

15 mars 1429. — Aveu de la Tour de Sossay par Perrine de la Tousche (2), veuve de feu Guillaume Gallebrun, au temps de sa vie écuyer. A hommage lige et au devoir de quatre l. Moyenne et basse justice.

... Herbergement vulgairement appelé la Tour de Sossay... S'ensuivent les hommes de foi et tenans par hommage de moy par et soubz l'ommage susdicte. Premièrement, messire Jehan de Marconnay, chevalier, seigneur de Coulombiers et ses parsonniers me doivent un hommage plain et un roussin de service du prix de C soulz tourn. poiables au IXe an [pour] certaines choses estanz au village de la Guiache... *Item*, Pierre Frétart, sire d'Archignés, estans en la paroisse de Montoiron, me doit une foy et hommage plain au devoir coustumier... tiennent de moy les hoirs de feu Perrot de Marsay... tient on dit fié Jehan de Besdon à une paire de gans blans à muance de seigneur ou d'omme... En tesmoings de vérité, je vous en rends le présent aveu signé en ma requeste du saingn manuel de Guillaume Nepveu, clerc tabellion général à Saumur et on ressort, pour très excellente et puissante princhesse la Royne de Jhérusalem et de Cecille, duchesse d'Anjou, ès noms qu'elle procède... Donné à Saumur, le quinzième jour de mars l'an mil CCCC vingt et neuf... (3).

Rendu à court le XVe jour d'avril, l'an mil CCCCXXX...

1360, Jean de la Tousche ; 1392, Jeanne de Chergé, sa veuve ; 1397, Guy de la Tousche ; 1420, Guillaume Gallebrun (4).

(1) *Bergeste*, commune de Naintré.
(2) V. l'aveu sous le n° 50, du 5 décembre 1431.
Perrine de la Tousche épousa, en 1431, Jean de la Poissonnière, écuyer.
(3) D'après le vieux style ou ancienne manière de compter, l'année commençait à Pâques. En 1429, il tomba le 27 mars ; l'aveu fut donc rendu dans le délai de 40 jours selon la coutume.
(4) Un ancien fief à Saint-Jean-de-Sauves, portait le nom de *Gallebrun.*

X

13 mars 1429. — Aveu de la Cosdre (1) par Guillaume de Tranchelion, à cause de dame Guillemette Orrye, sa femme. Hommage lige et quatre l. aux aides. Justice moyenne et basse.

... Tiens à mon domaine mon hostel de la Cosdre encloz à murs, la garenne, les vignes et treilles, le tout tenant ensemble, contenant lesd. vignes et treilles jornau de cinquante hommes de bezoche, tenant au chemin par lequel on va de Clervaux à Thuré d'une part et tenant aux vignes aux Moinaux et aux terres de la Cosdre d'autre part...

... Rendu à court le xv° jour d'avril l'an mil ccccxxx, présent le procureur de Monseigneur, par Estienne de La Fouchardière, procureur dud. Tranchelion.

1356-1388, Aloÿs de la Coudre ; 1389, Jean de la Coudre ; 1407-1411, Guillaume Orry, écuyer, sieur du Pin ; 1426-1447, l'avouant ; 1491, René Brillac, écuyer ; 1506, Pierre de Chourses.

XI

13 mars 1429. — Aveu du Plesseys de Bonnay (2) par Guillonnet de Tranchelion, à cause de Guillemette Orrye, sa femme. Hommage lige ; douze livres aux aides. Haute, moyenne et basse justice.

... L'Ostel du Plessey Bonnay... L'ostel ou mazeris appelé la Quarte (3), assis entre Mondion et Laigné sur Usseau... à Châtellerault une place où souloit autre maison en laquelle anciennement souloit demeurer Cornu, cordouennier, devant la porte des pons de la ville, en laquelle place est à présent assis le portail des Frères

(1) Commune de Thuré. *La Cosdre*, 1393 ; *la Cousdre, 1477*.
(2) Commune de Saint-Gervais.
(3) *La Carte*, commune de Leigné-sur-Usseau, ancien fief relevant de la Tour-Balan.

Mineurs (1) de la dicte ville au joignant de la maison feu messire Nicolas de la Roche, que messire Pierre Bodet souloit tenir de mes prédécesseurs... partie du bail de madame dud. lieu de Chastelleraud, celle qui est des huys dud. bail envers la Vienne et sous les murs de ladite ville, et celle part de la faulse poterne et does (douves) avec la place où souloit avoir un hourmeau appelé l'hourmeau de la Salle, et est tenant à la terre du doien et chappitre de Notre Dame dud. lieu de Chastelleraud, que tiennent de moy lesd. doyen et chappitre...

1382,-1389, Guy Turpin de Crissé ; 1414, Jeanne Turpin, veuve de Guillaume de Neilhac ; 1429-1447, Guillonnet de Tranchelion, l'avouant; 1473, Jean de Tranchelion.

XII

20 mai 1430. — Aveu de la tour de Poillé (2) par Briant de Besdon, à foi et hommage lige et au devoir de sept livres. Basse justice.

... Hostel de Pouillé... Jehan de Chauvigné, à ̃cause de Marie de la Tousche, sa femme, tient de moy à foy et l'hommage lige et devoir d'un cheval de service du prix de LX sols payables au IX* an, son houstel et appartennance du Grand Pouillé, ainsi comme il se poursuit...

Vis-à-vis cet aveu est une note ainsi conçue :

Cest présent hommage du Grand Pouillé ne sera plus mis en l'aveu de la Tour de Pouillé, parce que led. de Chauvigné, à cause de Marie de la Tousche, sa femme, en a fait hommage à Monseigneur le premier jour d'aoust l'an 1440, au devoir d'uns esperons dorés à muance de seignour.

En 1388, Jean de Besdon; en 1473, Mathelin de Besdon ; en 1506, Eustache de Besdon.

(1) Les Cordeliers.
(2) Commune de Thuré.

XIII

1er juin 1430. — Aveu de Bors (1) par Jehan de Jaunay, chevalier, à hommage plein et au devoir de vingt sols. Basse voirie.

... Hostel appelé le château de Bors dans la châtellenie de Gironde... La Chinière, ancien fief... (2)

1363-1372, Jean d'Asnières, valet ; 1388-1391, Pierre d'Asnières, valet ; 1399-1427, Jean de Jaunay ; 1444, Jean d'Asnières.

XIV

1er juin 1430. — Aveu des Bordes (3) par Jehan de Jaunay, chevalier, à hommage lige et cinquante sous aux aides. Basse justice.

... L'hébergement des Bordes, ses vignes, sa fuye et les moulins à blé et à drap et rives du Clain devant led. houstel, l'escluze et le bouchau et on la pesche en Clain de ligne et de benaste dès le fort de Clain jusques au moulin de Bourneil. La pesche une nuyt en l'an, la quelle je veulx, prends et eslue on bouchau au prieur de Cenon et on bouchau qui fut aux Berlaiz qui est maintenant à Thevenin Mirebeau et on bouchau de Chezelles, que tient Jehan le Breton, et on bouchau de Bracon et en l'orille que tient la dame de Clervaux...

1367, dame Aloys de Chaignes ; 1380-1394, Emery de Marconnay ; 1427-1430, l'avouant ; 1445, Jean d'Asnières.

Le 19 octobre 1381, Charles d'Anjou, roi de Sicile, alors vicomte de Châtellerault, fit don à Girard Guinot, son va-

(1) *Bourg*, commune de Saint-Genest. V. l'aveu n° 27.
(2) *La Chaignerie*, 1363 ; *la Chignère*, 1388 ; *la Chinière*, 1439.
(3) Commune de Naintré.

let de chambré, de l'hôtel des Bordes. Les lettres patentes
de cet octroi furent confirmées par Louis XI le 23 janvier
de la même année (v. {s.). Jean d'Armagnac, duc de Nemours et vicomte de Châtellerault, maintint ce don (mars
1493) en faveur de Pierre Argenteau, son valet de chambre,
gendre du susdit Guinot, qui avait abandonné à sa fille,
en mariage, l'hôtel des Bordes.

XV

1ᵉʳ juin 1430. — Aveu de Piolent (1) par Jehan de Jaunay, chevalier, à hommage lige et au devoir de six livres.
Justice haute, moyenne et basse.

De vous très hault et puissant seigneur, monseigneur le conte
de Harcourt et d'Aubmalle, Viconte de Chastelleraud, seigneur de
Mazières en Brenne, de l'Ile Savary et de Gironde, Je, Jehan de Jaunay, chevalier, tiens et advoue à tenir à cause de vostre chastelleni e
dud. lieu de Gironde à foy et hommage lige, au devoir de six livres
payables aux loiaux aides quand elles adviennent de droit, raison,
usage et coutume de pays, l'ostel de Piolent avec les appartenances
et appendances d'icelui, et premièrement s'ensuivent les choses que
je tiens à mon domaine, ma garenne dudit lieu de Piolent... *Item*,
une pièce de pré assise en la rivière de Bertaut. . . . . . .
S'ensuivent autres rentes, debtes et poulailles qui me sont dùs
chacun an à cause de mondit fief de Piolent... Guillaume Périer VI
boess. de froment...Jehan Brochart, à cause de Jehane Périer, jadis
sa femme, un boess. breis de froment... *Item*. Brochart, pour sa
mère que souloit payer Huguet Sureau... *It*. Brochart 1 chappon...
S'ensuivent les cens et rentes en deniers qui me sont dùs chaque
année au terme de meaoût... Jehan Brochart autres cens et rentes
en deniers qui sont dus chacun à la Saint Michel...Jehan Brochart
et ses parçonniers.. autres cens et rentes dus à la Toussains. Jehan
Brochart...s'ensuivent les hommages qui sont tenus par dessoubs moy

(1) Commune de Saint-Genest.

à cause de mon d. fief.. Jehan Brochart est mon homme de foy à hommage plain au devoir de V s. à muance de seigneur, à cause de son houstel et appartenances de la Brochardière (1) on quel led. Brochart demeure à présent, assis en Puy de Piolent. . . . . .

1399-1438, Jean de Jaunay; 1444, Jean d'Asnières.

XVI

1er juin 1430. — Aveu de Naintré par Olivier Levrault, écuyer, à cause de Catherine d'Alloigny, sa femme, à hommage lige et au devoir de soixante sols, et ne dit point quelle justice.

, . . . Hébergement de Naintré avec fuye... de lui Seguin de Puygiraut tient les moulins et escluses de Domine...

1350, Guillaume d'Insay, valet ; 1378-1410, Jean d'Insay, écuyer ; 1423, Alinot Levrault ; 1430, l'avouant. (Les Levrault détenaient encore ce fief au seizième siècle.)

XVII

15 février 1429. — Aveu de la Bertinalière (2) par Jehan Grenoilleau, à hommage lige et au devoir de cinq sols.

. . . Certains mazeris où souloit avoir maison appelée l'hostel de la Bertinallière... mazeris de la Touche...

1390, Jean Grandvilain, comme ayant les droits de Jeanne Berthonille ; 1391, Huguet Grenoilleau pour l'hôtel qui fut à feu Guillot Berthonneau ; 1404-1429, Jean Grenoilleau, l'avouant ; 1438, Jenin Grenoilleau.

(1) Hameau, commune de Saint-Genest, 1438 ; seigneurie de Puygarreau, à laquelle ce petit fief fut uni en 1452.
(2) *La Berthonalière*, commune de Naintré.

XVIII

1er juin 1430. — Aveu de Rémillé (1) par Jehanne Eveildechèvre, à hommage lige et au devoir de quarante s., et ne dit point quelle justice.

De vous, très noble et très puissant seigneur, monseigneur le conte de Harecourt et d'Aubmalle, viconte de Chasteleraut, Je, Jehanne Eveildechèvre, tiens et advoue à tenir à foy et hommage lige et au devoir de quarante soulz aux loiaux aides, selon la coustume du pays et au devoir de rachapt toutes et quantes fois que mondit fieu vient en hoir fumeau, selon la coustume du pays les choses qui s'ensuivent. Premièrement, mon housïel de Remillé avecques les appartenances et appendences d'icellui. *Item*, ung autre hébergement assis audit lieu de Remillé, volgaument appelé l'hostel du Vergier, avec les appartenances et appendences d'icellui. *Item*, une pièce de terre tenant audit houstel de Remillé appelé les Treilles, tenant aux terres au prieur de Remillé d'une part, et au chemin tendant dè l'église de Remillé à Chasteleraut d'autre part, contenant VI boess. de semence ou environ..., bois assis à la Sourdière, tenant à l'ommeau Perrot des Aubues... chemin tendant d'Oiré à Notre Dame de Remillé... prez de feu Morry qui souloient estre estangs... chemin tendant de Chasteleraut à Remillé... pour les bois qui sont de présent à mon domaine qui sont assis entre le chemin tendant d'Oiré à la Foucáudière envers Remillé et tenant au long des bois de Puygamer... *Item*, est tenu de moy soubz mondit hommage à foy et hommage et à un roucin de service du près de cent soulz au premier an, partie de l'herbergement du Vergier (2), assis en la parroisse d'Antoigné, qui fu anciennement feu Jehan Gaboreau, c'est assavoir la maison en laquelle est le portail, c'est assavoir dès icellui portail envers les treilles et la moitié du herbergement de la Grange en longueur devers le bois. . . . .

Aveu rendu le 1er jour de juin 1430, reçu le 4 du même mois.

(1) *Remilly*, commune d'Oiré.
(2) *Le Verger*, commune de Châtellerault. *Hostel et place forte du Vergier* 1505.

1428-1430, Jeanne de Éveildechèvre ; 1434-1437 , frère Jean de Raimbaud, commandeur de la Foucaudière ; 1463, frère Laurent Imbert, aussi commandeur de la Foucaudière.

XIX

12 juin 1430. — Aveu de Remeneuil (1) par Jehan de Fougères à cause de Georgette de Couhé, sa femme. A hommage lige et au devoir de cent s. Justice haute, moyenne et basse.

... Hostel et forteresse de Remeneil, fuye, garenne..., église de Remeneil... cousture du pont qui est au seigneur de Haumont (2)... Ung roisseur à lins et chanvres assis au dessus du moulin soubs l'église onquel mes hommes de Remeneil sont tenus de faire roir leurs lins et chanvres à la douzième partie d'iceux...

1400, Pierre de Brizay ; 1439, l'avouant ; 1494, Louis de Fougères, écuyer.

XX

1er juin 1430. — Aveu des Loges (3) par Jean de Marconnay, écuyer. Hommage lige au devoir de cinquante s. et ne dit point quelle justice.

... Les bois de la Vergnoie assis entre les bois messire Jehan de Cramaut, chevalier, et les foussez Guillaume Millés, assis en la paroisse de Saint Hilaire de Mons... tient de moy le maire et commune de Poitiers, premier leur hébergement... de la disme de Naintré, assis en lad. paroisse, avecques les terres tenant aud. hébergement et terres au chemin par lequel l'on vait de Moncouart (4)

(1) Commune d'Usseau.
(2) *Haultmont,* ancien fief relevant de Remeneuil.
(3) Commune de Saint-Sauveur, dans l'ancienne paroisse de Saint-Hilaire de Mons.
(4) *Montcouard,* commune de Beaumont.

à l'église de Naintré et d'autre à l'ève qui court en l'estang de Naintré qui est à mond. seigneur de Châstelleraud. La disme de blez et vins et fruiz d'icelle appartenant aud. hébergement, tenant lad. disme à la closture de Baudiment et d'autre aux terres Moreau Bossé, lesquelles terres sont en lad. disme et si est entre le grand chemin par lequel l'on vait de Poitiers à Chasteleraud et à l'ève du Clain, jusques droit au Charraud de Baudiment, et d'autre part en descendant le long de l'ève du Clain jusques au pré à la personne de Naintré, tenant led. pré au foussé des Barres de Naintré et d'autre part à lad. disme au noyer Huguet de Chézelles et d'autre part à la closière de la Maison Vieille, et d'autre part au quarrefour Guillaumin Nau et au chemin par où l'on vait de la Garde à la Roche de Soulembre et d'autre part au Chaigne appelé le Chaigne de la Roche, et d'autre part à lad. cloezon de Baudiment...

1394-1411, Jean de Marconnay, chevalier ; 1419-1427, Jean de Marconnay, écuyer.

XXI

Dernier jour de mars 1430. — Aveu de Simon de Vic, à hommage lige et au devoir de vingt s.

... disme de blé et vin dite au Varlet, assise en la paroisse de Naintré et partagée avec le prieur dud. lieu...

1363, Philippon de Conches ; 1376, 1410, 1437, Simon de Vic ; 1493, Jean des Aubues ; 1505-1536, les doyen, chanoines et chapitre de N. Dame de Châtellerault.

XXII

1er juin 1434. — Aveu de la Forest (1) par Jehan de Morry. A hommage lige et au devoir de vingt s. Justice moyenne et basse.

(1) Commune d'Ingrande.

... hébergement de la Forest, vergiers, roches, la garenne estant par derrière led. houstel... houstel de la Chalopinière qui fut feu Gillet Ringuet qui le laissa à Pierre de Morry, mon ayol... autres choses estant en mond. fief qui sont hommaiges : premièrement messire Gieffroy le Meingre dit Bouciquaut (1), comme héritier de feu dame Fleurie Delinières, sa mère, jadis femme de feu mareschal Bouciquaut ... à cause de mond. hostel de la Forest, pour raison de la grant chambre basse de l'hostel de la Borde...

Suit la description détaillée de cet hôtel.

XXIII

20 juin 1430. — Aveu d'Abain (2) par Jehanne Huillier, veuve de feu Jehan de Curzay, comme ayant le bail de Guyon et Berthelomé, ses enfants, tant que pour Jehan Du Tay, à cause de Marie de Curzay, sa femme. A hommage lige et au devoir de quinze l. A justice moyenne et basse.

... Hostel et appartenances d'Abbain avec les does estans à l'environ dud. hostel et l'estang étant devant, avec les patureaux tenans à icellui... Garenne de connilz... Estang de Boissenon... lui doivent hommage : Marguerite de Mausson, veuve de feu Pierre de la Tousche, pour son hostel et hébergement de Pouet (3)... Maison Neuve ou Chasseneuil (4). Moulin de Courtiou (5)... Jehan Talebart, à présent seigneur de Pouillé, à cause de Marie de la Tousche, sa femme...

1423-1430, l'avouante ; 1446-1473, Guyon de Curzay.

XXIV

23 octobre 1438. — Aveu de la Boissière (6), par Jehan de

(1) Second fils de Jean Le Meingre, dit Bouticaut, maréchal de France, lieutenant général au gouvernement de Touraine, mort en 1368, et de Florie de Linières, morte vers 1406.
(2) Commune de Saint-Genest.
(3) Vieille tour, commune de Saint-Genest.
(4) Moulin sur la Fontpoire, même commune.
(5) Détruit; sur la Fontpoire, en aval du moulin du Four, même commune.
(6) Commune de Pleumartin.

Frambrignet, écuyer, à cause de sa femme Anne Dufresne. A hommage plein et au devoir de cent s. Justice moyenne et basse.

De vous et resdoubté et très puissant seigneur, monseigneur messire Jehan, conte de Harecourt et d'Aubmalle, viconte de Chastelerault, Je, Jehan de Frambrignet, escuier, à cause de Anne du Fresne, à présent ma fame, tiens et advoue à tenir de vous à cause et pour raison de vostred. viconté de Chasteleraut, à foy et hommage plein, au devoir de cent soulz tournois paiables aux loyaux aides quant elles adviennent selon raison, l'usage et la coustume du pays et au droit de rachapt toutes et quantes foiz que mon fié ou terre cherra en quelougne ou à hoir fumeau, selon raison, l'usage et la coustume du pays les choses qui s'ensuivent : premièrement, tiens par sousbs vous mondit seigneur à cause et on nom que dessus mon hostel de la Boissière à mon domaine, avecques les appartenences et appendences d'icellui, en la manière qui s'ensuit. C'est assavoir la quarte partie de la justice et juridicion de l'assise commune entre le seigneur de Plain Martin, qui y prent la moitié, et l'abbé de la Merci Dieu, qui y prent l'autre quarte partie, et avec ce mes bois dud. lieu appellez la Touche de la Boissière, en laquelle Touche est ma garenne de connilz tenant au bois Merlaut d'une part et au bois Micheau Moreau d'autre part, contenans huit arpens de bois ou environ. *Item*, ma guengnerie dud. lieu à six beufs, tenans l'une partie des terres d'icelle aux terres de Plain Martin, le chemin entre deux, et les autres sont tenans aux terres à contenans   en semence ou environ. *Item*, une autre pièce de terre tenant au chemin par lequel l'on vait de Meseré (1) à la Chaume d'une part, et d'autre part à la terre. . . . . . *Item*, une autre pièce de terre appellée le Champ de la Boissière, tenant à la terre Philippe Beliarde d'une part et au chemin tendant de Plain Martin à la Chappelle Roe, d'autre part. *Item*, une autre pièce de terre touchant à la vigne Merlant d'une part et aux terres feu Jehan Bodin d'autre part. *Item*, mes bois de la Chevallière tenans aux bois de Puygiraut, d'une part, et aux bois de la Puye d'autre part, contenans   ou environ. *Item*, mes hommes quictes à justice et juridicion, et droit de tenir et mettre

(1) *Mézeray*, commune de Pleumartin.

chez iceux mesdis hommes toutes mesures à blé et à vin, seul et
pour le tout qui sont Jehan Moreau, Estienne Galaiz, Jehan Gauvain,
Guillaume Gauvain, Jehanne Gauvaine, Jehan Gauvain, son filz.
Item, cinq hommes estans à la Chaume, c'est assavoir Oudin Merlant, les hoirs feu Jehan Bodin, Jehan Jullien, Jehan Grateau. *Item*,
mes bois de l'Aubue contenans VI arpens de bois ou environ, assis
et estans au Chaigne de la Combe, touchans aux bois de vous
mond. seigneur d'une part et aux bois de Chaignes d'autre part
et aux bois Josselin d'Aux, d'autre part, et au bois messire Jehan de
Marconnay, chevalier, d'autre part. *Item*, s'ensuivent ceux qui
tiennent de moy soubz ledit hommage et quieux devoirs ilz me doivent et à quelz termes. Premièrement, aud. lieu de la Boissière Guillaume Senglier, tant pour lui que pour ses parsonniers, tient de moy
son herbergement appellé La Closalière, avecques les terres et
vignes d'environ, tenans au rivau qui vient de l'esfe à lad. Closalière et tenant aux terres de l'abbé de la Merci Dieu, contenans VI
boess. de semence ou environ. *Item*, une chenevière tenant aud.
herbergement contenant IIII boess. de semence ou environ, avecques
le vignau du Cormenier et le pré Morin, touchant au rivau tendent
de Plain Martin à Saint Ceneri et au pré au seigneur de Plain Martin.
Item, une pièce de pré appellée le pré Mallet, tenant au pré Philippoin Moises d'une part et au pré Jehan Grateau d'autre part. *Item*,
une autre pièce de pré tenant au pré Michau Grateau d'une part et
au vieil chemin tendant de la Tieblerie à Saint Ceneri. *Item*, ung
petit pré et une terre touchant au vergier au Breton d'une part et
aux terres Jehan Grateau, d'autre part, contenant deux boess. en semence ou environ. *Item*, une pièce de terre touchant à la vigne
Petit Clerc d'une part et à la vigne au Breton d'autre part, contenant II boess. en semence ou environ. *Item*, ung autre casson de
terre tenant à la terre Jehan Grateau d'une part et au chemin par
lequel l'en vait de la Tieblerie à Saint Ceneri d'autre part. *Item*,
une autre pièce de terre dont la moitié est terrageau et l'autre à
censif, touchant au chemin par lequel l'en vait de la Tieblerie à
la Croiz et tenant au champ Jehan Grateau d'une part et à la terre
à l'abbé de la Merci Dieu, contenant une minée de semence ou environ. *Item*, une autre pièce de terre touchant au chemin tendant
de Plain Martin à l'estang et au chemin tendant de Plain Martin à la
Boissonnaye. *Item*, une pièce de vigne touchant à la vigne au Pi-
gnart et au chemin tendant de Mescré à Saint Ceneri, contenant

journ. de VIII hommes de bezoche, ou environ. *Item*, une pièce de terre tenant à lad. vigne d'une part et au chemin tendant de Meseré à Saint Ceneri. *Item*, un planteis nouveau tenant à la vigne Jehan Grateau et au chemin tendant de Meseré à Saint Ceneri, pour raison desquelles choses led. Guillaume Senglier me paie chacun an VIII d. de taille au jour Saint Loys et deux quartes d'avoine au jour d'an neuf chacun an, et pour ce a son exploit en mes bois de Piepanon. *Item*, tient de moy led. Guillaume une pièce de terre contenant III sexterées en semence ou environ touchans à la terre de la Boessière d'une part et à la terre de l'abbé de la Merci Dieu d'autre part, pour raison de laquelle led. Guillaume me paie chacun an, au terme de Nouel, VIII d. et I chappon de franc devoir. *Item*, tient de moy led. Guillaume à terrage les terres qui s'ensuivent. C'est assavoir une terre qui tient à la terre au seigneur de Plain Martin d'une part et à la terre au Breton d'autre part, appellée la terre de la Vaussemeir. *Item*, une autre pièce de terre tenant à la terre dud. seigneur de Plain Martin d'une part et à la terre de la Tieblerie d'autre, contenans IIII boess. de semence ou environ. *Item*, une autre pièce de terre tenant à la terre Gaultereau d'une part, nommée la Roussalière. *Item*, une pièce de terre tenant au chemin de la Closallière d'une part et au chemin tendant de la Roche de Posay à Poitiers d'autre part, contenant XX boess. en semence ou environ. *Item*, un casson de terre tenant au Chiron d'une part et à la terre dud. Grateau d'autre part, contenant XX boess. en semence ou environ. *Item*, une autre pièce de terre tenant aux terres Jehan Arnaud, appelées les Martinières. *Item*, une pièce de terre en buissons tenant à la vigne au Picart. Jehan, paroissien de Saint Ceneri, tient de moy soubs led. hommage, à cause de mond. houstel de la Boessière les choses qui s'ensuivent. Premièrement son houstel et herbergement étant au village de Meseré tenant à la terre Micheau Moreau d'une part et à la terre J. Renouet d'autre part. *Item*, ung autre casson tenant au prez dud. herbergement, contenant une boesselée et demie ou environ en semence, touchant à la terre dud. Micheau Moreau, ung autre casson qui est dessoubs led. herbergement tenant au chemin dud. village de Meseré à la terre Guillaume Mareschal. Une chaintrée de pré tenant d'une part au pré de la Gousfrandière et d'autre part au pré dud. Mareschal, pour raison desquelles choses led. Jehan Arnaud me paie chacun an au jour Saint Loys, XXIII d. de cens en la parsonnerie Michau Moreau d'un costé et au terme de Nouel XX d. et I chapon. Et s'ensuivent les terres que led. Jehan Arnaud tient de moy à terrages. Premièrement, une pièce de terre contenant IIII boess. do semence ou environ assise en fourmentaux dud. village de Meseré tenant d'une part à la terre Michau Moreau et d'autre part à la terre Jean Renouet. Une autre pièce de terre tenant au chemin qui va de Meseré à la Chaume, contenant IIII boess. en semence ou environ. Une autre pièce de terre touchant au chemin qui vait de Meseré à la Chevallière, contenant VIII boess. en semence ou environ. Une autre terre contenant IIII boess. ou environ touchant à la terre Guillaume Mareschal d'une part et à la terre Johan Bonneteau d'autre part. Une pièce de terre appellée Vieille Bouse, contenant IIII boess. en semence ou environ, touchant à la terre Michau Moreau d'une part et à la terre feu Pellaut, d'autre part. Une autre pièce contenant II boess. ou environ, touchant aux terres desd. Moreau et Pellaut. Une autre pièce au Chaigne du Pendu, contenant II boess. ou environ. Bertrand Jallet tient de moy soubz led. hommage et à cause de la Boissière le charrau aux Groscolz avec les appartenances qui s'ensuivent touchant led. charrau au grant chemin tendant de la Sallandière à Saint Ceneri, et sont les appartenances une pièce de pré appelé le pré du Moulin, comprenant ung quartier ou environ, touchant d'une part à la chaume Thomas Charraudeau et au fief de Russay (1) d'autre part. Une pièce do terre assise au marchais feu André, comprenant une provenderée de terre ou environ, touchant aux terres appellées les terres des Carteries. Une autre terre ou souloit avoir vigne assis à la Marsaudière, comprenant II boess. ou environ, joignant au champ Jehan Roil. Ung buisson ou souloit avoir pré assis audedens des prez aux Groscolz, comprenant une boess. ou environ, pour raison desquelles choses led. Bertrand me paie chacun an, au terme de Nouel, XII d. de cens et ung chappon. Et s'ensuivent les terres que led. Bertrand tient de moy à terrage de septain. Une pièce de terre joignant au marchaiz de Freignoux d'une part et aux terres de la Roche, assise au marchaiz de Noulat, comprenant XII boess. ou environ en semence. Une autre pièce de terre assise à la Marsaudière comprenant IIII boess. en semence, touchant au chemin tendent à la Gerbussière (2) à Saint Ceneri d'une part, et au fief de Mouant d'autre part. Jehan Roil le jeune, héritier de feu Estienne Groscol, tient de moi par soubz led. hommage et à cause de mond.

(1) Commune de Pleumartin.
(2) Village, commune de Pleumartin.

houstel de la Boessière, les choses qui s'ensuivent : une pièce de pré appellé le gain aux Groscolz, contenant II quartiers,de pré ou environ,tenant d'une part aux terres du fief Jehan Delestang et d'autre part au pré Jehanne Gerbusse et au pré Guillette Groscole.Une autre pièce de pré qui est en frische, contenant ung quartier de pré ou environ. Une pièce de terre tenant aud. gué appellé le pré du Moulin et tenant à la terre au seigneur de Plain Martin et au chemin tendant de Plain Martin à Saint Ceneri, contenant une minée en semence ou environ. Ung casson de terre en buisson contenant une boess. en semence ou environ, tenant d'une part et d'autre aux terres Bertrand Jallet. Ung autre casson contenant une boess. en semence, pour raison desquelles choses led. Roil me paie chacun an, au jour Saint Loys,XXI d. de cens. S'ensuivent les terres que led. Roil tient de moy à terrage au septain et au devoir de III boess. d'avoine rez, le tiers d'un pain obliau et le tiers d'un chappon au jour saint [Loys], desquels pain et chappon, Bertrand Jallet, parsonnier dud. Roil, paie sa part. Premièrement, une pièce de terre contenant une provendère en semence ou environ, tenant au chemin par où l'on vait de la Gerbussière à Plain Martin. Une autre pièce de terre contenant une provendère en semence ou environ, tenant au planteis de ladicte Guillette Gerbusse d'une part et aux prez de l'abbé de la Merci Dieu d'autre part et aux terres du fié de Morraut d'autre part. Une autre pièce de terre tenant au chemin qui va de lad. Gerbusse à Saint Ceneri et aux terres du fié de Morraut et aux terres de Lestang, contenant une provendère en semence ou environ. Une autre pièce de terre contenant III boess. en semence ou environ, tenant aux terres dud. fié d'une part et au champ Piozon d'autre et aux terres Guillette Groscole. Une autre pièce de terre contenant III boess. en semence ou environ, touchant aux terres Guillette Groscole, d'une part et aux terres Bertrant Jallet d'autre part. Michau Moreau tient de moy soubz ledit hommage,à cause de mondit houstel de la Boessière, les choses qui s'ensuivent, tant pour lui comme pour ses parsonniers et frerescheurs : Premièrement, la maison du four de Meseré, avecques les appartenances d'icelles tenant au fondeiz que ledit Moreau tient du seigneur de Plain Martin, le chemin entre deux, de quoy ledit Moreau me paie chacun an, au jour Saint Loys, XXIII d. de cens. Une autre pièce de terre et pré tenant le tout ensemble, contenant IIII boess. en semence ou environ tenant à la maison dud. Moreau d'une part et à la terre de la Gouffran-

dère (1) d'autre part et au chemin par où l'en vait de chiez le mareschal à la fontaine de la Gouffrandère, desquelles terres et pré ledit
Moreau me paie chacun an, au jour Saint Loys, ob. de cens. *Item*,
la cousture du Loubeau, de laquelle partie est à présent en vigne,
contenant une prouvendère de terre ou environ, tenant au chemin
par ou l'on vait de la Guillochère (2) à la maison Guillaume Mareschal, de laquelle vigne led. Moreau me paie chacun an, le jour
Saint Loys, VIII d. de taille et lad. cousture tient au chemin par où
l'on vait de la Roche de Pozay à Chauveigné d'un part et aux terres
Guillaume Mareschal d'autre part et aux terres Bigot de Garlen-
dières d'autre part, contenant II sexterées en semence ou environ,
de laquelle led. Moreau me paie chacun an, le jour Saint Loys, VII
d. de taille. *Item*, tient de moy led. Moreau au lieu de la Chevallerie,
maseris, terres et bois, contenant XII sexterées en semence ou environ tenant au bois aux Faines et à la Touche Ronde d'autre part,
ainsi comme les fossez le départent et tiennent au bois aux Bonnetz
que tient Jehan Bregier d'une part et à la Touche Ronde qui est à Jehan
Brunet d'autre part et à mes bois de la Boissière d'autre part et
aux bois que Puygiraut tient de messire Hugues de Lezay, des quelles
choses ledit Moreau me paie chacun an, le jour d'an neuf, V s. VI d.
de cens et deux chappons. *Item*, tient de moy ledit Moreau au septain
du terrage une terre qui contient III boess. en semence tenant d'une
part et d'autre aux terres de la Gouffrandère et au chemin de Chauveigné. Jullien Thiphaigneau tient de moy par soubz ledit hommage, à cause de mond. houstel de la Boissière les choses qui s'ensuivent. Premièrement, la maison de la Berthethière (3) avecques la
vigne Lucher et une pièce de terre et la vigne Dufour, contenant
lesd. vignes troiz quartiers ou environ tenant aux maison et vignes
Jamet Fradin d'une part et aux terres terrageaux que ledit Jullien
tient de moy, d'autre. Ung casson de pré assis sous la vigne
Lucher tenant au pré Guillaume Fradin d'une part et au rivallier
de la fontaine la Berthetière d'autre part, contenant journ. d'un
quart de faucheur ou environ. Ung casson de pré tenant au pré Jamet
Fradin, d'une part et au pré Bonneteau d'autre part. Ung autre
casson. de pré tenant au pré Jehan Depère d'une part et au rivallier d'autre part, appellé led. pré le pré de la Berthethière, contenant

(1) *La Goulfandière*, village, commune de Saint-Pierre de Maillé.
(2) Ferme, commune de Pleumartin.
(3) *Les Saintons*, commune de Saint-Sauveur.

lesdit. deux cassons demi boess. en semence ou environ. Une pièce
de terre appellée la Jabertière, en laquelle a un plantain de vigne
tenant d'une part au chemin par lequel l'en va de lade Berthethière
on village de la Billonnère et aux terres et vignes Jehan Raboin,
le chemin entre deux, d'une part, contenant une prouvendère en-
gloise en semence environ. Une pièce de terre appelé le champ en
bouge tenant à la vigne de la Berthethière d'une part et aux terres
et vignes Jehan Raboin, le chemin entre deux, d'autre part. *Item*,
une pièce de bois appellé le bois Thiphaigneau. Desquelles choses
ledit Jullien me paie par chacun au X s. ob. de cens, requérables
et paiables le jour Saint Loys. S'ensuivent les terres terrageaux que
tient de moy led. Jullien. Premièrement, une pièce de terre qui
tient au pré dud. Jullien, d'une part, et à sa vigne d'autre part et à
la vigue Jehan Depère d'autre part et au chemin tendant de la maison dud. Jullien à la Chaume d'autre part, contenant XII boess.
chatelains en semence ou environ. Une terre assise à la Nalle, contenant XV boess. en semence ou environ, tenant au chemin par
lequel l'on vait de la Pintenière au marchais de la Vivonnère (1)
d'autre part et aux Fradins, le chemin entre deux, d'autre part. Une
pièce de terre tenant aux terres aux Fradins et au chemin par lequel
l'en vait de la Pintenière à la maison Bonneteau d'autre part contenant XV boess. châtelains en semence ou environ. Une pièce de
terre assise au quarroy de la Berthethière, tenant d'une part et d'autre
aux terres aux Fradin, contenant II boess. en semence ou environ. Une
autre terre assise aux marchais aux Garnaux, tenant au chemin par
où l'en vait de la Berthethière à Plain Martin d'une part et au chemin
par lequel l'en vait de la Chaume à Meseré contenant XII boess. ou
environ en semence. Une autre terre tenant au chemin tendant de
Chaume à Meseré, d'une part, et au chemin tendant de chiez Bonneteau Brez d'autre part, contenant IIII boess. en semence ou environ. Une autre terre assise aux Esbaupin Brotet tenant au chemin
par lequel l'en vait de Plain Martin à Meseré, contenant XII boess.
en semence ou environ. Une autre terre assise au marchais de Gue-
nant contenant IIII boess. de semence ou environ, tenant aud.
marchais et aux terres aux Rastiz. Guillaume Mareschal tient de
moy par soubz led. hommage, à cause de mon houstel de la Boissière les choses qui s'ensuivent. Premièrement, une maison sise on
village de Meseré, avecques une cloture tenant à ladicte maison la-

(1) *Vivonnière*, hameau, commune d'Archigny.

quelle contient une minée en semence ou environ tenant à la terre
de Bois Boursault d'une part et à la vigne de Pellaut d'autre, pour
raison des quèlles maison et cloture led. Guillaume me paie chacun
an, au jour Saint Loys, IX d. de tailles. Une pièce de terre tenant à
lad. closture d'une part et à la terre Pellaut de Morfon (1) d'autre
part, contenant VI boess. en semence ou environ. Une autre terre
contenant X boess. en semence ou environ, tenant à la terre dud.
Pellaut, d'une part, et à la terre Micheau Moreau d'autre part, pour
raison desquelles dites deux pièces ledit Mareschal me doit chacun
an, le jour Saint Loys, X d. requérables et le septain du blé cressant
èsdites terres. *Item*, une maison et fondis sis à Meseré avecques les
appartenances d'icelle, tenant d'une part à la terre Michau Moreau,
contenant le tout III boess. de terre en semence ou environ, pour
raison desquelles choses led. Mareschal me paie chacun an le jour
Saint Loys, VI d. de taille et le terrage au septain. Une terre assise
en Minieez tenant aux prés de la Gouffrandière d'une part et à la terre
Guillaume Moreau d'autre part, contenant II boess. en semence ou
environ pour raison de laquelle ledit Mareschal me paie chacun an,
au jour de Saint Loys, IIII d. de cens. Michel Courau tient de moy par
soubz led. hommage à cause de mondit houstel de la Boessière les
choses qui s'ensuivent. Premièrement, ung quartier de pré assis à
pré Malet, tenant au pré aux Gauvains d'une part et au pré aux
Sengliez d'autre part, duquel pré led. Coureau me paie chacun an
le jour Saint-Loys 1 d de cens. Une autre pièce de pré fruche tenant
au pré de l'Etang d'une part et au pré Jehan Roil d'autre, contenant le
tout V. boess. de terre en semence ou environ. Une autre pièce de terre
assise sous le charrau aux Groscolz, contenant une boess. en semence
ou environ, tenant aux fruches Jehan Roil le Jeune d'une part et aux
fruches Bertrand Jallet d'autre. Une autre pièce de terre contenant
une boess. en semence ou environ tenant aux terres de l'Estang et aux
terres et fruches Jehan Roil le Jeune pour raison desquelles led. Courau
me paie chacun an, le jour Saint Loys, VI d. de taille. Une autre
pièce de terre contenant II boess. de terre chastellaines ou environ
tenant aux terres Jehan Roil le Jeune d'une part et aux terres Bertrand Jallet, d'autre part. Une autre pièce de terre contenant
V boess. de terre angloises ou environ, tenant aux terres Bertrand
Jallet d'une part et au chemin par où l'on vait de la Chevallière à

_____

(1) *Les Morfonds*, commune de Saint-Pierre-de-Maillé.

Saint Ceneri, pour raison de laquelle led. Courau me paie chacun an, le jour d'an neuf, deux quartes d'avoine. Une pièce de terre contenant III boess. chastellaines en semence ou environ, tenant à la vigne Jehan Roil le Jeune d'une part et à la terre Bertrand Jallet, d'autre part. Une pièce de terre tenant aux terres Jehan Roil le Jeune et aux terres Denis du Charrau d'autre part, contenant IIII boess. angloises ou environ, pour raison de laquelle led. Courau me paie chacun an, le jour d'an neuf, une quarte d'avoine. Jehan Graceteau, tant pour lui que pour sa sœur, tient de moy par soubz led. hommage, à cause de mon houstel de la Boessière, les choses qui s'ensuivent : Premièrement, une pièce de terre estant à présent en bois, tenant à mes bois d'une part et au bois Michau Moreau, d'autre part, contenant IIII boess. en semence ou environ pour raison de laquelle led. Graceteau me paie chacun an, le jour d'an neuf, XX d. de cens. Une autre pièce de terre appellée la terre du Bouchet, tenant à la terre Jehan Lebreton d'une part et à la terre Guillaume Codreau, d'autre part, contenant X boess. en semence ou environ. Une autre pièce de terre appellée la terre du Chiron, contenant une sexterée en semence ou environ, tenant à la terre Jehan Lebreton d'une part et à la terre Guillaume Sanglier d'autre part. Deux cassons de terre tenant ensemble, tenant à la terre Guillaume Sanglier d'une part et à la terre Jehannot Lebreton, contenant VII boess. angloises ou environ, mouvant le tout de moy à dixme et à terrage. Une terre et II petis cassons tenant le tout ensemble ung chemin entre deux, tenant à la terre Jehan Ligier d'une part et à la terre aux Sangliez d'autre part et lesd. II cassons tiennent à la terre Jehan Lebreton d'une part et à la vigne Jehan Petit Clerc d'autre part, tenant II boess. en semence ou environ, desquelles terres led. Graceteau me paie chacun an, au jour d'an neuf, ob. de cens. Une autre pièce de terre size près du chastel de Plain Martin, touchant à la terre Guillaume Sanglier d'une part et à la terre Estienne Jallet d'autre, contenant une sexterée en semence ou environ mouvant de moy à dixme et à terrage. Ung casson de terre tenant à la vigne Jehan Petit Clerc d'une part et à la terre Michau Graceteau d'autre, contenant II boess. en semence ou environ. Les mazeris de la Chevallière ésquiex les Sangliez ont la moitié avec une chenevière et ung casson de pré tenant ensemble touchant à la bouge qui fut feu Michau Graceteau et aux prez aux Sangliez d'autre part, contenant le tout deux boess. de terre en semence ou environ. La moitié adivis d'une pièce de terre

comparçonnière avecques les Sangliez, tenant au rivau de la
fontaine de la Flossalière d'une part et à la chenevière du pré Rouer
d'autre part. Ung casson de terre contenant une boess. et demie
angloise ou environ touchant à la terre feu Michau Graceteau d'une
part et à la terre aux Sangliez d'autre part, nommée les Cormeniers,
pour raison de laquelle led. Graceteau me paie chacun an, le jour
d'an neuf, IIII quartes d'avoine. Une pièce de terre appellée la terre
du Noherat touchant à l'esfe de la Closallère d'une part et au plantíz
Jehan Courau d'autre part, contenant II sexterées et demie en semence ou environ, mouvant lad. terre de moy à disme et à terrage.
Une autre pièce de terre appellée la terre de la Courollière, contenant
VI boess. anglaises ou environ, tenant d'une part aux terres aux
Sangliez et au chemin par lequel l'en vait de Plain Martin à Ligné
les Bois d'autre part, mouvant de moy à dixme et à terrage. *Item*,
le pré du Gué touchant au pré Jehan Courau, ung chemin entre
deux, avecques une chaintre tenue par le dessoubs aud. chemin, contenant journ. de demi faucheur ou environ desquelles dictes deux
pièces de pré led. Graceteau me paie, chacun an. le jour Saint Loys.
VI d. de cens. Une autre pièce de pré appellée pré Morin, contenant
jornau de demy faucheur ou environ, touchant au pré que Thomas
Charradeau tient du seigneur de Plain Martin d'une part et au pré
Guillaume Sanglier d'autre part, pour raison duquel ledit Graceteau
me paie chacun an, au jour Saint Loys, VI d. de cens. Une autre
pièce de pré appellée pré Mallet, tenant d'une part au pré Estienne
Jallet et au pré aux Sangliez d'autre part, pour raison duquel led.
Graceteau me paie chacun an, le jour Saint Loys, VI d. de cens. Une
pièce de bois et terre estant en fruche touchant à la fontaine de la
Courollière d'une part et aux vergiers Guillemin Cordeau d'autre
part, contenant III sexterées de terre en semence ou environ, pour
raison de laquelle ledit Graceteau me paie chacun an, le jour Saint
Loys, VI d. de cens. *Item,* ung houstel et les appartenances d'icellui
nommé la Barroilleraie avecques les vignes, chenevières et borderie
d'icellui touchant aux vignes Jehan Lebreton la fosse entre deux
d'une part et au chemin par lequel l'en vait de Plain Martin à Ligné
les Bois, d'autre part, contenant lad. vigne journ. de XIII hommes
de bezoche ou environ et les terres et chenevières III sexterées
de terre en semence ou environ, dont ledit Graceteau me paie
chacun an, le jour Saint Loys, II s. de tailles requérables et VIII
quartes d'avoine et ung chappon poiables chacun an le jour de la

miaoût. Une fruche de bois et buissons tenant à la vigne Guillaume
Sanglier d'une part et au pré Mallet d'autre part, contenant IIII boess.
angloises en semence ou environ. *Item*, tient de moy ledit Graceteau
ung bordage appellé la Bailleraie, sis à Saint Ceneri avecques la
cheunevière et vergier tenant aud. bordage et tient à la cheunevière
du four dud. Graceteau. Ung casson de pré appellé le pré du Gué,
tenant au pré et terres dud. Graceteau d'une part et d'autre pour raison
duquel ledit Graceteau me paie chacun an, le jour Saint Loys,
VI d. de cens. *Item*, les vallées estant au pré dud. Bordage avecques
les vignes et terres desd. vallées, tenant aux vignes dud. Graceteau
d'une part et au pré Mallet d'autre part, contenans lesd. vignes
journ. de II hommes de besoche ou environ et lesd. terres XII
boess. ou environ en semence. Une pièce de terre appellée la Groie,
tenant aux vignes susdites, le chemin entre deux, contenant IIII
boess. en semence ou environ, pour raison de laquelle led. Graceteau
me paie chacun an XII d. de cens. Ung petit casson de terre sis devant la maison dud. Graceteau, onquel a un poirier. Ung autre petit
casson tenant à la haie de Bourgineau d'une part et au long du pré
du Gué d'autre part. Un petit casson de terre sis devant la maison
dud. Graceteau et tient à la vigne, le foussé entre deux, pour raison
desquelx led. Graceteau me paie chacun an, au jour Saint Loys, IIII
quartes d'avoines et ung chappon. Une pièce de terre appellée les
Fromentaux, tenant d'une part au chemin de la Planche et à la terre
de Pierre Pinot d'autre et en descendant aux Ruillières, contenant
III sexterées de terre en semence ou environ. Une autre pièce de terre
appellée la terre du Noherat, tenant à ma terre d'une part et à la
terre feu Guillaume Touchon, mouvant de moy à dixme et à terrage.
Une pièce de terre qui contient IIII boessell. en semence ou environ,
sise au dedans des terres dud. Graceteau. Une autre pièce de
terre appellée le champ Coppeleau tenant à la terre Jamet Lebreton d'une part et à l'esfe de la Clozallière d'autre part. Une
pièce de terre appellée le champ du Poirier, tenant à l'esfe dessusd. d'une part et au chemin du Boschet d'autre, contenant
X boess. de terre en semence ou environ. Une autre pièce de terre
sise au clos des Roucellières, tenant à la terre Guillaume Sanglier
d'une part et au marchais des Roucellières d'autre part, mouvant
de moy à dixme et terrage. Pierre Basfateau, en nom et comme tuteur de Jehan Basfateau, tient de moy par soubz led. hommage une
maison neufve avec led. vergier tenant à lad. maison, tenant au

portau de la Chaume d'une part et au chemin par lequel l'en vait
de Plain Martin à la croix de la Chaume d'autre part, et de lad.
croix au village de la Gaulterie d'autre part et par le derrière led.
vergier à ma grange d'autre part, par raison desquels maison et
vergier led. Basfateau me paie chacun an V s. et II chappons, le
jour d'an neuf. Jehan Fradin tient de moy par soubz led. hommage,
son houstel de la Boessière, avecques ses appartenances qui sont
nne pièce de terre tenant aud. houstel d'une part et au champ feu
Chauvet, d'autre part, contenant cinq sexterées en semence ou environ
Une pièce de terre tenant au chemin par où l'en vait de la Vivonnière aux Frementières à Robin d'une part et au pré de Dose d'autre
part, contenant XV boess. en semence ou environ. Une pièce de pré
contenant jornau de demi faucheur ou environ tenant au pré Mareschal d'une part et au pré Raboin d'autre part, pour raison desquelles choses ledit Fradin me paie chacun an, le jour d'an neuf, une
mine d'avoine et deux chappons et XVIII d. de cens le jour Saint
Berthelemy. Esquelles toutes et chascunes susdites je advoue tout
droit de justice et juridiction haute, moienne et basse et tout ce qui
s'en despent. Jehanne, vesve de feu Guillaume Rouceau, tient de moy
par soubz led. hommage les choses qui s'ensuivent on village de
Postumé. Premièrement une pièce de terro appellée le champ à la
Gaultière, tenant d'une part à la terre messire Pierre des Aubues et
aux vignes de la Vau d'autre part, ung foussé entre deux. Une maison
avecques les appartenances d'icelles tenant à la maison feu Pierre
Lebreton et au chemin par où l'on vait du quarroy Barrau à la
maison Philippoin Valet, d'autre part. Une vigne tenant à la vigne
et court dud. Philippoin d'une part et à la maison messire Pierre des
Aubues, en laquelle demeure à présent Jehan de l'Omonerie d'autre
part et à la maison Jehan David, la ruete entre deux. Une autre
vigne appellée le Plantez Chappelain, tenant d'une part au chemin
par lequel l'en vait de quarroy Barrau à la Grant Vau et au chemin
par lequel l'en vait dud. quarroy à Postumé d'autre part. Une pièce
de terre appellée le champ Chappelain, tenant d'une part à lad. vigne
et d'autre part à la terre des Halles et au chemin par lequel l'en vait
dud. quarroy à la Grant Vau d'autre part. *Item*, une maison que
souloit tenir feu Gaultier, laquelle est tenant aud. chemin et à la
maison dessus confrontée. Une autre maison et une petite vigne
tenant le tout ensemble, tenant d'une part à la maison feu Thevenin
Martin et d'autre part au chemin par lequel l'en vait de l'oustel

Philippoin Vallet à la Charmère et à la vigne feu Thevenin Martin d'autre part, pour raison desquelles choses ladicte vesve me paie chacun an, en chacune feste des desfunts, VII s. VII d. ob. I chappon et demi chappon. Les hoirs Huguet Maillart tiennent de moy une pièce de terre sise à Targié, tenant à la terre feu Méri de la Chaume d'une part, à la terre au curé de Posthumé d'autre part et à la terre dud. feu Huguet d'autre part, contenant IIII boess. en semence ou environ, pour raison de laquelle lesd. hoirs me paient chacun an, le landemain de Nouel, II d. ob. Hilleret, le boucet, tient de moy une pièce de terre sise près de la fontaine de la Nyallière, en la parroisse d'Anthougné, tenant au chemin par lequel l'en vait du vergier à la dicte fontaine d'une part et à la terre que led. Hilleret tient de Pierre Germeau, contenant II boess. et demie en semence ou environ, pour raison de laquelle ledit Hilleret me paie chascun an, en chascune feste des desfunts, VIII d. de cons. Simon Piau, à cause de sa femme, tient de moy une pièce de vigne sise à Targié, tenant d'une part à la vigne Thomas Baudet et d'autre part à la vigne aux Maschefers et au chemin par lequel l'en vait du Couldray à Saincte Katerine, contenant IIII boess. en semence ou environ. Une pièce de terre tenant aux terres feu Meri de la Chaume, d'une part, et aux terres de Guillemete Frugère d'autre, contenant V boess. en semence ou environ, pour raison desquelles vigne et terres led. Simon me paie chacun an, le landemain de Nouel, III d. de cens rendus à l'Ommeau de Targé. Jehan Borrillaut, parroissien de Targé, tient de moy une pièce de vigne sise en clos Claveau, tenant à la vigne au sire de Targé d'une part et à la vigne dudit Borillaut d'autre part et au chemin tendant de l'église de Targé à la Foucaudière d'autre part, contenant journ. de III hommes de bezoche ou environ, de laquelle led. Borrillaut me paie chacun an, au lendemain de Noel, IIII d. de cens. Simon de Vic tient de moy ung casson de pré sis en la rivière de l'Auzon, tenant aux terres des Martins d'Escotion d'une part et aux bez venant du moulin de Marçay d'autre, contenant journ. de demy faucheur ou environ, pour raison duquel ledit Simon me paie XII d. de cens le jour de la feste des desfuntz. Jehan Nepveu de Chastellerault tient de moy une pièce de vigne sise à Targé, qui contient journaux de dix hommes de bezoche ou environ et fut feu Guillaume Girart, tenant aux vignes feu Jehan Barrillaut, le chemin entre deux, d'une part, et aux terres et vignes que led. Nepveu tient du sire de Targé d'autre part et au chemin par lequel l'en vait de Targé à Bournay, pour raison de laquelle ledit Nepveu me paie chacun an, au lendemain de Nouel, V d. de cens. Jehanne Betuselle tient de moy une pièce de terre contenant une minée en semence ou environ, tenant d'une part aux terres feu Thévenin Martin et d'autre part à la terre Jehanne Roucelle de laquelle ladicte Bétuselle me paie chacun an, au lendemain de Nouel, VIII d. de cens. Guillaume Remont dit Pioget tient de moy une terre sise à Postumé, contenant une minée en semence ou environ, tenant d'une part à la terre à la Charbonnelle et d'autre part à la terre feu Thevenin Martin pour raison de laquelle ledit Guillaume me paie chacun an, aud. terme VIII d. de cens. Jehan Betuseau tient de moy une pièce de terre sise à Postumé, contenant V boess. en semence ou environ, tenant d'une part au puis de l'oustel dud. Betuzeau et au chemin tendant de l'oustel Piace au moulin de Barangier, pour raison de laquelle ledit Betuseau me paie chacun an, aud. terme, II d. de cens. Les hoirs feuge Simonne Giraude, naguières femme feu Jennin Feau, tiennent de moy une pièce de terre sise à Postumé qui contient une minée en semence ou environ tenant aux terres de la Vau d'une part et à la terre Thevenin Martin d'autre part, pour raison de laquelle lesdis hoirs me paient chacun an, audit terme, VIII d. de cens. Jehan Chardon tient de moy une pièce de terre sise à Postumé, qui contient IIII boess. en semence ou environ, tenant d'une part à la terre Jehanne Roucelle et au chemin qui vait du carroy Borrau à la Vau, de laquelle ledit Chardon me paie chacun an, aud. terme, IIII d. de cens. Messire Pierre des Aubues, prestre, tient de moy ung houstel et ses appartenances sis à Postumé qui sont une pièce de terre contenant IIII sexterées en semence ou environ, tenant au chemin du carroy Borrau, tendant à la Vau et aux vignes de la Vau d'autre part, pour raison duquel led. messire Pierre me paie chacun an, aud. terme, XIII s. et V chappons. Les hoirs feu Thevenin Martin tiennent de moy ung herbergement et ung casson de vigne et V cassons de terre, contenant une sexterée en semence ou environ, tenant d'une part à la terre maistre Aymer de Vic et à la terre Jehannot Dupuy d'autre part, pour raison desquelles choses lesd. hoirs me paient chacun an, aud. terme, VIII s. et IIII chappons de cens. Richarde Limosine, pour raison d'une pièce de terre qui contient IIII boess. ou environ, tenant d'une part à la terre messire Pierre des Aubues et d'autre part à la terre des hoirs feu Thevenin Martin, me paie chacun an

aud. terme IIII d. de cens. Phelipon Vallet tient de moy son houstel
sis à la Chiaudière, en la parroisse de Poustumé, avecques la court
d'icellui houstel et une pièce de vigne tenant le tout ensemble, tenant aux terres messire Pierre des Aubues d'une part et à la vigne
Jehanne Roucelle d'autre part et à la terre Guillaume Pioget d'autre,
pour raison desquels houstel et vigne led. Guillaume me paie chacun
an, aud. terme, III s. et I chappon. Une pièce de terre qui contient
V boess. en semence ou environ, tenant d'une part à la terre
Jehanne Roucelle et à la terre Guillaume Pioget d'autre, pour
raison de laquelle led. Vallet me paie chacun an aud. terme II d de
cens. Une pièce de terre, qui contient III sexterées de terre en semence ou environ, tenant au chemin qui tent de la Rainterie à
Chasteleraud d'une part et aux terres au curé de Postumé d'autre
part, pour raison de laquelle led. Phelippoin me paie chacun an
aud. terme XII d. de cens. Jehan Chevallier, à cause de sa femme,
tient de moy en lad. parroisse une maison et une pièce de vigne
qui contient journ. de VIII hommes de besoche ou environ et une
pièce de terre qui contient XX boess. en semence ou environ, tenant d'une part aux terres messire Pierre des Aubues et au chemin
par où l'en vait du carroy Borreau à la Charnière, pour raison des
quelz hostel, vigne et terre ledit Chevalier me paie chacun an aud.
terme III   et ung chappon et avecques ce une autre
pièce de terre qui contient X boess. en semence ou environ, tenant
aux terres Jemmet du Puy d'autre part et au chemin qui vait à
l'Aubespin du Possé, laquelle est comprinse en devoir susdit. Perrot
Guérineau, demourant à Poitiers, tient de moy une pièce de terre
sise à Postumé, tenant d'une part à la terre feu Thevenin Martin et
à la terre Hilleret, le boucet, le chemin entre deux, pour raison de
laquelle led. Guérineau me paie chacun an aud. terme VIII d. de
cens. Philippoin de Bellemanières, pour raison du moulin de
Challon (1) et de IIII cassons de terre contenant une sexterée en semence ou environ, tenant d'une part au gué de Challon et aux
terres de Marcay d'autre part et au pré Simon de Vic d'autre part,
pour raison desquelles choses led. Philippoin me paie chacun an
aud. terme une mine de froment mesure chastelaine. Jehan, le faucheur mo doit chacun an aud. terme XIIII s. et une geline pour
raison d'un fondeis assis à la Bisardière et d'une pièce de terre con-

---

(1) *Châlons*, moulin sur le ruisseau de l'Etang-Berland, commune de Senillé.

tenant une minée de semence ou environ, tenant à la maison de Chappitre d'une part et à la maison Jehan de Jumeaux d'autre part. *Item*, ledit faucheur, pour raison d'une pièce de pré sis à Challon, contenant journ. d'un faucheur ou environ, tenant au pré maistre Aymer de Vic d'une part et au pré Guillemot Martin d'autre, me paie chacun an aud. terme une geline. *Item*, ledit faucheur me paie chacun an aud. terme pour raison d'une pièce de terre contenant une minée en semence ou environ tenant au chemin qui tend de Challon à la Croix Thoumin et d'autre part à la terre Jehan Laurens. *Item*, led. faucheur me doit chacun an aud. terme, pour raison d'une pièce de terre qui contient II boess. en semence ou environ, tenant d'une part à la terre au curé de Targé et à la terre aux Chailletons de Chauvegné d'autre part. Jehan Graceteau tient de moy une pièce de terre qui contient III minées en semence ou environ, tenant au chemin qui vient de l'estang de Baignoux à Pauloup et aux prés du moulin de Baignoux d'autre, pour raison de laquelle led. Graceteau me paie chacun an aud. terme XVII boess. d'avoine et ung chappon. Perrin do Charros tient de moy une maison et vergier assise en la Grant Rue de Chastcleraut, en laquelle il fait à présent sa mancion, tenant d'une part led. vergier aux murs de lad. ville, une venelle entre deux, et à ladicte maison à l'oustel Perrin Dupas, pour raison desquels maisons et vergier led. de Charros me paie chacun an aud. terme XVIII d. de cens. Perrin Dupas tient de moy ses maison et vergier sis en ladite Grant Rue en laquelle il fait à présent sa mancion, tenant à la maison Perrin de Charros et à la maison Jehan Dupuy et aux murs de lad. ville, une venelle entre deux, pour raison de laquelle led. Dupas me paie chacun an aud. terme XVIII d. de cens. Messire Jehan Aubere, prestre, tient de moy une maison et vergier assis en la Grant Rue de Chasteleraut, tenant à la maison Perrin Dupas et aux murs de lad. ville, une venelle entre deux, pour raison de laquelle led. Aubere me paie chacun an aud. terme XVIII d. de cens. Jehan Dupuy dit Aumoufle tient de moy une maison et vergier tenant à icelle sise en la Grant Rue de Châtelerault, tenant à la maison messire Jehan Aubere et au Petit Chappeau Rouge et aux murs de lad. ville, ung chemin entre deux, pour raison desquelz maison et vergier me paie led. Dupuy chacun an aud. terme XVIII d. de cens. *Item*, tient de moy ledit Aumoufle le Petit Chappeau Rouge avecques la court et le vergier et mareschaussée d'icellui assis en la Grant Rue de Chasteleraud, tenant à la maison des hoirs feu Berthelemi Cotin et aux murs de lad. ville, ung chemin entre deux, pour raison desquelz maison et vergier, court et mareschaussée, ledit Dupuy me paie chacun an aud. terme IIII d. de cens. *Item*, tient de moy ledit Dupuy une maison et une vigne tenant à icelle assis à Chiaudère contenant lad. vigne journée de VIII hommes de bezoche ou environ, tenant d'une part au carroy Borreau et au chemin qui vient dud. carroy à la Chiaudère et au chemin qui vait dud. carroy à la Vau, pour raison desquelles vignes et maison led. Dupuy me paie chacun an aud. terme IIII d. de cens. Jehannot Dupuy tient de moy une pièce de pré assis sous l'estang de Baignoux, contenant journée de demi faucheur ou environ, tenant au pré Jehan Graceteau et aux fossez qui viennent dud. moulin pour raison duquel pré led. Dupuy me paie chacun an aud. terme II boess. et demi d'avoine. Jehan Martin d'Escotion tient de moy une pièce de terre tenant aux vignes au prieur de Senillé et au chemin qui vient des hommeaux de Pauloup à Sainte Katerine de Targé, contenant une minée en semence ou environ, pour raison de laquelle led. Martin me paie chacun an aud. terme VIII d. de cens. Giret Duplais tient de moy une pièce de terre estant à présent en chaume, sise en la parroisse de Targé, tenant aux terres Berthelemi Maillart, contenant une sex terée en semence ou environ, pour raison de laquelle led. Duplais me paie chacun an, le jour des desfunts, V boess. d'avoine et une geline. Guillaume Moreau, de la Varenne, tient de moy une pièce de terre contenant IIII boess. en semence ou environ, tenant à la terre Jehan le faucheur et à la terre Thomas Perron, pour raison de laquelle led. Moreau me paie chacun an aud. terme IIII d. de cens. *Item*, led. Moreau une pièce de terre qui contient V boess. en semence ou environ, tenant à la terre Jehan Chollet et à la terre Jehan, de Jumeaux, pour raison de laquelle ledit Moreau me paie chacun an aud. terme   . Thomas Perrin, à cause de sa femme, tient de moy une terre assise à la Bezardière tenant à la terre Guillaume Moreau et à la terre au prieur de Senillé, pour raison de laquelle led. Perrin me paie chacun an aud. terme IIII d. de cens. Ledit Thoumas tient de moy une pièce de terre, laquelle fu feu Beraut qui contient II boess. en semence ou environ, tenant à la terre dud. prieur, pour raison de laquelle led. Thomas me paie aud. terme III boess. d'avoine. Jean Maillart me paie chacun an aud. terme ob. pour raison d'une

pièce de terre qui fu feu Barraut. Thevenin Nopveu et Thomas
Chantelouve pour les bois et terres des Migotières assises en la parroisse d'Authoigné tenant aux héritages des Mellotières et à la
terre de la Robertière, pour raison desquels bois et terres ils me
paient chacun an aud. terme VIII s. et 1 chappon. Esquelles choses
toutes et chacunes susdites sises à Chastelleraud, Targé, Senillé,
Postumé et Authoigné et illecques environ je, à cause que dessus,
advoue tout droit de justice et juridicion moienne et basse et tout
ce qui s'en despend et fais protestacion d'accroître ou diminuer ce
présent mon fié ou adveu en temps et lieu, en vous suppliant mon
très doubté et puissant seigneur que se il venait à votre congnoissance ou d'aucun de vos officiers que aucune chose je eusse obmis
ou plus mis en ce présent mon adveu que je ne doy, qu'il vous
plaise de me le faire savoir et je le offre à repparer à l'ordonnance
de votre bon conseil. En tesmoing desquelles choses... (1).

XXV

26 juin 1430. — Aveu de Loys du Bois (2), écuyer, pour
plusieurs tenemens tenus de Saint Flour à foi et hommage
lige et au devoir « de uns esperons dorés » du prix de
quinze s. à muance de seigneur et quinze s. aux loyaux
aides. Il ne dit pas quelle justice.

... Une chesnaie au Puy Linet... Goiron, seigneur de
Pessay... chemin d'Avrigné à Marmande.., terre de Doise... bois
des Coulz... (3) chemin qui va d'Antoigné à Saint Gille des Coulz...
Le chiron Girart tenant au bois des Coulz... le Puy de Cornart.
chemin qui va de la fontaine de Marigné à Ponssay... fontaine de
Marigné à Mermande... chemin de Mermande à Luzay... la Gabil-
lière... la Limouzinière... le Champ au loup... chemin de la Hul-
linière à Châtelleraut... fontaine de Réaux... chemin de la croix

---

(1) La fin de cet aveu, qui n'est qu'une formule, n'a pas été transcrite sur le
Livre Noir. En marge on lit : « Baillé, le xxiii° jour d'octobre milccccxxxviii. »
(2) En marge du *Livre Noir* on lit : « C'est Marigny-sous-Marmande, » aujour-
d'hui commune du département d'Indre-et-Loire, limitrophe de Vellèches et
de Mondion.
(3) *Coudraye,* coudriers.

feu Alays à Châtelleraut... hostel de la Bernardière... les Vignaux ..

Ce fief appartenait en 1488 à Guyon de Noiré, écuyer.

XXVI

25 mai 1430. — Aveu de la Tour Girart (1), par Charlot de la Tousche, écuyer, à hommage lige et au devoir de vingt-cinq s. « payables à la feste de l'osenne ». A justice haute, moyenne et basse.

... La Tour Girart, La fuye et garenne avec le bois Puygamer, contenans XXX arpens de bois ou environ, lequel bois est fermé à fossez d'une part et tient de l'autre part au chemin par lequel l'on va de l'église d'Auyré (Oyré) à la Foucaudière... tient de moi Pierre Prévost, chapelain de la chapelle fondée en l'église Saint Jacques de Châtelleraud, à l'entrée de Sainte Catherine par les seigneurs de la Tour Girart... Une maison assise en la ville de Chastelleraud en la paroisse Saint Jacques tenant d'une part à la rue tendant de lad. église au pont de lad. ville et d'autre part a la maison feu Jehan Hastebeau et d'autre part à la maison J. Hignon l'aisné...

1437, l'avouant; 1446, Charlot de la Touche le jeune.

XXVII

8 décembre 1430. — Aveu de Pierre d'Asnières pour les fiefs de Bours et de Pellegrolles (2), à cause de la châtellenie de Gironde, à hommage lige et au devoir de soixante s.. A justice simple.

... hostel de Bours, fuye et garenne en la paroisse d'Ambière... fié de Pellegrolle séant et touchant au chemin d'Ambierre au moulin du pré, d'une part, et au chemin d'Ambierre à la Cloistre d'autre...

V. l'aveu n° 13.

(1) Commune de Châtellerault.
(2) Commune de Saint-Genest, la *Boutinière* ou *Pellegrolle.*

XXVIII

8 décembre 1430. — Aveu de Piolant (1) par Pierrot d'Asnières à hommage plein, au devoir de soixante s. au neuvième an.

... à cause de la terre de Piolent, assise en la châtellenie de Puymilfereou... la dime de Piolent, de blez, vins, chanvres et lins, assise en la paroisse de Dangé, au village du Bois et des environs... le quart d'une autre dime de blé, vins et autres fruits appelée la dime quartière, la quelle part o le prieur de Vaux et o Jehan de Monléon, assise en lad. paroisse...

XXIX

5 janvier 1430. — Aveu de Neuville (2), par mess. Pierre des Aubues, chanoine et prieur des doyen et chapitre de Notre Dame de Châtelleraud. A hommage lige et au devoir de quarante s. Basse voirie.

... Nous, le doyen et chapitre de Notre Dame de Châtellerault, à cause de notred. église, seigneurs de Neuville... L'hostel de Neuville tout ainsi qu'il se poursuit avec la gaignerie montant labourage à trois bœufs, et tout droit de justice moyenne et basse... un clos de vigne tenant aud. hostel fermé de murs... chemin par où l'on va de chiex Casse Denier à Ingrande, d'autre part à la clôture appelée Bouteille... Les bois du Breuil de Neuville, et les bois de Vaujehan... Une famille appelée Casse Denier...

1390-1430, à Guillaume de Rigny, écuyer.

XXX

1er avril 1437. — Aveu du Commandeur de la Foucau-

(1) Commune de Dangé.
(2) Commune d'Ingrande.

dière (1). A hommage lige et au devoir de cinquante s. aux loyaux aides (2).

... Je, frère Michau Girard, commandeur de ·la maison de la Foucaudière, membre de l'abbaye de Saint Antoine en Viennois... L'hebergement de la Foucaudière et toutes les appartenances et clôtures tenant dud. hebergement à la terre aux Rignains... la terre de la Fuye... Fosse aux Loups... Fosse Lucas...

1386-1391, Guillaume de Germelle, Commandeur de la Foucaudière; 1408, Guillemard de Vignes, id. ; 1427, Michau Girard, id. ; 1434, René Rambaut, id. ; 1463-1493, Laurent Imbert, id.

XXXI

7 juillet 1431. — Aveu de Gauvain de Brizay pour le fief de Tricon (3), à hommage lige et devoir de vingt l. dix s. aux aides.

... Je, Gauvain de Brizay, escuier..., mon hébergement de Tricon, fuye, garenne... tient de moi Jehan Dutait, l'hostel de la Roche sur Usseau... grand chemin de Châtelleraud au moulin de la Roche d'Ussonnet. L'hébergement de Nyon... Les gaigneries dud. hébergement assises audedans de la cloison du pont et la motte dud. lieu où souloit avoir fort assis au long de la gaignerie d'un cousté et d'autre cousté touchant à la fuye... Labourage jusqu'à dix bœufs à Nyon... Les arbres frutaux et non frutaux... douze journées de pré assis audedans de l'île de Nyon... Pièce de terre audessous du peyré du pont de Nyon au long du marais ten-

(1) Commune de Saint-Sauveur. V. les aveux 18 et 20.
(2) A ce propos, nous constaterons que la liste des commandeurs de la Fou. caudière, publiée par l'abbé Lalanne, est incomplète pour les quatorzième et quinzième siècles. Elle doit être ainsi établie : 1366, Barthélemy de Mont. chalve ; 1386-1391, Guillaume de Germelle ; 1408, Guillemard de Vignes; 1427, Michau Girard ; 1434-1437, Jean Raimbaud ; 1456, Jacques Sabourault ; 1459, Jean Raimbault ; 1463-1493, Laurens Imbert ; ce dernier a fait construire l'église actuelle de la Foucaudière.
(3) Commune d'Ouzilly.

dant envers l'esglise de Saint Cyr de Darnac... le village d'Angire...
mess. Mabruny de Linières, chevalier, à cause de dame Sébille, sa
femme... Le fief des Roches de Coulombiers...

1390, Aimeri de Brizay ; 1424, Marie, sa veuve, comme
ayant le bail de ses enfants mineurs ; 1429-1435, Gauvain de
Brizay, l'avouant.

XXXII

28 juin 1431. — Aveu de messire Hélies du Boys, nouvellement baillé pour le fief de Mauvoisin. A hommage
lige, un cheval de service du prix de cent s. et vingt s.
aux loyaux aides.

. De vous et resdoubté et puissant seigneur, monseigneur le conte
de Harecourt et d'Aubmale, viconte de Chastellerault, à cause de
vostred. viconté, je Helies Duboys, chevalier, en nom et comme
ayant le bail, gouvernement et administracion de Guyonne Duboys
ma fille, héritière seulle et en tout de feu Guillaume Mauvesin (1),
jadis son ayol, tiens et advoue à tenir à foy et hommage lige au devoir
d'un cheval de service du pris de cent soulz au neuf° an, poiables
iceulxdis cent soulz esgaulement à troiz foiz durans lesd. neuf ans
et à vingt solz aux droictes et loyaux aides, avec droit de rachapt,
tel que la coustume du pais le donne les choses qui s'ensuivent.
Premièrement, tient à mon demaine une pièce de terre avec les arbres estans en icelle située et assise on terrouer de Morry, près dud.
lieu de Chastellerault, tenant icelle d'une part à la terre de l'au-
mosnier de la Maison Dieu de Chasteauneuf, et d'autre part à la
terre des héritiers feu maistre Jehan de Morry l'aisné, et d'autre part
au sentier par où l'en vait à Morry, contenant la terre susd. six
boissell. de semence ou environ. S'ensuivent les rentes et debvoirs
annuelx à moy deubz chacun an tant en blez, deniers que poulailles
des personnes et aux termes et festes qui s'ensuivent. Premièrement,
Bertrand Moreau et ses enfants me doyvent et sont tenuz chacun an,
au terme et feste Saint Michel, en la somme de huit septiers de blez,

_____

(1) Il avait donné son nom au fief dont il s'agit, sis dans le faubourg de
Châteauneuf de Châtellerault.

assavoir est trois de froment, quatre de seigle et ung d'avoyne, le
tout mesure chastellaine, à cause et pour raison de ma grange de
Chasteauneuf, gangnerie et appartenances d'icelle, et contient bien
icelled. gangnerie, labourage à quatre beufx ou environ et les prez
d'icelle, jornau de deux faucheurs ou environ, laquelle dite grange,
gangnerie et appartenances led. feu Mauvesin, mon prédécesseur,
bailla japieça ausdiz père et enfans à la rente dess. d. *Item*, Clémens
Lorin, de Thuré, et ses frères, et Jehan Girart dit Perraut, dud. lieu
de Thuré, me doyvent et sont tenuz chacun an en la somme de huit
livres tornois poiables par moictié ès festes de Noel et de Saint Jehan
Baptiste, à cause et pour raison de la grange frugière, gaignerie et
appartenances d'icelle et d'autres choses estans ond. lieu de Chasteauneuf. *Item*, la D'Auzonne, veuve de feu Perrot d'Auzon, me doit
et est tenue chacun an en cinqc solz et ung chapon de rente, poiables
chacun an au terme et feste Saint Michel, à cause et pour raison
de son houstel et vergiers estans ondit lieu de Chasteauneuf devant
la porte de mad. grange et tenant à icelle, le chemin entre deux.
Item, Julien Sornin, marchant, me doit par chacun an, èsd. festes
de Noel et de Saint Jehan, quarante cinqc solz et deux chappons
à cause et pour raison de l'ostel, vergier et appartenances tant dud.
Julien que de celui que Jehan Leprestre tient de lui, tenant ensemble
estans ond. lieu de Chasteauneuf au dessoubs de mad. grange,
tenant par devant de la Grant Rue ou chemin tendant dud. lieu de
Chasteauneuf à la Plante et au chemin qui vait à Thuré, ung fondis
entre deux. *Item*, Jehan Le Rouer, deux solz et ung chappon de
rente poiables chacun an aud. terme Saint Michel, à cause et pour
raison d'une place ou vergier tenant au pignon de ma grange susd.
du cousté dud. Chasteauneuf et d'autre part au long de la maison
que led. Rouer tient de moy qui fut anciennement feue Thomasse
Boullaude. *Item*, led. Rouer me doit et est tenu chacun an par
moitié èsd. festes de Noël et de Saint Jehan Baptiste quinze solz,
torn., à cause et pour raison de sond. hostel et vergier qui fut de lad.
Boullaude, lequelle tient à présent Jehan Dandenac estans devant
l'ostel dud. Julien et tenant à icelluy, le chemin susdit entre deux
et d'autre part au chemin susd. qu'il tient de moy. *Item*, Jehan
Faure dit Ducharreau me doit chacun an vingt cinq solz de rente
poiables par moitié èsd. deux termes de Noel et de Saint Jehan Baptiste, à cause et pour raison de son houstel, roche et appartenances
d'icelluy estans ond. bourg de Chasteauneuf près de l'ostel où de-

meure led. Rouer et tenant à icelluy d'une part et d'autre fant d'un des coustés que du darrière d'icelluy et d'autre part aud. grant chemin tendant à la Plante et d'autre au long d'un autre chemin qui vait d'icelled. maison au Pin. *Item*, les enfants et héritiers feu Jenin Delalande me doyvent et sont tenuz chacun an en la somme de quarante solz et ung chappon de rente poiables par moitié èsd. deux termes, à cause et pour raison de·leur hostel dud. lieu de Chasteauneuf estans devant l'oustel qui fut feu Jehan Poissonner, tenant au grant chemin ou rue tendant d'ilec à Thuré et à la Plante et d'autre part à l'ostel Jehan Chaumeau. *Item*, led. Faure me doit chacun an II s. VI d. de rente poiables aud. terme et feste Saint Michel à cause et pour raison d'un vergier estans audessus sond. houstel en alant vers le Pin, tenant icelluy d'une part au chemin qui vait au Pin et d'autre part au vergier de l'ostel que led. Dandenac tient dud. Rouer et d'autre part au vergier dud. Bertrand Moreau. *Item*, Jehan Dejoy, mareschal, me doit chacun an dix solz de rente poiables par moitié èsd. deux termes de Noël et de Saint Jehan, à cause et pour raison de partie de son houstel et vergier estans aud. lieu de Chasteauneuf devant l'oustel feu Jenin Jambin tenans d'une part à la Roche aux Dayas ou à présent vergier, et d'autre part au fondis et roche qui fut feu Jehan Boilesve. *Item*, Jenin Douille me doit chacun an au terme et feste de Toussains quinze solz et deux chappons de rente, à cause et pour raison de l'ostel, treilles et vergiers qui furent feu Simon Delavau, estans au dehors dud. bourg de Chasteauneuf, en allant vers l'ostel du Pin, anciennement appelé à la Loge, tenant au chemin tendant de la maison dud. Jehan Faure aud. lieu du Pin. *Item*, led. Douille me doit six sols et ung chappon de rente poiables chacun an aud. terme Saint Michel, à cause et pour raison d'une pièce de terre qui fut feu Mérigot Bienvenu, estans près dud. lieu de Chasteauneuf, contenans six boess. ou environ tenant icelle d'une part au chemin tendant dud. lieu de Châteauneuf au Pin et d'autre part à la terre que Jehan Rabotteau tient de chapitre de Chastellerault et d'autre part à mes terres. *Item*, les héritiers de feu Jehan des Aubues dit L'omme me doyvent chacun an cinqc solz et ung chappon de rente poiables au terme et feste Saint Michel, à cause et pour raison de certaines choses qu'ils ont aud. lieu de Chasteauneuf, desquelles dites choses je ne puis avoir cognoissance. *Item*, Jenin Charrier me doit chacun an deux deniers de cens au terme de Toussains, requérables à cause et pour raison d'un sien pré assis à Besse contenant trois [jorn.] de faucheurs ou environ, tenant au long de mes terres et au pré Guillaume de Besse et d'autre part au long du cours de la rivière d'Envigne. *Item*, Jehan Hignon, l'aisné me [doit] chacun [an] au terme de Saint Michel deux solz six deniers et une génisse, à cause et pour raison de certaines chaumes estans parties d'icelles en chaignerotes contenans trois minées ou environ assises aud. lieu de Besse, tenant d'une part au long de ma cousture et d'autre part au boys du chappitre de Chastelleraud et de deux autres parties à mes boys, lesquels diz boys et cousture avec autres choses je tiens de la Massardière. *Item*, Jehan Lorin et sa femme me doyvent chacun an aud. terme Saint Michel huit solz et une géline de rente à cause et pour raison d'un pré assis aud. lieu de Besse, contenans jorn. de deux faucheurs ou environ, lequel pré fut Jehan Chauveau tenant icelluy d'une part au pré Guillaume Marot, sergent de mond. seigneur, et d'autre part au pré Jehan Bouscher de Besse, et d'autre part aux bez (1) de lad. rivière d'Envigne. *Item*, me doit le rectour de Chasteauneuf cinq solz de devoir par chacun an au terme Saint Michel à cause et pour raison de son cloux de vigne qui fut feu Charenton, tenant à son église dud. lieu de Chasteauneuf, le cimentière entre deux. *Item*, Jehan Constant, maçon, deux solz et ung chappon de rente à cause et pour raison d'un fondeis et vergier assis ond. bourg de Chasteauneuf devant l'hostel Jehan Boessonneau, tenant d'une part au pignon de l'oustel dè la femme dud. Constans, et d'autre part au vergier et fondis dud. Boessonneau, et d'autre part à la terre que Simon Chastain tient dud. Jenin Charrier et de sa femme, à cause d'elle. *Item*, les héritiers feu Jehan Robin dit de l'Aumosnerie me doivent chacun an deux solz six deniers de rente et un denier de devoir poiables chacun an aud. terme et feste Saint Michel, à cause et pour raison d'une pièce de pré estans audessus dud. gué aud. lieu de Besse, contenans journ. d'un faucheur ou environ, tenans d'une part au pré de la fabrice de l'église de Chasteauneuf, et d'autre part au pré Perrin Plaut, la rivière de l'Envigne entre deux. *Item*, les héritiers de la femme feu Gillet Archambaut de Clanay et les personniers d'icelle pour feu Audru ung chappon de rente poiable chacun an aud. terme et feste Saint Michel. *Item*, Martin Morisseau quatre solz de rente poiables chacun an à la Toussains à cause et pour raison de deux boisselées de terre assis sur la rivière de Vienne, près du pont

(1) Bief.

dud. lieu de Chastelleraut, tenant d'une part à lad. rivière de
Vienne, et d'autre part à la vieille douve tendant de lad. rivière de
Vienne à lad. église de Chasteauneuf, et d'autre part à la terre que
led. Martin tient de messire Seguin de Puigiraut, chevalier. *Item*,
led. Jenin Douille me doit chacun an aud. terme Saint Michel une
myne chastellaine de blez par moitié froment et seigle à cause et pour
raison d'une pièce de terre en laquelle a quatre noyers, située et assise audessus de son houstel susdit qui fut aud. feu Simon de la Vau,
contenans six boessell. de semence ou environ, tenant icelle d'une
part à la terre que led. Rabotteau tient dud. chappitre de Chastelleraut, et d'autre part à l'hostel et gaignerie du Pin, et d'autre part
aud. grant chemin qui vait dud. lieu de Chastelleraut au Pin. *Item*,
icellui Douille d'autre part me doit chacun an une mine chastellaine
de seigle et une geline de rente poiable aud. terme Saint Michel,
à cause et pour raison d'une pièce de terre qui fut feu Colas Gaultier, située et assise audessus de ma grange dess. d. et contient douze
boissell. de semence ou environ, tenant icelle d'une part à la terre
Jehan Dejoy, mareschal, et d'autre part aux vergiers que led.
Douille tient de moy, et d'autre part à la terre dess. d. dudit Arbot-
teau. *Item*, led. Jehan Faure dit du Charrau, me doit chacun an aud.
terme Saint Michel à cause et pour raison des choses cy emprès contenues qui sont une pièce de terre assise près dud. hostel du Pin,
sur la rivière de Vienne, contenant une minée de semance ou environ, tenant icelled. terre à la terre de vous mond. seigneur à cause
de vostre hostel de la Berlandière, et d'autre part à la terre dud.
hostel du Pin, et d'autre part à la terre des Charriers. *Item*, deux
cassons de terre tenant ensemble contenant deux boisselées ou environ, tenant d'une part à la vigne et cousture dud. Douille, et
d'autre part au chenouval dud. rectour de Chasteauneuf, et d'autre
part à un autre cheneuval dud. rectour, et d'autre part au chemin
dud. tendant aud. hostel du Pin. *Item*, me doit chacun an Jehan
Blanchart de l'Escotière douze boiss. de froment, ung chappon et
une géline, le tout de rente poiable chacun an aud. terme et feste de
Saint Michel, à cause et pour raison d'une pièce de terre tenans aux
prez de l'hostel de Remillé, estans près de la Mothe d'Usseau, et
d'autre part au chemin chastellain tendant de la Phelippière à
Chastelleraut conten. douze boissell. de semance ou environ. *Item*,
d'un casson de pré ten. à la terre dessus confrontée, le fossé entre
deux, et d'autre part au pré des héritiers feu messire Guillaume

Gontier, prestre. *Item*, et d'une pièce de treille séant au village de l'Escotière ten. icelle d'une part au chemin chastellain, touz et chacuns les quelx héritages furent anciennement feu André Arnault. *Item*, Jehan Quinot d'Entran à cause de sa femme présente, qui jadis fut femme Jehan Touzelin, me doit chacun an ung boiss. de froment' de rente poiable aud. terme Saint Michel à cause et pour raison du vergier, houstel et treille dud. feu Touzelin, estans aud. lieu de l'Escotière, près du chastel dud. lieu de La Mothe. *Item*, Janot Bion de la Plante pour feu Pouet me doit chacun an une mine de froment poiable aud. terme et feste Saint Michel, à cause et pour raison d'une pièce de pré assise en la rivière, de Prusses, contenant sept bois-sell. ou environ, ten. icellui d'une part au pré de Jehan le Bringue, et d'autre part au pré Perrot Bregier. *Item*, Jehan Orillard, mosnier, me doit chacun an aud. terme Saint Michel six boiss. de froment et deux chappons de rente à cause et pour raison d'une pièce de pré estans en lad. rivière, conten. jorn. d'un faucheur ou environ ten. icellui d'une part au pré dud. Bion, et d'autre part au pré de Perrot Bregier. *Item*, Estienne Gontier, clerc, me doit et est tenu chacun an en une mine chastellaine de froment de rente poiable aud. terme Saint Michel en laquelle il est obligé poier soubs l'obligation de tous ses biens par certain acord japieça fait et passé entre lui et led. Mauvesin, mon prédécesseur. *Item*, Thevenin Bardin de la Plante me doit chacun an aud. terme Saint Michel quatre boiss. de froment et ung chappon de rente à cause et pour raison d'une treille, ung pou de place et de vergier avec le portal de son hostel des Bardinières, le tout ten. ensemble, ten. d'une part à l'oustel feu Pierre Bardin, et d'autre part aux treilles qui furent feu Jehan Dexmier, et d'autre part au chemin tend. dud. lieu des Bardinières à Thuré. *Item*, Jehan de la Roche, texier, à présent demeurant à Chastelleraut, comme ayant le droit de Jehan Briaut, me doit chacun an par moictié èsd. festes de Noël et de Saint Jean Baptiste sexante solz torn. et deux chappons de rente à cause et pour raison de l'oustel du Temple, vergiers, terres et vignes apparten. aud houstel qui fut anciennement feu Colas de la Roche, estans lesd. choses au village de Valençay et illec environ. Et fois protestacion.............................
Donné et fait le XV⁰ jour du mois de janvier l'an mil CCCC trente...

Receu à court et baillé par led. Laidet, procureur dud. chevalier, le XXVIII⁰ jour de juing, l'an mil CCCCXXXI. Retenu par le procureur de Monseigneur les protestacions que de droit.

26 août 1394. — Transaction passée entre Hugues Rapichon et André Mauvoisin, par laquelle le premier cède au dernier la moitié de ses biens tant meubles qu'immeubles à lui appartenant comme héritier de feu Jeanne Laurens, sa tante, en son vivant femme dud. Mauvoisin.

15 janvier 1430. — Aveu par Hélie du Boys, chevalier, comme ayant le bail de Guyonne du Boys, sa fille, héritière de feu Guillaume Mauvoisin, pour une pièce de terre assise au terroir de Moury (1) ez Châtelleraud, joignant d'une part à la terre de l'Aumosnerie de Chasteauneuf.

28 juillet 1446. — Aveu de Jean de la Roche, écuyer, à cause de Guyonne du Boys, sa femme, seule héritière de feu Guillaume Mauvoisin, son ayeul.

25 septembre 1473.—Jean de la Roche Chandys, écuyer, pour les mêmes choses.

XXXIII

13 juin 1431. — Aveu de Pierre Gantier (2) pour le Puy de Naintré (3), à cause de Catherine de Moury, sa femme, à hommage plein, un cheval de service au neuvième an, valant soixante s. payables au terme de Pasques et dix s. aux loyaux aides.

1362-1388, Guyon de Régné ; 1402-1427, Pierre Gantier de Poitiers, à cause de Catherine de Moury, sa femme ; 1475, Marguerite Havete, veuve de Jacques Chalot ; 1493, Maurice Chalot.

Dans la mouvance : Aymer de Marasfin.

(1) Hameau, commune de Châtellerault, 1225, 1477, 1547.
(2) Doit être le même que Pierre Gantier, receveur de la commune de Poitiers, et qui figure dans les archives de la ville aux années 1427, 1428, 1429 et 1430.
(3) Ou *la Charlotterie*, commune de Naintré.

XXXIV

7 janvier 1427. — Aveu de Pouzeoux (1) par Josselin d'Aux, écuyer ; hommage lige, soixante sous aux loyaux aides.   .

De vous et redoubté et très puissant seigneur, monseigneur le conte d'Harcourt et d'Aubmalle, viconte de Chasteleraud, Je, Josselin d'Aux, escuier, tiens à cause de vostre dicte viconté tant pour moy que mes parageurs, teneurs et subgiez, à foy et hommage lige, au devoir de soixante soulz aux loiaux aides quant elles adviennent de droit, usage et coustume de pays les choses qui ensuivent. Et premièrement s'ensuivent les choses que je tiens à mon demaine ; premièrement, tous et chacuns les droiz que j'ay sur l'évesque de Poitiers à mutacion et nouvelle venue d'évesque. C'est assavoir : la chaere avecques les paremens de draps de soye ou autres orilliées estans sur icelle, toutes fois et quantes fois que ledit évesque fait sa feste et sa nouvelle venue ; et avecques ce, droit de vigerie deue aux quatres portes de Poitiers, ainsi qu'il est cy emprez déclairé ; c'est assavoir pour chascune pippe de vin vendue à détail en ladite ville de Poitiers, de ceulx qui ne seront point de la commune, ung denier. *Item,* pour chascune beste chevaline qui portera sel on ladicte ville, ung denier. *Item,* pour chalcune beste asinne portant sel, ob.; *Item,* pour chacune charette de poterie, quatre deniers ; *Item,* pour chascune beste chargée de poterie, ung denier ; *Item,* pour chacune charge de cuyr de limons, quatre deniers ; *Item,* pour chacune gibe de draps, admenés en charretes, pour les foires de dehors, deux souls. *Item,* pour chacun fardel cordé, IIII d.; *Item,* pour chacune somme de haran noir, I d.; *Item,* pour chacun cent de haran cac, admené en pippe ou caque, I d. ; *Item,* pour chacune beste chargée de laynes, I d.; *Item,* pour chacune beste chargée de vin passant la ville, I d.; *Item,* pour chacune soume d'ail ou d'oignon, I d.; *Item,* pour chacune somme de frutage, I d.; *Item,* pour chacune beste chargée de blé pour mener hors de la chastolenie de Poitiers, I d., et pour chacune beste asine, ob.; *Item,* pour chacune charete de grains d'escarlate vendue en lad. ville, IX d. ; *Item,* pour chacun

---

- (1) *Pouzieux,* commune de Coussay-les-Bois.

millier de cercles, ou charretée que l'on passe hors ladicte ville, I d.,
et quant on en vent audessus d'un cent en ladite ville, ob. *Item*,
pour chacune charretée d'ail et d'oignon, I d., et pour chacune
charetée de haran, IX d.; *Item*, pour chacune charetée de bazenne,
II d. ; pour trousseau, I d. ; *Item*, pour chacun muy de sel qui sera
vendu en charrete, I d.; *Item*, pour chacune cloche passant et tirée
hors de la ville, ou vendue en icelle, I d.; *Item*, pour tonnel ou
pippe de vin ou de miel qui sera vendue en ladite ville en charrete,
IIII d.; *Item*, pour chacune somme de ouvre de bois que tourneurs
amenaront en ladicte ville, II d. ou un chief de son œuvre; *Item*,
pour chacun collier portant à col merœerie ou autre denrée passant
par la ville, ob.; *Item*, pour chacune cornière de lit mise hors ladicte
ville et menée hors la chastelenie, soit vendu ou non, IIII d., et chascune cornière de coessin, II d. *Item*, mes bois de Pouzeoux, ou anciennement souloit avoir plusieurs héritages tenans au Chaigne do
la Combe d'une part et au bois de Aymer du Fresne, appelé le bois
de l'Aubue, d'autre part et au chemin par lequel l'on va du Chaigne
do la Combe, maille, et à un terrer tendant d'Availle et traverse led.
chemin, tendant au bois de Jehan de Marconnay, ledit terrer entro
deux d'autre part, et au pré du passeur estant près d'Availle, tendant
du chemin qui vient des Giraudières à Availle au long du terrer, lequel terrer est tenant au pré du passeur en venant au coing du marchais Régnaud, d'autre part, et aux landes du Plesseiz, ung terrier
sur la courance entre deux, laquelle courance se rend au chemin
qui vient du Plesseiz à la croix aux Thibaudeaux et au chemin qui
vient de Coussay à Puzeoux, et au chemin qui vient de Coussay à
la Fourneraye, un terrer entre deux d'autre part. *Item*, une pièce
do bois, pré et chaume appelé le pré Marteau, qui contient journau
de quatre faucheurs ou environ, tenant au bois Geffroy Duplesseiz
ung terrier entre deux, tendant led. terrier audessus du marchaiz
de Prissay (1) tendant à la Boulerotière et tendant à la peluche de
Prissay, une levée entre deux et à un terrier qui sépare la peluche
et mes bois d'autre part et au chemin qui vient au bout du pré
Guérin tendant à la fosse du quarroy Robin d'autre part et par
led. chemin, le bois de chappitre de Saint Pierre de Poitiers et les
miens et d. part au bois au prieur de Vaux et les part ung terrier
qui tient aux essars de la Donnalière tendant au chemin qui vient

(1) *Prissay*, lieu détruit et fontaine, entre la Rouère et Malaguet, commune de
Coussay-les-Bois. 1400, 1421.

de Coussay à la croix feu Jehan qui tient au bois Jehan de Marconnay, le chemin entre deux, et tenant à ung terroir tendant de la croix feu Jehan à la Bertière d'autre part, et aux terres Jehan Colderoau et aux prés de la Bertière et à ung terrier qui tient au bout d'un pré qui vait aux terres de la Guenardière d'autre part. *Item*, mes bois de la Bouvrayre, tenant au Bouchet des Loges d'une part et au Charrau Salvert d'autre part et au bois d'Auzon d'autre et au four de la Foulcaudière et le départ une courrance qui vient du four de la chau aux Goupillières de la Foulcaudière et au bois de messire Talebast, une courance entre deux qui vient du pré d'Aubeterre et vait au pré feu Guérin, d'autre part et au gué de la Combe d'autre part, et au chaigne de la Combe d'autre part. *Item*, mes prés de Pouzeoux tenant d'une part et d'autre à mes bois, et contiennent journau à deux faucheurs ou environ. *Item*, les prés du saule estans en mesd. bois qui contiennent journau de six faucheurs ou environ. *Item*, mes prez appelés anciennement les prez d'Aubeterre, lesqueux sont à présent en frische. *Item*, tiens à mon domaine plusieurs domaines et héritages qui sont à présent en bois et friche, lesqueux sont enclos en mes diz bois de Puzeoux et les soulois tenir. *Item*, tient à mon domaine le prieuré de Pouzeoux et les appartenances d'icellui, lequel est présent de buissons et bois, et souloient estre tenus de moy par soubz led. hommage. *Item*, tient de moi Thomas de Seigne, escuier, une foy et hommage lige que doit aud. escuier dame Ysabel de Dercé, à soixante souls de devoir aux droits et loiaux aides quant elles adviennent à cause et pour raison de son hébergement et des appartenances d'icellui sis en la paroisse d'Ingrande et illecques environ, lequel fu feu Hemonnet. *Item*, doit lad. dame pour raison de l'erbergement du Bour Noir appelé Bois Guernaut, cinq soulz, toutes foiz et quantes foiz que je faiz l'ayde au seigneur de Montoiron. *Item*, tient de moy ladite dame certains cens deubz en ladicte paroisse d'Ingrande, èsquieux je prens vingt et cinq soulz et le tiers en demouret. *Item*, tient de moy lad. dame toutes les aides des cens dessusdis. *Item*, tient dud. escuier lad. dame la tierce partie de la dixme d'Ingrande et les deux pars de terrage dud. lieu, excepté deux sextiers de froment et deux sextiers de saigle de rente que lad. dame ne tient point de moy. *Item*, tient de moy ladicte dame la moité du port d'Ingrande. *Item*, tient de moy ladicte dame une mine de saigle et une mine d'avoine et six soulz et trois chappons de rente que lad. dame a aud. lieu d'Ingrande pour raison de certains héritages sis à Ingrande. *Item*, une closure et un cheneuval tenant à la cloture Macé Dutay, six à... *Item*, tient de moy lad. dame la dixme de Remillé qui fut feu Jehan du Pin. *Item*, tient de moy certaines choses qui furent feu Guillaume Vaulin et les souloit tenir Guillaume Gautier à foy et hommage et trois soulz six deniers de service et sont lesdictes choses assises en... et de la dixme de Montpellyer; *Item*, tient de moy sur la disme d'Ingrande un sextier de froment et ung septier de saigle. *Item*, tient de moy ladicte dame toutes les choses que Pierre de Coué tient d'elle aud. lieu, à cinq soulz de service, avecques tous les cens qui lui sont deubz le jour de la miaoût. *Item*, tient de moy ladicte dame l'erbergement Dutay et la dixme aux Guillemaus qui est pardelà le pont Ribaté, et les souloit tenir d'elle Pierre Tapixer d'Oeré, à foy et hommage et cinq soulz de service. *Item*, tient de moy lad. dame, un herbergement sis à Batereau, et les appartenances d'icellui, lequel souloit tenir de lad. dame à foy et hommage Jehan des Vignes à six soulz de service chacun an. *Item*, tient de moy l'erbergement de la Motte Vieille et cellui qui fut feu Pierre d'Availle avecques les appartenances, lesquelles choses souloit tenir à deux foys et hommages et à six soulz de devoir au tiers an les hoirs feu Guillaume Bonneau. *Item*, tient de moy ladite dame la terre de Bonne Gaigne et la terre de Boye Aube, lesquelles souloit tenir ladite dame à foy et hommage à trois soulz de service au tiers an la femme feu Guillaume Prévost. *Item*, tient de moy ladite dame la disme de Marsay séant en la parroisse d'Ingrande, laquelle souloit tenir de laditte dame à foy et hommage et à quatre soulz de service au tiers an Guillaume Richard. *Item*, tient de moy laditte dame les choses que ses hoirs Guichoux de Marconnay tient d'elle à foy et hommage et à quatre soulz de service au tiers an en port d'Ingrande, et avecque les cens, disme et terrage qu'ilz ont audit lieu avecques une mine d'avoine de rente. *Item*, tient de moi ladicte dame les choses que feu Guillaume Avoine tient d'elle à foy et hommage et à quatre soulz de service, c'est assavoir la cloture de la Besongnère et les terres et vignes dudit lieu. *Item*, tient de moi ladite dame le tiers de la moitié du port d'Ingrande et des avoines deues à Ingrande, excepté les assencez, lesquelles choses souloient tenir d'elle Geffroy de Marigné à douze deniers de franc devoir. *Item*, tient de moy ladite dame les choses que le seigneur de Marsugeau tient d'elle à foy et hommage et cinq soulz de service au tiers an et vingt soulz, aux loiaux aides, et sont les choses sises environ Saint Eustre et sur le port d'Ingrande et sur la disme, terrage et advenage d'Ingrande. *Item*, tient de moy le seigneur de Marsugeau les choses que Guillaume d'Allemengne tient de luy à Saint Eustre et illecques environ. *Item*, tiennent de moy les hoirs de Macé et Jehan de Chaignes et Geffroy de Marigné, ce qu'ils ont on village de Saint Eustre, à cinq soulz de franc devoir. *Item*, ung sextier de froment de rente qui est dû du fief d'Ingrande dont les hoirs Jamet Lecoustre doivent huit deniers de cens et une pièce de terre sise à la Sablonnière et trois portées de nois deues à la Bonnalière. *Item*, tient de moy ladite dame les choses que feu Germain Pouppaut tenoit d'elle à foy et hommage, la moitié de la disme de Rémillé que feu Guyon Levrant tient d'elle à ung cheval de service deu au IX⁰ an, du pris de vingt soulz et vingt soulz aux loiaux aides, c'est assavoir l'erbergement du Bour Noir vulgaument appelé Bois Guernault et la cousture d'icellui, lequel tiennent les hoirs de feu Bertrand de Mongeant, et deux autres pièces de terre sises en la parroisse Saint Hillaire de Mons et trois pièces de pré, desquelles les deux pars sont assises jouxte la Roche de Senillié, et l'autre est sise en l'Auzon et sont appelés les prez de Boisgrenant. *Item*, tient de moy ladicte dame les choses qui s'ensuivent lesquelles souloit tenir Germain Pouppaut et Guillaume de Chaignes de ladite dame à ung roucin de service au IX⁰ an et dix soulz aux loiaux aides, et sont les choses sises en la parroisse d'Asnières, tant cons, terres, prez, vignes, rentes et chappons. *Item*, est en mond. fief le lieu de la Foardière avecques les appartenances d'icellui, que tient à présent de moy Berthelin de Latouche. *Item*, tiens à mon demaine six soulz et deux chappons de rente que doit le prieur de Remeneuil, annelins, sur l'erbergement de la Gerbaudière et sur les appartenances d'icellui, séant en la paroisse d'Antran. Et toutes et chacunes les choses susdictes je tiens et advoue à tenir de mondit seigneur le viconte en nom que dessus ensemblement on toute justice et juridicion haulte, moienne et basse, telle comme mes prédéces-. seurs ont acoustumé le temps passé à tenir, pocéder et exploiter en icelle. Et fois protestacion à vous mondit seigneur, d'acroistre, diminuer, corriger, spécisfier et déclairer en lieu et en temps et quant mestier sera, et de plus ou moins baillier si de plus me puis remembrer et sitost qu'il vendra à ma congnoissance queque soit, dedens le temps que coustume et usage de pais donne. En vous suppliant, mon très doubté seigneur, que si j'ay aucune chose erré, ne obmis à mettre en cestui mon adveu présent et il viengne à vostre congnoissance qu'il vous plaise le me faire à savoir et incontinent je le adresseray à mon povoir et le advoueray à tenir de vous en cestui mon adveu, en la manière qu'il appartient et selon l'usage et coustume du pays. En tesmoin desquelles choses j'ay scellé c'est présent adveu de mon scel et fait signer à ma requeste aux nottaires cy dessoubs le VII° jour de janvier l'an mil CCCC vingt et sept, ainsi signé de trois nottaires : J. Bodin, J. Rouceau, J. de Morry, et en la marge de ce présent adveu estoit escript ce qui en suit. Et je Jehanne de Jussac, fame dud. Josselin, comme ayant le gouvernement de ses enfans, confesse et advoue à tenir les choses contenues en ce présent adveu en oultre le devoir susdit au devoir de rachat toutes fois que icelles echerront en hoir femiau, selon la coustume du pays; et en tesmoingnage de ce j'ay fait signer ces présentes du seing manuel du nottaire cy dessoubz; escript le IX° jour de juillet l'an mil CCCC et XXXI. Ainsi signé : J. Nepveu.

Receu à court et baillé par ledit Josselin d'Aux le XVII° jour de avril l'an mil CCCCXXVIII. O les protestations que de droit. Ainsi signé : S. Paluau.

1443-1473, Pierre d'Aux ; 1493, Jeanne Guérin, veuve de noble homme Jean d'Aux.

« Le 5 novembre 1436, sentence est donnée au siège de Poitiers par laquelle le vicomte de Châtellerault est conservé en la jouissance et possession où il étoit de la seigneurie de la vigerie de Poictiers, laquelle Étienne d'Aux, en son vivant, seigneur du Bornais et de Pouzioux et ses prédécesseurs avoient accoutumé de toute ancienneté tenir du vicomte de Châtellerault. »

XXXV

5 juillet 1424. — Aveu des Mées (1), par Jehan d'Usseau, écuyer, à hommage lige et au devoir de dix s. aux loyaux aides. Justice haute, moyenne et basse.

(1) Commune d'Usseau.

... Lieu · et forteresse des Mées, assise en la paroisse d'Usseau, avec la gaignerie à trois bœufs ou environ, assise auprès et alentour de mond. lieu et fort, et la garenne, la fuye, le cloux de vignes et traillcs fermées à murs, contenant en soy journées de cent hommes ou environ... L'église de la Barroterie, touchant au clos dud. lieu... Lancelot d'Usseau, chevalier s' de Remillé,'parageur..., un hostel appelé la Bordenière sis la en paroisse de Nancré...

1432, aveu rendu à dame Isabeau de Poictiers, veuve de feu messire Geoffroy Bouciquaut, sieur de la Motte d'Usseau, par Jean Dousseau; valet, sieur des Mées, pour sa gaignerie des Mées, relevant d'Usseau.

XXXVI

Pénultième d'août 1430. — Aveu de Beaumont (1) par Guillaume de la Lande, à hommage lige et au devoir de douze l. aux loyaux aides. Justice haute, moyenne et basse.

... mon hébergement de Beaumont dès la vieille porte si comme l'on vait droit à l'eschale outremont et la moitié d'icelle tant devers l'oustel mess. Jehan de Marconnay, chevalier..., les treilles do la fuye et la fuye qui sont devant led. hébergement... gaignerie à quatre bœufs... les moulins de Supplize et de Beaumont, à blé et à draps et l'esve appartenant auxd. moulins et led. port... fief de Guinement (2)... les moulins du port de Beaumont avecques les terres, pêcheries, port, caves et le cours d'icelles dessoubs et dessus, c'est assavoir dès le vieil port de Beaumont jusques au Bourneil (le moulin de Bourneil) et les hommes destreignables qui y doivent moudre par contrainte en et par la fourme et manière que les souloit tenir de mes prédécesseurs feu messire Jehan Charchemot, doien de Poitiers...

1440, Jean de la Lande pour moitié; 1464, Louise de

(1) V. l'aveu, n° 43.
(2) *La Roche* ou *la Motte Guinement* relevait de la Tour de Beaumont. Ce lieu est aujourd'hui inconnu.

la Lande, veuve de Emery de Brizay, écuyer, pour son domaine, sa tour et forteresse de Beaumont.

XXXVII

27 juin 1431. — Aveu de Loys Philippes pour la Tour aux
Poupaux (1), à hommage plein et au devoir de dix s. aux
loyaux aides. Haute, moyenne et basse justice.

... Une place où soulait avoir anciennement une tour appelée
la Tour aux Poupaux, avec plusieurs fondeiz touchant à lad. place
et un petit vergier touchant auxd. fondeiz, le tout assis on bourc de
Senillé, près de l'église dud. lieu, tenant d'une part au chemin tendant de la maison feu Pierre Chauvin à la maison au Moine et de
toutes autres parts à lad. église... une maison nouvellement esdi-
fiée avec une pièce de terre et une treille tenant à lad. maison, le
tout assis en lad. paroisse de Senillé... touchant au cimetière...

1388-1431, Louis Philippes; 1434, Jean de Mourry;
1437, Louis Cherbonnier.

XXXVIII

1ᵉʳ juin 1431. — Aveu de La Ronde (2) par Guillaume
Fossier, à hommage plein et au devoir de soixante s.

... Guillaume Fossiez à cause de Jehanne Vallée, sa femme, et
comme ayant le bail et administracion de Perrin et Pierre Vallée et
de Marguerrite Vallée, frères et sœur de lad. Jehanne..., mon
hostel de la Ronde, assis en la paroisse de Valesche (3), avec le
cloux contenant journée de quinze hommes... fuye ondit cloux...
garenne à connilz... chemin de Cochereau à Saint Romain...

1392, Aimery de Marconnay, valet; 1427, Jean Vallée,

(1) Commune de Senillé.
(2) Commune de Vellèches.
(3) Châtellenie de Puymilleriou.

valet ; 1431, l'avouant ; 1435, Pierre Vallée ; 1440, Mathelin de la Tousche ; 1445, Jean Doutre la Voye le jeune,
écuyer ; 1457, Yvon Le Blay, écuyer ; 1473-1494, Guillaume le Blay, écuyer.

XXXIX

12 septembre 1423. — Aveu de la Touche (1), par Guy de
la Touche, chevalier, tant pour lui et pour droit de « Aisne-
age » que comme ayant le bail de ses frères mineurs, à
foi et hommage lige, et au devoir de vingt l. aux loyaux
aides. Justice haute, moyenne et basse.

... le bail de la Tousche. La forteresse ancienne entourée de
douves anciennes... bois, prez, moulins, estangs, garennes... Les
gardes de mes hommes à garder ma forteresse, si comme mes pré-
décessours et moi l'avons accoustuiné à en user et exercer tant sur
les hommes qui tiennent de moi même que sur les hommes de mes
parageurs et autres hommes et subgiez...

En marge on lit :

Corrigé en tant que touche la garde de ses hommes et a été dit
par sentence qu'il ne doit avoir aulcuns guetz, doresnavant vendront
à Châtellerault.

En effet, par une transaction passée en 1444, entre le
vicomte de Châtellerault et le seigneur de la Touche, le droit
de péage et de guet resta au susdit vicomte.

... L'hostel d'Avrigné, les terres et devoirs qui me sont dûs à
cause dud. hostel en la ville d'Avrigné et les moulins à esve, les
prés et lad. ville... Hardouin de la Tousche, mon oncle, en prend
la moitié... hostel des Meurs, de la Maison Neuve, de la Fortinière,
la Varenne, la Boustière, Moncler, la Volinière, Collay... (2).

La mouvance de cette baronnie était considérable.

(1) Commune de Saint-Gervais.
(2) « Reçu à court, le 3 juillet 1431. »

XL

30 juin 1431. — Aveu de Salvfert (1), à foy et hommage
lige et au devoir de cinquante s. aux loyaux aides. Justice moyenne et basse.

... Alexandre de Billy, écuyer, seigneur de Monclair (2), à
cause de Louise de la Touche, ma femme... Autres cens communs
entre moi et le seigneur de la Cognonniere (3) à cause dud. fié
de Salvert...

XLI

10 juillet 1431. — Aveu de Perrot Bregier comme ayant
le bail de son fils (c'est la Rimbertière) (4), hommage
lige, cinq s. à muance de seigneur. Moyenne et basse
justice.

... Perrot Bregier comme ayant le bail de Méri Bregier, son fils,
avoue tenir à cause de la terre de la Plante... une maison assise
à la Rimbertière... terres tenant du chemin de la Plante à Châtelerault.

1357, Jean Rimbert *alias* Bigeon, pour une maison assise à la Rimbertière ;   1390, Jeannot Vavasseur ;   1417,
l'avouant, à cause de Jeanne Vavasseur, sa femme ; 1445,
Emery Brégier, fils de Perrot.

XLII

12 août 1431. — Aveu du Savinier (5) par Pierre Berlant, écuyer, à hommage lige et au devoir de cent s. aux
loyaux aides.

(1) Communes de Saint-Sauveur et Senillé. *Hostel de Sallevert, 1438.*
(2) Commune de Saint-Gervais.
(3) *La Cononnière,* commune de Saint-Genest.
(4) Commune de Thuré.
(5) Dans la ville de Châtellerault, près e couvent des Cordeliers.

De vous, et resdoubté et très puissant seigneur, monseigneūr le conte de Harecourt et d'Aubmalle, vicomte de Chastelleraut, Je, Pierres Berlant, escuier, seigneur du Savinier, tiens et adveue à tenir tant pour moy que pour mes parageux et parsonniers à foy et hommage lige à cause de vostre dicte viconté au devoir qui s'enssuit. C'est assavoir cent soulz payables aux loyaux aides toutes foiz qu'elles adviennent de droit, raison, usage et coustume de pays et au droit de rachat, toutes et quantes fois que ma terre escherra en Loir femeau selon la coustume du pays les choses qui s'enssuivent. Et presmièrement, tiens à mon demaine mon herbergement du Savinier qui est de présent fondeiz avecques ses appartenances, assis en la ville de Chastelleraud, desrières les maisons aux Cordeliers. *Item*, tiens en mon demaine ung herbergement que souloit tenir Jehan Lejau à ung sextier de froment et dix soulz en desniers de rente. S'ensuivent les cens et revenuez que me doivent les personnes qui ensuivent : premièrement les hoirs feu Jehan Guichart, dix soulz et ung chappon de rente sur la Roche Baquelart. *Item*, Jehan Ragot, trente et cinq soulz de rente et treize soulz et quatre chappons de cens, qui sont deubs à Villechenour (1), chacun an, à la miaoust, sur certaines choses que souloit tenir led. Ragot et Jehan Fonteneau. *Item*, seize soulz de rente qui me sont deubs sur une maison assise en Chasteauneuf qui fu à feu Pillot l'aisné, que tient à présent la femme feu Jehan Jambin. *Item*, six deniers de cens que me doit Jehan Bonnaut de Chastelleraud pour raison des deux maisons où il demeure et les quelles furent à feu Jehan Lecoende avecques les vergiers et appartenances d'iceux et tenans ensemble, assises en la parroisse de Saint Jehan Baptiste. *Item*, six soulz cinq deniers de cens que doit à présent messire Pierres des Aubues pour raison de son houstel et vignes de la Rainterie assis en la parroisse de Postumé. *Item*, soixante soulz de rente sur une maison assise en ladite ville de Chastelleraud devant le four des bancs, laquelle fu feue Tempeste, et la tiennent à présent Aymery Pontenier et sa fame. *Item*, cinquante soulz de rente que me doivent chacun an les hoirs feu messire Guillaume Taveau, chevalier, pour raison de leur houstel, roche, et appartenances d'icellui qui fu feu Jehan Dordueil, assis en lad. ville de Chastelleraud, en la Grant Rue d'icelle, tenant d'une part à la maison à la Poitrinaude et d'autre part à la

(1) Commune de Châtellerault. *Les Perrières, aultrement Villechenour.*

maison Hodes Baudin. *Item*, trois soulz de cens que me doit chacun an messire Jehan de Jaunay, chevalier, pour raison de la cousture Renoux qui est assise entre le grant chemin tendant de Chastelleraud à la Roche de Pozay, et le chemin tendant dud. Chastelleraud à l'église de Postumé, laquelle cousture tient à présent ledit
messire Jehan de Jaunay, Jehan Dorin et Josselin Rivière. *Item*,
vingt soulz et ung chappon assis sur une maison et appartenances
d'icelle où souloit demeurer feu Jehan Pouvreau et sa femme, assis
en ladicte ville de Chastelleraud, et laquelle tient de présent la
Poitrinaude et tient d'une part à la maison desdis héritiers dûdit
Taveau et d'autre part à la maison de André Lucas. *Item*, quatre
livres de rente que me doivent chacun an les hoirs feu Guillaume
Lucas pour raison d'un herbergement où souloit demeurer ledit feu
Jehan Pouvereau avecques ses appartenances, onquel demeure de
présent led. André Lucas, fils dudit feu Guillaume Lucas. *Item*,
cinquante soulz de rente qui me sont deubz sur la maison que
souloit tenir Camin et les hoirs feu Ytier Depuyneaux et laquelle
tient de présent led. André Lucas. *Item*, deux sextiers mine de froment et deux chappons de rente assis sur la Gentillière et sur les
appartenances d'icelle, que tient à présent Jehannot Guichart et
Jehan Audru. *Item*, quatre soulz de cens que me doivent les hoirs
feue Thomasse Bourillaude et Grant Jehan des Aubues, pour raison
de quatre boessaux de froment de rente qu'ilz ont sur led. lieu de
la Gentillière. *Item*, quatre livres en deniers et deux chappons de
rente que me doivent chacun an Jehanninet de la Chaunère, à cause
de sa femme pour raison de l'oustel la Tortinère (1) et appartenances
d'icelluy que souloient tenir Bery et Perrot Delome. *Item*, six soulz
de cens assis sur la maison qui fut maistre Jehan le taillandier, que
tiennent à présent les hoirs feu maistre Jehan de Morry et feu Colas
Ledoulx. *Item*, six boess. d'avoine que me doit chacun an Jehan
Naintré, dit Boislève, à cause des esgretages de quoy mes prédécesseurs souloient avoir chacun an deux sextiers de mouturance quatre
chappons et quatre soulz de rente. *Item*, les hoirs feu Colas de la
Fuye que tient à présent Simon d'Aurigné, deux rez d'avoine assis
sur la maison de la Garde autrement appelée Lentesierre. *Item*, Raim-
baut de la Plante trois boess. d'avoine et ung chappon assis sur la
Rainée. *Item*, Jehan Bardin et ses parsonniers, trois boess. d'avoine

---

(1) La *Tortinière*, commune d'Antran.

assis aud. lieu. *Item*, sur l'héritage que tient à présent Jehan du Vergier, ung rez d'avoine. *Item*, tiens et advoue à tenir de vous mond. seigneur, soubz ladicte foy et devoirs susdis, quarante huit soulz de cens ou environ qui me sont deubz chacun an à chascune feste Saint Michel à demi pié de chandelle, sur la fenestre de la maison que souloit tenir Boissereau, cordouennier, estans lad. devant l'oustel du Signe en vostre dicte ville et laquelle maison tient de présent Pierres l'Escossois. Justiciables lesd. cens à VII s. VI d. d'amende sur les desfaillans de paier à ladicte heure et lieu, et s'enssuivent les parties : premièrement le prieur de Montmorillon pour raison de son herbergement et vergier assis en lad. ville. XVIII d. *Item*, Guillaume Gauvigneau et sa femme pour feu Jehan Garinneau, boursiers, pour raison de sa tennerie, II s. VI d. *Item*, Jehan Martin pour raison de la maison qu'il tient qui fu feu messire Estienne Berlaiz, prestre, estant prez d'Antoigné, II s. III d. et une géline. *Item*, la femme feu Jehan Prinaut pour feu Jehan Josselin pour raison de leurs maison, vergiers et appartenances d'iceux, assis en lad. ville, près de la porte aux Peletiers et lesquieux furent aux Peletiers, X s. X d. *Item*, les hoirs feu Guillaume Lucas pour feu Jehan Dupalais pour une place ou souloit avoir maison assise devant la porte aux Peletiers, laquelle fut à la Trougère, XVIII d. *Item*, lesdiz hoirs dud. Lucas pour ledit Dupalais pour une maison qui fu Perrin Herbert, estans de l'autre costé de la rue XII d. *Item*, la fame feu Guillaume Rousseau pour messire Pierre Fizicien, prestre, de la maison qui fut maistre Jehan le taillandier, laquelle tient les hoirs feu Guillaume Acton, II s.. *Item*, les hoirs feu messire Jehannot de Morry, prestre, pour la maison qui fut audit maistre Jehan le taillandier et laquelle souloit tenir Perrot Linart, estans en lad. ville, II. s. *Item*, Jehanne Roussele pour la maison qui fut Jehanne Bertonne et est devant la porte messire Pierre Fizicien, IX d. *Item*, la fame feu Guillaume Rousseau pour led. Fizicien, pour ung fondeis tenant à la maison Assailli, IX d. *Item*, Gibaut et Jehan Fortin, tant de la maison à la Durande et du vergier que de l'autre maison estant de l'autre partie de la rue tenant à la maison qui fut Pasquer de Doy et de la maison Pierre Lebreton et de la maison de la Tannerie, tenant à la maison dud. Lebreton, et d'autre part à la petite rue et laquelle tient du présent Phelipon Mousseau, pour le tout, IIII s. X d. *Item*, les hoirs messire Herbert Martin, prestre, pour la maison qui fu messire Pierre Fizicien et la

quelle fut feu messire Berthomé Pasquet et la souloit tenir la Pagute
tenant d'une part à la maison aux hoirs à la Bosseronne, et d'autre
part à la maison feu Pasquet de Doye, IX d... *Item*, les curés de
Saint Jean Baptiste pour raison d'une maison que souloit tenir messire Hugues Gouriaut, prestre, assise prez de la maison messire
Pierre Fizicien, XVIII d. *Item*, les hoirs Jehan Dordueil pour raison
d'une maison qui tient à la maison Jehan Thomas, et d'autre part au
quarroy et à la rue tendant dud. quarroy à Saint Romain et laquelle tient de présent la Barraude, XVIII d. *Item*, Simon Boilesve
pour Perrot Pouvercau, pour raison d'une maison qui fu feu maistre
Jean Lambert et laquelle souloit tenir naguères Guillaume Cardineau, III s. *Item*, Simon de Vic, pour feu Guillot de Vic, pour
une maison que souloit tenir La Fouquecte, XII d. *Item*, les hoirs
feu Michau Cardineau et Jehan Guérin pour une maison assise prez
la maison à la Fossière et auprès du four à Coignon, et d'autre part
à la rue Marsault, III s. *Item*, les hoirs feu messire Herbert Martin
pour raison d'une place estant en vergier et la quelle souloit estre
en maison et la souloit tenir mess. Guillaume Bariaut, prestre, et
fut à feu Pierre d'Orléans, tenant à la maison qui fu maistre Geoffroy le Fizicien et au vergier que souloit tenir Guillaume le fornier
et à la maison qui fu à la Pacquette, IX d. *Item*, Pierre l'Escossois,
pour raison de la maison en quoy il demeure estant devant l'oustel
du Signe, laquelle fut feu Estienne Boisseriau, XVIII d. *Item*, Philippon Mousseau, pour raison d'une maison tenant à la maison feue
Ythière Fossière, laquelle souloit tenir Raoulet du Plesseis et led. feu
Estienne Boisseriau, IIII d. ob. *Item*, les procureurs de la fabrice
de Saint Jehan Baptiste dud. lieu de Chastelleraud pour raison de la
maison que souloit tenir feu Adam Lambert et feu messire Jehan
Michelet, laquelle tient à la maison qui fut feu Raoulet du Plesseis
et à la maison feu Jehan Philippes, IX d. *Item*, Jehan Dupuys dit
Aumoufle, pour raison d'une maison tenant à la maison feue Ytière
Fossière, qui est près de la maison Colinet, le cordouennier, IX d.
Item, les hoirs messire Jehan Lorion, prestre, pour raison d'une
maison qui fut feu Yvonnet de Morry et paravant à feue Ythière
Fossière, XVIII d. *Item*, les hoirs Bigote Lorionne pour feu Thomas
Bestiou pour raison d'une maison tenant à la maison feu Michau
Ferron et d'autre part au vergier feu Estienne Peletier, XXII d.
Item, les hoirs feu messire Jehan Lorion, prestre, pour raison d'un
vergier qui fut feu Thomas Bestiou, assis à la Croix Boulart, XX d.

Item, Johan Aujart pour raison d'un chenoveau estant près du prez Trousset, et lequel fut feu Guillaume Garreau, VIII d. *Item*, Robin Martin, I d. *Item*, les hoirs Jehan Dubreuil pour raison d'une pièce de vigne assise en l'Erce (1), I d. *Item*, les hoirs Perrot des Aubues et sa femme pour raison d'un herbergement qui fut à la Martine, mère de lad. femme et lequel tient de présent Jehan Aumoufle, VI d. Tiennent de moy ond. fief les hoirs Johan Lequeux, les hoirs Jehan Bouchart, les hoirs à la Blanchère, les hoirs Jehan Linart, les hoirs Jehan Giraùt et Jehan Fortin au quart des fruiz, les choses que souloit tenir de moy Jehan de Forges, valet, à foy et hommage à ung roucin de service du pris de cent soulz poyables au IX⁰ an, XXXIII s. IIII d., aux loiaux aides, lesquelles choses sont assises au Chastellier prez de Chastelleraut, tant terres, vignes que autres choses. *Item*, tiennent de moy les hoirs feu Jehan Lucas, recouvreur et Jehan Hastebeau, certaines maisons et vergiers que souloient tenir jadis Pierres des Essars à cinquante soulz de rente. *Item*, tiennent de moi les hoirs feu Guillot Dufour, une maison et apentis d'icelle qui est assise au quarroy de la Barre et fait le coing dud. quarroy, et de présent la tient Pierre Laurens à XX s. de rente. *Item*, s'ensuivent les choses que souloit tenir de moy Huger Dise et de présent les tiennent ses hoirs à foy et hommage à ung roucin de service du pris de cent soulz rendus au IX⁰ an, et XXXIII s. IIII d. aux loiaux aides, scelon la coustume du pays, lesquelles choses souloient tenir de mes prédécesseurs par la manière susdite Pierres Berlend, filz de feu Geffroy Berlend, de Poitiers. Premièrement, une disme ou dismerie de blez, vins, potages, chanvres et lins, assis en ladicte viconté ès parroisses de Saint Jehan l'Évangéliste, de Saint Romain et de Naintré, en la disme de Valette et en la disme de S. Romain ensembles en la VI⁰ partie que lesdis héritiers ont en la disme de Valette et la VIII⁰ partie qu'ilz ont en ladicte disme de Saint Romain, ainsi comme ladicte disme se peut estendre de longueur et de largeur, c'est assavoir dès le ruissel de Ruissaut jusques au Chaigne pendable, en alant le sentier de S. Germain jucques à l'Envigne, laquelle disme peut bien valoir communs ans IX l. X s. de rente ou environ, assiete de pays. *Item*, tiennent de moy les hoirs feu Guillaume Mauvoisin, ond. fief à XII d. de franc devoir poyables chacun an les choses qui s'ensuivent. Premièrement XII s., I chappon de rente que lui souloit devoir Letort de Soison, l'aisné, sur la grange et appentis

(1) L'*Herse*, commune de Châtellerault.

d'icelle assis près de la maison Fraresson, lesquelles choses lesdis
hoirs tiennent de présent. *Item*, X s., I chappon de rente que lui
doit Jehan Ameil sur les maisons qui furent à la feue Quorule de la
Chaume. *Item*, V s. et I chappon que lui doit Estienné, le huisier
de ses choses de Varennes. *Item*, IX s., I chappon et une géline que
lui doit Terrasseau de sa terre du Vergier. *Item*, XII s., I chappon que
lui doit Bery Conillart de la terre de la Chaume. *Item*, V s., I chappon
que lui doit led. Bery Couillart, assis sur le lieu appelé le vergier mons.
Le viconte. *Item*, VIII s., I chappon que lui doit Roguereau de sa terre
de la Chaume. *Item*, VII s. I chappon que luy doivent les hoirs feu
Aymery Delestant de leurs terres et vergiers. *Item*, II s., qui sont
deubs ausdis hoirs sur le vergier à la Pichère. *Item*, XVI s. I chappon, une géline que lui doivent les hoirs feu André, le rouer sur
leur herbergement et appartenances. *Item*, trois prévendiers de
froment de rente que lui doivent les Billés sur les vignes au prieur
de Montmorillon tenans aux vignes au faucheur. *Item*, V s. I chappon de rente que lui doivent les hoirs Jehan Cailler sur les vignes
assises aud. vergier mons. le viconte. *Item*, tiennent de moy lesdis
hoirs dud. Mauvoisin les vignes des Trinquaudères et les vignes du
Gué que souloit tenir Pierre Berland et C^t VIII s. III d. prévendiez de
froment; XVI chappons et deux gélines, le tout de rente que ledit
Pierres Berlend souloit avoir ès terres et vignes assises [à] Chasteauneuf. S'ensuivent autres choses lesquelles sont assises aux Arbail-
loux. Premièrement une pièce de terre assise audessus du pont d'Es-
trez tenant au long de la rivière d'Anvigne et à la terre Simon Chas-
taing, que il tient de vous mond. seigneur laquelle est à mon
demaine. *Item*, une autre pièce de terre que tient Gaubert, assise
près dud. pont, le chemin entre deux. *Item*, une pièce de pré que
tiennent les hoirs feu Colas le Doulx au pris de ungs gans blans du
pris de VI d., tenans et estans auprez des portes du cours de la
rivière d'Anvigne, contenans journée à deux faucheurs, ou environ. *Item*, les hoirs feu Guillaume Acton, IIII boess. de froment de
rente, pour raison d'une pièce de pré assise en ladicte rivière, laquelle fut feu Raoulet de Beaufichet et à feu Guillaume des Aubues,
contenans journées à deux faucheurs ou environ. *Item*, une pièce de
pré que tient à présent Jehan Hignon, l'aisné assise en ladite rivière,
tenant du pré dud. feu Acton, contenant journ. à ung faucheur.
Item, Jehan Chevalier pour raison d'une pièce de terre et prez, estans près de la Berlandière, une mine de froment et une géline de

renté. *Item,* les hoirs feu Colas ledoulx aux prés susd., une pièce
de pré contenant journ. d'un faucheur, laquelle fu feu Colaz Thomas d'Auzon. *Item,* deux boess. de froment et une géline de rente
que me doivent les hoirs feu Guillaume Guinebaut pour raison d'un
pré assis en lad. rivière, laquelle fut feu Michau de La Chaume et
au Noble des Aubües contenant journ. à deux faucheurs. *Item,* une
vergnoie que tient Chevalier, au devoir susd. contenant IIII boess.
de semence ou environ aux ung cheneveau qui fut Barbot, contenant IIII boess. de semence et ung autre chenevrau estant en vergnoie, contenant IIII boess. de semence, lequel souloit tenir le
Noble des Aubues et une pièce de pré qui souloit estre à Thomas
Lenglois, garenneur, contenant IIII boess. de terre. *Item,* XII d. de
rente que doivent chacun an les hoirs Guillaume Acton pour raison du marreau de rente qui fu à feu Guillaume des Aubues et lequel est à présent en pré tenant au pré Jehan Hignon. *Item,* s'ensuivent autres terres estans soubz la Berlandière que souloient tenir
Guillaume des Aubues et Jehan Poetau, premièrement une pièce de
terre tenant au chemin par lequel on va du pont d'Estrée à la Berlandière, contenant une minée de terre. *Item,* une autre pièce de
terre tenans à la terre de vous mond. seigneur et à la terre feu
Poeteau contenant VI boess. de terre. *Item,* une autre pièce de terre
qui fut à feu Guillaume des Aubues, tenant au chemin qui vient du
Puy de la Garde à la Maladerie, contenant X boess. de terre, lesquelles je tiens à présent à mon demaine. *Item,* s'ensuivent autres
terres qui à présent sont en bois, lesquelles je tiens à mon demaine,
tenant d'une part au bois de vous mond. seigneur et aux terres de
la Berlandière, qui sont en bois, contenant l'une dicelles XII sexterées de terre et tenant icelles d'autre part du grand chemin tendant
de Chastellerauld à Poitiers. *Item,* une autre pièce de terre tenant
au chemin tendant du pont d'Estrée au port de Maulay et aux terres
qui furent Perrot de Chasteleraud et aux terres d'Auson et aud.
grand chemin de Poitiers contenant vingt sexterées de terre ou environ et lesquelles furent aux Tacher et aux Chaumeaux. Et fois
protestacion à vous mond. seigneur de acroistre, diminuer, corri-
gier, speciffier et déclairer plus à plain en lieu et en temps et quant
mestier sera et de plus bailler par escript si depuis me puis remom-
brer que en tieugne ou doyve tenir, et en oster si moins en tenoye
sitost qu'il sera venu en ma congnoissance, en vous suppliant mon
très doubté seigneur que s'il vient à vostre congnoissance que j'aye

aucune chose erré ou obmis en cest mon présent adveu qu'il vous plaise moy adresser ce faire savoir, et je offre à le repparer à l'ordonnance de vous et de vostre noble conseil. En tesmoing desquelles choses susdites j'ay fait mettre et apposer à cestui mon présent adveu vostre scel establi aux contraiz et dont l'en use en votre dicte ville et viconté de Chastelerauld, avec le saing manuel du nottaire cydessoubs escript le XII⁰ jour du mois d'aoust l'an mil CCCC XXXI, ainsi signé : S. Paluau.

Receu à court et baillé par led. Berlend le XIIII⁰ jour dud. mois, l'an dessusd. O les protestacions que de droit. Ainsi signé : J. Bodin.

XLIII

1ᵉʳ août 1431. — Aveu de Beaumont (1), par Jehan de Marconnay. A hommage lige et au devoir de cent s. aux loyaux aides. Justice haute, moyenne et basse.

... Mon hôtel de Beaumont, maisons, vergiers, fuyes...

1363, Briaud de Colombiers ; 1420, Jean de Marconnay.

XLIV

8 août 1431. — Aveu de Poligné (2), par Seguin de Puygiraud, tant en son nom que comme ayant le bail, garde et gouvernement de Thomas de Puygiraud, son frère. A hommage lige et au devoir de vingt-cinq s. aux loyaux aides. Haute justice.

... Ses bois assis à Poligné... (3).

1364, Jean de Naintré, valet, à cause de Jeanne sa femme ; 1391-1399, Jean de Naintré, le vieux, écuyer ; 1406-1410, Jeanne Talgenes, déguerpie, veuve de Jean de Naintré l'aîné ;

(1) *La Motte ou hôtel de Beaumont.* — V. l'aveu n° 36.
(2) *Poligny,* commune de Dangé.
(3) *La forêt de Poligné* est mentionnée en 1421.

1423, Seguin de Puygiraud pour ses bois ; 1431, l'avouant ; 1469-1473, Pierre Thibault, écuyer, a cause de Marie de Puygiraud, sa femme ; 1498, Antoine Thibault.

XLV

28 juillet 1431. — Aveu de Targé, nouvel, par Gabriel de Bernes, à cause de Jehanne de Targé, sa femme ; hommage plein et au devoir d'une maille d'or à muance d'homme et au devoir de rachapt. Haute justice.

...La tour dudit lieu de Targé, avecques la grant vieille chambre de l'hôtel dudit lieu, on laquelle est à présent la cuisine dudit hostel... un petit jardin estans entour ladite tour et ladite cuisine, le tout tenant ensemble et à la grande salle dudit hostel. Plantis de vigne... fuye... et vieilles vignes.

1411, Jeanne de Targé, épouse en secondes noces de Gabriel de Bernes ; 1491-1444, l'avouant ; 1453, Eustache de Nouroy ; 1464, Jeanne de Targé, pour sa tour de Targé ; 1472, Charles de Nouroy ; 1481-1494, Jean de Blanchefort (1).

XLVI

9 novembre 1431. — Aveu d'Alloigné (2), nouvel, par Guillaume d'Alloigné, écuyer. A hommage plein, au devoir de la moitié de quarante s. à muance de seigneur. Justice haute, moyenne et basse.

... Herbergement d'Aloigné avecques les vignes et vergiers tenans à icellui et aultres appartenances et dépendances d'icellui

(1) Par lettre du 19 mai 1493, Jean, duc de Nemours, vicomte de Châtellerault, permet à Jean de Blanchefort, conseiller et chambellan du roi, seigneur de Targé, d'ajouter un troisième pilier à sa justice en lui interdisant les droits de châtellenie. (*Doc. inédits pour servir à l'histoire du Poitou*, p. 91.)
(2) *Alogny* ou *château d'Alogny*, commune de Lésigny-sur-Creuse. — V. l'aveu n° 56.

hostel contenans lesdites vignes et vergiers quatre arpens de **terre**
ou environ... garenne à connilz séant autour ledit hostel... gaignerie à huist beufs, tant en terres labourables que non labourables, tenant d'une part au chemin qui va de la croix de l'Estang
à la tieblerie et d'aultre part à la rivière de Creuze et à la terre de
la Gastinalière, le fossé d'Augouan entre deux... huit arpens de boys
ou environ, tenant d'une part au boys de la Gastinalière (1) et
d'aultres aux gasts de la Roche de Pouzay et aux bois de messeigneurs de Saint Pierre de Poitiers, à cause de leur hostel de la Pa-
trière et à la rivière de Creuze d'aultre... La moitié de l'eaue de la
rivière de Creuze dès le fossé d'Angouan jusques au gué de la Roche
Rasteau (2)... avec pescherie à tous engins et tesures et mon port à
bateau à passer icelle dite rivière au droit de l'eaue au seigneur de
la Forge... la tieblerie assise auprès dudit port et tenant à ladite
rivière de Creuze...

1434, Boucher d'Alloigné, écuyer ; 1461, Jean Pasquier,
échevin de Poitiers, pour son port à bateau à passer la rivière de Creuse au droit de l'eau du seigneur de la Forge,
pour sa tuilerie assise auprès dudit port, pour deux pièces
de terre dont la dernière est appelée la terre de la Croix de
l'Étang...; 1473, le même.

XLVII

12 septembre 1432. — Aveu du Chastellier (3) par messire
Régnault de Monléon, chevalier, à cause de Jehanne de
Couhé(4), sa femme, à foy et hommage lige et à sept l. aux
loyaux aides.

De vous, mon très chier et très doubté seigneur, monseigneur
le conte de Harcourt et d'Aubmalle, viconte de Chastcleraut,
Je, Regnault de Montléon, chevalier, tiens et advoue à tenir à cause

(1) La *Gatelinière*, commune de la Roche-Posay.
(2) Commune de Lésigny, anc. fief du chapitre cathédral de Poitiers.
(3) Commune de Cenon.
(4) Ancienne maison noble, originaire de Coué, com. de Cenon.

de Jehanne de Couhé, ma femme, pour raison de vostre viconté de Chasteleraud, tant pour moy que pour ceulx qui tiennent de moy, à foy et hommage lige et à sept livres aux loyaulx aides quant le cas y advient et au devoir de rachapt toutesfois que mon fief vient en hoir féminin, tel que la coutume du pays, le veult les choses qui ensuivent. Premièrement, mon hostel du Chastellier, séant en la parroisse de Cenon, entre le Clain et la Vienne, et les treilles qui y sont et la gaignerie à deux beufx qui bien vault sept livres de rente ou environ. *Item*, la garenne ainsi comme elle se ensuit, la pescherie du Clain des l'escluze du moulin de Maulay, jusques au pré feu Berthomé Amassart, à toutes tesures (1) et engins, sauve et excepté à ramiers et dès lad. escluze et moulin jusques à la Vienne, je tiens à mon domaine. *Item*, la place d'un moulin à blé qui pevet bien valoir trois septs de moture chastellains de rente chacun an. *Item*, la place des moulins à draps touchant à lad. escluze de Maulay qui pevet bien valoir C. solz de rente ou environ. *Item*, les ysles et arbres qui sont assis entre la maison aux Barlays venant au long du Clain jusques au fort Clain qui bien peuvent valoir dix solz de rente ou environ. *Item*, la grant voirie et les mesures appartenans à mon hostel parmy ma terre. *Item*, aux Rabotes sept soulz huyt deniers, deux boisseaulx d'avoine et quatre chappons assis sur les héritages et hommes des Rabotes èsquelles choses les hoirs feu messire Guillaume d'Archigné ont le quart. *Item*, sept solz six deniers de rente que me doivent les hommes de Cenon et aultres gens, sur certains héritages séans entre le Clain et la Vienne. *Item*, touz les cens, les tailles, blez de rente et chappons que j'ay à Cenon, ensemblement on les hoirs feu messire Guillaume d'Archigné qui bien valent quatre livres de rente ou environ. *Item*, la grant voirie et toutes les mesures sur les hommes du Petit Cenon oultre Vienne et sur les choses que lesd. hommes tiennent de moy.*Item*, cinquante solz de rente que me doivent les hoirs feu Johan Berlays sur leur herbergement du Bouchau Marin et sur les treilles et sur les écluzes appartenant aud. hostel tant pour moy comme pour les hoirs feu messire Guillaume d'Archigné et toute la grant voirie et toutes les mesures dud. lieu et la quarte partie d'uns gans blancs que me doivent lesd. hoirs à muance de seigneur. *Item*, tous les cens et devoirs qui ont esté acoustumez à avoir et lever èsd. lieux. *Item*, une foy et hommage lige que me doit Jehan d'Allemaigne et ung cheval de service

(1) A tous genres de pêche.

du pris de cent solz à paier de neuf ans en neuf ans et trente et
trois solz aux loyaulx aides quant elles y adviennent selon raison,
usage et la coustume du pays. Toutes et chaculnes les choses héritages et domaines cy dessoubz déclairez. Premièrement, son herbergement de Cenon avec les appartenances et deppendances d'icellui,
soient vergiers, vignes, cheneveaux, mazureaux, fondeiz et ruines.
Item, seze sexterées de terre ou environ tenant à sond. hostel et tenant à la rivière et d'aultre part au chemin qui va de Chastelleraud
à Chistré et au chemin qui va de Cenon à Tarnay et touchant le
chemin qui va du pont de Cenon à la Tour d'Oyré entre deux.
Item, vingt et cincq solz six deniers et deux chappons que lui doit
Guillaume Fortin de Cenon, assis sur son herbergement et appartenances, tenant aux terres dud. Fortin et à la rivière. *Item*, Méry
Doulcet pour Merion, le bariller six boisseaux de froment et ung
chappon de rente qu'il lui doit pour cause de certains héritages.
Item, six deniers que lui doit Jehan Richart assis sur une pièce de
terre tenant à la Vienne et tenans aux terres dud. Jehan. *Item*,
Geffroy Blanchart, quatre solz six deniers, sept boisseaulx de
fromentet une géline assis sur son herbergement, vergiers et appartenances et sur une pièce de terre tenant à la terre au bariller et
aux terres que Guillaume Fortin tient de luy. *Item*, six deniers de
cens et ung chappon que lui doit led. Blanchart assis sur une pièce
de terre au gué tenant à la rivière et au chemin qui va à
Tarnay et à la terre que Fortin tient de lui. *Item*, sept deniers d'o-
blie que lui doit led. Blanchart assis sur une pièce de terre tenant
à la terre aux chanoines de Chastelleraut. *Item*, quatre deniers de
cens que lui doit le rectour de Cenon, assis sur la rivière et tenant
à la rivière Perrot Leclerc. *Item*, quatre deniers de cens que lui
doit messire Jehan Leclerc assis sur la rivière tenant à la rivière.
Item, ung prévendier de froment, quatre chappons, quatre solz, six
desniers que lui doit chacun an Jahan Reveillaut assis sur son herbergement, appartenances, vergiers et rivière et sur la terre du
Poubleau, tenant à la terre messire Johan Poissonnier. *Item*, sept
deniers ob. que lui doit Jehan Joslin assis sur une pièce de terre
tenant à la terre aux Arnaudeaux et au chemin de Tarnay. *Item*,
six deniers de cens que lui doivent ses confrères de Poustumé
assis sur deux pièces de terre appelée la Pescere tenant au chemin
de Targé et à la terre Légier Grasset. *Item*, ung denier de cens sur
la terre de la Peyrere tenant au chemin de Targé et à la terre

Guillaume Fortin. *Item*, six deniers de cens que lui doit Ytière Fossière, assis sur une pièce de terre tenant à la terre à la personne de Poustumé. *Item*, quinze deniers de cens que lui doivent les hoirs feue Agaisze Faigneuse sur la terre de Toutisfault. *Item*, huyt deniers de cens que lui doit Babelloin sur une pièce de terre tenant à la terre de l'église de Poustumé et au chemin qui va à Tarnay. *Item*, quinze deniers que lui doit Lassailye assis sur une pièce de terre tenant à sa terre et à la terre Ytière Fossière et sur une pièce de terre tenant à la terre au prestre de Poustumé et au chemin chastellain. *Item*, la déguerpie Guillot de Vic, sept deniers de maille assis sur une pièce de terre à la Codeluce. *Item*, six deniers que lui doit le rectour de Cenon assis sur cincq pièces de terre comprenant en elles en semence XXI boissellées ou environ tenant à ses terres. *Item*, s'ensuivent les choses que feu Jehan Bernier souloit tenir de mes prédécesseurs à foy et hommage plain à sexante solz de devoir à muance de seigneur ou d'homme et aux loyaulx aides quant elles y adviennent selon la coustume du pays, lesquelles choses Simon de Vic tient à présent à six deniers de franc devoir requérables. C'est assavoir : son hostel et appartenances de Froncilles (1) aultrement appelé Maulay, ainsi comme il se poursuit, avecques toutes mesures de blez et de vins, lesquelles je lui doy bailler à lui et à ses hommes si aucuns en a. *Item*, led. Simon de Vic tient et advoue à tenir de moy soubz le devoir dessusd. une pièce de vigne tenant aud. herbergement et aux terres dud. herbergement, le chemin entre deux, contenant journée de quatre hommes de bezoche ou environ. *Item*, une pièce de terre tenant aud. herbergement d'une part et d'aultre et aux vignes dess. d. le chemin entre deux, et aux terres à chappitre de Nostre Dame de Chastelleraud et plusieurs aultres d'aultre part contenant quatre sextérées de blez en semence ou environ. *Item*, une pièce de terre qui jadis fu feu Thomas Redueil, tenant à la terre à l'homme des Aubues contenant six boissellées de blé ou environ. *Item*, une aultre pièce de terre tenant à la terre dessus d., le chemin entre deux, et aux terres Jehan Massonneau d'aultre part, contenant deux boiss. de blé en semence ou environ. *Item*, ung marreau de pré tenant aud. pré d'une part et d'aultre contenant led. pré journée à trois faucheurs ou environ. *Item*, deux marreaux de terre contenant une sexterée de semence ou environ

(1) *Froncille*, commune de Châtellerault.

assis soubz la fontaine de Buignon, le chemin entre deux, et d'aultre
part aux terres du maroys. *Item,* une aultre pièce de terre assise
à la fontaine et au pré dess.d., le chemin entre deux, contenant
cincq boiss. de semence ou environ. *Item,* une aultre pièce de pré tenant aux terres dess.d. d'une part et d'aultre aux terres des hoirs feu
Jehan Desmier et aux terres du maroys. *Item,* une aultre pièce de terre
tenant aux terres du maroys à la maison Jehan Fouchart appellée Tour-
nechier, contenant une sexterée de semence ou environ. *Item,* deux
marreaux de terre tenant au pré des Chaumes d'une part et à la terre
dess.d., le chemin entre deux, et aux terres du chappitre de Nostre-
Dame de Chatelleraud, contenant une minée de semence ou environ.
Item, ung marreau de pré tenant au pré aux Giraux nouvellement
fait, comprenant journau à deux faucheurs ou environ. *Item,* deux
pièces de terre appellées varennes tenant aux prés dess.d., le chemin
entre deux, et d'aultre part au chemin qui va de Chastelleraud à Ingrandes et aux terres de chappitre de Chastelleraud et aux terres feu
Jehan Fouchart et aux terres Estienne Estouvre d'aultre part. *Item*
une autre pièce de terre appelée Faugeroux, tenant aux terres aux
Pelletiers, contenant lesd. trois pièces de terre trois sextérées de semence ou environ. *Item,* deux solz six deniers de cens et deux
chappons que lui doit Estienne Estrouve assis sur sa maison et sur
sa treille et sur les perrières, tenant lesd. perrières aux vignes dud.
lieu de Froncilles d'une part et d'aultre aux vignes de chappitre
de Notre Dame de Chastellerauld et lad. maison et treille est tenant
aux vignes de Jehan Desmier et aux vignes Jehan Massonneau qu'il
tient de lui. *Item,* une pièce de treille tenant à la treille dud. Estienne
d'une part et d'aultre à la treille Jehan Desmier, contenant journée
à quatre hommes de bezoche ou environ. *Item,* ungs gans blancs
que lui doit Vincent Péoger à cause de sa femme, led. gans du pris
de six deniers au tiers an, pour raison de la dixme de l'ostel de la
Borde, assis led. hostel au droit de l'église d'Antran, tenant à la
dixme de monseigneur le viconte de Chastelleraud d'une part et
d'aultre à la dixme aux Acuchers. *Item,* deux deniers de cens que
lui doit la femme feu Jehan Souchart assise sur un marreau de terre
tenant aux terres Jehan Desmier d'une part et d'aultre aux terres au
prieur de Saint Jacques de Chastelleraud. *Item,* s'enssuit l'ostel de
Maulay avecques toutes ses appartenances séans en la parroisse de
Cenon, duquel hostel et appartenances messire Aymeri de Maulay
tenoit de mon hostel du Chastellier à foy et hommage lige et à

sexante dix soulz aux loyaulx aides, et à présent tient led. hostel et appartenances Pierre de la Tousche, seigneur de la Varenne, cest assavoir ledit hostel de Maulay et la gaignerie et toutes appartenances et appendances dud. herbergement et les prez tenans aux prez du seigneur de Cenon et au prez feu Guillaume Dilers. *Item*, le port de Maulay et les moulins et la pescherie de l'eaue audessus de l'escluse qui appartient ausd. moulins. *Item*, trante et quatre sols, quatre chappons que doivent les Agrissais et les Richars. *Item*, les ysles et les arbres dessus entre le fort de Clain et la maison feu Berthomé Amassart. *Item*, vingt et sept solz de rente que doit Guillaume de Chargé et plusieurs autres personnes. *Item*, deux solz huit deniers et ung chappon assis sur certaines choses tenant aux terres au seigneur de Cenon. *Item*, huit deniers que doivent les hoirs Guillaume Talebart et la Grossette. *Item*, dix deniers que doit Jehan, le bover, sur certaines choses tenant aux terres au prieur de Saint Romain. *Item*, deux solz de rente assis sur le charrau Nycholas le Blanc et valent les choses dessusd. de trente et six livres de rente par assiete de pays ou environ. Et les quelles choses dess.d. je, Regnauld de Monléon, à cause de Marie de Couhé, ma femme, tiens et advoue à tenir de vous mon très doubté seigneur...

1363, Perrot Mouschet; 1431, l'avoüant ; 1451, Charles de la Touche.

XLVIII

12 septembre 1431.—Aveu de messire Regnault de Montléon, chevalier, pour la grande disme d'Ambières (1). A hommage lige et cinquante s. aux loyaux aides.

... à cause de la châtellenie de Gironde... tiens à mon domaine par indivis, là quinte partie de la grand dime d'Ambierre dans lad. paroisse... chemin d'où l'on va du chastel de Gironde à la Cloistre...

1436, Pierre Chandelier, comme étant au lieu des hoirs de feu Jean de Montléon.

(1) Saint-Genest d'Ambière.

XLIX .

24 mai 1432. — Aveu de Bourneil (1), par Jehan Sauvestre, écuyer, à cause de Marie de Lerberie, damoiselle,
sa femme, à hommage lige et au devoir de soixante s. aux
loyaux aides.

... l'hostel appelé Bourneil (2)... clôtures, vignes, fuye et les
vignes tenant à icelles de la Tour d'Allemaigne...

1362, 1423, 1439.—1468-1473, René Sauvestre, écuyer,
pour son hébergement appelé l'hostel de Bourneil.

L

5 décembre 1431. — Aveu de la Tour de Sossay (3) par
Jehan de la Poissonnière, écuyer, à cause de Perrine de la
Tousche, sa femme (4), à hommage lige et au devoir de
quatre l. aux loyaux aides. Justice moyenne et basse.

... Son domaine et hébergement appelé vulgairement la Tour de
Sossay, assis en la paroisse de Sossay...

1392, Jeanne de Chergé, veuve de Jean de la Tousche,
chevalier ; 1397, Guy de la Tousche ; 1405, Jean de la
Tousche ; 1429, Guillaume Gallebrun ; 1431, l'avouant ;
1473, Pierre de la Poissonnière.

LI

8 août 1432. — Aveu Guillaume Sain, par Jean de Chevigné, à cause de sa femme Amorrye de Fay, veuve de Guil-

---

(1) *Bourneuil*, comm. de Beaumont. Il y avait sur le Clain un moulin de ce
nom.
(2) Ou *Almaigne*.
(3) Commune de Sossay. — V. l'aveu n° 9.
(4) Perrine de la Tousche, veuve de Guillaume Gallebrun en 1429, épousa en
1431 Jean de la Poissonnière.

laume Sain, le jeune, comme ayant le bail de Louis, Guillaume, Jean et Marguerite Sain ; à hommage simple, au devoir de quatre s. au tiers an.

De vous mon très doubté et puissant seigneur monseigneur le conte de Harecourt et d'Aubmalle, viconte de Chastelleraud, Je, Jehan de Chevigné, à cause de Amorrye de Faye, ma femme, jadis femme de feu Guillaume Sain le jeune ayant le bail de Loÿs, Guillaume, Jehan et Marguerite Sain, enfans dud. feu et d'elle, tiens et advoue à tenir à foy et hommage simple, au devoir de trois soulz de service, payables au terme Saint Michel au tiers an, les cens et rentes que me doivent à cause que dessus les parties cy après escriptes par raison de certains demaines et héritages que ledit feu Guillaume Sain et ses prédécesseurs souloient tenir à leur main. Premièrement, IIII d. de cens et IIII boess. de froment de rente mesure de Saint Remi que doivent ensemblement ceux du village de la Prée (1) chacun an au terme Saint Michel pour raison d'une pièce de terre appelée la terre des Vallées, tenant d'une part aux terres Philebert, contenant une minée de semence ou environ. *Item*, XII d. de cens et un septier de saigle de rente que doit chacun an aud. terme Saint Michel Jehan de Jalais (2) pour raison d'une pièce de terre tenant à la gaignerie du russeau (3) d'une part et à la terre Estienne Barenger d'une part et aux terres du Bois Aubery d'autre part et à la terre Armenault, appelée la terre des Sablou-nières, contenaut ladicte cinq sexterées de semence ou environ. *Item*, Jehan Pasquier doit chacun an aud. terme de Saint Michel II s. VI d. de cens et deux septiers de froment, mesure de Saint Remy, de rente, pour raison d'une pièce de terre tenant d'une part aux terres du prieur de Pilles d'une part et à la terre et d'autre part aux terres du Bois Aubery, et d'autre part au sentier tendant du Port de Piles à la grange du russeau contenant III sexterées de semence ou environ. *Item*, Jehan Filibert II s. III d. de cens et III septiers de saigle, mesure de Pilles... *Item*, Estienne Barangier doit chacun an au terme Saint Michel... pour raison de trois pièces de terre dont

(1) Hameau, commune de Port-de-Piles, connu dès 1031.
(2) *Jallais*, hameau, commune d'Usseau.
(3) Le ruisseau de La Prée qui prend sa source à l'Eperon, commune de Port-de-Piles, et se jette dans la Vienne à Salvert, sur le territoire de la même commune.

l'une tient d'une part et l'autre aux terres de Jehan Pasquier... et l'autre est appelée la terre de la Sablonnière, tenant d'une part aux terres de Jourdain et au chemin viel...

Ce « chemin viel » n'est autre que la voie romaine qui passait au village de la Prée et touchait au lieu dit la Sablonnière.

LII

26 juillet 1432. — Aveu de la Motte d'Usseau (1); à hommage lige et dix livres aux loyaux aides.

... Je, Ysabeau de Poitiers, dame du Bridoré, veuve de feu noble et puissant seigneur messire Geoffroy Le Maingre dit Bouciquaut, en nom et comme ayant le bail, gouvernement et administracion de Loys et Jehan le Maingre dit Bouciquaut, enfans de mond. sieur et de moi...

... Mon chastel et forteresse de la Motte d'Usseau, ainsi qu'il se poursuit, hault et bas..., avec ma terre et seigneurie dud. lieu de la Motte... avec ma justice et juridicion haulte, moyenne et basse, mere, mixte et impere, tout droit de guet et garde ond. chastel et forteresse... la maison neuve... Tartifume...

24 août 1452, aveu de Guillaume de Bec, secrétaire du roi Charles VII, pour l'hôtel, forteresse et seigneurie de la Motte d'Usseau, à hommage lige au devoir de dix l. aux loyaux aides. Juridiction haute, moyenne et basse.

LIII

26 juillet 1432. — Aveu de la Borde (2) pour Bouciquaut ; à hommage lige et devoir de soixante s. aux loyaux aides.

... Je, Ysabeau de Poitiers, dame de Bridoré, vefve de feu noble et puissant seigneur mess. Geoffroy le Meingre dit Bouciquaut, en

(1) Commune d'Usseau.
(2) *La Borde des Bois*, commune d'Ingrande.—V. l'aveu n° 22.

mon nom et comme ayant le gouvernement des enfans de feu mond.
seigneur...

... hôtel de la Borde dès la jambe du portail dessoubz, jusqu'à
la jambe du portail de dessus... dîme de la Forest, assise en la paroisse d'Ingrande.

LIV

12 octobre 1423. — Aveu de la Tour de Bosnay (1), par
Jehan de Brizay ; à hommage lige et cinquante s. aux loyaux
aides.

... La Tour de Bosnay et les roches par dessoubz... l'hébergement séant à Bosnay...

... Reçu par Jehan Dorin, recepveur, le XXI° jour d'octobre,
mil CCCCXXIII et baillé par Jean Charrier, procureur dud. de Brizay.

LV

11 janvier 1434. — Aveu de Guillaume de Marans, des
Hommes de Saint Martin (2) (châtellenie de Saint-Remy-
sur-la-Haye) à cause de Alice Aigrette, sa femme, hommage
lige, devoir de soixante s. à muance de seigneur et aux
loyaux aides. Haute, moyenne et basse justice.

... L'hostel des Hommes Saint-Martin avecques les vignes touchant icellui et la garenne touchant à icellui et trois arpens de bois
joignant à lad. garenne, le tout assis en village des Hommes
Saint Martin sur la rivière de Vienne, joignant au long d'icelle en la
paroisse de Poizay le Jolly, tenant au chemin tendant de Buxières
au Port de Piles, contenant lesd. vignes journées de douze hommes
de besoche ou environ. *Item*, tout droit de pescherie en lad. rivière
de Vienne du cousté devers mond. hostel dès une borne qui est
assise ond. village entre la terre du célérier de Nohers (3) et ma

(1) *La Tour*, commune de Saint-Gervais.
(2) *Les Ormes-sur-Vienne*, canton de Dangé.
(3) *Noyers*.

terre des Hommes Saint Martin jusques à la terre de Nouastre, qui est
tenue de Saincte Maure. *Item*, droit d'avoir escluse et pescherie on
dit desfans tout au travers de lad. rivière, ainsi que mes prédécesseurs anciennement le souloient avoir, laquelle escluze n'est point
de présent en estat... gagnerie à six bœufs... une chesnoye appelée le Bois Pouzin qui anciennement souloit être maison... Les
rivages et saulayes assis sur le bord de la rivière de Vienne, durant
autant de long comme mad. pescherie, partie desquelles ont été
par mes prédécesseurs baillées à héritage à certaines personnes à
cens et à debvoirs qui me sont dûs chacun an. *Item*, un hostel et
chesgnoye assis en village de Saint Sulpice, au lieu appelé la vieille
fontaine, en la paroisse de Poizay le Jolly (1).

1392, Pierre Esgret ; 1434, l'avouant ; 1482, Charles
de Marans. En 1502, ce dernier ayant construit un moulin
et une écluse sur la Vienne, vis-à-vis son hôtel, Jean du
Bois, écuyer, sieur des Arpentis, capitaine et gouverneur de
Châtellerault, après s'être transporté sur les lieux, ordonna
que lesd. moulin et écluse demeureraient en l'état où ils se
trouvaient alors et qu'ils ne seraient parachevés qu'autrement
par justice, et par les gens et conseil de monseigneur en
eust été ordonné, attendu la blessure dud. seigneur qui était
alors au service du roi au royaume de Naples...

LVI

6 août 1435. — Aveu de Boucher d'Alloigné (2), écuyer ;
hommage plein et quarante s. de devoir à muance de
seigneur.

... hébergement d'Alloigné... labourage de huit bœufs... son
port à bateau à passer la Creuse au droit de l'esve du seigneur de
la Forge, lequel dit port est à présent et de pieça vaquant. Esquelles
choses susdites, je advoue ay avoir, tenir et exercer tout droit de

(1) Aujourd'hui commune des Ormes.
(2) *Alogny*, commune de Lésigny. — V. le n° 46.

de justice et juridiccion moienne et basse, tout aussi et par la forme
et manière que mes prédécesseurs ont accoustumé, ay avoir, tenir
et exercer jaçoit et que mes prédécesseurs y aient le temps passé
advouer et y avoir et exercé haulte justice et juridiction, de laquelle
à présent je me dépars o le plaisir de mond. seigneur pour ce que
de présent mond. fief est dépéri de valeur...

LVII

7 août 1435.—Aveu de Monceaux (1) par Gillet de Chargié,
écuyer, à hommage plein, au devoir de la tierce partie de
soixante s. à muance de seigneur et l'autre partie de trente
s. aux loyaux aides. Basse justice, c'est-à-dire foncière, ou
censuelle.

... hébergement à Monceaux, paroisse de Poisay le Joly (tierce
partie par indivis)... fief de l'Eperon...

LVIII

21 juillet 1435. — Aveu de la Guillotière (2) par Marie
Faidine (3), veuve de Giraut d'Orfeuille, écuyer, dame de la
Guillotière ; hommage lige au devoir d'un heaume bruni de
morte-main.

A tous ceulx qui ces présentes lectres verront et oiront, Marie
Faidine, vesve de feu Giraut d'Orfeuille, escuyer, dame de la Guillotière, salut en Dieu Nostre Seigneur et père durable. — Sachent
tous que je, lad. Marie, ay tient et moy avoir et tenir confesse public-
quement en ces escriptz tant pour moy que pour mes parçonniers,
subjiez et soubmis de très noble et très puissant seigneur monseigneur le conte de Harecourt et d'Aubmale, viconte de Chastesleraud,
à cause de sondit viconté de Chastelleraud, à hommage lige, au
devoir d'un heaume bruny de morte main, les choses qui s'ensuivent : c'est à savoir mon herbergement de la Guillotière o les

(1) *Mousseaux*, commune des Ormes.
(2) Paroisse de Saint-Pierre de Melle (Deux-Sèvres).
(3) V. *Arch. du Poitou*, t. XXIV, p. 361.

appartenances d'icelluy si comme elles sont cy dessoubz déclairées o
la tieblerie et la gagnerie et sa fuye, o la moitié de l'estang
et du molin et des prez tenans aud. estang, dès soubz ladite
fuye et o les bois, terres, pasturages d'environs et o les arbres
fruteaux et non fruteaux, assis èsd. choses et ainsi que la
ayneesse a esté autrefois divisée — lesquelles choses comprennent
bien en elles six sextrées de terre ou environ, et peuvent bien valloir a présent lesd. choses cent sols de rentes ou environ et souloient valoir XII livres de rentes ou environ. *Item*, la moictié par
indevis de la gaignerie de la Fraignée, laquelle moictié comprend
en suz X sextrées ou environ, tant en bois qu'en terres gaignables
et non gaignables, vignes, vergiers, arbres fruteaux, et non fruteaux o la moictié du herbergement de lad. gaignerie et peuvent à
présent valoir lesd. choses L sols de rentes ou environ selon la
coustume du païs et souloient valoir C sols de rentes ou environ
et toutes les choses susdites je tiens à mon domaine. *Item*, ay et tiens
de mondit seigneur ung hommage plein à cinq sols de debvoir
d'achaptement ou de morte main que souloit faire à mes prédécesseurs Guillaume Deliec pour raison du péage et choses de Chaugne-
pin et environs, tant pour raison de luy que de ses soubmis et parsonniers, lesquelles choses à présent sont en frusches et déserts.
Item., les hoirs de Roze de Lobeau et messire Guillaume de Usdun,
chevalier, o moy part prenans et permectans les choses qui s'en
suivent : c'est assavoir la gaignerie de la Vacherie o les prez, bois,
pasturaux et autres appartenances qui a présent peuvent bien valloir
cent solz de rentes ou environ et souloient bien valloir X livres ou
environ. *Item*, ont et tiennent o moi part prenans et permectans les
dessusdits la gaignerie de la Bertranère o les prez, boys, pastu-
reaux, terres gaignables et non gaignables o les arbres fruiteaux et
non fruiteaux d'icelluy lieu. Lesquelles choses peuvent bien valoir
a présent C sols de rente ou environ et souloient valoir huit livres
ou environ. *Item*, ont et tiennent plus o moy part prenans et permectans les dessusdits un hommage plain à cinq sols de debvoir
que leur font les trois feu messire Hugues de Lobeau, chevalier,
pour raison des choses qu'ils ont à Sainct Thebault (1) qui mouvent
de lui. *Item*, les boys de la Guillotière, qui sont cheuz en leur par-

(1) *Saint-Thibault*, monastère, ex-prieuré de la commune de l'Enclave de
Melle. —V. sur ce sujet une note de D. Chamard publiée dans le 4° bulletin de
la Société des Ant. de l'Ouest., année 1893, p. 1345.

tage o les prez, pasturages et terres tenant aud. bois qui bien povent
valloir six livres de rentes ou environ et soulloient plus valloir.
Item, et tiennent comme dessus XL quartiers de bois de chasteigners
ou environ tenant à lad. gaignerie de la Bertranère et s'appellent les
Bois de Chastaines et peuvent bien valloir X livres de rentes ou
environ. *Item*, un molin à présent désert, appelé depuis Puypouzin,
qui souloit valloir cinquante sols de rentes ou environ et à présent
est de nul valeur; et sont lesd. choses assises dès la Barre de Cla-
veuo (1), jusques à Melle, en la paroisse de Saint Pierre de Melle et
toutes quelles choses dessubsdites et chacune d'icelles je, lad. Marie,
ay tien dud. monseigneur le conte de Harecourt et d'Aubmalle,
viconte de Chastellerault, en la fourme et manière dessus nommée
et déclairée...

Donné et fait le XXIe jour de juillet l'an mil quatre CCCCXXXV.

1339, Henri Thibault; 1390, Guyot Faidi; 1423, Claudin
Faidi; 1435-1446, l'avouant.

LIX

7 septembre 1437. — Aveu de Charlée (2), à foi et hommage
lige au devoir de quarante s. aux loyaux aides et vingt à
muance de seigneur. Justice haute, moyenne et basse.

... Estienne Bigot, à cause de Guillemette Berlande, ma femme,
tant pour moi que pour Aguette Yzorée, Perrin Berland et Guillemette Berlande, mes cohéritiers et parsonniers, les hostels de Che-
relée, de la Savinière et de la Martinière, situés et assis en la paroisse
de Poustumé et illec environ... labourage à douze bœufs... avec la
garenne contenant le vol d'un chappon tout autour de l'ostel et cloison, la fuye... Moulins de Bignoux... L'estang de Bignoux... six
poissons pour le viconte lorsqu'il se pèche. S'ensuivent les moulins et
destreignables (3) ès moulins de Bignoux et de Barengor. Premièrement, l'ostel du Boucet, l'ostel Boutin, l'ostel Galipeau, l'ostel Pasquier,

(1) De l'enclave.
(2) Commune de Châtellerault.
(3) Hommes subjectz et destreignables à mouldre, — *Coutumier* du Poitou,
ch.67, éd. de 1499, — c'est-à-dire qui pouvaient être contraints.

Mynaire, l'ostel Manceau, l'ostel Guiton, l'ostel du Prieur, l'ostel
Savart, l'ostel Testelart, l'ostel des Esvoillez, l'ostel feu Jehannot
Joubert, l'ostel Jehan Martin, l'ostel Simon Joubert, l'ostel Graceteau, l'ostel Marin l'ostel Ducas, l'ostel Chapperon, l'ostel Jehannot Dupuy, l'ostel du Jau, l'ostel Thevenote de la Rayterie, l'ostel
Pouvreau, l'ostel Reveillaut, l'ostel Fiolle, l'ostel de la Martinière,
l'ostel de la Savinière, l'ostel Castille, l'ostel de la Petite Vau, l'ostel
Marquet, l'ostel des Bruns, l'ostel Jehan Martin, l'ostel Prot Martin,
l'ostel Garnier, l'ostel Mathelin Gaultier, l'ostel Jehan de la Bonne,
l'ostel du Playx, l'ostel Denizeau, l'ostel Guillaume Moreau, l'ostel
feu Colin de Briolet, l'ostel de Thomas Perrin, demeurant à la Varenne, l'ostel Micheau Moreau, l'ostel des Requignères, l'ostel Chau-
mont, l'ostel du Camus, l'ostel Trayaut, l'ostel Micheau Bodin, l'os-
tel Philippon de Bellemanières, l'ostel Garnault, l'ostel Pajaut,
l'ostel Béraut, l'ostel Dexmon, l'ostel de la Thiaudière appartenant
à maistre Jehan Martin, l'ostel Philippon, valet, l'ostel de la Rous-
selle, l'ostel Barberousse, l'hostel David, l'ostel Simon Pia, d'Antoigné, l'ostel de la Bodinière...

1400, Berland.

LX

30 septembre 1437. — Aveu de la Plante (1) par Pierre
des Marays, écuyer, hommage lige au devoir de quinze s.
six d. payables à la Toussaint et vingt s. aux loyaux
aides.

... L'hostel de la Plante avec les maisons basses qui sont au-
dessous du pont et le cloux des vignes tenant auxd. maisons...
chemin de Thuré aux Bardinières... un mazeris appelé la Grande
Bouchardière... Etang, chaussée et moulin de la Merveillère...
Tient à mon domaine... une dixme appelée la petite dixme de blé
située et assise au terroir de Berthenou (2)... Les prez que Perrin
Luroyn tient de mond. houstel de la Plante et la terre des sires de

(1) Commune de Thuré.
(2) Commune des Ormes.

Pindray... La fontaine Nynette... je advoue ay avoir et exercer tout droit de justice et juridicion moyenne et bâsse seulement, et tout ce qui s'en dépend et puet despendre, selon l'usance et coustume du pays, et vous mond. seigneur la haulte avecques le ressort par dessus, par don et octroy de nouvel par vous à moy fait, en la façon de cestuy mien présent et premier hommage.....

Le 28 juin 1437, Jean d'Harcourt avait donné ce fief à Pierre des Marais, son écuyer, en considération des services qu'il lui avait rendus.

1er juin 1352, aveu de Julienne desguerpie (1), veuve de feu Jean de Châtellerault.

- LXI

16 mai 1437. — Aveu de Baignos (2) par Pierre Berland, écuyer, tant pour lui que pour Guillemette Berlande, fille de feu Turpin Berland et Estienne Bigot, à cause de Guillemette Berlande, sa femme, à « ungz esperons dorez » du prix de vingt-cinq s. à muance de seigneur, sans foi et hommage, ni autres devoirs.

... Je tiens à mon domaine : les bois aux Ohiers, aultrement appelez les bois au viconte... bois du Sauleau, de la Vergnoie de Baignoux... s'ensuivent les domaines, héritages, et aultres choses tenues de moy par et soubs led. fief : l'ostel et appartenances des Bétuzalières... fontaine du Vivier... fontaine Ronde... Jehan Laurens, seigneur du Cosdray... la Croix Saint Ouin... moulin de Barengier... les Bétuzalières... l'Ormeau de Baignoux... la chaussée l'étang et le moulin de Baignoux... l'ostel de la Salle... la Velenderie... la Guillebaudière... fontaine de la Vergnoye... bois Robin... Carroy du Chillou Bizart... le bournoys de Saint Jehan... les Verroillères... la Troussenère... le grant chemin tendant de l'estang de Baignoux à la Roche de

(1) Situation d'un vassal obligé d'abandonner son fief au seigneur de qui ce fief relève.

(2) *Bignoux*, commune de Châtellerault, sur le ruisseau du même nom.

Possay... les Bastonnières... chemin de la Vergnoye à la Foucaudière... Graceteau, Castille, Jehan de Bellemanières, censitaires... la Trompaudière... terres de l'abbaye de la Celle de Poitiers...

LXII

25 octobre 1424. — Aveu de la dîme de Montgamé (1)
par Guillaume de Faiolle, chanoine prébendé de l'Église de
Poitiers, tant pour lui que pour les doyen et chapitre de
l'Église ; à hommage plein et à cinquante s. à muance de
seigneur, par mort.

... La grande disme de Montgamé de blés...

De 1380 à 1493, il est rendu une série d'aveux par les
mêmes pour les mêmes choses.

LXIII

22 février 1437. — Aveu de la Tour Girard (2) par Charlot de la Touche, écuyer ; à hommage lige, au devoir de
vingt cinq s. annuels payables à la fête de « l'Ozanne » et
à muance de seigneur. Justice moyenne et basse.

Les détails contenus dans le dénombrement de ce fief
voisin de Châtellerault offrent un certain intérêt local, c'est
pourquoi nous en donnons le texte complet.

De vous, noble et très puissant seigneur monseigneur le conte
de Harecourt et d'Aubmale, vicomte de Chastellerault, Je, Charlot
de la Touche, escuyer, tient et advoue à tenir à cause de vostred.
vicomté à foy et hommage lige, au devoir de vingt cinq soulz annuelx payables chalcun an au terme et feste de l'Ozanne, mon

(1) Tours en ruines et village, commune de Vouneuil-sur-Vienne.
(2) Commune de Châtellerault. — En 1426, avait la haute justice.

fief de la Tour Girart onquel sont contenues les choses qui s'ensuyvent : et premièrement tient de présent à mon domaine qui
est d'ancienneté dud. fief de la fuye et garenne dud. lieu, ensemblement avec mes boys de Puygamer contenans trente har-
pens de boys ou environ et sont iceulxdiz bois fermez, cloux et
environnés de fossés d'une part tenans iceulxdiz boys d'autre
part au chemin tendant de l'église d'Oyré à la Foucaudière.
Item, tiennent de moy à présent la vesve et héritiers feu Thevenin
Galippeau, poiable par moy japiecà à eulx fete à quarente soulx de
rente, huyt deniers de cens, le tout poiable aud. terme et feste de
l'Ozannes et oultre ce, soixante boesseaulx d'avoine poiable, chacun
an au terme et feste Saint Michel, c'est assavoir : l'oustel, vignes,
terres, prez, bois, landes et pasturages appartenant aud. houstel et
fief de la Tour Girart, contenans vignes journau à XXV hommes
ou environ et lesd. terres contenans en tout huyt sexterées de
semence ou environ. *Item*, tenent oultre de moy lad. vesve et héritiers dud. feu Galippeau une pièce de terre qui fut Jehan Blays, de
Chastellerault, tenant icelle d'une part et d'autre à la terre de l'oustel du Vergier et d'autre part à la terre des héritiers feu Jehan des
Aubues pour raison de laquelle dicte terre ilz me doyvent et poient
chalcun an dix deniers de cens aud. terme et feste de l'Ozanne.
Item, tiennent oultre de moy lad. vesve et héritiers une autre pièce
de terre en varenne qui fut aud. Berlays, contenant XII boesselées
ou environ, tenant icelle d'une part au pré des héritiers feu Perrot
Garineau, de Poictiers, et de deux autres parties aux terres dud. lieu
du Vergier, pour raison de laquelle ils me doivent et poient chalcun
an ung denier de cens aud. terme de l'Ozanne. *Item*, tient de moy
Janin Fortin, clerc, à présent chappelain d'une chappellenie fondée
en l'église de Saint Jacques dud. lieu de Chastellerault, à l'antrée
Saincte Catherine anciennement fondée et doctée par les seigneurs
de la Tour Girart à huyt deniers de cens poiables chalcun an aud.
terme et feste de l'Ozanne ung herbergement anciennement appelé
l'oustel qui fut feu Girart de Saint Flovier séant icelluy au plus près
du village de Villechenour (1), ensemblement on le cloux des vignes
tenant aud. houstel et une pièce de terre qui est assise entre led.
houstel et la Tour Girart susdite en allent dès la corrance envers
led. houstel, contenant icelledicte terre deux sexterées de semence

_____

(1) Aujourd'hui *les Perrières*, commune de Châtellerault.

ou euviron ;. derechief une aultre pièce de terre tenant d'une part
aud. chemin et d'autre part aux vignes susdites et au coing tendant
de pré Pontiz au bout des meurs desd. vignes, contenant troys sex-
erées ou environ ; de rechief une autre pièce de terre tenant aud.
chemin et aux terres qui furent feu Denis Tardi que tiennent de présent les héritiers feu Huguet Dize et d'autre part aud. pré Pontiz,
contenant cinq sexterées ou environ ; de rechief une autre pièce de
terre tenant icelle d'une part à la terre dessusdicte et d'autre part
aud. pré Pontiz et d'autre part aux terres au doien et d'autre part
aux terres des héritiers feu Estienne Boutin ; de rechief le pré Pontiz et le viuier, le tout tenant ensemble ; de rechief les pasturages
qui sont dès led. pré Pontiz jusques au pré Jehan Hignon qui fut
feu Thomas Alain, et d'autre part aux bez du cours de l'esve de la
fontaine d'Antoigné ; de rechief les boys qui sont dès le chemin de
devant la porte dud. houstel jusques au carroy du Sauleau et dud.
Sauleau aux terres des feuz Lombars et d'icelles dictes terres aux
vignes dud. houstel, toutes lesquelles dictes choses sont de lad.
chappellenie et icelle labour et à présent Jehan Savart. *Item*, les héritiers feu Jehanne Bertaude tiennent de moy à six deniers de cens,
poiables chacun an audit terme, les héritages qui s'ensuivent : c'est
assavoir, l'oustel de la Guillotière tout ainsi qu'il se poursuit et
comprent tant en maisons, roches, cours que vergiers, ensemblement
avec le cloux de vigne tenant aud. houstel d'une part et d'autre
au chemin tendent de l'église d'Antoigné à l'oume Bonneau et
d'autre part au planteiz Jehan Dupuiz dit Aumoufle à cause de
Jehanne de Tongrelou, sa femme, contenant jornau à XV hommes
de bezoiche ou environ ; de rechief une pièce de terre tenant d'une
part aux vignes dud. lieu de la Guillotière et d'autre part au chemin
susd. contenant une sexterée de semence ou environ ; de rechief,
une autre pièce de terre assise à la fontaine d'Antoigné, tenant
d'une part au chemin tendant de l'église d'Antoigné au village de
Villechenour et d'autre part au pré de lad. feue Bertaude contenant dix boesselées de semence ou environ ; de rechief, une pièce
de pré assis en la rivière d'Antoigné, tenant d'une part à la terre
susdite et d'autre part à un mazerilz et fondeis de lad. feu Bertaude
contenant jornau d'un faucheur ou environ, toutes lesquelles
dictes choses tient et labouret de présent Estienne Galipeau dit de la
Guillotière. *Item*, tiennent de moy Jehan Valet et sa femme, demourant à Chastellerault, une leur maison assise en lad. ville en la pa-

roisse de Saint Jacques dud. lieu, en laquelle ilz demourent à présent, tenent icelle d'une part à la rue tendent de lad. église à Saint Jacques au pont de lad. ville et d'autre part à l'oustel feu Jenin Hatebeau et d'autre part à l'oustel Jehan Hignon l'aisné, à vingt deniers de cens poiables chacun an aud. terme et feste do l'Ozanne. *Item*, tient de moy Simon de Vic, à six deniers de cens poiables à muance de seigneur, une pièce de pré assise en la rivière d'Anthoigné, tenant d'une part au prez du prieur de Saint Romain et d'autre part au pré du curé d'Antoigné, contenant journau à sept faucheurs ou environ, *Item*. ledit Jehan Hignon me doit et poye chacun an, aud. jour et terme de l Ozanne, ung denier de cens pour raison d'une pièce de pré assise en lad. rivière d'Antoigné, tenant icellui d'une part au pré du rectour dud. lieu et d'autre part au pré messire Pierre des Aubues, contenant jornau à ung faucheur ou environ. *Item*, ledit rectour d'Antoigné me doit et poie chacun an aud. terme et feste de l'Ozanne, ung denier de cens pour raison d'une pièce de pré assis en lad. rivière d'Anthoigné, tenant d'une part au pré dud. Hignon l'aisné et d'autre part au pré Jenin Martin contenant jornau à ung faucheur ou environ. *Item*, sont tenuz de moy les moulins et escluse des Aubues à cinq soulz de cens poiables chacun an aud. terme et feste de l'Ozanne, lesqueulx diz moulin et oscluze souloit tenir en sa vie feu Jehan dos Aubues dit L'ome. *Item*, tient de moy la femme feu Pierre Tongrelou, à deux deniers de cens poiables aud. terme de l'Ozanne, une pièce de terre tenant d'une part au chemin susdit tendent de lad. église d'Antoigné aud. village de Villechenour et d'autre part à la terre de la chappellenie susdite et d'autre part à la terre de la Guillotière en laquelle dicte terre de pré Pontiz, contenant icelle une sexterée de semence ou environ. *Item*, tient de moy Jenin Martin, à cause de la chappellenie aux Rabbaux, fondée en l'église collégiale de Notre Dame de Chastellerault à XII d. de cens poiables chacun an audit terme, une pièce de terre appelée Aubue, assise soubz lad. Tour Girard, tenant d'une part par le dessus au sentier tendant de Villechenour à lad. Tour Girart, et d'autre part au chemin par lequel on vait d'Antoigné à Villechenour et d'autre part aux terres de la Guillotière et d'autre aux terres de lad. chappellenie Sainte Catherine contenant cinq sexterées de semence ou environ. De rechief tient oultre de moy icelui Martin, on dit nom, à quatre deniers de cens poiables chacun an aud. terme, une pièce de terre tenapt d'une part aud.

chemin tendant de l'église d'Antoigné à Villechenour et d'autre
part au pré Jehan Aumoufle et d'autre part aux terres dud. recteur
d'Antoigné contenant deux sexterées de semence ou environ. De
rechief tient de moy icellui Martin ondit nom, à XII d. de cens
poiables chacun an aud. terme, une pièce de pré assise en la rivière
d'Antoigné, tenant d'une part au pré dud. Hignon et d'autre part
aux terres et pré de lad. chappellenie de Sainte Catherine et d'autre
part au pré dud. feu Perrot Guérineau, contenant journau de
quatre faucheurs ou environ. *Item*, tient de moy led. Jehan Dupuiz
dit Aumoufle, à quatre deniers de cens, poiables chacun an aud.
terme et à cause de sad. femme, une pièce de vigne assise aud. lieu
de la Guillotière tenent d'une part aux vignes dud. lieu de la Guillotière et d'autre part à la chaume dud. recteur d'Antoigné et d'autre
part aux terres de la... à deux d. de cens poiables chacun audit terme;
une pièce de pré assise sur la rivière dud. lieu d'Antoigné, tenant
d'une part au pré dud. Simon de Vic et d'autre part au ... Sainte
Catherine, contenant journau à deux faucheurs ou environ de ...
Dupuiz à cause que dessus à un denier de cens poiable chacun an
... tenant d'une part au bois de lad. chappellenie Sainte Catherine
... et d'autre part à mon boys de la Tour Girart descendent jucques
au pouble ... contenant une sexterée de semence ou environ. *Item*,
les héritiers feu Loys Phelipes me doivent chacun an six d. de
cens pour raison d'une pièce de terre estans en boucaiges et fruches, tenent d'une part au chemin de Pelecot au Poubleau et d'autre
part au boys de lad. chappellenie Sainte Catherine et d'autre part
aux terres de Jehan Guyton, contenant troys minées de semence ou
environ. *Item*, messire Pierre des Aubues tient de moy à ung denier
de cens poiable chacun an aud. terme une pièce de pré tenant d'une
part aud. pré dud. Jehan Hignon et d'autre part au pré dud. Simon
de Vic contenant journau à ung faucheur environ. *Item*, tiennent de
moy les héritages feu Huguet Dize et leurs |prédécesseurs à foy et
hommaige lige au devoir de III s. poiables au tiers an et vingt soulx
aux droictes et loyaulx aides une, leur dixme, appelée anciennement
la dixme de Saint Jacques, qui jadis fut aux sires de Frozes, située
et assise ès paroisses de Poustumé et Antoigné, laquelle dicte dixme
part avec les religieux et frères de Saint Jehan de Jhérusalem à
cause de leur comenderie d'Auzon, avec led. Simon de Vic, avecques les hoirs feu Sauvage Blanc, avecques les doyen et chappitre de
Notre Dame de Chastellerault et avecques la dixme qui fut feu

Jehan Garineau (1), et pouvet bien valoir leur dicte partie commune annuellement huyt sexterées de blez ou environ, parties froment, seigle et baillerge, toute la revenue duquel mondit fief susdit puet bien valoir communes années dix livres par chacun an et souloyent bien valoir anciennement cent livres par chacun an. Esquelles dictes choses, tant en celles que je tiens à mon domaine que ès autres qui sont tenues de moy, je adveue ay avoir exercer toute justice et jurisdiction moyenne et basse et tout ce qui s'en dépendt et puet dépendre tout aussi et par la forme et manière que mes prédécesseurs ou devanciers, seigneurs de lad. Tour Girart ont acoustumé ay avoir tenir, user et exercer d'ancienneté, et foys protestacion à vous mond. seigneur de acroistre, diminuer, spécifier et déclairer plus à plain, cest mon aveu, en lieu et en temps convenable, en vous suppliant, mon très doubté seigneur, que si j'ay aucune chose obmis à mectre ou plus mis que je ne dois car il vous plaise à moy adroissier et le moy faire savoir, et je offre le répparer dedans le temps de coustume du tout en tout en et par l'ordonnance de messeigneurs de vostre conseil; et à confirmacion et valeur des choses susdites j'ay fait signer c'est présent mon adveu du seing manuel du notayre cy dessoubs escript à ma requeste et fais sceller du scel establi aux contraiz en vostre ville et viconté dud. lieu de Chasteslerault en tesmoing de vérité. Donné et fait le XXᵐᵉ jour du moys de février, l'an mil quatre cens trente et sept.

Receu par maistre Jehan Lucas, le ... jour de février mil CCCCXXXVII et baillé par led. escuier, O les protestations que de droit.   .

LXIV

12 janvier 1436. — Aveu de Pierre Chandelier pour son fief étant en la châtellenie de Gironde. A hommage lige et cinquante s. aux loyaux aides.

... Prévot Chandelier comme auroit le droit de messire Philippe Dugnel, prestre, héritier de feu Jehan de Monléon et Margot de Monléon, sa sœur... Cinquième partie de la grant dîme

(1) Sans aucun doute, Jean Garineau, qui fut chanoine de Saint-Hilaire et de Sainte-Radegonde, 1411-1412 (*Inv. des arch. de la Ville de Poitiers*).

d'Ambierre, assise en lad. paroisse comme elle a accoustumé estre
levée, cueillie et amassée en blez, vins et potages, chanvres, lins
et autres choses...

1431, Renault de Monléon.

Sans n°. — 21 avril 1439. — Aveu de la Parlotière (1) par
Jehan Dutay, écuyer, à cause de la vicomté et de la terre de
la Plante. A foi et hommage plein, dix s. aux loyaux aides.

... hostel et cour de la Parlotière, assis en la paroisse de
Thuré...

Sans n°. — 30 avril 1438. — Aveu de la Grand Vau (2) et de
la Troussetière par Bigot de Marasfin, écuyer. A foi et hommage lige et au devoir de « ungs esperons dorés » du prix de
vingt s. aux loyaux aides. Juridiction moyenne et basse.

... Les hotels et appartenances de la Grand Vau et de la petite
Vau, paroisse de Pouthumé, fuye, garenne à connilz desfensable...
Le lieu de la Troussetière qui de présent est en vieilles murailles,
bois et buissons... L'estang Godart...

Sans n°.— 22 avril 1439. — Aveu de Séguin de Puygiraud, chevalier, pour diverses pièces de terre, clôtures,
varennes, situées à Poligny (3) ; à foi et hommage lige, au
devoir de vingt-cinq sols aux loyaux aides.

L'aveu de la Flotte (4) est porté au sommaire qui précède le texte des aveux du *Livre Noir*, mais par un motif qui
nous échappe, il n'y a pas été transcrit. Nous croyons devoir
combler cette lacune à l'aide des renseignements qui suivent.

Le 28 janvier 1437, Jean Mouraut, à cause de Jeanne
Larcher, sa femme, rend aveu au vicomte de Châtellerault
pour son hébergement, appartenances et dépendances de

(1) Commune de Thuré. — V. l'aveu n° 60 du 30 septembre 1437.
(2) Commune de Châtellerault.
(3) Commune de Dangé. — V. l'aveu n° 44 du 8 août 1431.
(4) Commune de Saint-Cyr, non loin du château du Fou.

la·Flotte, en la paroisse de Saint-Cyr et, sous le même hommage, pour l'hôtel du Pin et l'hébergement de la Roche sis au village de Bondilly (1), avec haute, moyenne et basse justice, à foi et hommage lige à droit de rachapt et à soixante sols de devoir à muance de seigneur et d'homme.

25 mai 1446, Hilaire L'Archer, chevalier, sieur de Beaurepaire ; 15 août 1454, Jean Mouraud, à cause de sa femme; 13 juin 1468, Yvon du Fou, chevalier, chambellan de Louis XI, à cause d'Anne Mouraud, sa femme ; 1474, Jacques du Fou, grand sénéchal du Poitou.

D'un autre côté, plusieurs seigneuries ou fiefs du pays châtelleraudais ci-après énumérés n'entraient pas dans la mouvance de la vicomté.

Ils dépendaient :

Buxeuil et Méré sur la Creuse, de la vicomté de la Guerche, en Touraine ;

La châtellenie de Pleumartin, Vicq, de la baronnie d'Angle ;

La Roche-Amenon (commune de Buxeuil), de la châtellenie de Cheneché ;

La Vervolière (commune de Leigné-les-Bois), la Roche-Posay et Oiré, de la baronnie de Preuilly, en Touraine ;

Vouneuil-sur-Vienne, de la châtellenie de Poitiers ;

Doussay, de la baronnic de Mirebeau ;

Saint-Romain et Vellèches, moins le fief de la Ronde, de l'abbaye de Sainte-Croix de Poitiers.

Ainsi se présente l'énumération sommaire des soixante-sept aveux transcrits dans le *Livre Noir*. Quelques-uns d'entre eux sont cités en analyse par Picard de la Cande

---

(1) Le Pin, La Roche et Bondilly, commune de Saint-Cyr.

dans l'inventaire de 1658. Il les rappelle d'ailleurs comme
ayant une origine déjà lointaine, comme un souvenir d'autres temps singulièrement modifiés à partir de 1514, par
l'administration des ducs de Châtellerault de la maison de
Bourbon.

La lecture de ces aveux particuliers suggère à l'esprit des
observations d'un caractère général.

Nous plaçant tout d'abord au point de vue des nobles
vassaux qui composaient, vers le milieu du quinzième siècle, la société féodale et dominante du pays châtelleraudais, nous allons mettre en évidence les noms que les
aveux ont conservés dans leur forme primitive et la varia-
bilité d'une orthographe souvent embarrassante pour les
généalogistes. Il est quelques-uns de ces noms qui ont été
perpétués dans des familles encore existantes, rameaux
d'une vieille souche desséchée par un cycle de cinq cents
ans. On peut les suivre à travers les vicissitudes des temps
grâce aux titres écrits qui constituent leurs droits et leurs
obligations. C'est à cela que servent les vieilles chartes qui,
en passionnant quelques-uns, laissent indifférents beaucoup
d'autres.

A Monthoiron, nous trouvons les Turpin de Crissé,
originaires de l'Ile-Bouchard, et les Lezay; à Ingrande,
les de la Lande, que le vieux castel ruiné de Chêne a
jadis abrités; à Baudiment, Perrot de Thornes, les de
la Touche, qui ont brillé d'un vif éclat dans le Châtelleraudais et ailleurs, à cause de leurs nombreuses alliances;
à Thuré et Saint-Gervais, Guillaume de Tranchelion;
Briant de Besdon et ses hommes d'armes ont occupé
l'antique tour de Pouillé; Jean de Jaunay, chevalier, a
possédé le fief de Piolant; Girard Guinot, familier et valet

de chambre de Charles d'Anjou, roi de Sicile, reçoit en
don de ce prince généreux l'hôtel des Bordes, près Naintré.
Il y règne en maître sur les eaux poissonneuses du Clain ;
à Remeneuil on trouve Jean de Fougères ; à la Forêt, près
d'Ingrande, Geoffroy le Meingre dit Bouciquaut, fils
puîné de Florie de Linières, femme de Jean, maréchal de
France, compagnon d'armes de Duguesclin et du fameux
Jehan de Saintré ; Isabeau de Poitiers, veuve de Geoffroy
Bouciquaut, habite avec ses enfants le « chastel et forteresse de la Motte d'Usseau » ; à Tricon, Gauvain de Brizay ;
à Pouzieux, au milieu des bois de Coussay, non loin du
Plessis et de la Vervolière, où se sont élevés les du Plessis
qui s'appelleront Richelieu au quinzième siècle (1), nous
constatons la présence de Josselin d'Aux, tout fier des droits
de sa famille sur les évêques de Poitiers ; puis viennent
les de Billy, de Marconnay, de Bernes, d'Alloigny, de Mauléon, Sauvestre, de la Poissonnière, Berland, d'Asnières,
de Ternay, du Bois, de Marasfin ; aux Ormes-Saint-Martin,
les Esgret et les de Marans ; à Mousseaux, qualifié de maison noble et de forteresse, les de Chergé, qui furent seigneurs
de Buxeuil, à deux pas de la Haye-Descartes ; à Naintré,
les d'Insay, les Levrault, qui ont laissé leur nom à un des
plus vieux donjons du pays. Nous relèverons encore sur l'a-
veu rendu pour le fief de la Boissière, près de Pleumartin,
par Jean de Frambrignet, un nom intéressant, celui de
Guillaume Sanglier, qui occupait alors « l'hébergement de
la Clozalière », voisin des terres de l'abbé de la Merci-Dieu.
La petite-fille de ce Guillaume, Renée Eveilchien, épousa,

_____

(1) Voici pourquoi : la terre de Richelieu, vers le milieu du quinzième siècle,
appartenait à la famille Clérambault, dont un membre, Jean, maria sa fille
Perrine avec Geoffroy du Plessis.

en 1456, François du Plessis, un des ancêtres du grand cardinal.

Cette énumération n'est pas complète et nous pourrions encore, en suivant pas à pas les textes du *Livre Noir*, citer beaucoup d'autres familles de l'aristocratie châtellerau-udise s'il ne fallait savoir s'arrêter. Toutefois, nous commettrions une omission regrettable en laissant dans l'ombre des noms qui rappellent l'origine châtelleraudaise des ancêtres du célèbre philosophe · René Descartes. Ainsi, dans le XVᵉ aveu, celui de Piolant (commune de Saint-Genest), du 1ᵉʳ juin 1430, il est plusieurs fois question de Jean Brochard, veuf de Jeanne Périer, habitant à cette époque l'hôtel de la Brochardière, « assis en Puy de Piolent ». Dans le LIᵉ aveu du 8 août 1432, nous voyons que les Sain avaient des biens à la Prée commune du Port-de-Piles), non loin du fief des Cartes (commune des Ormes), à proximité de la petite ville de La Haye.

De cet exposé rapide, il faut conclure que les ressources militaires de la vicomté de Châtellerault, qui en cas de guerre se rangeait sous la bannière de son suzerain le comte de Poitou, étaient de celles qui imposent le respect aux voisins turbulents et la crainte aux ennemis intérieurs. D'ailleurs, cette troupe d'élite de riches et vaillants gentilshommes avait la mission de défendre au nord les frontières du Poitou, insuffisamment protégées par de trop rares forteresses. Les vicomtes de Châtellerault ne faillirent pas à cette noble tâche, mais devant les Anglais ils durent céder à la force.

A un autre point de vue, l'ensemble des textes de la vieille pancarte châtelleraudaise nous permet d'apprécier, dans une simple vicomté, la force de cohésion du système féodal au quinzième siècle. Cette force n'est du reste que la résultante des antiques coutumes de la grande province de Poitou, où la féodalité a de profondes racines. Malgré l'imperfection des rouages qui actionnent la justice, l'administration et les éléments de combat du pays châtelleraudais, il est difficile de se soustraire au sentiment de curiosité qu'excitent dans l'esprit les évolutions de cette lourde machine qu'on appelle la féodalité. Un petit gouvernement local a presque les allures d'un minuscule royaume. Une centralisation excessive y préside. Tout va au seigneur, tout vient de lui. Il reçoit et paie l'impôt du sang. Les nobles vassaux et leurs hommes liges doivent servir le vicomte en temps de guerre et ce dernier marche à leur tête dans les armées du roi ou les bans du grand sénéchal de Poitou. Les privilèges dont jouissent les uns et les autres, sont à ce prix. Les roturiers et les vilains paieront les frais avec les aides et les dons forcés. Le problème compliqué de la régénération sociale et politique n'est pas encore posé et il sera long à résoudre.

La description des propriétés inféodées forme la plus longue partie des aveux transcrits sur le *Livre Noir*. Leur lecture nous transporte dans un monde depuis longtemps disparu. Aussi, l'esprit en reçoit-il une impression profonde née de l'originalité typique du style, de la multiplicité des détails, des noms quelquefois illustres des vieilles familles châtelleraudaises à côté de ceux obscurs ou grotesques des arrière-vassaux et des censitaires, de cet enchevêtrement de la hiérarchie féodale dont les échelons distribués avec un intérêt calculé établissent les démarcations sociales entre ceux qui jouissent des privilèges et ceux qui ne sauraient en avoir. Ces caractères sont bien du moyen-âge sur le point d'expirer à l'époque que nous étudions.

Les dénombrements forment une véritable matrice cadastrale.

Nous en citerons un exemple emprunté à l'aveu n° XXIX du 5 janvier 1430 (v. s.), rendu pour le fief de Neuville (par. d'Ingrande) par Pierre des Aubues, doyen du chapitre de Notre-Dame de Châtellerault. Au nombre des censitaires de ce fief se trouve un certain Perrot dit Casse-Denier, « à cause de sa maison à fest, contenans cinq travées de maison avec la partie où il fait sa demeure et en laquelle il se chauffe et aussi fait son mestier à huile, et avec le portal de sa maison et ung apentiz où couchent ses bestes, et en doit au terme de miaoust II d. ».

Certains hommages rendus par les vassaux ne constituaient, à vrai dire, qu'un acte de respect et de fidélité envers les seigneurs dont ils tenaient leurs fiefs.

Ainsi, dans le premier aveu du *Livre Noir*, nous lisons qu'un certain Jehan Sermignault doit chacun an à la châtelaine de Clervaux, Catherine de La Haye : à la Pentecôte, « un chapea de roses », à la Trinité un coulon blanc (pigeon) ou deux d'autre plumage et à Noël une chanson.

Dans l'aveu de Montoiron (n° II) se trouve un renseignement d'une autre nature réglant des droits ainsi formulés : « La foyre de saint Ambroise de Montoiron le jour dudit saint et les droiz d'icelle accoutumez en rente, de la quelle foyre le prieur dudit lieu prend la moitié et me doit (à Antoine Turpin de Crissé) icelluy jour ung jalleau de vin de couvent et ung de vin pur, quatre miches blanches et trois brunes et ung fromage de trois mailles... » Il serait trop long de citer les détails originaux et intimes qui foisonnent dans la pancarte châtelleraudaise.

On trouve aussi dans les dénombrements des indications nouvelles sur la géographie ancienne du Châtelleraudais ; elles permettraient d'ajouter quelques pages au *Dictionnaire topographique* de Redet qui ne connaissait pas, de même que l'abbé Lalanne, le cartulaire du vicomte Jean d'Harcourt. Les noms de personnes et de lieux y abondent. La difficulté est de choisir les plus intéressants. En tout cas, les descriptions qu'il renferme dans le style un peu vague du temps nous permettent d'affirmer que l'aspect du pays a beaucoup changé depuis cinq cents ans ; ce qui n'a rien d'étonnant.

Ainsi, de Cenon à Port-de-Piles, la Vienne, cette belle rivière aux eaux vives et pures, ne ressemble plus à ce qu'elle était au quinzième siècle. Sur son cours rapide étaient échelonnés des moulins, des écluses, des pêcheries. Au-dessous de Châtellerault, dans la partie rendue navigable au dix-septième siècle, on comptait plusieurs de ces ouvrages dont le souvenir reste à peine. Il y avait écluses et moulins à Garluppe, en amont de Châtellerault, au Pin, en aval, à Ingrande, à Dangé vis-à-vis les hauteurs de Puymelleriou, aux Ormes-Saint-Martin. On en comptait cinq sur un parcours de vingt kilomètres. Dans cette partie de la basse Vienne, l'aspect de la rivière était alors ce qu'il est maintenant au-dessus de Cenon jusqu'à Bonneuil-Matours et au delà en remontant vers la Charente et le Limousin. De Châtellerault à Port-de-Piles, la vallée, largement ouverte, malgré la gaîté et le charme de ses horizons bleuâtres, manque de ces rideaux de verdure qui encadrent et dessinent si bien les méandres d'un grand cours d'eau : pas un peuplier, pas un aune. Des oseraies monotones dominées par un chemin de halage soigneusement nivelé, mais inutile aujourd'hui, les ont détrônés. On n'entend plus au loin la chute

bruyante des écluses ; elle est remplacée par le sifflet des
locomotives et le roulement des trains, faciles vainqueurs
des chalands qui remontaient jadis à la voile de Nantes à
Châtellerault.

Les dénombrements permettent encore de se rendre
compte de l'état agricole et industriel du Châtelleraudais au
quinzième siècle.

Les gagneries, appelées aujourd'hui fermes ou métairies,
étaient nombreuses, si on s'en rapporte aux aveux qui en fixent
l'importance à raison du chiffre des bœufs employés à les
cultiver. Le froment, le seigle, la baillarge, l'avoine constituaient les principales récoltes en blés. Les plantes textiles,
le chanvre et le lin, occupaient les meilleures terres ; d'immenses étendues de landes, de bruyères, de pâturages, de
bois, des « chesnoies » (futaies), des pinochiers (bois de pins)
attendaient que des besoins nouveaux les fissent disparaître.
Sur les cours d'eau, grands et petits, les moulins du seigneur
à gens « destreignables », c'est-à-dire forcés de s'en servir,
broyaient le grain ou foulaient les grossières étoffes de laine
destinées aux campagnards se contentant de peu. La vigne
avait une place d'honneur auprès du manoir féodal et ses
« plantiz » recevaient de la main des «hommes de bezoche »,
dans des clos étendus, entourés de murs, les soins qui
assurent des vendanges abondantes et un vin généreux. De
Marigny-Brizay jusqu'à Chinon, en traversant les coteaux
ensoleillés de Thuré, d'Usseau, de Vaux et de Saint-Romain, sur la rive gauche de la Vienne, on récoltait cette
bonne « purée septembrale » que Rabelais a célébrée plus
tard avec sa verve toute gauloise.

Tel était, en quelques mots, l'état agricole du Châtelleraudais d'après les textes si instructifs du *Livre Noir*.

Certains vassaux se plaignent de la diminution considérable des revenus de leurs terres ; c'est ainsi que Charlot de
la Touche, dans le dénombrement du fief de la Tour-Girard,
présenté en février 1438 (n. s.), déclare « que toute la revenue de sondit fief puet bien valoir communes années dix
livres par chacun an et souloient bien valoir anciennement
cent livres ». S'en étonnera-t-on en considérant que la
Guerre de Cent ans, avec ses incalculables malheurs, finissait à peine. Les finances de l'État étaient aussi obérées
que celles des particuliers. « Taille annuelle et répétée, aliéna-
tion du domaine, emprunts quotidiens, engagement de
fonds territoriaux, de revenus et de meubles, telles étaient
les voies administratives suivies par le gouvernement de
Charles VII. Le Poitou avait été frappé, en 1432, d'un aide
de 47.000 l. (1).

Malgré tout, la ténacité laborieuse du paysan châtelierau-
dais avait maintenu dans la contrée une prospérité relative
qui ne peut que faire ressortir aujourd'hui les immenses
richesses que nous devons à l'émancipation agricole, sœur
féconde et nourricière de toutes les autres.

L'exposé qui précède ne serait pas complet s'il n'était
suivi des textes du *Livre Noir* sur lesquels i l s'appuie. Ils
formeront la quatrième partie de ce travail qui, dans son
ensemble, contient une foule de détails sur les lieux, les
hommes et les choses du quinzième siècle. Nous les avons
suffisamment multipliés pour démontrer l'intérêt historique
de la pancarte vicomtale. En rendant un hommage mérité
à notre pays natal, nous répéterons ces paroles d'un écrivain châtelleraudais, Roffay des Palus : « Que m'importe de
savoir l'histoire des Indes, si j'ignore celle de mon pays. »

(1) Vallet de Viriville, *Histoire de Charles VII*, t. II, p. 275.

IV

LES TEXTES DU LIVRE NOIR

———

Nous reproduisons les textes du *Livre noir* tels que nous les avons lus, sans affirmer qu'il ne s'y soit glissé quelque erreur de détail. Nous en acceptons d'ailleurs la responsabilité en réclamant l'indulgence du lecteur pour un travail long, pénible, hérissé quelquefois de difficultés. L'orthographe si variable de l'époque, les formes singulières d'un style primitif et sans élégance qui deviendra avec le temps notre admirable langue française, les incorrections matérielles du manuscrit ont été de notre part l'objet d'un respect scrupuleux. Agir autrement eût été enlever à un vénérable monument de l'histoire châtelleraudaise le cachet d'originalité qui n'est pas un de ses moindres attraits.

Les aveux ou dénombrements sont datés ; il ne règne donc aucune incertitude sur l'époque à laquelle ils appartiennent. Il n'en est pas de même des textes qui les précèdent et leur servent d'introduction ; ils sont évidemment beaucoup plus anciens.

Les lignes trop courtes de la pancarte noire qui rappellent d'une manière vague les origines de la vicomté ne sont que l'écho lointain de faits perpétués au moyen de chartes disparues ou de la tradition conservée à travers les siècles, — du premier vicomte de Châtellerault, Airaldus (937-986), au vicomte Jean VII d'Harcourt (1422-1445). Cette longue période de cinq cents ans a vu naître et épanouir la féodalité dont le déclin commencera sous le règne autocratique du fils et du successeur de Charles VII, Louis XI. Elle doit succomber longtemps après aux atteintes vigoureuses et simultanées de la fierté, de la raison et de l'indépendance natives de l'homme. Le tiers-état, le peuple, les philosophes, tous monteront à l'assaut d'un régime caduc sur les ruines duquel s'élèvera une société nouvelle.

Quoi qu'il en soit, les textes et les commentaires que nous avons groupés dans cette étude rétrospective pourront servir à d'autres qui, à l'aide de documents que nous ignorons ou de vues qui nous ont échappé, seraient à même de les rectifier ou de les compléter.

Tous, nous poursuivrons ainsi l'œuvre méritoire si vaillamment commencée en 1859 par l'abbé Lalanne, dans son *Histoire de Châtelleraud et du Châtelleraudais.*

Le spécimen qui suit est une reproduction de la première page du *Livre Noir* d'après un cliché fort bien réussi de M. Alfred Perlat, photographe à Poitiers, membre de la Société des Antiquaires de l'Ouest. Le manuscrit original a trente-six centimètres de hauteur, vingt-sept de largeur et six d'épaisseur.

＊8 8 8＊ Suppᵗ f. 1294.

Cest le livre et papierre de la vicomté de Chastelleraud dont au temps que ce present livre fut compillé estoit seigneur directz roi et proprietaire tresnoble et trespuissant seigneur Jehan Conte de Harcourt et dainmalle Du quel livre sont premierement les domaines et chastellenies que mon dit seigneur tenoit en sa main dont les parties se rendre pourront receveurs Jusques les coronnes lois, prez rivieres estangs et tous autres domaines a luy revenans et appartenans Et en apres sont par le menu les fiefs noirs, audrevets de tous les nobles et vassaulx qui tiennent dicelluy seigneur a cause du dit vicomté

Et premierement

P Pour congnoistre comme ladite vicomté est tenue Assavoir est que anciennement ladite vicomté vint par partage feal du Conte de Poictou et futenu en diminution en partage pour raison de prochainnes seigneurs car le Roi Conte de Poictou le tenoit en fief puis que pour le temps estoit si avant frere, De laquelle seigneurie avoit haulte Justice moienne et basse mere et simple et moult debonnaire droit et puissance comme puissent au il a aucuns Juges le moyen raison et de puissance si plus avant non demeurant seigneurie qui en apres serront declairees Et que ainsi soit que ladite vicomté print de la Conte de Poictou par partage les armes de Chastellenie et celles du conte de poictou sont pareilles et ny a que la difference de la bandure dachier qui est semé de pois ler out a queulles et sont les dites armes Dargent ung lion de sable rampant et ferré apres dit est comme appert sont vous en plaiera sans les veoir

D De la vicomté Ce ne sont que quatre Chastellenies anciennes, Cestassavoir, primerement sur lisloge et pour prix est appellé pry mallevoir item le mont matheau Jean Chenaux prim montorion Item les deux Chastellenes Chenaux le pry mallevoir sont ou domaine declairer Et les deux autres sont tenus demon dit seigneur a foy et hommage lige, Cest assavoir mont et celle de monterion le tenons mon dit seigneur lebleisat et une seigneurie ou cause de Chastellenie

Une fois hommage audevoir de Chinon le ...

TEXTES DU LIVRE NOIR

C'est (1) le livre et pancarte de la viconté de Chastelleraud dont
au temps que ce présent livre fut compillé estoit seigneur droicturier
et propriétaire très noble et très puissant seigneur Jehan conte de
Harecourt et d'Aubmalle, on quel livre sont premièrement les dommaines et chastellennies que mondit seigneur tient en sa main dont
les parties se rendent par son receveur, avecques les garennes, bois,
prez, rivières, estangs et touz autres domaines à lui revenans et
appartenans et en après sont par le menu les fiefs nommez et
adveuz de tous les nobles et vassaulx qui tiennent d'icelluy seigneur à cause dudit vicomté.

Et premièrement :

Pour congnoistre comme laditte viconté est tenue, assavoir est que
d'ancienneté laditte viconté vinst par partage fréral du conte de
Poitou et fut tenue au commencement en parage pour raison de
prouchaineté de lignage, car ledit conte de Poitou et le viconte, qui
pour le temps estoit, furent frères. En laquelle seigneurie à toute
haulte justice, moienne et basse, mere et imppere (2), et moult de
biaux droiz et prérogatives comme prévosté où il a acquis péages,
levages, travers et passages et plusieurs autres droitz d'ancienne
seigneurie qui en aprez seront déclairez.

Et que ainsi soit que laditte viconté partist de la conté de Poitou par parage, les armes de Chasteleraut et celles du conté de
Poitou sont pareilles et ny a que la différence de la bordure de
l'escu qui est semé de petis besans de gueulles, et sont les dittes
armes d'argent, ung lion de sable rampant et bordé comme dit est
et ceux de Poitou sont toutes plaines sans bordeure.

De la viconté sont tenues quatre chastelenies anciennes, c'est
assavoir : Saint Rémi sur la Haye et pour présent est appelé Puy
Millerou. *Item* Bonneil Mathoire. *Item* Clervaux. *Item* Montoiron
dont les deux, c'est assavoir Bonneil et Puy Millerou, sont on domaine de la viconté et les deux autres sont tenues de mondit sei-

(1) Le C, lettre bleue et rouge ornée.
(2) Pour se rendre compte de la valeur de ces expressions, il faut noter ici que
la haute, moyenne et basse justice se rapportait au *merum mixtumque im-
perium* du droit romain. Ch. Loyseau, dans son traité sur *les Seigneuries*, a expliqué dans une dissertation pleine de science la portée juridique de ces mots
sous le régime féodal.

gneur à foy et hommage lige, c'est assavoir Clervaux et celle de
Montoiron, et si tient mondit seigneur le chastel et terre de Gironde
comme à droiz de chastelenie enclavée et encorporée en son dom-
maine et lui en sont les fruiz et revenus rendus par son recepveur
comme de ses autres dommaines.

Les demaines de ceste viconté oultre les cens, rentes et devoirs
revenanz tant en deniers, grainz, oisiaux et autrement qui annuellement sont rendus par le recepveur, se reviennent en plusieurs
biaux domaines nobles et seigneuriaux, comme la prevosté, les garennes, bois, prez, moulins, estangs et rivières dont les prousfis
sont rendus comme dit est annuellement ou cazuellement, ainsi
qu'ilz le requierent, lesqueux sont cy après déclairez par ordre.

Et premièrement ensuyvent les drois de la prévosté de Chasteleraud.

Les drois et devoirs seignouriables sont tels que le jour de la
feste de Nostre Dame de Mars tous ceux de la ville et forbours de
Chasteleraut qui tiennent mesures de par mondit seigneur tant à
blé, vin, sel, comme oelle les doivent icelluy jour apporter devers le
fermier ou autre ordonné à cuillir la dicte prevosté pour icelles
mesures visiter, et se elles sont trouvées bonnes et justes elles sont
rendues aux personnes à qui elles sont, et se elles sont trouvées
mauvaises, ceux qui en ont usé sont mis en amende qui est de soixante solz I d. et sont rompues et leur est commandé qu'ilz en aient
de bonnes, et doit estre appelé à ce le procureur de monseigneur.

Item. Quant il leur fault aucune mesure de boessiau à blé ou à
sel, ils les font faire tous neufs à leurs despens et iceux avister au
commis et juré à exercer led. office, c'est assavoir ung seillier, et
quant il a fait et avisté les d. boess., il les doit marcher d'une
sienne marche et quant le prévost voit la ditte marche, il y met et
appose la marche de monseigneur et pour son salaire il prent du
boessiau six deniers, de demi boess., trois deniers, et d'un quart de
boess. III ob., tant de blé que de sel, et de la grant mesure du sel
qui tient II boess. et l'appelle len quarte, douze deniers, et se aucuns
vent ou achette à boessiau ou mesure non marchée, il doit l'amende
de LX s. I d.

Item. A icelle feste de Nostre Dame tous les pescheurs qui prennent poisson en la rivière de Vienne et ont chalans pour exercer
ledit mestier dient devoir XII d. pour chalcun challant, mais oultre
et pardessus iceulx XII d. toutefois quilz vendront sur les estaulx en

la ville ilz paieront ung denier au prévost pour le droit de monseigneur.

Item. Ceulx qui peschent à la benaste doivent à icellui jour de Nostre Dame IIII d. pour le droit de l'entrée et avecques ce doivent payer pour chacun jour qu'ilz vendent ledit poisson, ung denier.

Item. Ceulx qui amainent poisson d'eaue doulce fraiz, pour distribuer et vendre en ladite ville, qui n'ont paié iceulx XII d. et aussi qui ne sont pas de la condicion susdite, doivent de vente, pour chacun jour, I d.

Item. Ceulx qui passent poissons d'eaue doulce pour mener vendre ailleurs que en lad. ville doivent pour chacune beste chargée IIII d.

Item. Ceulx qui vendent poisson de mer comme saumons, lamproyes, aloses et autres poissons de mer frais doivent de vente pour chacun jour qu'ilz vendent ou exposent en vente, vendent ou non vendent, six deniers et de péage pour chacune beste chargée, VI d. et de levage II d.

Item. Ceux qui vendent poissons de mer paré comme merlus, sesche, hados, harens et autre poisson de parerie doivent de vente c'est assavoir : de cent merlus et morue IIII d., de cent de sesche II d. de cent de harens I d., de cent de gauberge II d., et du ray III d. de péage VI d. et de levage II d. pour chascune beste chargée.

Item. Ceulx qui vendent moules doivent de vente VI d., et s'ilz les veulent vendre au boesseau ou autre mesure, ils doivent prendre la mesure du prévost et pour le droit dud. mesurage doivent ung mynot desdites moules qui vault demy quart do boesseau pour chacun marchant vendant les dittes moules.

Tous ceulx qui vendent blés en la ville et forbours aux jours de lundi, jeudi et samedi, ils le doivent vendre au minage, soient privez ou estranges hommes de monseigneur ou autres et prendre le boesseau du prévost, et pour droit de vente et mesurage doivent, c'est assavoir : ceux qui ont acheté pour revendre ou ceux qui ne sont pas demouranz en viconté et que led. blé n'y soit pas creu doivent de minage de XII boesseaux, demy boess. et du plus, plus et du moins, moins et de mesme de chascun sextier IIII d. et ceux qui n'ont point acheté pour revendre du blé creu en leur héritage, rente ou labourage et que le blé soit creu en povoir de mondit seigneur ou d'autre qui tiengne de lui à cause de sond. viconté, doivent tant de mesurage que de vente, pour chascun sextier, IIII d.

Item. Se aucuns qui soient hors dud. viconté vendent blé en

ladite ville à autre jour que à jour de lundi, jeudi ou samedi, ils
doivent semblablement devoir et ceux qui sont demourans en la
ville et viconté n'en doivent riens, et semblablement de tous autres
grains.

Item. Ceulx qui vendent sel tant en gros comme à détail, doivent
prendre mesures telles comme elles sont en ladicte ville de Chasteleraud et la pevent emprunter d'un autre se bon leur semble, mais
pour le droit de vente doivent ung denier et ung mynot qui est hui-
tiesme d'ung boesseau et n'en paient riens s'ilz ne passent quinze
quartes que ung minot et I d., et se ils passent ou viennent jucques
à XVI q^{tes} ils doivent II mynos et II d. et du plus, plus et du
moins, moins jusques à VIII q^{tes}, et s'il avenoit que ung marchant
n'en eust que IIII q^{tes} il paiera aussi bien I d. et I mynot comme
s'il en avoit VIII. Et doivent de péage pour chascune beste chargée
IIII d. et de levage II d. et de charrette VIII d. de péage et IIII d.
de levage et de chascune beste et asne II d.

Item. Pour chacune pippe de vin vendue en gros achetée pour
revendre ou qui est creue hors du povoir et viconté de mondit seigneur, VIII d. de péage et de levage IIII d., pour chacune somme de
vin de péage IIII d. et de levage II d., pour chacune pippe de vin
vendue en gros creue on povoir de monseigneur I d. et de levage
IIII d., et n'est point deu led. levage sinon qu'il soit mené hors du
viconté.

Item. Pour chacune pippe vendue à détail deça la rivière au dedans
de la ville et banlieue, achetée pour revendre, est deu de vente
VIII d. et deux pos de vin pour le droit de la mesure appelé boutage.

Item. A Chasteauneuf et en la banlieue de la rivière est deu de
vin vendu en gros et à détail VII d. et IIII pos de vin et ceux qui
exposent vin en vente ou détail tant à Chasteleraud ville, faubourcs
que banlieue, doivent mettre ensaignes de tavernes et venir quérir
mesure, et quant ils ont vendu le vin ils ne doivent point hoster ladicte ensaigne jucques à ce que ilz se soient venus acquitter desdictes ventés et mesurage et en ont terme jusques à VIII jours, après
ladicte vente et les diz VIII jours passez ils sont en amende de
LX sols se ils ne se sont acquittez, et tant comme ils tendront vin
en vente à détail, ils ne doivent point venir prendre mesure tant
comme ilz vendront, maiz de chacune pippe vendue se doivent venir
acquitter.

Item. Pour chacune portée de nois crue hors du viconté ou

achetée hors du viconté ou en icellui pour revendre, vendue en la
ville à jour de foire ou de marché, doit de vente ung denier et
une jointée appelée grappée de nois, et soit mémoire que en la
portée faut cinq boesseaux combles de nois et ceux qui sont du
viconté des nois creues en lour domaine ne paient riens, et ne peuvent aucuns transporter nois hors le viconté si elles ne sont cassées
ou en huyle.

Item. Au regard de l'oille a une principalle mesure appelée chau-
dière en laquelle on souloit mesurer anciennement et pour ce
qu'elle est inutile on n'y mesure plus et mesure l'en à présent à
quartonz qui tiennent IIII pintes nommées godes qui est mendre
mesure que la mesure à vin pour ladite cause et quant on y mesu-
roit et prenoit pour somme d'oille mesurée I d. ob. et l'agout de
lad. poelle qui valloit bien pour chacune somme IIII d. ou environ
et cellui qui achetoit paioit tout le dit devoir et cellui qui vendoit ne
paioit riens et à présent quant l'en mesure aux dis quartons, l'en
paie pour chalcune somme d'oille pour tous drois tant mesurage,
agout que levage, XX d. que paie tout ledit acheteur.

Item. Chacun mercier et ceulx qui vendent ferronnerie quant ils
estalle en la ville à jour de marché doivent chacun I d. ob. et à jour
de foire III d'estalage.

Item. Chacun cordouennier doit à jour de foire d'estalage VI d.
et à jour de marché IIII d. *Item*, doivent de savetage II s. l'année à
paier à une foiz ou à deux à l'élection du prévost et pour celle
cause les ouvriers demourans en la ville ne doivent point de levage
et les autres estrengiez paient de péage IIII d. et pour levage II d.

Item. Les curatiez doivent pareil devoir comme les cordouenniers, excepté que ceulx qui vendent cuirs vers dient estre exempts
d'estalage et de péage et sont franz comme ils dient pour les deux
soulz de savetage, mais ils doivent payer selon raison, on cas qu'ils
ne monstreroient qu'ils en aient suslisant lettre de privilège, ils
paient

Item. Les chaucetiers doivent à jour de foire, d'estalage et ventes,
VI d. et à jour de marché IIII d , de péage IIII d. et de levage II d.

Item. Les poelliers doivent à jour de foire VI d. et à jour de
marché IIII d., de péage VI d. et de levage II d.

Item. Chacun marchant vendant faulx, cougnées, faucilles, serppes,
coutiaux et autres trenchans d'acier, doivent une foiz en l'an ung
chief dud. ouvrage du nombre desqueulx ouvrages le marchant

doit choisir cellui qui lui plaira, et après que le marchant aura choisi, le prévost prendra cellui qui lui plaira et doit chacun marchant vendant faux IIII d. d'estalage, par dessus et oultre led. chief d'œuvre à jour de foire et à jour de marchié II d., des faucilles à jour de foire III d. et à jour de marché III ob., des coutiaux, serppes, coignées semblable devoir, et s'il avient que aucuns marchans aient le tout desd. ouvrages à ung estal, pourvu qu'il y ait faux ou cougnées il ne paiera que IIII d.

Item. Chacun marchant vendant vesselle d'estain doit à jour de foire VI d. et à jour de marché IIII d. et de péage pour chascune beste chargée IIII d. et de levage II d.

Item. Chacun marchant vendant quincaillerie en la ville de Chasteleraud, comme fer, acier, clou et telle manière de marchandise doivent d'estalage à jour de foire III d. et à jour de marché I d. ob.; *Item*, doit de péage pour chacune beste chargée IIII d. et de levage II d.

Item. Chacun marchant vendant en ladicte ville et halle de Chasteleraud couvertures et tappis de laine, doivent à jour de foire VI d. et à jour de marché IIII d., et doivent de péage chacun pacquet ou fardeau cordé VI d. et de levage III d.

Item. Chacun boursier vendant bourses et gans en ladite ville et halle doivent à jour de foire II d. et à jour de marchié I d. et quant on veult faire justice d'aulcun malfaiteur, l'exécuteur de la justice peult prendre sur led. boursier une paire de gans sans rien paier.

Item. Chacun drappier vendant draps en la halle de Chasteleraud doivent d'estalage à jour de foire V s. et à jour de marchié II s., VI d.; *Item*, doivent pour chacun drap vendu en gros à quelque jour que ce soit II d.; *Item*, doivent pour péage, pour chacun paquet ou fardeau cordé VI d. et pour chacun paquet non cordé IIII d. et de levage pour chacun fardeau ou paquet II d.

Item. Chacun bouchier vendant char à détail en la ville de Chasteleraud doivent à jour de dimenche ou autre jour représentant icellui, pour estalage VI d. *Item*, doivent pour chacun chief d'aubmaille que ils tuent II d. pour les ventes en lieu de nougles. *Item*, doivent pour chacun porc les nougles, excepté que quant aulcun bouchier a nourris le porc ou beuf qu'il aura tué l'espace d'un an et d'un jour on povoir de monseigneur, il ne doit point les dis nougles. *Item*, chacun bouchier vendans moutons, chèvres, chevriaux et veaux de lait doivent semblablement chalcun dimenche pour estalage VI d. *Item*, doivent tous lesdiz bouchiers pour les ventes desdiz moutons, veaux, chèvres et chevriaux chacun an le jour Saint Jean Baptiste IIII d., lequel devoir s'appelle moutonnage. *Item*, chacun boucher vendant char de bœuf en la boucherie de la halle doit à jour de foire VI d. d'estalage et II d. pour les ventes et à jour de marché IIII d. et II d. pour les nougles. *Item*, chacun boucher vendant pors en la dicte ville et boucherie doivent à jour de foire VI d. et à jour de dimenche IIII d. et de chacun pour les nougles. *Item*, pour chacun boucher vendant en la dicte boucherie veaux de lait, moutons, chèvres et chevriaux mors à détail, doivent à jour de foire VI d. et à jour de marché IIII d.

Item. Chacun tourneur ou marchant vendant plas et escuelles de bois doivent à jour de foire se' ils étallent en la dicte foire II d. et à jour de marché I d. ; et si doivent une fois l'an un chief de leur œuvre, c'est assavoir quant le prévost voudra le prendre, et peult prendre le marchant le meilleur et le prévost prendra l'autre à son chois.

Item. Chacun marchant vendant aux et oiggnons en charrete doivent pour chacune charretée VIII d. *Item*, chacun marchant vendant aux et oiggnons en la dicte halle doivent à jour de foire d'estallage II d. et à jour de marché I d., et de péage pour chacune beste chargée IIII d. et de levage II d.

Item. Ceux qui vendent areaux, joux, fourches, rateaux, billars, barrils, penniers et *tieux* choses doivent une fois l'an un chief de leur ouvrage.

Item. Chacun marchant vendant verre doit pour chacun an ung verre et le prévost le doit bailler plain de vin au marchant.

Item. Tous ceux et celles de la ville vendant pain en la dicte halle doivent à jour de foire II d. et à jour de marché I d. et chacun pennetier forain à jour de foire III d. et à jour de marché III ob. et ceux qui vendent pain le dimenche aux bans doivent pour chacun dimenche qu'ilz vendent ob., sans la maille au bourgoiz.

Item. Chacun marchant vendant bestes chevalines qui ne soit pas du viconté ou qui l'aura achetée et ne l'aura gardée l'espace d'un an et d'un jour doit de ventes VIII d. et quant aucun eschange son cheval ou jument avecques un autre, mais qu'ilz ne soient pas du viconté, ou qui ne l'aient pas gardée par an et par jour, ils doivent chacun VIII d. et de péage pour chascun cheval ou jument IIII d. et de levage II d.

Item. Chacun marchant vendant mulets ou mulées doivent de vente pour chacun mulet ou mule XVI d. et d'eschange pour chacun pareillement XVI d.; *item*, de péage VIII d. et de levage II d. et pour chacun asne ou anesse vendu ou eschangé IIII d., de péage IIII d. et de levage II d.

Item. Pour chacun chief d'aubmaille vendu ou eschangié II d., de péage II d., et de levage II d. pour chacun porc vendu ou eschangié I d., de péage I d. et de levage I d. ; pour chacune chièvre ou brebis de vente ob., de péage et levage pour chacun ob., excepté que tous ceulx du viconté ne paient aucune chose des ventes desdictes bestes quant ils les ont nourries par l'espace d'un an et d'un jour.

Item. Tous ceulx qui vendent aucunes marchandises à poix sont tenus quant la marchandise se poise plus de XXV l., de venir peser au poix de monseigneur qui est devers le prévost, et doit le vendeur de poix pour chacun cent IIII d., de demy cent II d., d'un quarteron I d., du plus, plus et du moins, moins et ne peut aucun marchant tenir ne avoir aucun crochet qui portent plus de XXV l. au fort.

Item. Tous ceulx qui mènent meules doivent pour chacune IIII sz.

Après ensuivent autres droiz seigneuriaux que mondit seigneur et ses prédécesseurs seigneurs ont accoustumé avoir en ladicte ville, c'est assavoir que à mondit seigneur appartient en sa dicte ville et forbours le ban de vendre vin qui dure quarante jours et commence la veille Saint Jehan Baptiste, et à monseigneur telle droicture que nul sans congié de lui ou de ses officiers ayans povoir à ce ne peult vendre vin sans paier le droit du ban, et s'il le fait, il forsfaict le vin à la voulenté de mondit seigneur et par le moien de la forsfaicture il est exempt d'amende, et dure le ban jucques au premier jour d'aoust à prime.

Item. En ladicte ville monseigneur à son four à ban nommé le four du Savigner (1) et ne doit autre avoir four sinon par le congié de la seigneurie et se aucun y en avoit fait ou faisoit sans l'autorité de mondit seigneur, sa justice les pouroit faire abatre et desmolir et contraindre les délinquans à l'amender arbitrayrement, excepté tant seulement le four du prieur de Saint Romain et les doien et chappitre de N° Dame de Chasteleraud qui ont chacun ung four en ladite ville.

Item. Mondit seigneur le viconte a accoustumé avoir en sad.

---

(1) V. *Dict. top.* de Redet : *Savinier* (*le*).

ville plusieurs foires en l'an, c'est à savoir : la foire de la Saint Jame en may, la foire de Saint Jehan Baptiste, la foire de Nᵉ Dame en septembre, la foire de Saint Michel, la foire de Saint Martin d'iver, la foire Erbaut qui est VIII jours avant Nouel, la foire Saint Romain qui est au jeudi prouchain d'aprez Saint Romain et la foire aux Prouvaires. Esquelles mondit seigneur prent tous et tieux droiz comme il est devisé cy devant on livre des droiz de la prévosté. Et est assavoir que les prieurs de Saint Romain et de Saint Jame et doien et chappitre de Nostre Dame de Chasteleraud prennent leur droit, c'est assavoir ledit prieur de Saint Romain à la foire Saint Romain, le prieur de Saint Jame à la foire Saint Jame en may et lesdis doien et chappitre à la foire des Prouvaires, oultre et pardessus les droiz de monseigneur sur chacune pippe de vin mise en vente au jour d'icelle foire IIII d. la moitié des ventes sur les bouchers et la moitié des nougles. Sur chacun drappier I d., sur les tenneurs et cuiratiers, sur chacun I d., sur chacun mectier, ob., et des bestes la moitié des ventes avecques les chiefz d'œuvre et autres drois qu'ilz ont acoustumé prendre et avoir de raison.

Item. Est acoustumé en lad. ville de tel temps qu'il n'est mémoire du contraire que tous les bouchiers et cordouenniers de ladite ville ou autres de la viconté pourveu que puis un an et jour ils aient fait de leur mestier en ladicte ville ou fourbours doivent le jour de la Trinité venir après midi représenter eulx devant le juge et officiers de la justice de monseigneur et doivent l'un aprez l'autre jouster sur une beste chevaline à l'encontre d'une quintaine fichée en terre que les officiers doivent faire apposer et mettre ou bon leur semble, et doit chacun desdicts bouchiers et cordouenniers apporter une perche pour jouster lesquelles sont visitées et essayées par lo prévost ou autre des gens de mond. seigneur pour savoir se ilz sont suffisans et doivent chascun jouster, tant de coups qu'ils aient rompu chacun sa perche et ceux qui seront présentez et ne voudront pas jouster, seront quictes pour paier à monseigneur une livre de cire, et ceux qui ne se présenteront audit jour, lieu et heure pour jouster ou paier la livre de cire seront mis en amende de LX s. en cas qu'ilz n'auront excusacion raisonnable.

Item. Tous les moulniers des moulins de monseigneur doivent le dimanche prouchain après la Trinité venir en batieaux à la rivière de Vienne et illec doivent jouster à une quintaine et se doivent tous présenter à tous leurs perches à ladicte heure d'après disné et ceux qui ne voudront jouster doivent à monseigneur une livre de cire et ceux qui ne feront que présence seront mis en amende de LX s. on cas quilz n'auront excusacion raisonnable.

On dit bailliage sont plusieurs moulins, c'est assavoir : deux au pont de Vienne, dont l'un c'est assavoir celui qui est emprès la tour prez de la ville est à deux roes. *Item*, un autre moulin au pont d'Estrée à Chasteauneuf qui est à deux roes, et se monseigneur en vouloit plus faire le pourroit et tous iceux moulins ont droit seigneuriable de hommes destreignables. Et est assavoir que les autres qui ont moulins prez de ladicte ville, comme le prieur de Saint Romain et le commandeur d'Ozon, n'ont chasse de beste en ladicte ville, excepté ledit prieur de Saint Romain qui pour son moulin séant en la Vienne peult avoir chasse en ladicte ville d'un aasne seulement, et led. commandeur n'a aucune chasse et ne doit son molnier d'Auzon amener ses aasnes, fors à la barrière de la porte et doit aler chiez ses hommes et non ailleurs quérir le blé à son col et se pour cause des eaues qui fussent trop grandes ou trop petites que les moulins de monseigneur ne peussent mouldre convenablement et aulcuns des bourgeois de la ville voulsissent mouldre aud. moulin d'Auson, ledit molnier doit porter le blé au col jusques hors la barrière et semblablement rapporter la farine et ne doit ses dis aasnes chasser en lad. ville, et s'il est trouvé faisant le contraire le blé et les aasnes seront acquis à monseigneur comme forsfais et celui qui est fermier des moulins de monseigneur les peult arrester et prendre à présent mesfait, et y doit avoir son interest tel comme il est ordonné pour monseigneur en baillant ladite ferme des moulins.

Item. Mon dit seigneur le viconte est seigneur du fief de Saint Flour avec toutes ses appartenances et appendances , tant en cens, rentes de deniers, de grains et d'oisiaux en toute haulte justice, moienne et basse, lequel fief est assis en la ville de Chastelerand et dehors et y a un hostel assis près de Saint Jacques de Chastelerand, nommé l'ostel de Saint Flour, lequel hostel seulement, en retenant les cens et rentes d'icellui avecques toute seigneurie, a esté baillée à ung nommé Guillot Bacheler pour dix livres de rente. Et c'est assavoir que led. fief fu acquis par feu monseigneur Loÿs de Harcourt, en son vivant viconte de ceste viconté, et par l'octroi de monseigneur le duc de Berry, en icellui temps conte de Poitou fut ledit fié enclavé et encorporé en ladicte vicomté et par led. seigneur

fu octroié et acordé que doresnavant se passe l'ommage dud. fief de
Saint Flour par cellui de ceste présente viconté, dont furent données lectres dud. seigneur fectes en las de soye et cire vert, l'an de
grâce MCCCLXXIIII, on mois d'avril, et estoient ainsi signées : par
monseigneur le duc en son conseil on quel mess. de Sancerre, vous
et le sire de Nantouillet estiez, Astelin ; desquelles lettres le propre
original est en la chambre des comptes à Chasteleraud.

Item. Mondit seigneur a ses halles en ladite ville de Chasteleraud,
c'est assavoir les halles nommées les bancs, où l'on vent la char,
le poisson, le pain et autres denrées tous les jours de la sepmaine,
excepté le jour de jeudi qui est jour de marchié et aux jours des...

Item. Unes autres grans halles assises près de la chappelle Sainte
Catherine devant l'ostel de monseigneur èsquelles à jours de foires
et de marchiez l'en vent toutes manières de denrées, et en icelles
deux halles prent mondit seigneur estalage et tous aultres droiz de
prévosté. *Item*, unes autres petites halles aboutans à ladicte chapelle en quoy les bouchiers vendent leurs chars à jour de foire et à
jours de marché et ne les doivent vendre ailleurs en iceux jours,
èsquelles mondit seigneur prent drois d'estalage et autres devoirs
qui sont appartenans à sa prévosté.

Item. Mondit seigneur a ung houstel nommé la Berlandière
estant près de Chasteleraut, où il a ung grand clos de vignes, le
coulombier et ung pressouer, estant on dit clos, et a on dit houstel
plusieurs maisons. *Item.* Une autre place où souloit avoir maison
séant près de Chasteauneuf que l'en nomme L'Erbaudière le que
pour présent est ruyneux et en petites valeurs, et en chacun d'iceux
houstelz a terres appartenantes.

Le bois de Feulloux on quel et à l'environ a garenne franche,
de toutes bestes rouges, noires et autres et garenne de connilz et
s'estent ladicte garenne jucques à la barre de Nentré et à l'estang
des Mottes en alant au grans chemin de Chasteleraud jucques à
Thuré et en venant au pont d'Estrée. Et est assavoir que en icelluy bois de Feulloux, a par aucunes années pesson pour les bestes,
laquelle toutesfois qu'elle eschiet est baillée au prousfit de monseigneur.

La rivière de Vienne appartient à monseigneur depuis le lieu de
Garlouppe jucques au moulin du Pin et est appelé d'ancienneté les
Deffens, car nul, sinon mondit seigneur, n'a aucun droit en icelle
rivière et n'y doit aulcun prendre poisson ne aulcun autre droit

réclamer. *Item*. Une autre petite rivière nommée Anvigne qui descend de devers la Berlandière en la Vienne en laquelle monseigneur a tout droit de seigneurie tant pour pescher que autrement, ainsi comme bon lui semble et est en sa seigneurie, justice et juridicion. *Item*. En la rivière du Clain monseigneur a deux pescheries entre les moulins de Souez et l'isle Gondouart.

Le pré de Vienne, séant près de la ville de Chastelerault, au long de la Vienne, appartient à mondit seigneur comme son domaine et contient le dit pré douse journées de faucheur ou environ.

On dit bailliage de Senillé est le chastel de Puymillerou on quel a chastel et chastelenie ancienne on lieu et à la cause de Saint Remi, et est de présent ledit chastel et chastelenie avecque ses appartenances quelconques en la main et on domaine de mondit seigneur avecques les seigneuries et domaines, ci après déclairées. Premièrement le moulin de Baignoux. Le moulin de Berengier. le moulin de Batereau, et ung moulin ou place de moulin en la rivière de Vienne assis à Puymillerou (1) et une escluse en lad. rivière et ont tous lesdis moulins drôit de destraignables.

L'estang de Baignoux. A Puymillerou une escluse en la Vienne. A Ingrande une petite escluze et pescherie. Au port de Pilles, a ung bac et batiau passagier qui est de ladicte viconté et en ladicte seigneurie jucques au millieu de la rivière. *Item*, trois petites pièces de pré séans en la rivière de l'Ozon soubz Targié.

Les bois qui furent Guillaume Millés et a ung nommé Germain Poupaut et sont bois a Leugné, qui sont entre les bois de Marconnay et du prieur de Vaux en la paroisse de Saint Hillaire de Mons et d'Abournay. *Item*, les bois de Saint Remi sur la Haye, de Puymillerou, et sont en desfens.

On dit bailliage de Naintré mondit seigneur à un houstel au lieu de Salaines ou il a cens, rentes, bois prez, vignes, coulombier et terres labourables, lequel houstel et appartenances a esté baillé à rente à un nommé Jean Guernier et escheyt le dit houstel à monseigneur le viconte de Chastelerault par aubenage qui par avant avoit esté à feu Jehan de Chastelerault.

Item, audit lieu de Salaines a ung autre houstel appartenant à mondit seigneur qui fu feu Pietre de Chastelerault et vint à mondit seigneur par aubenage.

_____

(1) En marge : pescherie à Puymillerou.

Item, à Bonneil Mathorre, souloit avoir houstel fort et de présent y est seulement la mote et y a tous drois de chastelenie laquelle est en la main de monseigneur comme son propre domaine.

Item, la prévosté de Naintré où il a mesure a blé et vin et autres droitz de prévosté.

Les moulins de Souez séans en la rivière du Clain qui sont à deux roes ; le moulin de Bonneul Mathorre qui est a deux roes.

Le pré de la Flotte et le pré de Domines.

Une partie des bois de Feuilloux s'estend en icellui bailliage.

Item, ès bois de Mollière mon seigneur est seigneur du fons de la terre et en icelle terre et fons sont prinses les meules à moulins et terre à faire les potz par l'ordonnance de mondit seigneur et de ses officiers et en reçoit les drois et prousfis comme sont dict domaine et le bois croissant dessus est au roi à cause de la conté de Poitou.

On dit bailliage d'Avrigné est le chastel de Gironde où il a chastelenie ancienne et tous les droiz qui a chastelenie appartiennent et on demaine de monseigneur. *Item*, la maison de Bois d'Ansennes avecques ses appartenances on demaine de monseigneur. *Item*, à la Plante, une tour ancienne avecques ses appartenances on demaine de monseigneur.

Trois moulins à Gironde, deux en la rivière d'Anvigne et l'autre en la rivière de la Nesde , dont l'un est appelé Feneaux et l'autre Moulin neuf.

Les prez de Gironde contenanz journau de quatre faucheurs ou environ. *Item*, le pré de Thireau conteuant journau de trois faucheurs.

Gironde, un estang qui pour le présent est en valeur. *Item*, audit lieu deux autres estangs en non valoir, dont l'un est nommé l'estang de Becon, et l'autre le Petit estang.

Les bois et garenne de Gironde. *Item*, à Bois d'Ancennes, bois et garenne.

Item, les hommes et habitans du prieur de Vaux doivent chacun an à mon^r, le jour des octaves Saint Denis, vingt livres forz en valeur de marc d'argent, quatre livres, et est mons^r en pocession d'avoir aud. lieu de Vaux ung sergent pour la garde de ses boiz et pour faire les exploiz (1).

_____

(1) En marge il y a : Vaux et Saint-Romain d'une écriture postérieure.

Les droiz du pontenaige de Chastelleraud.

Premièrement pour chacune personne passant à
cheval par et sur ledit pont, excepté gens d'église, n
obles et d'estat lesquelles ne paieront aucune chose..   III d. t.

Pour chacune personne à pié passant par et sur led.
pont..   I d. t.

Pour chacune personne à pié portant danrrées et
marchandises sur son dos...........................   II d. t.

Pour chacune beste à pié ront, non chargée, passant
sur led. pont......................................   I d. t.

Pour chacun chariot et les bestes qui le conduiront
pardessus led. pont non chargé, la somme de........   X d. t.

Pour chacun chariot chargé et les bestes qui le me-
neront pardessus icelluy pont......................   XII d. t.

Pour chacune beste à pié ront chargée de quelconques choses que ce soit.........................   II d. t.

Pour chacune charette vuide et les bestes qui la me-
neront...   VI d. t.

Pour chacune charette chargée et les bestes qui la
moneront..   X d. t

Pour chacune beste bouvine passant sur led. pont
non menant danrrées ou aultres choses en charretes ou
charroiz..   II d. t.

Pour chacune grand beste porcine................   I d. t.

Pour chacune grand beste beline en ce comprenans
boucz et chèvres...................................   ob. t.

Le quel ayde et droit susdit ne se paieroit que une foiz le jour
et d'icellui seroient comptés les habitans de la ville de Chastelleraut excepté pour leurs danrrées et marchandises qu'ils passeront
pour revendre et qu'ilz auroient achapté pour revendre.

Les Eglises, Collégiaux, prieurez et parroisses dudit Viconté

ON BAILLIAGE DE LA VILLE :

Le priouré de Saint Romain (1).
Le priouré de Saint Jacque (2).
Le prieuré de Rumillé (3).

Doyen et chappitre de Notre Dame.
Le commandeur d'Auson (4).

BAILLIAGE DE SENILLÉ :

L'abbé de l'Estoile (5).
Le prieur de Senillé (6).
Le prieur de la chappelle Roe(7).
Le prieur de Montoiron (8).
Le prieur de Maleray (9).
Le prieur de Buxières (10).
Le prieur du Port de Piles (11).
Le prieur de Marcheiront (12).
Le prieur de Sainte Flourence (13).

Le prieur de Legugé (14).
Le prieur de Palayz (15).
Le prieur de Tartifume (16).
Le prieur de St Suplice (17).
Le prieur du Puymillerou (18).
Le prieur de la Magdelène (19).
Le prieur de Bellefons (20).
Le commandeur de la Foulcaudière (21).

(1) Ancienne abbaye; depuis 1088, prieuré dependant de l'abbaye de Saint-Cyprien, de Poitiers.

(2) Dépendait de l'abbaye de Saint-Savin, fondé par Isambert, premier évêque de Poitiers.

(3) Remilly, commune d'Ingrande, dép. de l'abbaye de Saint-Jean-d'Angély (Charente-Inférieure).

(4) Ancienne commanderie de l'ordre du Temple, puis de l'ordre de Malte.

(5) Commune d'Archigny, ancienne abbaye de l'ordre de Citaux, fondée en 1124.

(6) Dép. de l'abbaye de Saint-Hilaire-de-la-Celle.

(7) Commune de Chenevelles, dép. de l'abbaye de Sainte-Croix d'Angle.

(8) A la collation de l'abbé de Saint-Savin.

(9) Commune de Leigné-les-Bois, dép. de l'abbaye de Saint-Savin.

(10) Commune de Dangé, dép. de l'abbaye de Noyers, en Touraine.

(11) Dép. de l'abbaye de Noyers, en Touraine.

(12) Commune de Saint-Remy-sur-Creuse, dép. de l'abbaye de Maillezais, (Vendée).

(13) Commune d'Ingrande. Chapelle en ruines dans la forêt de la Guerche.

(14) Leugny (?)

(15) Commune de Leugny, dép. de Fontaine-le-Comte.

(16) Commune d'Ingrande, dép. de la Merci-Dieu.

(17) Saint-Sulpice, commune des Ormes, dép. de l'abbaye de Noyers (Touraine).

(18) Commune de Dangé, dép. de Nouaillé.

(19) Commune de Beaumont, dép. du prieuré de Vaux.

(20) Dép. de l'abbaye de Saint-Cyprien de Poitiers.

(21) Commune de Saint-Sauveur, ancienne commanderie de l'ordre de Saint-Antoine de Viennois, fondée en 1349

BAILLIAGE DE NAINTRÉ :

Le prieur de Naintré (1).   Le prieur de Coulombiers (3).
Le prieur de Cenon (2).   Le prieur de Chenagont (4).

AURIGNÉ :

Le prieur de la Cloestre (5).   Le prieur de Fonmore (10).
Le prieur d'Ambierre (6).   Le prieur de la Barotière (11).
Le prieur de Scorbé (7).   Le prieur d'Orches (12).
Le prieur de Saussay (8).   Le prieur de Saint Christofe (13).
Le prieur d'Aurigné (9).   Le prieur de Vaux (14).

PARROISSES DU D. VICONTÉ ET ENCLAVES :

Nostre Dame de Chasteleraut.   Cenon.
Saint Jehan dud. lieu.   Naintré.
Saint Jacque.   Coulombiés (16).
Saint Romain.   St Cerdre (17).
Saint Jean de Chasteauneuf.   Scorbé (18).
Saint Léger en palus.   Ouzillie (19).
Marigné (15).   Ambierre (20).
Beaumont.   Cernay.

(1) Dép. de l'abbaye de Saint-Germain-des-Prés de Paris.
(2) Dép. de l'abbaye de Saint-Hilaire de la Celle de Poitiers.
(3) Dép. de l'abbaye de Nouaillé.
(4) Commune de Marigny-Brizay, dép. de l'abbaye de Saint-Benoît de Quinçay.
(5) Lencloître.
(6) Commune de Saint-Genest, dép. de l'abbaye de Montierneuf de Poitiers.
(7) Commune de Scorbé-Clairvaux, dép. de l'abbaye de Cormery (Indre-et-Loire).
(8) Sossay, dép. de l'abbaye de Saint-Hilaire de la Celle de Poitiers.
(9) Avrigny, commune de Saint-Gervais.
(10) Commune de Vellèches, ancien prieuré de l'ordre de Grandmont, annexe de celui de Notre-Dame-du-Pommier-Aigre ou Grandmont-les-Chinon.
(11) Saint-Éloi, commune d'Usseau. La Barroterie, Saint-Éloi.
(12) Dép. de l'abbaye de Saint-Benoît de Quinçay.
(13) Etait annexé à celui de Saint-Léonard de l'Isle-Bouchard (Indre-et-Loire), dépendant de l'abbaye de Déols (Indre).
(14) Dépendait de l'abbaye de Saint-Denis, près Paris.
(15) Marigny-Marmande (Indre-et-Loire).
(16) Colombiers.
(17) Saint-Cyr.
(18) Scorbé-Clairvaux.
(19) Ouzilly, canton de Lencloître.
(20) Saint-Genest-d'Ambière.

Saussay (1).
Orches.
St Christofe soubz fayo.
Aurigné (2).
Saint Martin (3).
St Gervais.
Thuré.
Usseau.
Leugné sur Usseau.
Mondion.
Lepont Esboisé (4).
Remeneil (5).
Antrain (6).
Ingrande.
Dangié et Buxières.
St Remi sur la Haye.
Paysay (7).
St Heustre (8).
Ligné sur Creuze (9).
Oeré (10).
Availle.

Prinssay.
Anthougné (11).
Postumé (12).
Targié.
Senillié.
St Hilaire et Bornais (13).
Chappelle Roe (14).
Cenant (15).
Arcigné (16).
Leugné les Bois.
Fressigneau (17).
Montoiron.
Chenevelles.
Asnières (18).
Bellefons.
Bonneil Matore.
Vaux.
Valesches.
St Romain.
Moussay (19).

(1) Sossay.
(2) Avrigny, commune de Saint-Gervais.
(3) Saint-Martin de Quinlieu, commune de Saint-Gervais.
(4) Luzé de Pontenboisé (Indre-et-Loire).
(5) Remeneuil, commune d'Usseau.
(6) Antran.
(7) Poizay-le-Joli, commune des Ormes.
(8) Saint-Ustre, commune d'Ingrande.
(9) Leugny.
(10) Oiré.
(11) Commune de Châtellerault.
(12) Pouthumé, commune de Châtellerault.
(13) Commune de Saint-Sauveur.
(14) La Chapelle Roux, commune de Chenevelles.
(15) Commune de la Puye.
(16) Archigny.
(17) Fressineau, commune de Montoiron.
(18) Commune de Montoiron.
(19) Commune de Vouneuil-sur-Vienne.

TABLE SOMMAIRE

DES

ETUDES SUR LE CHATELLERAUDAIS

ÉTATS DE SERVICES

D'UN : GOUVERNEUR

DE LA VILLE & DU CHATEAU DE LA HAYE

EN TOURAINE

ANCIEN EXEMPT DES GARDES DU CORPS DE HENRI IV

par M. de la MARSONNIÈRE

———————————— ✹ ————————————

L'honneur de se survivre n'appartient pas seulement aux gloires éclatantes. Les gloires modestes valent aussi la peine qu'on les signale à la postérité.

Cette réflexion me paraît trouver ici sa place, à titre d'introduction à la biographie d'un vaillant gentilhomme qui se nommait *Louis de la Roche-Cery*, seigneur de la Ménardière, et dont la vie s'écoula durant la seconde moitié du seizième siècle et le premier quart du dix-septième.

La noblesse française comptait alors un assez grand nombre de familles portant le nom de *la Roche*. Si l'on compulse les neuf gros volumes du recueil où furent publiées, en 1844, les lettres de Henri IV, on y voit, outre les noms illustres des Larochefoucaud et des Laroche-Posay, ceux d'environ douze familles du nom de la Roche aux-quelles le roi paraît avoir porté un intérêt particulier.

Mais si vaste que soit ce recueil, il est loin encore d'être complet ; car il existe, dans des archives privées, des lettres inédites de Henri IV concernant d'autres familles portant aussi le nom de la Roche.

De ce nombre est celle des *Laroche-Céry* (1).

Cette famille, qui comptait, dès la fin du xvᵉ siècle, des ascendants honorés de la faveur royale (2), était originaire de la partie de la Touraine que commandaient le château et la ville de la Haye. C'est dans cette ville que, le 24 octobre 1549, François de la Roche, écuyer, seigneur dudit lieu et de la Ménardière, et Jeanne de Céry, fille d'Émery et de Jeanne de Château-Châlons, contractaient le mariage (3) dont le premier né devait être le vaillant soldat dont nous allons raconter la vie.

Nous ne possédons point l'acte de baptême de Louis de la Roche et par conséquent nous ne saurions préciser la date de sa naissance. Mais, puisqu'il était l'aîné des enfants issus d'un mariage contracté en 1549, nous ne saurions nous tromper en disant qu'il naquit dans une des premières années de la seconde moitié du xvıᵉ siècle. Il avait donc environ 40 ans, peut-être un peu moins, en l'année 1590, époque à laquelle commence sa notoriété

---

(1) Papiers de famille de la maison de la Roche-Céry de la Groye, appartenant à M. de la Marsennière de St-Utre, commune d'Ingrandes près Châtellerault.

(2) Transaction du 12 mai 1488 où François de la Roche, aïeul de Louis, est désigné comme gentilhomme de la suite du roi. Mêmes archives privées, liasse 1, nᵒ 1.

(3) Mêmes archives, liasse 1, nᵒ 2.

·militaire, telle qu'elle nous est rapportée par les états de services dont nous donnons le texte à la fin de ce mémoire (1).

Ce que fut la jeunesse de Louis de la Roche, nous n'en savons rien, car les documents que nous possédons, tant sur sa vie militaire que sur sa vie civile, sont postérieurs à 1590. Ce que nous pouvons dire seulement, c'est qu'il avait environ vingt ans vers 1570, époque à laquelle ceux des rares jeunes gens qui étaient demeurés étrangers aux querelles religieuses se sentaient attirés par la vaillance, la bonne humeur et la bonté du jeune roi de Navarre. Il est probable que, de bonne heure, Louis de la Roche entra à son service. C'est du moins ce qu'il est permis de conjecturer des témoignages particuliers d'intérêt dont, ainsi que nous le verrons bientôt, il fut honoré par Henri devenu roi de France.

Ce qu'il y a de certain, c'est qu'il fut un des fidèles de Henri IV dans la rude campagne qu'illustrèrent les glorieuses victoires d'Arques et d'Ivry. Ce fut même à la suite de cette campagne que le roi, alors au camp de Magny, signa, le 7 octobre 1590, une commission donnée à Louis de la Roche pour lever une compagnie de cinquante hommes d'armes, armés et montés à la légère (2).

L'année suivante, le théâtre de la guerre se trouvait dans l'Ile-de-France et dans la Beauce, où le siège de Chartres retint longtemps l'armée du roi. Le gros de cette armée se tenait sans doute au camp devant Chartres ; mais de forts détachements occupaient Corbeil et diverses places de la contrée, laquelle était sous l'autorité de Claude

(1) Archives privées, liasse 1, n° 14.
(2) Etats de services ci-dessus, n° 1.

de l'Isle, seigneur de Marivault, dit le Sage, lieutenant général au gouvernement de l'Ile-de-France (1). Or, l'un de
ces détachements, en garnison au château de la *Vernaye*,
près Corbeil, était commandé par le capitaine Louis de la
Roche (2).

Il faut dire qu'à ce moment-là les vivres étaient rares,
tant à raison de la forte consommation faite par les forces
agglomérées de l'armée royale , qu'en ce que l'ennemi
avait affamé le pays en faisant main basse sur toutes les
denrées alimentaires à sa portée. Profitant de ce que le
roi était retenu devant Chartres avec le gros de son armée,
le duc de Mayenne s'était emparé de Château-Thierry (3)
et de plusieurs autres places, notamment des châteaux
forts de Leuville et Vallorges, où le duc avait accaparé
tous les blés, vins et autres vivres pillés dans le pays.

Louis de la Roche qui, ainsi que nous l'avons dit, était
avec sa compagnie dans le château de la Vernaye, s'y
trouvait condamné à une inaction d'où il était impatient de
sortir. A ces fins, il conçut l'idée d'un coup de main sur
Leuville et Vallorges, en vue de s'y emparer des approvi-
sionnements qui s'y trouvaient entassés.

Il trouva le moyen de faire pressentir le roi sur ce dessein.
Le roi l'approuva fort et s'empressa de lui écrire, du camp
devant Chartres , à la date du 25 avril 1591, une lettre
que nous ne possédons point, mais dont les états de
services du capitaine de la Roche nous donnent le résumé (4) :

« J'ay sceu, dit-il , l'entreprise que vous avés sur les

(1) Lettres de Henri IV, tome III, pages 584 et 586, en note.
(2) Etats de services ci-dessus, n° 2.
(3) Lettres de Henri IV, tome III, pages 370, 374, 377.
(4) Etats de services, n° 2.

« chateaux de Leuville et Vallorges tenus par les rebelles ;
« je vous prie de la tenir secrète et dextrement l'exé-
« cuter, ayant commandé au sieur de Marivault de vous
« bailler des hommes de la garnison de Corbeil. Je vous
« prie, si vous y entrés, d'envoyer à Corbeil les vins et
« bleds qui y sont en grand nombre. » Au-dessus de la
lettre était écrit : « au capitaine Laroche, commandé pour
« mon service au château de la Vernaye. »

A l'issue heureuse de cette entreprise sur Leuville et
Vallorges et d'une autre semblable sur le château de la
Saussaye, Louis de la Roche recevait du lieutenant géné-
ral de Marivault la lettre que voici :

« 13 may 1591.

« Au cappitaine de la Roche à la Saussaye.

« Cappitaine la Roche, ne faillez, en partant de la Saus-
« saye, de faire rompre le pont et les tours et murailles
« sans toucher au bastiment affin que l'on ne s'en puisse
« plus servir. A quoy m'assurant que ne ferez faute, je ne
« vous la feray plus longue, me recommandant à vos
« bonnes grâces. Je prie Dieu vous avoir en sa garde. De
« Chastres, sous Montlehery, ce 13 may 1591.

« Gardez ce mot de brevet qui vous servira de dé-
« charge (1).

« Votre meilleur amy,

« MARIVAULT. »

(1) L'original de cette lettre est au nombre des papiers de la famille de la
Groye ainsi que la lettre de Henri IV du 18 janvier 1597 et celle de Louis XIII
du 8 mai 1617. M. Perlat a bien voulu faire de ces trois lettres des fac-similé
photographiques.

Nous perdons maintenant de vue le capitaine la Roche-Ménardière, jusqu'au 14 août 1594, date à laquelle nous le (voyons consentir le transport d'une créance de cent quarante écus au profit de messire *Jacques Le Regrattier*, trésorier des offrandes et aumônier du roi. La Roche était alors, ainsi que le constate cet acte, capitaine d'une compagnie de chevau-légers, pour le service de Sa Majesté (1).

Deux ans après, le 1er juin 1596, Louis de la Roche était récompensé de ses services par le don que lui faisait Henri IV d'une compagnie à l'un des quatre régiments les plus renommés du temps, c'est-à-dire au régiment de Picardie (2), vacante par le décès du capitaine *La Baste*, tué au siège de Calais. La lettre de provision donnait, en même temps, au sieur de *Saint-Blancart*, maréchal de camp de ce régiment, l'ordre de recevoir le serment du capitaine de la Roche et de le mettre en possession de sa charge (3).

Ce don était alors de ceux qu'assurément on acceptait avec reconnaissance, mais en même temps, sans beaucoup d'enthousiasme. On peut dire, en effet, qu'en les années 1596 et 1597 les charges militaires, si honorées qu'elles fussent, étaient encore plus onéreuses qu'honorables. Durant ces terribles années, batailleuses s'il en fut, l'armée mourait littéralement de faim. Si bien que ceux des capitaines qui étaient sans fortune ne savaient où trouver du pain pour leurs soldats et que ceux qui avaient du bien étaient obligés de le manger pour nourrir leur compagnie.

(1) Papiers de la maison de la Roche de la Groye, liasse 1, no 3.
(2) Les quatre régiments qui occupaient le 1er rang dans l'armée étaient ceux de Picardie, de Champagne, de Navarre et de Piémont. — *Dictionnaire des institutions de France*, tome I, page 36, vo *Armée*.
(3) Etats de services, no 3.

Cette situation navrait le roi qui n'y pouvait rien, car il ne trouvait dans le parlement que résistance et parcimonie. Il ne savait comment s'y prendre pour nourrir les soldats, et, le 21 août, il écrivait *à son compère*, le connétable de Montmorency : « *mon compère*, je croys que vous vous mo- « quez de moy si vous voulez que d'icy je pourvoie aux « besoings de mon armée (1). »

Cependant, nonobstant cette boutade, Henri avait déjà pourvu, dès le 4 août, au seul moyen pratique de sortir des embarras que lui causait cette détresse. A cette date, en effet, il écrivait à Villeroi pour lui ordonner : « *Qu'à défaut* « *de l'argent qui ne venait point pour payer la cavalerie de* « *son armée, il logeât ses soldats dans des lieux où ils pus-* « *sent être nourris chez l'habitant et cependant faire la* « *guerre* (2). »

Et il ajoutait, avec un doute mélancolique :

« *S'il vient de l'argent qu'ils en ayent.* »

Et il n'en venait point, ou, s'il en venait, c'était par si petits paquets que c'en était dérisoire, et qu'aux montrés on ne payait souvent aux soldats que le tiers ou le quart de leur dû, et quelquefois rien du tout ; et à ce sujet Henri IV écri- vait encore à Villeroy, le 5 août, une lettre de détresse (3).

Cette situation était d'autant plus pénible pour le roi qu'il avait besoin de toutes ses forces en Picardie, qui était alors le théâtre de la guerre. Mais il faisait vainement appel aux compagnies éloignées du lieu de l'action, lesquelles, sous le prétexte du manque d'argent, demeuraient station- naires dans leurs garnisons.

(1) *Lettre de Henri IV*, tome IV, page 638.
(2) *Ibidem*, page 627.
(3) *Ibidem*, page 631.

Henri en fut fort irrité et s'avisa d'un procédé assez malicieux pour avoir raison de cette inertie ; le 17 août, il adressait la lettre suivante au connétable :

« Écrivez aux capitaines de cavalerie qu'ils reviennent en
« l'armée, et s'ils vous mandent qu'ils ne le peuvent sans
« argent, commandez-leur de licencier leurs troupes, et vous
« verrez qu'ils viendront pour servir, car c'est leur coûtume
« de parler ainsy, quand ils se sont rafraîchis en de bons
« villages, car alors il leur fâsche de revenir en l'armée (1). »

Empressons-nous de dire que ce n'était pas là le cas du capitaine La Roche-Ménardière qui, des plus zélés et des plus fidèles, était toujours à son poste. Il n'en était pas mieux renté pour cela, ainsi qu'on peut en juger par une ordonnance du roi de ce même jour, 17 août, laquelle prescrivait au sieur Le Charron, trésorier de l'extraordinaire des guerres, « de payer au sieur de la Roche, cappitaine « d'une compagnie au régiment de Picardie, *32 livres 3 sols*, « pour distribuer aux *cappitaines appointés*, en attendant « le paiement de la dernière monstre pour estre rabatue sur « icelle (2) ».

Tel était le régime peu substantiel auquel, durant les années 1596 et 1597, se trouvaient réduits les malheureux capitaines de l'armée du roi. Le cœur généreux de Henri IV en saignait. Aussi, à titre de compensation, eut-il l'idée d'indemniser ses fidèles en leur faisant faire de bons mariages. Louis de la Roche fut particulièrement l'objet de cette marque d'intérêt.

Notre capitaine s'était épris, soit des beaux yeux, soit de la cassette de demoiselle *Françoise Maheu*, fille de

---

(1) *Lettres de Henri IV*, tome IV, pages 637 et 638.
(2) Etats de services, n° 4.

messire Maheu, auditeur de la chambre des comptes à Paris.
Mais apparemment que cette recherche rencontrait quelque
difficulté, car le roi résolut d'intervenir et écrivit à M. Maheu
la lettre que voici :

« Du 18 janvier 159...

« M. Maheu, vous aurés ce mot de moy, pour vous
« pryer et commander de favoryser la recherche que la
« Roche Ménardière fayt de votre fylle, comme chose
« que jafectyonne, assuré que je recognoytray ses services
« et pour votre partyculier vous me trouverés très dys-
« posé à faire pour vous lorsque l'occasyon s'en offryra
« pour votre contentement et vous tesmoygner le contente-
« ment que j'auré receu de vous voyr en cella conformer à
« ma volonté, ce que me promettant je ne vous en diré
« davantage pour pryer Dieu vous avoyr monsieur Maheu
« en sa garde. Ce xviiie janvier à Rouhan.

                                   « HENRY (1). »

Avant de faire connaître les suites qui furent données par
le sieur Maheu à cette invitation qui ressemblait fort à un
ordre, je dois fournir quelques explications sur cette lettre
qui est absolument inédite et que les descendants de Louis
de la Roche m'ont autorisé à publier.

Le lecteur remarquera sans doute que la date de cette
lettre est incomplète, le dernier chiffre du millésime étant
laissé en blanc, 159...

Selon moi, le chiffre qui manque est un 7, et par conséquent la date est celle du 18 janvier 1597. Il me sera facile
de le prouver.

(1) Papiers de famille des Laroche-Cery de la Groye, liasse 1, pièce n° 5.

je prie Le roy si noſt ... ... de monſieur de la
neſe me nodivrés

Epiſan 159..

m' mathieu nous avés ce mot de moy pour nous prier
eˉ comaˉder de fauoryſer la recherche que la roche ˉ
nenorlyere fryt de vñ fylle cõme choſe que ie feˉ feˉ
me aſſuré que ie recoˉnoytray ces cervyces eˉ pour vˉe
partyculyer nous me trouverés tres dyſpoſé a fere ˉ
pour nous lors que locaſyoˉ san offryta pour vˉe cõˉ
teˉtemaˉ eˉ a nous esmoyner le contentemeˉt ˉ
que faˉé reˉeˉ de nous voys an cella conformer a ma
volñté ce que me promeˉterˉ faˉ ne nou an dyre ˉ
lauaˉtage pour pryer Dieu nous avoyr m' mahieu ˉ
an ſa garde ce xviˉ me Faˉnyer a vauhan ˉ

                    HENRY

papiers de famille de m' de la
maubonnieˉ de Stutie

La lettre est datée de Rouen ; or, Henri IV n'a fait, à Rouen, que deux séjours EN JANVIER, l'un en 1592, lors du siège de cette ville, l'autre en 1597, alors qu'elle était conquise et pacifiée depuis longtemps.

Si la lettre dont il s'agit eût été écrite le 18 janvier 1592, le roi l'eût datée du *camp devant Rouen*, ainsi qu'il n'a manqué de le faire dans toutes les missives émanées de lui pendant la durée du siège (1). Or, le 18 janvier 1592, le siège était encore loin d'être levé. D'un autre côté, il résulte de l'itinéraire de Henri IV que, le 18 janvier 1592, il était, non au *camp devant Rouen*, mais à *Gournay* (2).

An contraire, il a fait à Rouen un séjour continu du 5 janvier au 9 février 1597 (3).

C'est donc bien le 18 janvier 1597 que cette lettre a été écrite. Les faits qui vont être rapportés confirmeront d'ailleurs cette affirmation.

Voyons, en effet, ce qu'il advint de la demande adressée par le roi au père de Françoise Maheu.

Nous ne possédons pas l'acte de mariage de cette demoiselle et de notre capitaine. Mais le fait du mariage n'est pas douteux car, dans une sentence du Châtelet, en date du 11 octobre 1597, nous voyons Françoise Maheu figurer comme épouse de Louis de la Roche (4).

Quant à l'époque du mariage, nous pouvons aussi la fixer. Il résulte, en effet, d'une ordonnance du 29 février 1597 que le roi prescrivait aux commissaires des guerres qui devaient faire la montre de la compagnie de cent hommes d'armes à la charge de Louis de la Roche, de porter

(1) *Lettres de Henri IV*, tome III, de la page 514 à la page 616.
(2) *Ibidem*, pages 550 et 551.
(3) *Ibidem*, tome IV, de la page 650 à la page 688.
(4) Papiers de la maison de Laroche, liasse 1, pièce no 6.

ce capitaine, *comme présent à la monstre bien qu'ab-sent* (1).

Évidemment cette absence était motivée par la célébra-tion du mariage de la Roche, qui dut avoir lieu en février ou mars de l'année 1597.

Il est également à croire qu'à cette occasion Louis de la Roche fut autorisé à cesser son service au régiment de Picardie et qu'il y fut remplacé.

Mais ce congé n'était pas octroyé pour longtemps au nouveau marié ; car le roi, qui faisait alors le siège d'Amiens, ne le laissa guères jouir que d'un quartier de sa lune de miel. Le 2 juillet de la même année, il lui écrivait pour lui mander : « de le venir promptement trouver pour son « service en la charge de capitaine au *régiment de Na-* « *varre incontinant, sur tant qu'il ayme son contente-* « *ment* (2). »

En obéissant à cet ordre, Louis de la Roche faisait un double sacrifice, car d'une part il lui fallait quitter sa femme après deux ou trois mois de mariage, et d'autre part c'était une occasion de dépenses, car l'argent était aussi rare à l'armée qu'en 1596. Il s'en aperçut bien lorsqu'Étienne Regnault, trésorier de l'ordinaire, lui régla son compte d'ancien capitaine de cent hommes de pied au régiment de Picardie. Le solde fut de 225 livres deux sous pour cin-quante hommes, ce qui n'était guères (3).

La gêne que nous avons déjà signalée en 1596 ne fai-sait, en effet, que s'accroître, juste au moment où le siège d'Amiens faisait un pressant appel, malheureusement sans

(1) Etats de services du capitaine de Laroche, n° 6.
(2) Etats de services, n° 7.
(3) *Ibidem*, n° 5.

réponse, au patriotisme du parlement. Le roi, désespéré, tomba malade et fut obligé de quitter la Picardie pour aller se rétablir à Saint-Germain-en-Laye. C'est de là qu'il écrivit, le 19 avril 1597, à messieurs du Parlement, cette admirable lettre où éclate, en accents éloquents, sa grande âme :

« Messieurs,

« Je vous demande l'aumône pour ceux que j'ai laissés « sur la frontière. Vous avez secouru les personnes qui « estoient dans les rues, sur les tabliers ou accoignardés « près du feu ; je vous demande l'aumône pour des gens « qui ont servy, qui servent nuit et jour et employent leur « vie pour vous tenir en repos... »

Et plus loin :

« Je vous prie, assemblez vous, car si on me donne une « armée, j'apporteray gaiement ma vie pour vous sauver « et sauver l'estat ; sinon, il faudra que je cherche des « occasions où, me perdant, donner ma vie avec honneur « aymant mieux faillir à l'estat que si l'estat me faillait. « J'ay assés de courage et pour l'un et pour l'autre (1). »

Devant pareille sommation, que pouvait faire le parlement, sinon obéir ? il obéit, mais à contre-cœur et toujours avec parcimonie ; aussi, le 27 juillet suivant, le roi écrivait-il à son ministre des finances :

« Les soldats pâtissent beaucoup et n'ont moyen de « vivre que de l'argent de leur monstre et que du pain qui « leur est distribué journellement. Si ladicte monstre leur « manque, je perdray par la faim et nécessité ceux qui « demeureroient en mon armée et ne sera en ma puissance

(1) *Lettres de Henri IV,* tome IV, pages 743 et 744.

« de retenir les autres ; qui me fait vous prier, d'autant
« que vous aymés le bien de mon service, dassembler
« promptement ce qu'il faut pour ladicte monstre et me
« l'envoyer. En attendant que vous ayez toute la som-
« me, envoyés moy cent mil escus, aussitôt que ladicte
« somme sera ensemble. J'ay résolu la monstre de mon
« armée au pénultième et dernier jour de ce mois. Il
« faut que l'argent soit à Compiègne au même jour.
« De là dépend la ruine ou la conservation de mon ar-
« mée (1). »

Mais l'armée n'était pas seule à pâtir. La maison du roi
pâtissait aussi ; si bien que, le 26 septembre de la même
année, le roi écrivait à Rosny : « qu'il fût baillé fonds au
« maistre de sa chambre aux deniers pour les dépenses
« de sa maison, qu'autrement, ainsi que lui avait dit son
« maître d'hôtel, M. de Monglat, *sa marmite était prête à*
« *donner du nez à terre* (2). »

Mais laissons là ces temps malheureux, pour voir lever,
à la fin de cette même année, l'aurore de jours meilleurs.
Aussi bien, voilà qu'en dépit de tant d'obstacles la victoire
couronne encore le front de Henri qui, suivant son noble
langage, n'aura pas plus failli à l'état que l'état ne lui aura
failli. Amiens est pris. La frontière est sauve, l'horizon
s'éclaircit. A l'ère de la misère et de la faim succède la per-
spective de l'*ère de la poule au pot.* Nous sommes en l'année 1601. Une honnête femme est montée sur le trône à
côté du roi. Marie de Médicis vient de donner un dauphin
à la France. Le roi, pour remercier Dieu de cette grâce, a
ordonné des processions auxquelles il convie tous les

(1) *Lettres de Henri IV*, tome IV, page 813.
(2) *Ibidem*, page 853.

officiers de ses troupes pourvus d'un commandement.

Au moment de cet événement, c'est-à-dire en septembre 1601, Louis de la Roche était à Sainte-Menehould dont il commandait la place. Le 27 septembre, il recevait du roi une lettre par laquelle celui-ci l'avisait officiellement de l'heureux accouchement de la reine, avec ordre de se rendre auprès de lui pour assister à ces processions (1).

Le lendemain, 28 septembre, Henri IV lui envoyait, à Ste-Menehould, une autre lettre qui lui fut probablement moins agréable, car l'exécution de l'ordre qu'elle contenait pouvait lui attirer l'inimitié d'un grand personnage. Le roi lui ordonnait, en effet, de refuser la porte de Ste-Menehould au duc de Nevers s'il se présentait pour entrer (2).

Le jeune duc de Nevers avait souvent mécontenté le roi, ainsi qu'il appert de plusieurs des lettres de ce dernier et notamment de celle (3) où il se plaignait à la mère du duc du mépris que faisait celui-ci de ses conseils. C'est probablement à ce mécontentement ou à quelque autre encore qu'il faut attribuer l'ordre donné le 28 septembre au capitaine de la Roche.

C'était donc un office assez désagréable à remplir. Mais Louis de la Roche n'était point homme à marchander avec son devoir, et c'est sans doute à cette nouvelle preuve de la fidélité à sa consigne qu'il dut, le mois suivant, la récompense qu'avaient si bien méritée ses longs, bons et loyaux services.

En effet, le 8 octobre 1601, le roi lui écrivait pour lui

(1) Etats de services, nº 7.
(2) *Ibidem*, nº 10.
(3) Lettre sans date écrite de Rouen, par le roi à la duchesse de Nevers. *Lettres de Henri IV*, tome IX, supplément, page 243.

dire : « *Qu'il appréciait ses services et lui commandait de le venir trouver* (1). »

Conçue en de tels termes, la lettre royale était d'un bon augure. De fait, Henri lui fit un affectueux accueil, lui annonçant que, pour l'attacher plus intimement à sa personne, il lui conférait l'emploi *d'exempt* de ses gardes du corps.

C'était une fonction fort recherchée et qui donnait à celui qui en était pourvu une réelle influence. L'exempt était, en effet, un officier, attaché à la personne du roi, avec mission de notifier ses ordres et pleins pouvoirs pour les faire exécuter (2).

Les pièces de notre dossier attestent qu'à partir de 1601 Louis de la Roche ne cessa de porter le titre d'exempt du roi dans tous les actes de la vie civile.

II

Nous avons laissé Louis de la Roche en possession de fonctions d'exempt des gardes du roi, et par conséquent attaché à sa personne.

Il est donc probable, et toutes les vraisemblances nous autorisent à affirmer qu'il faisait partie de l'escorte de Henri IV, lorsque celui-ci entreprit le voyage à Poitiers qu'il fit du 20 au 27 mai 1602.

On sait qu'à cette époque la couronne de Henri IV, que la victoire paraissait avoir assurée sur sa tête, était menacée par la conspiration dont, selon l'expression d'un historien, le *duc de Bouillon était l'âme*, le *comte d'Auvergne la trom-*

(1) Etats de services, no 11.
(2) *Dictionnaire historique des institutions de France,* tome I, page 395, au mot *Exempt.*

pette, et le duc de Biron, le bras (1). Les provinces de la
rive gauche de la Loire, et particulièrement la Touraine et
le Poitou, fortement travaillées par le comte d'Auvergne,
étaient à l'état de fermentation et Poitiers était représenté
au roi comme un foyer d'insurrection.

Henri IV avait donc résolu de se rendre à Poitiers pour
étouffer le serpent dans son œuf, et dans une lettre datée
du château de Plessis-lès-Tours, le 17 mai, il annonçait ainsi
qu'il suit ce voyage au duc de la Force.

« Par cette voye, je ne vous diray autre chose sinon que
je m'achemine à Poitiers pour my rendre bref, où je ne ·
séjourneray guères, et que tous les jours je découvre les
plus grandes meschancetés contre moy que vous ne le pour-
riés jamais croire. Mais j'espère, avec l'ayde de Dieu, que
puisqu'il a eu cy devant soing de moy, qu'il l'aura encore et
me gardera de mes ennemys. Si d'adventure vous appre-
niés quelque chose qui importe à mon service, ne faillés de
nous en advertir, vous asseurant de mon amitié (2). »

Ce voyage fut plus heureux que ne l'espérait le roi, car, le
22 mai, il écrivait, de Poitiers, au duc de la Force pour se
féliciter avec lui de l'accueil enthousiaste qu'il avait reçu
des habitants.

Bien que la lettre de Henri IV, que je viens de citer, ne
se rapporte qu'indirectement à la biographie de notre personnage, je n'ai pu résister à la tentation de la reproduire à
raison de l'intérêt qu'elle a pour notre histoire locale.

Revenons maintenant au capitaine de la Roche.

Nous voici au moment où, après lui avoir jusque-là
souri, la fortune va lui faire connaître ses revers. En

---

(1) *Histoire de France d'Anquetil*, tome III, page 255.
(2) *Lettres de Henri IV*.

l'année 1603, l'union si amicalement favorisée par la lettre
de Henri, du 18 janvier 1597, se dissolvait par la mort
de Françoise Maheu. Notre capitaine dut être fort chagrin
de la perte d'une femme qu'il avait si ardemment con-
voitée. Toutefois, il est à croire qu'il fut promptement
consolé, car, le 27 juin 1604 (1), il associait son veuvage à
celui de dame Marie Baudichon, veuve de Jérôme Fouquet,
seigneur de Courselles. Le mariage se fit à Châtillon-sur-
Indre, châtellenie dans la juridiction de laquelle étaient les
biens et la résidence de la mariée. Au contrat, Louis de la
Roche était assisté de Jeanne de Cery, sa mère, deux fois
veuve, en premier lieu de François, père de Louis, puis
d'un sieur du Pavillon, également décédé.

Louis de la Roche comptait alors environ 54 ans. La veuve
de Courselles avait plusieurs enfants du premier lit. Ce
n'était donc pas un jeune ménage. Il n'en naquit pas moins
trois enfants, dont l'aîné, nommé Louis comme son père, fut
le digne héritier de sa vaillance aussi bien que de son nom.

Quelques années vont s'écouler sans que nous ayons rien
à raconter de Louis de la Roche, sinon que, le 12 mai 1607,
il gagna, devant le châtelet de Paris, un procès contre un
débiteur de son père (2), et que, le 4 novembre 1610, il rendait hommage du fief d'*Ardanne*, relevant de la baronnie
de la Haye, laquelle dépendait elle-même du duché de Montbazon (3).

C'est dans le cours de cette même année 1610, le 14 mai,
qu'un grand malheur frappait la France et particulièrement
notre capitaine, pour la fidèle affection duquel la mort de

(1) Contrat de mariage du 27 juin 1604. Papiers de famille, pièce no 7.
(2) Papiers de la famille de Laroche de la Groye, pièce no 9.
(3) Papiers de la famille de Laroche, pièce no 10.

Henri IV était cruelle. Rien cependant ne fut changé, par cet événement, dans sa situation à la cour. Ses bons services et sa fidélité avaient été appréciés, comme ils méritaient de l'être, par la reine mère, Marie de Médicis, qui lui conserva sa charge d'exempt près de la personne du jeune roi, et lui donna, quelques temps après, une preuve marquée de la confiance qu'elle avait en lui.

Voici à quelle occasion.

L'année 1610 devait être doublement malheureuse pour la France, et pour la couronne ; car, à la mort du roi, dont l'une et l'autre portaient le deuil, vint s'ajouter la colère de la noblesse française que souleva contre le gouvernement de la reine-mère la faveur inouïe dont jouissaient à la cour les Concini.

En 1611, le mécontentement, grossissant, se traduisit en révolte. Les princes et autres gentilshommes haut titrés dont les plus ardents étaient les ducs de Bouillon, de Longueville, de Vendôme, de Nevers et de Retz, avaient formé une sorte de ligue avec l'approbation secrète du vieux Sully qui les favorisait du fond de sa retraite. Ils entendaient faire tomber du faîte où les avait élevés la faveur de la reine mère et faire rentrer dans la poussière d'où ils étaient sortis ces intrigants italiens, ce Concini et cette Léonora, qui, sous le titre de marquis et de maréchal d'Ancre, déshonoraient la couronne et exploitaient la France.

Le mouvement suscité par ces colères avait gagné plus de douze provinces et particulièrement la Touraine, le Poitou et la Saintonge. Le péril était grand pour le gouverneur et pour la reine elle-même ; car elle avait mécontenté le pays par sa faiblesse, autant que ses indignes favoris l'avaient irrité par leur audace.

Toutefois, la rébellion n'était encore que dans les esprits et non dans les faits, n'ayant point ouvertement déployé son drapeau. Or, peut-être était-il encore possible, soit par l'intimidation, soit par la persuasion, de rompre ou tout au moins d'enrayer l'alliance des confédérés.

Seulement, pour arriver à ce résultat, il fallait des agents à la fois dévoués, intelligents et fermes. Or, Louis de la Roche, tant à raison de ces qualités que comme *exempt du roi* ayant la charge de transmettre les ordres du souverain, était naturellement désigné pour cette mission.

En conséquence, dans le cours de l'année 1611, mais à une date qu'il nous est impossible de préciser, ni quant au jour, ni quant au mois, furent rendues deux ordonnances que la reine mère fit signer au jeune roi et qui confiaient à Louis de la Roche deux missions aussi importantes que dangereuses.

La première de ces ordonnances lui prescrivait de se rendre auprès du duc de Retz et *de lui faire commandement d'avoir à rentrer dans sa maison* (1).

La seconde, de *se transporter en Poitou, en Saintonge et autres provinces pour faire commandement aux gentilshommes qu'il y trouverait assemblés de se séparer* (2).

Cette mission était à la fois diplomatique et militaire, car à l'appui de son mandat de paix l'exempt du roi était naturellement accompagné des forces nécessaires pour le faire respecter.

L'exécution de ce mandat, confiée sans doute non seulement à Louis de la Roche mais encore à d'autres officiers du roi, ne pouvait avoir pour effet, si ferme et si habile qu'elle

(1) Etats de services, n° 12.
(2) *Ibidem*.

eût été, de dissoudre immédiatement une conspiration qui reposait sur des intérêts plus encore que sur des principes et qui ne devait céder que devant la satisfaction donnée à certains appétits. Aussi ne fut-ce que trois ans après, le 14 mai 1614, que fut signé, à Sainte-Menehould, le traité qui donna la paix dite *Malautrue*. Mais, les efforts de Louis de la Roche n'avaient pas été pour rien dans ce résultat et la satisfaction qu'éprouva la cour de ses services se manifesta par les marques réitérées d'intérêt qu'en reçut notre capitaine à partir du 20 mai 1614.

Ce furent d'abord, le 24 mai de la même année, des lettres patentes confirmant ses droits et privilèges comme étant l'un des vieux capitaines du royaume.

Ce fut, l'année suivante, à la date du 27 juillet, un brevet signé du roi lui accordant, *en considération de ses bons services, un état et charge de capitaine entretenu en la cavalerie légère, pour jouir des appointements ainsi que ceux qui sont employés en semblable qualité et payés par les trésoriers généraux de la cavalerie.*

Ce fut enfin, et cette fois c'était une belle et haute récompense, la charge de gouverneur de la ville de la Haye, qui lui fut conférée le 20 octobre 1615 dans les circonstances que voici.

Philippe de la Roche, sœur de Louis, avait épousé Pierre Dupuy, écuyer, lequel était gouverneur de la ville et du château de la Haye. Or, Pierre Dupuy était mort dès 1612, ainsi qu'en témoigne un acte de cession consenti par la veuve au capitaine de la Roche, son frère, le 14 janvier 1613 (3).

(1) Etats de services, n° 13.
(2) *Ibidem*, n° 30.
(3) Papiers de famille des Laroche-Cery de la Groye, pièce n° 11.

Le gouvernement de la ville de la Haye était donc vacant, et nul mieux que notre capitaine ne convenait à ce poste, étant donnée la connaissance qu'il avait du pays et la considération dont il y jouissait.

Aussi le 20 octobre 1615, une commission de M. de Courtanvaud, gouverneur de Touraine (1), confirmée par lettres du roi du 21 du même mois (2), conférait-elle à Louis de la Roche le commandement de la ville de la Haye.

Cette nomination ne faisait que confirmer officiellement une situation intérimaire déjà acquise. De fait, La Roche était déjà gouverneur de la Haye, ainsi qu'en fait foi une lettre du roi du 13 septembre de la même année. En effet, le 13 septembre 1615, lors de son passage à Poitiers pour son mariage, Louis XIII écrivait de cette ville à Louis de la Roche, en résidence à la Haye, une lettre par laquelle *il le priait de conserver sa bonne volonté pour son service et y maintenir ses amis* (3).

Cette recommandation, qui s'adressait à l'influence du gouverneur de la Haye, a une valeur historique, car elle est une preuve de plus des inquiétudes qu'inspiraient encore alors la Touraine et le Poitou. La *paix Malautrue* n'avait duré que juste le temps nécessaire pour la satisfaction des intérêts. Mais, le lendemain, les exigences avaient recommencé et les troubles aussi. Il était donc nécessaire d'user, pour agir sur les esprits, de toutes les influences à la portée du gouvernement. D'un autre côté, il importait aussi de ne rien négliger pour mettre en état de défense, en cas de nouveaux conflits, les villes et les châteaux que les précédentes guerres civiles avaient démantelés.

(1) Etats de services, n° 14.
(2) *Ibidem*, n° 15.
(3) *Ibidem*, n° 16.

C'est dans ce but que le, 6 novembre 1615, une lettre, signée du roi, arrivait à Louis de la Roche, lui prescrivant de lever vingt hommes, tant à l'effet de tenir garnison que de réparer les murs de la ville et du château de la Haye (1).

Le 23 du même mois, Louis de la Roche recevait une lettre, non plus du roi, mais de M. de Boisdauphin, lieutenant général pour le roi en son armée, qui lui écrivait, du camp d'Ingrandes, de lever vingt hommes en sus de ceux commandés par le roi pour assurer plus promptement le travail de restauration des murs (2).

En même temps, les habitants étaient requis de monter des gardes sur les points de la ville les plus menacés, tant que persisteraient les troubles.

Une détente parut cependant se faire au commencement de l'année suivante, lorsqu'il fut question du congrès qui devait se tenir à Loudun pour régler les différends existant entre la cour et les mécontents.

Aussi le jeune roi, qui commençait à se fatiguer d'une tutelle que les Concini exerçaient sur lui plus encore peut-être que la reine-mère, se hâta-t-il d'escompter les résultats espérés de cette conférence en en finissant avec des préparatifs de défense armée contre une noblesse avec laquelle il était de cœur et dont il partageait le mécontentement.

Il écrivit donc, quelques jours avant la réunion du congrès de Loudun, à plusieurs gouverneurs de ses places, et fit notamment parvenir à celui de la Haye une lettre par laquelle il l'autorisait à faire cesser les gardes dans la ville, s'il jugeait qu'elles fussent inutiles, mais *seulement pour*

(1) Etats de services, n° 22.
(2) *Ibidem*, n° 23.

le cas où les affaires de Loudun seraient terminées et non autrement (1).

Le congrès de Loudun eut lieu le 4 mai 1616 et aboutit à un arrangement que, du reste, la reine-mère n'avait obtenu qu'à des conditions fort humiliantes pour elle. La cour n'en eut pas moins l'illusion de la paix et le roi en profita pour confirmer ses précédentes instructions, et prescrire à La Roche le licenciement des 40 hommes de guerre, levés en exécution des dépêches des 6 et 23 novembre 1615 (2).

Ces instructions furent immédiatement exécutées, ainsi que le constate, à la date du 11 mai 1616, un certificat de M. de St-Luc, maréchal des armées du roi, qui, s'étant transporté à la ville de la Haye, avait assisté à ce licenciement (3).

La guerre était-elle réellement finie entre la reine-mère et les mécontents? Était-ce vraiment la paix? Loin de là; c'était encore la guerre. Seulement la conspiration s'était déplacée et avait changé de chef. D'une part, en effet, elle s'était transportée de la province à Paris, et d'autre part, elle avait désormais pour chef le roi de France lui-même qui, las d'une compromettante tutelle, rompait définitivement non seulement avec le gouvernement de sa mère, mais encore avec sa mère elle-même.

Nul n'ignore les circonstances du meurtre du maréchal d'Ancre qui, le 24 avril 1617, voulant entrer au conseil, et refusant de rendre son épée, fut tué de trois coups de feu par un officier des gardes du roi. Ce meurtre, le bûcher

(1) Etats de services, n° 18.
(2) *Ibidem*, n° 24.
(3) Etats de services, n° 26.

d'Éléonore Galigaï et l'exil de la reine-mère purent être une délivrance pour l'État ; mais la satisfaction qu'en témoigna le jeune roi put être considérée comme une tache pour son règne naissant.

Or, cette satisfaction semble se produire sous une forme voilée et cependant transparente, dans une lettre inédite de Louis XIII adressée à Louis de la Roche, le 8 mai 1617 (1).

Voici cette lettre :

« *8 may 1617.*

« Mons. de la Roche Ménardière, les gardes que j'ay
« cy-devant commandé aux habitans de ma ville de la Haye
« de faire n'estant plus nécessaires, puisqu'il a pleu à Dieu
« me faire cette grâce de rétablir la paix en mon royaume,
« et voulant faire jouir mes subjects du bien et repos *que*
« *je leur ay procuré*, je mande ausdits habitans qu'ils
« ayent à cesser lesdites gardes et vous en ay aussi voulu
« advertir par celle cy affin que sachant que c'est ma vo-
« lunté vous teniez la main à la faire observer dont me re-
« posant sur vous, je prie Dieu, mons. de la Roche Ménar-
« dière, qu'il vous ayt en sa sainte garde. Escrit au bois
« de Vincennes, le viii° jour de may 1617 (2).

« Louis. »
et plus bas, POTIER.

Cette lettre est postérieure d'environ 15 jours à la journée sanglante du 14 avril et s'y réfère évidemment. En se

(1) Papiers de la famille de Laroche-Cery de la Groye, pièce n° 12.
(2) Papiers do famille de la maison des Laroche de la Groye, liasse 1, pièce 12.

félicitant, dans cette lettre, du repos qu'il a *procuré* à sès sujets, le roi s'approprie la responsabilité de cette journée et particulièrement l'ordre d'exil sous le coup duquel sa mère est internée au château de Blois. Pour ne rien céler de mon sentiment sur cette lettre, je dirai qu'elle peut être celle d'un roi, mais qu'elle n'est pas précisément celle d'un fils.

A vrai dire, Marie de Médicis le lui rendit bien, car, dès que, le 22 février 1619, elle eut, grâce à d'Épernon, rompu sa prison de Blois, elle entreprit de faire la guerre à son fils, et, à ces fins, à qui s'adressa-t-elle? précisément à ceux qui, de 1611 à 1617, s'étaient déclarés ses propres ennemis et particulièrement au duc de Bouillon. Or, il arriva ceci, c'est que les forteresses que la reine-mère avait fait armer contre les mécontents, alors qu'elle était au pouvoir, furent de nouveau armées, mais cette fois contre elle, par son fils à qui elle déclarait la guerre.

En effet, le 15 mars 1619, c'est-à-dire quelques jours seulement après l'évasion de Blois, Louis de la Roche recevait du roi ordre de lever 25 hommes, sa personne comprise, pour veiller à la garde de la ville de la Haye (1).

Puis voilà que, quatre mois après, Richelieu, alors évêque de Luçon, entreprend la réconciliation de la mère et du fils. Alors, Louis de la Roche reçoit un nouvel ordre du roi, celui de licencier ces vingt-cinq hommes après les avoir payés de leur montre (2).

Mais les tentatives de réconciliation échouent. La reine-mère reprend les armes en 1620. Nouveaux ordres du roi

(1) Ftats de services, nº 19.
(2) *Ibidem*, nº 20.

au gouverneur de la Haye en date du 1ᵉʳ juillet 1620, lui recommandant la garde de la ville (1).

Enfin la paix se rétablit, et, le 13 août 1620, l'on s'embrasse. Désormais Louis de la Roche n'aura plus ordre ni contr'ordre à recevoir touchant la garde de la ville de la Haye dont les habitants vont maintenant dormir tranquilles.

Au moment où se passaient ces derniers événements, Louis de la Roche avait attéint sa soixante-dixième année. Il cumulait alors trois charges : exempt des gardes du roi, gouverneur de la Haye et capitaine d'une compagnie de chevau-légers entretenu par sa majesté.

Nous ignorons quels émoluments étaient attachés aux deux premières de ces trois charges ; mais un extrait du compte de la cavalerie légère, rendu par M. de Bragelonne en 1618, nous fait connaître que les appointements de la Roche, comme capitaine entretenu , étaient, par mois , de 160 livres 13 sols 4 deniers (2).

Les états de services de notre capitaine, que nous publions, à la fin de ce mémoire, à titre de pièces justificatives, énumèrent, postérieurement à 1618, divers faits de sa vie militaire qui sont d'un intérêt secondaire et dont nous ne voulons point charger notre récit. Nous dirons seulement que nous pouvons suivre la vie du vieux soldat jusqu'au 16 septembre 1622, date d'une transaction où il figure avec son triple titre d'exempt, de capitaine et de gouverneur (3).

Après cette date rien ne révèle plus son existence. Il est

(1) Etats de services, no 31.
(2) *Ibidem*, no 28.
(3) Papiers de la famille de Laroche-Cery de la Groye, pièce uo 13.

à croire qu'il dut mourir un peu avant le mois de mai 1642, époque à laquelle un extrait de ses services fut délivré à sa famille par le sieur le Tonnellier (1).

C'est à cette même date.que doit se reporter une lettre par laquelle M. de Montbazon, seigneur de la Haye, déclare *vouloir et entendre que le fils ayné de la Roche aye le commandement que le défunt son père avoyt en la ville de la Haye et maintienne les habitants en l'obéissance du roy* (2).

Louis, deuxième du nom, succéda, en effet, à son père dans ce commandement. Il eut pour fils Michel et pour petit-fils Louis-Claude qui, en 1718, par voie d'acquisition, succéda aux d'Alloigny dans la propriété de la terre de la Groye, et, par lettres royales, au titre du Marquisat.

(1) Etats de services, no 28.
(2) *Ibidem*, no 33.

PIÈCES JUSTIFICATIVES

EXTRAICT des tiltres et renseignemans pour justiffier comment le feu sieur de la Roche Mesnardière, escuier, sieur dudit lieu, a servy le feu roy et Sa Majesté à présent régnante en plusieurs charges honorables en leurs camps et armées.

1. — Premièrement une commission en parchemin signée Henri et plus bas Ruzé et scellée, donnée au camp de Magny le 7 octobre 1590, adressante audit feu sieur de la Roche pour lever une compagnie de cinquante hommes de guerre armés et montés à la légère.

2. — Une lettre missive do Sa Majesté audit sieur de la Roche escritte au camp devant Chartres, le 28 avril 1591, signée Henry et plus bas Ruzé, contenant que Sa Majesté a sceu l'entreprise que ledit sieur de la Roche avoit sur le chasteau de Leuville et Vallorges tenus par les rebelles, le prie de la tenir socrette et l'exécuter dextrement, ayant commandé au sieur de Marivault de luy bailler des hommes de la garnison de Corbeil, le prie advenant qu'il y entre d'envoyer à Corbeil les vins et bleds qui y sont en grand nombre et au-dessus de la lettre, au capitaine de la Roche commandé pour mon service au château de la Vernaye.

3. — Une provision du feu Roy, signée Henry et plus bas Potier, donnée à Abbeville le premier de juin 1596, contenant lo don, fait par Sa Majesté, audit feu sieur de la Roche, d'une des compagnies du régiment de Picardie vacante par le décès du capitaine la Baste tué au siège de Calais, avec commission au sieur de Saint Blancart, mareschal de camp dudict régimant de prendre le sermant de luy et de le faire jouir de ladicte charge.

4. — Une ordonnance du roy signée de Neufville faicte à Amyens le 17 août 1596, adressante au sieur le Charron, trésorier de l'extraordinaire des guerres, pour paier audict sieur de la Roche, capitaine d'une compagnie au régiment de Picardie, 33 livres 20 sols pour distribuer aux capitaines appointés en attendant le paiement de la dernière monstre pour leur estre rabattue sur icelle.

5. — Un extrait du compte rendu par M. Estienne Régnault, trésorier de l'extraordinaire pour l'année 1597, par lequel il emploie

225 livres 2 sols pour cinquante hommes de guerre à pied français du régimant de Picardie soubs la charge du capitaine la Roche Mesnardière absent et néanmoins passé comme présant en vertu d'une ordonnance de Sa Majesté, la monstre faicte à Boulongnes.

6. — Ordonnance de Sa Majesté adressante aux commissaires des guerres qui feront la monstro de la compagnie de cent hommes à pied français estant soubs la charge du capitaine la Roche Mesnardière, l'un des capitaines du régimant de Picardie pour passer ledict sieur de la Roche comme présant à cause qu'il n'y pourra comparoistre parceque Sa Majesté l'a emploié ailleurs par ordonnance faicte à Rouen, le 30 febvrier 1597.

7. — Une lettre missive de Sa Majesté adressante au sieur de la Roche escritte au camp devant Amyens, le 2 juillet 1597, signé Henry et plus bas de Neufville, par laquelle Sa Majesté luy mande de le venir promptement trouver pour y servir Sa Majesté en sa charge de capitaine au régimant de Navarre et s'y rendre incontinent sur tant qu'il ayme son contentement.

8. — Un extrait de la chambre des comptes rendu par Me Estienne Régnault, trésorier de l'ordinaire pour l'année 1597, est emploié 225 livres 2 sols pour 55 hommes de guerre du régiment de Picardie soubs la charge du capitaine la Roche-Ménardière absent et néantmoins présent par ordonnauce de Sa Majesté passé de l'ordonnance de la chambre.

9. — Une lettre missive du roy adressante audit sieur de la Roche, commandé pour son service à Sainte-Menehould, le 27 septembre 1601, signée Henry et plus bas Ruzé contenant l'advis que sa Majesté luy donne de l'accouchement de la Royne avec commandement d'assister aux processions qu'il fera faire.

10. — Une autre lettre escritte de la main du roy à Fontainebleau signée Henry, le 28 septembre, portant que Sa Majesté luy dépesche ung lacquai pour luy dire que si le duc de Nevers se présentait pour entrer dans son chasteau de Sainte-Menhould de ne l'y laisser entrer s'il n'a aultre commandemant de Sa Majesté.

11. — Une aultre lettre de Sa Majesté audict sieur de la Roche, le 8 octobre 1601, signée Henri et plus bas Ruzé, contenant que Sa Majesté reconnoit ses bons services et luy commande de le venir trouver.

12. — Ordonnance de Sa Majesté adressante audict sieur de la Roche pour aller trouver le duc de Retz pour luy faire commande-

mant de se retirer en sa maison, et une autre que passant par les
provinces de Poictou, Saintonge et aultres, s'il y a des gentilshommes assemblés, il leur faice commandemant de se séparer,
ladite ordonnance de 1611.

13. — Une lettre patente du roy en parchemin, signée Louys et
plus bas par le roy, la reyne régente sa mère présente et Potier,
datée du 24 may 1614, par laquelle Sa Majesté veult que le sieur de
la Roche jouisse de toutes sortes de privilèges attribués aux vieux
capitaines de son royaulme.

14. — Une commission de M. de Courtanvaux, gouverneur de
Touraine, du 20 octobre 1615, pour la conservation de la ville de la
Haye, adressante au sieur de la Roche.

15. — Une lettre du roy, au sieur de la Roche, du 21 octobre 1615,
signée Louys et plus bas Potier, pour la conservation de la ville de
la Haye en son obéissance, écrite de Bordeaux.

16. — Autre lettre de Sa Majesté, audict sieur de la Roche, escritte
à Poitiers, le 13 septembre 1615, signée Louys et plus bas Potier,
le priant de conserver sa bonne volonté pour son service et y maintenir ses amys.

17. — Aultre lettre escritte à Bloys, le 4 may 1616, contenant
l'advis que Sa Majesté donne au sieur de la Roche, du retour des
reistres et donne ordre pour leur nourriture passant à la Haye signée Louys et plus bas Potier.

18. — Aultre lettre de Sa Majesté, signée Louys et plus bas Potier,
de l'année 1616, pour faire cesser les gardes qui se font à la Haye
au cas qu'il voye qu'il y soit besoing et que les affaires de Loudun
soient terminées et non autrement.

19. — Aultre lettre de Sa Majesté au sieur de la Roche à Paris, le
15 mars 1619, signée Louys et plus bas Potier, contenant que, pour
pourvoir à la garde de la Haye, il lève 25 hommes, sa personne comprise et qu'il les fera paier de leur salle comme les autres garnisons
de la province.

20. — Aultre lettre de Sa Majesté au sieur de la Roche, commandant à la Haye, escritte à Tours, le 4 juin 1619, signée Louys et plus
bas Potier, contenant qu'après le paiement de la monstre de 25 hommes il aye à les licencier.

21. — Lettres patentes du roy, du 19 avril 1624, signée par le roy
et Potier pour jouyr des privilèges attachés aux vieux capitaines de
son royaulme.

22. — Aultre lettre missive du roy au sieur de la Roche Ménardière de Bordeaux, du 6 novembre 1615, signée Louys et plus bas Potier, par laquelle il luy mande lever vingt hommes pour tenir garnison pour son service à la Haye.

23. — Commission de M. de Boisdauphin, lieutenant général pour le roy en son armée escritte au camp d'Ingrandes, le 23 novembre 1615, adressante au sieur de la Roche, pour lever encore vingt hommes davantage que le roy n'a ordonné pour travailler aux réparations de la Haye.

24 Aultre lettre du roy audit sieur de la Roche, escritte de Bloys, le 6 mai 1616 signée Louys et plus bas Potier, pour licencier lesdits quarante hommes et donner ordre pour leur paiement.

25. — Ung acte des officiers de la Haye, du 20 mars 1616, contenant ratiffication de la dépense faicte par ces quarante hommes aux dépens du sieur de la Roche.

26. — Ung certificat de M. de Saint Luc, gouverneur de Brouage et maréchal des armées du roy, du 11 may 1616, signée d'Espinay, contenant qu'il s'est transporté en la ville de la Haye, et qu'en sa présence ledit sieur de la Roche a licencié lesdits quarante hommes.

27. — Ung extrait de la chambre des comptes contenant que ledit sieur de la Roche Ménardière a été payé de son appointement de capitaine de cent hommes du régimant de Navarre au compte rendu par M. Regnault trésorier; la monstre faicte pour l'année 1618.

28. — Aultre extrait du compte de la cavalerie légère rendu par le sieur de Bragelonne, pour l'année 1618, contenant que ledit sieur de la Roche, escuier, capitaine d'une compagnie de chevau-légers entretenu par Sa Majesté en sa cavalerie légère a été paié de la somme de 1000 livres, à lui ordonnée par les états du roy pour les six premiers mois de l'année 1618, c'est à raison de 160 livres 13 sols 4 deniers par mois, lesdits extraicts du 3 mai 1624, signé le Tonnellier.

29. — Troys extraits de la cour des aydes contenant l'employ devant les estats du roy de la charge d'exempt de la garde du corps de Sa Majesté.

30. — Ung brevet de Sa Majesté du 22 juillet 1615 signé Louys et plus bas Brulart, contenant que Sa Majesté, en considération des bons services dudit sieur de la Roche Ménardière, luy a accordé un estat et charge de capitaine entretenu en sa cavalerie légère pour jouir des appointemans y attribués tout ainsy que ceux qui sont

emploiés en semblables qualités et paiés par les trésoriers généraux de la cavalerie.

31. — Une lettre du roy audict sieur de la Roche, du 1er juillet 1620, signée Louys et plus bas Potier, contenant mandement de faire sa garde à la Haye pour son service.

32. — Ung extrait du compte de l'ordinaire de la guerre rendu par le sieur Regnault contenant employ de son appointement de capitaine au régiment de Picardie.

23. — Une lettre de M. de Montbazon, seigneur de la Haye, contenant qu'il veut et entend que le fils ayné dudit sieur de la Roche aie le commandemant que défunt son père avoyt en la ville de la Haye et maintienne les habitants en l'obéissance du roy.

34. — On recouvrira encore les certificats comme le sieur de la Roche Ménardière, fils ayné du defunct, a servi Sa Majesté en ses armées, a commandé à une compagnie de gens de pied, qu'il fut à ses dépens au régiment de M. le marquis d'Hervault, passa en Allemagne et servit tant que le régiment fut en ce païs où il fit beaucoup de dépense.

INVENTAIRE de la liasse n° 1 des papiers de famille de la maison de la Roche-Cery de la Groye.

N° 1. — Transaction entre François de la Roche, écuyer, sieur dudit lieu et de la Ménardière, gentilhomme de la suite du Roy, et Charles et Louis de la Roche, ses puînés, tous enfants de Jean de la Roche, au sujet de la succession de feu Baptiste de la Roche, écuyer sieur de la Vallée, leur grand oncle paternel, le 12 may 1488.

N° 2. — Contrat de mariage de noble homme François de la Roche, écuyer, sieur de la Ménardière, fils aîné de feu André de la Roche, vivant écuyer, sieur des Vaux, et de feüe damoiselle Marie-Anne Zambert sa femme avec damoiselle Jeanne de Cery, fille d'Hemery de Cery et de damoiselle Jeanne Ayoye de château Chaslons ; du 24 octobre 1549.

N° 3. — Contrat de constitution d'une rente faite le 22 juin 1560 par François de la Roche, écuyer, seigneur de la Ménardière, et demoiselle Jeanne de Cery sa femme, au profit de Jean de la Roche, écuyer, leur frère et beau frère.

N° 4. — Lettre du 13 mai 1591, de M. de Marivault à Louis de la Roche, contenant l'ordre de rompre les tours et murailles du château de la Saussaye.

N° 5. — Cession faite par Louis de la Roche, écuyer, seigneur de a Ménardière, capitaine d'une compagnie de chevaux légers, à M. Jacques le Regrattier, trésorier des offrandes et aumônier du roi, ladite cession du 14 août 1594.

N° 6. — Lettre du roi à M. Maheu, auditeur en la chambre des comptes, du 18 janvier 1597.

N° 7. — Sentence du Chatelet de Paris au profit de Louis de la Roche, écuyer, sieur de la Ménardière, capitaine de cent hommes de pied du 11 octobre 1597.

N° 8. — Contrat de mariage de Louis de la Roche, écuyer, sieur de la Ménardière, exempt des gardes du corps du roi, fils de François de la Roche et de dame Jeanne de Cery, avec dame Marguerite Baudichon veuve de defunt Hierosme Fouquier de Courselles, du 27 juin 1604 (en double).

N° 9. — Sentence du Chatelet de Paris au profit de Louis de la Roche, écuyer, et exempt des gardes du corps du roy du 12 may 1607.

N° 10. — Foy et hommage par Louis de la Roche, écuyer, seigneur de la Ménardière, exempt des gardes du corps du roy, du fief d'Artane, relevant de la baronnie de la Haye, membre dépendant du duché de Montbazon, du 4 novembre 1610.

N° 11. — Vente faite par dame Phelippe de la Roche, veuve de Pierre Dupuy, écuyer, capitaine de la ville et chatel de la Haye, à Louis de la Roche, exempt des gardes du corps du roy, tant pour lui que pour damoiselle Marguerite Baudichon sa femme, de la succession mobilière et immobilière de Jeanne de Cery leur mère ; vente du 14 janvier 1613.

N° 12. — Lettre de Louis XIII à Louis de la Roche, le 8 mai 1617.

N° 13. — Transaction entre Louis de la Roche, exempt des gardes du corps du roi, capitaine entretenu pour Sa Majesté en la cavalerie légère, gouverneur de la ville et château de la Haye en Touraine, et François de Cery, écuyer, ladite transaction du 16 septembre 1622.

N° 14. — Extrait des titres et renseignement, pour justifier les états de service de Louis de la Roche n° 15.

LES

CHEMINS GAULOIS ET ROMAINS

ENTRE LA LOIRE ET LA GIRONDE

Par A.-F. LIÈVRE

SUPPLÉMENT

(Voir *Mémoires*, année 1891.)

I. — *POITIERS* à *CANDES*, Condate

M. Richard, archiviste du département de la Vienne, a appelé notre attention sur des indices qui ne laissent guère de doutes au sujet de l'existence d'une ancienne chaussée de Poitiers à Candes, *Condate*, le bourg gaulois où mourut saint Martin, à la fin du IVe siècle.

Cette voie, qui n'a pas encore été reconnue sur le terrain, se serait détachée de celle de Poitiers à Nantes entre Mazeuil et Verrines et ne serait autre que le chemin qui de là se dirige en droite ligne sur Saint-Jean-de-Sauves, puis sur le bourg de la Chaussée, dont le nom est un premier indice. Coupant ensuite le bois de la Chaussée et celui d'Angliers, elle va droit sur Jérusalem-du-Bouchet, où elle traverse la Briande, passe à côté de la Chavrière, puis dévie légèrement à gauche, longe le village de la Jaltière, franchit le Négron entre Basses et Sammarçoles et se dirige vers Vezières. Un peu avant d'arriver à Couziers elle traverse le village d'Ingrande, nouvel indice doublement important puisque, en même temps qu'il est un jalon sur notre route, il nous avertit que nous sommes à la limite de deux peuples, les Pictons et les Turons, limite qui est restée celle des diocèses de Poitiers et de Tours, celle du Poitou et de la Touraine, et est encore aujourd'hui celle des départements d'Indre-et-Loire et de la Vienne. De là la chaussée allait directement à Candes, qui a été jusqu'au moyen âge un passage important.

Il est probable que cette ligne se continuait de l'autre côté de la Loire dans la direction du Mans.

II. — BOURGES, Avaricum, à TOURS, Cæsarodunum
par Gabris et Tasciaca.

Cette voie, figurée dans la carte de l'état-major jusqu'à Vierzon, court sur le plateau entre l'Yèvre et le Cher. On la perd à leur confluent et nous ignorons si elle passait alors sur la rive droite ou restait sur la gauche.

La Table marque xxiiii lieues entre Bourges et la station de *Gabris*, que l'on s'accorde à placer à Chabris sur la rive gauche du Cher (1). Cette identification est des plus plausibles étymologiquement; mais elle suppose une erreur de chiffres dans la Table, car les xxiv lieues qu'elle donne ne font guère plus de 60 kilomètres, c'est-à-dire la distance à vol d'oiseau entre Bourges et Chabris, tandis que la chaussée, à en juger par le tronçon connu, était assez sinueuse.

D'après la Table il y avait également xxiiii lieues entre *Gabris* et *Tasciaca*, que l'on identifie généralement avec Thezée,

(1) E. Desjardins, *la Table de Peulinger*, 37.

où se trouvent, sur la rive droite du Cher, des ruines romaines importantes. Thezée, comme Chabris, a pour lui son nom ; mais la distance entre ces deux localités n'est point celle que porte la Table. De l'une à l'autre il y a en ligne droite 28 kilomètres, qui font onze lieues et demie. Or, quel qu'ait été le tracé de la chaussée, il n'est pas supposable qu'il ait plus que doublé la distance à vol d'oiseau.

La distance entre *Tasciaca* et *Cæsarodunum* n'est pas marquée.

III. — *BOURGES à SAINTES*

Bourges pouvait communiquer avec Saintes par Poitiers. C'est même la route qu'indique l'Itinéraire. Mais de sérieux indices nous portent à croire qu'il y avait une voie plus directe entre la capitale des Bituriges et celle des Santons. Elle se serait séparée de la précédente à Argenton.

Au sud-ouest de cette ville et jusque dans la forêt de Saint-Benoît, c'est-à-dire sur une longueur d'environ 18 kilomètres, M. de Beaufort (1) a reconnu les traces d'une chaussée qu'il a prise pour celle de Limoges, alors qu'elle prend exactement la direction de Saintes, en même temps qu'elle est le prolongement direct de celle de Bourges à Argenton.

D'un autre côté, on voit indiqué dans Cassini un ancien chemin allant d'Adriers à Charroux par Saint-Paixent, l'Ile-Jourdain, le Vigean et Mauprevoir, qui à son tour semble être le prolongement du tronçon décrit par M. de Beaufort.

Enfin D. Fonteneau (2) cite une charte de l'abbaye de

(1) *Mémoires de la Soc. des Antiquaires de l'Ouest*, XIX, 207.
(2) *Mém. de la Soc. des Antiq. de l'Ouest*, II, 105.

Charroux, de 1259, où est mentionné un ancien chemin pavé, *pavimentum antiquum*, qui traversait cette petite ville et pouvait faire partie de la chaussée que nous recherchons. Elle allait de là passer la Charente au pont du Breuil, composé de deux arches, dont on voyait encore les piles au siècle dernier. « Depuis Charroux jusqu'à ce pont, le chemin, dit D. Fonteneau, est pavé à l'antique. » Elle passe ensuite au village du Breuil, à côté de ceux des Vaugelais et de la Combe, à la Touche et à Lizant, franchit de nouveau la Charente à Taizé et arirve à Ruffec.

D. Fonteneau suppose que de là elle allait vers Aunay par Villefagnan. Nous sommes porté à croire, au contraire, que, si elle ne se rendait pas directement à Saintes, elle passait près de Courcôme, où elle aurait laissé son nom au village de la Chaussée, et de là arrivait aux Bouchauds, où elle aurait rencontré la grande voie de Lyon à la mer.

IV. — *PÉRIGUEUX à POITIERS*

Voici, croyons-nous, le tracé de cette ligne.

De Périgueux, montant presque droit au nord, elle franchit la Beauronne à Château-l'Évêque, passe au Puy-des-Fourches et retrouve au nord du Bost-Vieux la route de la Rochelle à Périgueux, qui s'en était détachée à trois kilomètres du point de départ et dont le trajet est beaucoup plus long. Les deux chemins se confondent ensuite jusqu'à Brantôme. Toute cette première partie du trajet est commune à la voie de Rom et à celle que nous suivons.

Au delà de Brantôme elle passe à Laroque, le Puy-Laurent, le Bouchet, les Bouriaux et la Châtaignade, laisse à droite Saint-Pancrace, traverse le Boulou au-dessous de

Saint-Angel et, de l'autre côté, sur la hauteur, croise la ligne de Limoges à Bordeaux, franchit le Bandiat au-dessus de St-Martial et arrive à Nontron. Cette ancienne voie, empruntée sur d'assez longs parcours par la route de Brantôme à Nontron, est beaucoup plus directe que celle-ci.

A partir de Nontron le sol devient accidenté et il est, par suite, difficile de suivre la ligne. On a cependant reconnu la chaussée dans l'étang de Groulier, sur les confins des communes de Busserolles, Champniers et Piégut-Pluviers. Un peu au delà, à l'est de Reilhac, un petit tronçon d'un kilomètre figure sur la carte de l'état-major comme voie romaine.

De là elle devait aller passer à Salles-Lavauguyon, Verneuil, Lauvigny et rencontrer à l'est de Lézignat-Durand la ligne d'Angoulême à Chassenon, puis à Suris celle de Saintes à Limoges. Elle traverse la Péruse, et, se tenant sur le plateau entre la Charente et la Vienne, se dirige sur la Croix-du-Couret. Déviant ensuite un peu à gauche, elle longe le village de Lalu. Plus loin, entre ceux de Villemier et des Repaires, d'après l'abbé Michon, « un fragment encore entier de la voie paraît très bien dans une étendue de cinquante mètres. Les pavés, dit-il, sont renfermés dans un encaissement bordé d'un rang de plus grosses pierres et disposé en dos d'âne. » M. Michon l'a encore constatée près du village de Lafont, où, « dans les champs et les jardins, on rencontre, à peu de profondeur, un pavé très dur sur lequel viennent se briser les instruments de labourage. Au printemps, ajoute-t-il, lorsque l'herbe commence à pousser, on distingue la largeur qu'occupe la route : l'herbe y vient plus tardive et moins abondante. Dans toutes les parties où elle a été mesurée, cette voie a six mètres de large (1). » La ligne traversait le Transon vers Tras-le-Bot et arrivait à Charroux.

Entre Charroux et Poitiers, la chaussée ne paraît pas avoir laissé de trace, sans doute parce que la circulation, plus active, l'a complètement usée.

V. — *PÉRIGUEUX à ANGERS*

Pour aller de la capitale des Pétrocores à celle des Andécaves, on devait probablement passer à Poitiers. Toutefois, quelques indices nous portent à croire qu'il y avait un chemin plus direct, desservant Rom et Sanxay, deux anciennes petites villes qui se trouvent presque mathématiquement sur la ligne idéale de Périgueux à Angers.

Nous avons décrit précédemment le trajet de Périgueux à Rom. Au delà jusqu'à Sanxay la chaussée n'a pas, à notre connaissance, laissé de traces. Mais au nord de Sanxay il y a, exactement dans la direction voulue, un ancien chemin qui, se tenant sur les hauteurs, délimite, dans le bourg même des Forges, la paroisse des Forges et celle de Vasle.

Plus loin, gardant la même direction et se tenant également sur une ligne de faîte, il y a un chemin qui, entre Oroux et Saint-Loup, sert de limite aux paroisses de Lhoumois et Gourgé, d'une part, d'Aubigny, de Lamairé et du Chillou, de l'autre. Ce qui semble bien indiquer, en outre, que c'est là un tronçon d'une ancienne voie, c'est qu'un village bâti à quelques centaines de pas de son axe porte le nom de la Chaussée.

(1) *Statistique monumentale de la Charente,* 165.

Ces indications, très insuffisantes, ne peuvent avoir pour le moment d'autre utilité que de provoquer et de diriger des recherches. Ajoutons sous la même réserve que si on prolonge cette ligne dans la direction d'Angers elle passe à Allençon, une troisième localité qui a eu son importance au temps où Rom et Sanxay avaient la leur.

VI. — BRIOUX à JARNAC

Au cours de ses remarquables fouilles du cimetière mérovingien d'Herpes (2), M. Philippe Delamain a fait une constatation importante : les sépultures étaient rangées de chaque côté d'une ancienne chaussée, maintenant recouverte de terre, et qui, allant du nord au sud, laisse un peu à l'est le chemin moderne et le village d'Herpes.

Cette chaussée venait certainement de Brioux et, prolongée dans le sens opposé, conduisait à Jarnac.

Partant d'Herpes et remontant vers le nord, elle ne devait pas s'écarter beaucoup d'un chemin qui délimite les paroisses d'Herpes et de Neuvicq, de Neuvicq et de Macqueville, de Neuvicq et de Sciecq, de Sciecq et de Saint-Ouen, de Brédon et de Beauvais, de Beauvais et de Gressé, de Cressé et de Bazauges, de Cressé et de Fontaine-Chalendray, sans traverser aucune de ces localités, si ce n'est Beauvais. Elle passait, croyons-nous, à Saint-Maixent, près de Fontaine. Il est ensuite plus difficile de la suivre sur la carte. On ferait peut-être utilement des recherches, à l'est de Vinax, dans le voisinage du sentier qui, à travers la

---

(1) Ph. Delamain, *le Cimetière d'Herpes*. Angoulême, 1892, in-4 ; publication de la Société archéol. de la Charente.

forêt d'Aunay, délimite les départements de la Charente-Inférieure et des Deux-Sèvres.

Partant d'Herpes, seul repère certain, et descendant vers le sud, la voie passe au port d'Herpes et au Bourg-des-Dames, et se dirige ensuite vers Jarnac, ou plutôt vers les Grands-Maisons, où il y a eu un établissement romain assez important, à l'ouest de la ville.

La ligne, après avoir franchi la Charente, devait, à en juger par sa direction générale, aller vers Coutras, ou peut-être se bifurquer.

VII. — ANGOULÊME à POITIERS

Angoulême, *Ecolisma*, capitale des *Cambolectri Agesinates*, fut, sous l'administration romaine, le chef-lieu d'une cité, à laquelle il imposa son nom, qui fit oublier celui de Cambolectres. Cette cité devint, comme les autres, un diocèse (1).

La capitale de ce petit peuple, importante cependant et prospère, mais d'un abord difficile, fut un peu sacrifiée par les ingénieurs romains. C'est ce que constatait Ausone lorsqu'il disait d'elle : *Iculisma..., devio ac solo loco.* Cela ne signifie pas assurément qu'il n'y avait aucun chemin pour arriver à Angoulême, mais veut dire que cette ville, assise sur son rocher, à deux cents pieds au-dessus de la vallée de la Charente, se trouvait en dehors du réseau privilégié sur lequel fonctionnaient les grands services impériaux. Les chaussées de Lyon à la mer, de Périgueux à Saintes et de Nantes à Périgueux en passaient toutes trois, en effet, à huit ou dix milles.

(1) A.-F. Lièvre, *les Agesinates ou Cambolectri Agesinates.* Paris, Leroux, 1893.

Mais d'autres lignes en partaient ou la traversaient.

Nous avons déjà décrit celle qui allait de Périgueux aux Bouchauds et passait par Angoulême.

On a parlé (1) d'une ancienne voie qui, par Charroux et Nanteuil, aurait relié Poitiers à Angoulême et se serait prolongée, par Aubeterre, jusqu'à la Réole et même aux Pyrénées. Le document sur lequel repose cette hypothèse est le récit du voyage que fit, en 1004, Abbon, abbé de Saint-Florent (2); mais il faut remarquer qu'il s'agit ici d'une tournée de réforme et que rien ne prouve que, pour aller d'un monastère à l'autre, Abbon ait toujours suivi une voie directe, ni que le chemin qu'il a pu prendre ait été une ancienne chaussée. Toujours est-il qu'entre Charroux et Angoulême on ne trouve aucune trace d'une voie antique.

Dom Fonteneau et Michon, de leur côté, affirment l'existence d'une chaussée entre Poitiers et Angoulême, mais les seules preuves qu'ils donnent se rapportent à une section qui lui était commune avec la ligne de Périgueux à Rom, dont ils ignoraient la véritable direction et que la voie d'Angoulême devait rejoindre à Mansle. Celle-ci, d'après eux, aurait presque partout, entre Angoulême et Mansle, été recouverte par la route moderne. Ajoutons cependant qu'au nord du pont de Churet, sur l'Argence, la route nationale laisse à l'ouest, pour le rejoindre plus loin, un ancien chemin qui monte la côte en ligne droite et délimite les paroisses d'Anais et de Vars. C'est probablement un reste de la chaussée antique.

Au pont de Mansle la ligne d'Angoulême rejoignait celle de Périgueux à Rom et Poitiers.

(1) Jullian, *Archives municipales de Bordeaux*, II, 235.
(2) Aimoin, *Vita Abbonis*, in *Acta sanctorum ordinis S. Benedicti*, VIII, 30.

VIII. — *ANGOULÊME à SAINTES*

L'abbé Michon dit que cette ligne franchissait la Charente au pont de Basseau et que de là elle allait à Hiersac, en laissant Saint-Saturnin sur la gauche. Le reste du parcours est des plus incertains.

Cette voie était connue aux environs d'Angoulême sous le nom de chemin des Anglais (1).

IX. —*ANGOULÊME à LIMOGES*

Sortant d'Angoulême, la voie se dirigeait vers les sources de la Touvre en passant par les chaumes de Boismenu et du Recoux, où elle n'est plus qu'un ravin ; elle croisait au Quéroy la ligne de Rom à Périgueux, franchissait le Bandiat à Pranzac, et après avoir gravi la côte allait en ligne droite à Vilhonneur. On a reconnu il y a quelques années des restes de l'empierrement près du village de Chez-Nadaud.

Vers Orgedeuil, cette ancienne voie porte le nom de chemin des Anglais. D'après M. Michon, qui dit l'avoir « étudiée « avec une attention minutieuse », elle laissait à droite le village de Peyron et, plus loin, celui du Mas, où de son temps on voyait encore les soubassements d'un édifice qu'il appelle *exploratorium* et qui était plutôt un *fanum*. De là elle arrive à l'Arbre et, se tenant toujours sur une ligne de faîte, laisse Mazerolles à gauche, passe à Mouzon et Lézignac et se confond, vers Saint-Quentin, avec la ligne de Saintes à Limoges par Chassenon (2).

(1) Michon, *Statistique monumentale de la Charente*, p. 163.
(2) Michon, *Statistique*, p. 165.

TABLE DES MATIÈRES

Poitiers. — Imp. Blais, Roy et Cie, rue Victor-Hugo, 7.

Lightning Source UK Ltd.
Milton Keynes UK
UKHW021617090119
335047UK00005B/472/P